재난사회복지

부산대학교 사회복지학과 BK21 플러스
재난복지 전문인력 양성사업단

KNOWLEDGE COMMUNITY 공동체

서 문

2013년부터 우리 부산대학교 사회복지학과 소속 교수들과 대학원생들은 "한국 사회에서 발생하는 재난에서 사회복지의 연구, 교육, 실천이 어떤 방향으로 나아가야 하는가에 관심을 두고 학제적 세미나와 연구토론 등을 해오면서 교육부와 한국연구재단이 주관하는 대학원육성사업의 일환인 BK21+사업을 준비해 왔다. 그러나 결과는 좋지 않았다. 그리고 2014년 4월에 세월호 참사가 일어났고, 많은 희생자가 발생하였으며 이 문제를 극복해 가는 과정에서 여러 집단들이 많은 세월호 관련된 많은 정보를 왜곡하면서 사회적 갈등을 초래하였다. 이 문제는 4년이 지난 현재의 시점에서도 진실을 규명하기 위해 새로운 진상조사가 진행될 예정이다.

그 와중에 우리는 2015년 7월과 8월에 잇달아 역서를 2권 출간하였다. 『재난복지란 무엇인가?-생활지원체제의 구축을 향해서』라는 일본 서적과 『재난의 개념과 이슈』라는 미국 서적이 이에 해당한다. 2016년부터 BK21+사업에 해당하는 부산대학교 재난복지 전문인력 양성사업단을 운영해 오고 있다. 2016년 9월에는 경주에서 지진이 발생하여 많은 사람들과 경주지역이 상당한 피해를 입었고, 약 1년 뒤인 2017년 9월에는 포항 흥해 지역에서 더 큰 규모의 지진이 일어나 많은 사람들이 다치고 대피를 해야 했으며, 건축물의 붕괴와 붕괴 위험 때문에 아직도 자기 집으로 돌아가지 못하고 일시적 보호와 안위를 걱정하면서 지내야 하는 흥해 주민들이 상당수 존재한다. 그리고 최근에는 상당히 긴 가뭄이 계속되면서 화재와 산불이 일어나 인명피해와 더불어 사회적으로 큰 피해를 초래하고 있다.

우리 부산대학교 재난복지 전문인력 양성사업단은 이런 문제들에 봉착하여 각 도시들은 재난 피해자들을 어떻게 돌봐야 하는가에 대해 연구하고 시 조례를 만들기 위해 부산광역시 의회와 더불어 간담회도 개최하고 부산광역시사회복지협의회와 공동으로 사회복지기관과 시설들이 재난에 대해 어떤 준비를 해야 할지를 논의하기 위한 준비를 하고 있다.

이런 와중에 우리 학과 BK사업참여교수들과 박사과정의 참여대학원들은 『재난사회복지』라는 타이틀로 전체 3부로 구성되는 책을 공동으로 집필하기로 하고 각 장별로 교수 1명과 박사과정생 1명이 한 조가 되어 지난 10개월 동안 준비를 해왔으며 그 결실이 곧 이 책이다.

『재난사회복지』라는 이 책은 사회복지의 개념과 범위가 확장되어 감에 따라 재난에 대한 사회복지의 개입이 일시적이 아닌 상시적 성격으로 이루어져야 하며, 그 방향은 개인 문제의 해결은 물론 사회적 문제의 해결에도 동시에 기여해야 한다는 점을 강조하고 있다. 그래서 이 책에서는 재난복지의 대상을 재난으로 영향을 받는 개인을 포함한 가족, 지역사회, 국가 차원을 포함한 생태체계로 규정하고 있다. 또한 개입 시기는 사후적 대응으로서의 사회복지를 넘어 재난의 전 발생 주기에 사회복지의 원리를 적용해야만 재난관리체계의 큰 틀 속에서 올바른 재난극복이 가능하고 또한 사회복지가 제 역할을 다할 수 있다는 관점에 입각하고 있다.

본 서의 전체 구성은 총 3부로 되어 있고, 공동저자들은 이 책의 다음과 같은 부분들을 집필하였다.

제1부 재난복지의 개관

제1장 서장 : 최송식 교수

제2장 위험사회의 도래와 재난복지 : 박병현 교수 · 김수영

제3장 사회적 재난 : 이기영 교수 · 김현성

제2부 재난복지와 사회복지방법

제4장 재난과 정신건강 : 최송식 교수

제5장 재난사별가족의 이해와 치유 : 황보람 교수 · 이연주

제6장 재난과 지역사회복지 : 이원익 교수 · 장지현

제7장 재난과 사회복지법 : 유영미 교수

제3부 재난복지 대상별 대응방안

제8장 재난 취약 관련 개념 및 이론 : 김진현 교수

제9장 노인에 대한 재난복지 개입 : 이성은 교수

제10장 아동에 대한 재난복지 개입 : 송영지 연구교수

제11장 장애인에 대한 재난복지 개입 : 최윤정

제12장 여성에 대한 재난복지 개입 : 김강민

제13장 다문화 가족에 대한 재난복지 개입 : 김혜림

책을 집필하는 것은 어려운 작업이다. 더욱이 공동집필은 쉬운 듯이 보이지만 어떤 면에서는 더 어려운 점들이 많은 작업이다. 전체 구성 속에서 각 장이 차지하고 있는 비중과 위치에 따라서 분량을 조정하기도 하고 내용에도 일관성을 갖추려고 노력하였지만, 각 집필자들이 작성하는 문체의 표현이나 그 주제에 대한

연구의 성과들이 동일하지 않은 탓에 이 책도 완전한 통일성을 확보하지는 못하고 있다. 그 외에도 이 책에는 미진한 부분들도 많이 있어 독자들의 진지한 비판과 지적을 해주면, 앞으로 이 부분은 더욱 수정해 나가겠다.

이 책은 사회복지학 분야에서 재난에 접근하는 데 있어 포괄적 안목을 갖고 싶은 한국의 사회복지연구자와 정책입안자, 세밀한 부분까지 고려하면서 클라이언트에게 직접, 간접적 서비스를 제공하는 데 관심을 가진 재난 현장 실천가, 대학원에서 이 분야를 공부하고 있는 학생들에게 큰 도움이 될 수 있을 것이다.

이 책이 나오기까지 오랫동안 기다려 주고, 좋은 책으로 만들기 위해 애써준 많은 분들의 수고에 감사드린다. 특히 공동체 출판사 대표를 맡고 있는 김동훈 대표님과 편집진의 노고에 감사드린다. 또한 바쁜 학기 중에도 이 책의 집필을 위해 수고한 학과 교수님들과 대학원 박사과정 선생들의 노고에 머리 숙여 감사드린다.

2018년 2월

저자 대표 최송식

차 례

CONTENTS

PART 3 재난복지 대상별 대응방안

PART 1

재난복지의 개관

서장

CHAPTER 01

최송식

『재난사회복지』라는 이 책은 그동안 재난에 대한 사회복지의 개입이 상시적이 아닌 일시적 성격으로 이루어진 것에 대한 반성에서 출발하였다. 과거 사회가 복잡하지 않을 당시에는 주로 계절에 따라 나타난 자연재난의 물질적 상실을 극복하기 위해 사회복지가 한시적으로 이루어진 경우가 많았다. 그러나 오늘날 사회가 복잡해지고 과학의 발전으로 생활이 편리해진 만큼 사회는 그 위험 요소들이 크게 증가하였다. 이에 대한 대비를 나름대로 하더라도 사회적 재난은 상시적으로 일어나고 개인, 지역, 국가 차원에서 큰 피해를 초래하고 있다. 그래서 이 책에서는 재난으로 영향을 받는 것이 개인을 포함한 가족, 지역사회, 국가 차원에서 나타나고 있고 사후적 대응으로서의 사회복지를 넘어 재난의 전 발생 주기에 사회복지의 원리를 적용해야만 재난관리체계의 큰 틀 속에서 올바른 재난극복이 가능하고 또한 사회복지가 제 역할을 다할 수 있다는 관점에 입각하고 있다.

이 책의 전체 구성은 총 3부로 되어 있고 제1부 재난복지의 개관에서는 책 전체의 총론에 해당하는 성격으로 기술하고 있는데 제1장 서장, 제2장 위험사회의 도래와 재난복지, 제3장은 사회적 재난에 대해서 기술하고 있다. 제2부는 재난복지와 사회복지방법에 해당하는 내용으로 구성되어 있다. 대체로 재난으로 영향을 받는 개인체계, 가족체계, 지역사회체계 수준에서 발생하는 영향의 현상을 제시하고 이를 극복하기 위한 방안으로 개인의 생리적 수준에서부터 지역사회 차원, 나아가 국가 차원에서 갖추어야 할 법적 제도화를 다룬다. 또한 제3부는 재난복지 대상별 대응방안에 해당하며, 재난에서 중요한 취약성 관련 개념 및 이론에 대해서 먼저 살펴보고, 취약성을 지닌 대상자에 해당하는 노인, 아동, 장애인, 여성, 다문화 가족에 대한 재난복지 개입을 구체적으로 고찰한다. 그러나 취약성에만 국한하지 않고 재난 극복 후 개인의 성장과 지역사회의 지속가능 발전이라는 측면도 충분히 강조하고 있다.

먼저, 제1부 재난복지의 개관에 속한 제1장은 서장으로 이 책의 전체적인 내용을 개괄적으로 다루었으며, 제2장 위험사회의 도래와 재난복지에서는 총 3개의 절로 그 내용을 설명하고 있다. 제1절 위험사회의 도래에서는 현대사회의 위험 사회의 불확실성, 위험과 책임, 위험과 개인화, 위험과 재난의 관계를 다루고 있다. 울리히 벡의 저서 위험사회에서의 위험(risk)은 인간이 발전시킨 고도화된 과학기술 때문에 생겨나는 각종 위험들을 의미한다. 위험은 재난에 대한 판단을 누가 하느냐에 따라 이것의 심각성이 다르게 측정될 수 있다는 점이다. 또한 위험사회에서는 전 세계가 동등하게 위험의 영향을 받을 수 있다는 특징이 있다. 마지막으로 현대사회의 위험은 가해자 역시 그로 인한 피해자가 될 수 있는 특징이 있다. 개인의 행동으로 어떤 피해가 발생했다면, 그것으로 인한 2차, 3차 피해를 본인도 입을 수 있는 것이다. 한편 과거에는 과학기술이 발전하지 못해 예방하지 못하는 재난적인 위험(자연재해, 전염병)들이 도사리고 있었다면, 최근에는 과학기술이 오히려 인간의 삶을 위협하는 역전현상이 발생하고 있다. 과거와 현재의 재난의 차이는 분명하게 존재하며, 이를 대비하기 위해서는 현대사회의 위험의 특징을 정확하게 파악하고 대비해야 한다.

제2절 위험사회에서의 재난복지에서는 위험과 재난복지의 관계, 이 책의 전 부분을 관통하여 입각하고 있는 재난복지의 개념, 재난복지의 영역과 특성을 다룬다. 취약계층, 재난약자들은 위험사회에서 일반인에 비해 대처, 대응, 복구에

서 격차가 발생할 수밖에 없으며 이에 대한 세심한 고려가 필요하다. 이들을 위한 시스템적 대안 마련은 물론, 교육 프로그램 등 다양한 측면에서의 대처 마련이 필요하며, 이러한 역할을 재난복지 영역에서 담당할 수 있다. 재난복지의 영역은 자원봉사, 응급서비스, 취약계층, 예방, 서비스 접근, 서비스조정, 미시 · 거시 차원에서의 변화, 트라우마적 스트레스 개입, 위기관리, 환경이슈 등 다양하게 발전하고 있으며 자연재난에서부터 환경재난까지 다양한 영역에서 필요한 개입으로 확장되고 있다. 제3절에서는 과거에 우리 사회에서 재난복지가 어떻게 이루어졌는지 살펴보기 위해서, 한국의 재난과 구호의 역사를 삼국시대 이전, 삼국시대, 고려시대, 조선시대 순으로 주요 구호정책들을 중심으로 살펴보았다.

제3장은 사회적 재난에 대해서 집중적으로 다루고 있으며, 이처럼 사회적 재난을 중요하게 다루고 있는 점이 이 책의 중요한 특징이기도 하다. 먼저 제1절에서는 사회적 재난의 개념을 살펴보고, 제2절에서는 사회적 재난의 특징을, 제3절에서는 사회적 재난의 유형을, 제4절에서는 21세기 사회적 재난 여건의 변화를 다루고 있다. 일반적으로 사회적 재난은 자연재난을 제외하고 인위적인 원인으로 발생하는 재난을 말한다. 사회적 재난은 자연재난, 인적재난과 함께 서로 영향과 원인이 될 수 있기 때문에 한정지어 대비나 예방은 곤란하며 통합적 관리와 네트워크 형성이 중요하다. 과학기술의 눈부신 발전과 함께 지식기반 사회로의 고도화 진행은, 재난 발생 초기에 인명과 시설의 피해를 주며, 이로 인한 사회혼란은 관련된 산업부문 전반으로 파급을 가속화시켜 그 피해 규모는 더욱 확대될 것으로 예견된다. 따라서 향후 사회적 재난의 중요성을 깊이 인식하고 사회적 재난에 대한 국가적 대책을 마련하는 것은 매우 중대한 일이 되고 있다. 21세기에 들어서면서 재난과 관련된 여러 여건들이 변화되었거나 변화될 것으로 전망된다. 향후 재난의 대응에 있어 승패는 부정적인 여건(자원 희소성, 소득 불평등 증가)은 줄이고 긍정적인 여건(전자정보통신 기술의 고도화, 국민의식 향상에 따른 국가 운영 체계의 변화)들을 극대화하는 데 있다고 볼 수 있다.

제2부는 재난복지와 사회복지방법에 해당하는 내용으로 구성되어 있다. 대체로 재난으로 영향을 받는 개인체계, 가족체계, 지역사회체계 수준에서 발생하는 영향의 현상을 제시하고 이를 극복하기 위한 방안으로 생리적 수준에서부터 지역사회 차원, 나아가 국가 차원에서 갖추어야 할 법적 제도화를 다룬다.

먼저 제4장은 재난과 정신건강에 대해서 기술하고 있으며, 특히 재난이 개인에게 미치는 영향 중에서도 정신건강에 미치는 영향을 중심으로 극복방법을 소개하고 있다. 제1절에서 재난의 여파로 인한 일반적인 스트레스 반응과 정신건강의 의학적 문제들을 설명하고, 재난의 유형별 PTSD 및 우울증의 발병률에 대해 제시함으로써 재난정신건강에 대한 개입의 필요성을 역설하고 있다. 재난으로 인한 정신건강문제는 같은 재난을 경험하더라도 개인적·사회적·환경적 요인에 따라 다르게 나타난다. 제2절에서는 재난으로 인한 정신건강문제의 발생 원인을 이해하기 위한 다양한 이론적 관점(정신역동적 관점, 행동주의적 관점, 인지주의적 관점, 생물학적 관점, 심리사회적 관점, 생태학적 관점)을 다루고, 재난으로 인한 PTSD의 발병 기전과 특징들을 조명한다. 제3절에서는 재난 피해자를 위한 정신보건사회복지 실천적 개입으로서 재난정신건강서비스를 예방 및 준비, 사정, 개입, 의뢰 및 장기추적의 단계 순으로 다루며, 각 단계에서 중요하게 고려되어야 할 사항들이나 그 지침에 대해 설명한다.

제5장은 재난사별가족의 비애 상담과 애도에 대해서 다루고 있다. 이 장에서는 재난을 비롯한 다양한 유형의 사별에 대한 이해를 돕고자 사별경험에 따른 개념과 이론을 설명하고, 사회복지사가 사별을 경험한 가족과 지역사회를 대상으로 효과적인 개입을 할 때 사용할 수 있는 유용한 진단 및 치유방법을 소개한다.

재난사별가족은 그 누구도 예상하지 못한 갑작스러운 죽음이라는 점에서 일반사별가족과 구분되며, 그들이 경험하는 심리 · 사회적, 인지적, 행동적, 관계적, 종교적, 그리고 정신적 특성은 일반사별가족이 나타내는 그것과 약간의 차이가 존재한다. 재난에 의한 사별을 경험한 가족은 문제적인 특성이 더 심각하고 장기화된다. 사별을 경험한 사람들은 부적응적인 관점에서 다양한 문제가 야기되기도 하지만 대부분 상실에 따른 슬픔을 이겨내고 남은 삶에 예를 다하기 위해 각자 나름의 방식으로 애도의 과정을 밟아간다. 애도 관련 이론(애도의 단계 모델, 애도 과업 모델, 애도 과정 모델, 스트레스 적응 모델, 이중과정 모델)은 사별을 경험한 자들의 적응을 돕고 그들에 대한 이해를 돕는 데 유용하게 사용되어 왔다. 사별을 경험한 사람들의 치유를 돕는 상담가나 사회복지사는 다양한 방법에 의해 진단되어진 사별경험의 양상에 대해 여러 가지 방법(신체돌봄, 자기주도적 돌봄, 비탄돌봄, 내러티브 실천)을 사용하여 개입하고 치유한다. 특히 재난으로 인한 사별과 비탄감정의 극복에서 자기주도적 대처전략의 활용이나 내러티브 실천을 통한 치유를 소개하고 있는 점이 이 장의 독특성이다.

제6장은 재난과 지역사회복지에 대해서 고찰하고 있는데, 제1절에서는 재난과 지역사회복지의 관계를, 제2절에서는 재난과 지역사회복지 실천을 다루고 있다.

재난이 발생했을 때 가장 먼저 위기 상황에 개입하고 재난 이전의 상태로 회복하기까지 노력하는 주체는 지역사회 주민, 자원봉사자, 지역 민간단체, 혹은 지방정부이다. 지역사회는 예방, 대비, 대응, 복구 등 재난의 모든 단계에서 문제해결의 가장 중요한 주체이다. 재난이 닥치면 지역사회의 재난에 대한 준비 정도가 드러나고, 재난 상황에 대한 대응과 복구 능력이 여실히 드러난다. 이와 같은 지역사회의 역량을 "지역사회 회복탄력성" 개념으로 설명할 수 있다. 지역사회 회복탄력성은 재난을 극복하기 위한 지역 역량, 자원과 기술, 이를 발굴하고 동원하는 과정 등 다양한 차원에서 설명될 수 있다. 그리고 회복탄력성을 높이기 위하여 지역사회는 다양한 노력이 요구된다. 또한 재난 발생 시 관련 조직들의 네트워크 구축은 필수적으로 이루어져야 하는데, 이 장에서 재난 시 지역사회 개입 방안에 대해 다루고 있다.

제7장은 재난과 사회복지법에 대해서 고찰하고 있는데, 제1절에서는 재난과 법을, 제2절에서는 우리나라 주요 재난 관련 현행법을, 제3절에서는 해외의 재난 관련 법을 소개하고, 제4절에서는 재난 관련 법과 사회복지의 관련성을 다루고

있다. 국가는 위기관리에 있어 기본적인 법적 근거를 바탕으로 운영 및 관리 하는 것이 원칙이다. 국가의 위기관리는 법-제도적인 측면에서 일부분 강제적인 조치와 의무적인 사항을 요구하는 자세도 필요하다. 왜냐하면 국가의 위기관리는 필요에 따라 헌법적인 강제성도 중요하기 때문이다. 중앙정부와 지방정부는 국가재난상황에 따라 긴급한 인적 · 물적 자원을 동원하는 데 적극적으로 개입하여야 한다. 안전에 대한 불감증 속에 있던 국민들도 세월호 참사 등을 거치면서 재난에 대한 위협을 느끼고 정부의 재난대응시스템 재점검의 필요성을 자각함에 따라 정부에서도 각종 재난으로부터 국민의 생명 · 신체 및 재산을 보호하기 위한 정책을 수립하고 이를 법제화하는 지속적인 노력을 취하고 있다. 기능적인 측면에서 국가 재난대응시스템을 체계화할 뿐 아니라 재난관리 총괄 · 조정 기능 강화를 위한 제도적인 뒷받침을 위해서 정부조직체계 개편 및 「재난 및 안전관리 기본법」 개정을 통하여 법률체계를 재난관리 단계별로 개편하고, 안전기능을 대폭적으로 강화하였다. 이에 제7장 재난과 사회복지법에서는 재난에 대응하는 재난관리체계의 효율적인 작동을 위해 「재난 및 안전관리 기본법」을 비롯하여 우리나라 주요 현행법과 해외의 재난 관련 법을 검토하고 재난에 취약한 사회적 취약계층에 대응하는 법의 방향에 대해 살펴보고 있다.

제3부는 재난복지 대상별 대응방안에 대해 구체적으로 살펴보고 있다. 제8장에서는 재난취약성의 개념과 특징을 재난을 바라보는 기존의 지배적인 관점들과 비교하여 설명하고, 재난취약성과 관련된 사회과학 이론들에 대한 고찰을 통하여 재난을 바라보는 새로운 관점을 제시한다. 우선 기존의 지배적 관점이 재난이 미치는 물리적 영향력에 초점을 두었다면 재난취약성의 관점은 재난이 사람들의 민감성과 취약성을 증가시키는 사회경제적 그리고 정치적 영향력을 고려한다. 재난과 관련된 주요 이론으로는 갈등이론과 체계이론을 소개한다. 갈등이론을 통해서는 경제적, 인적, 사회적 자본과 같은 다양한 자원들이 평등하게 분배되지 못하는 사회구조에서 재난은 사회적 불평등과 억압을 받고 있는 사람들에게 더욱 심각한 영향을 미칠 수 있다고 본다. 체계이론에서는 재난에 영향

을 미치는 다양한 체계들과 체계들 간의 상호작용에 주목한다.

재난을 연구하는 연구자와 서비스를 제공하는 실천가들에 있어서 재난취약성에 대한 사정(assessment)은 매우 중요한 기초단계이다. 여기서 취약성의 사정은 재난에 대하여 준비, 반응, 회복, 그리고 경감의 모든 측면에서 취약성을 통합적이고 체계적으로 분석하고 감시하는 도구라 할 수 있다.

재난취약성의 논의는 회복탄력성의 개념과 밀접히 연관된다. 재난취약성과 회복탄력성은 상호 영향을 미치는데, 취약성의 극복을 통해서 회복력이 증가할 수도 있고, 반대로 취약성을 극복하기 위해서 회복력이 활용되기도 한다. 재난취약성과 마찬가지로 회복탄력성 수준의 차이 역시 사회체계 내에서 이루어지는 자원의 분배와 밀접한 관련을 가진다. 이러한 차원에서 재난취약성과 회복탄력성은 분리보다는 통합적으로 이해될 필요가 있다. 이러한 이론적 논의를 바탕으로 재난에 취약한 사람들(아동, 노인, 여성, 장애인 등)을 중심으로 취약성을 유발하는 다양한 사회구조적 원인을 다차원적 사정을 통해서 분석하고, 이를 바탕으로 재난 전 준비, 재난과정에서의 개입, 그리고 재난 후 회복의 전 과정에서 취약성을 감소하고 회복력을 높일 수 있는 방법을 고찰해 볼 필요가 있기에 이어지는 장에서 이를 설명하고 있다.

제9장은 노인에 대한 재난복지 개입에 대해서 살펴본다. 이 장에서는 재난에 있어 노인의 취약성, 재난발생시 노인의 욕구, 재난이 노인에게 미치는 영향, 노인을 대상으로 한 재난복지 개입에 대해 다루고 있다.

재난과 관련하여 노인은 재난에 대한 대비, 반응, 그리고 재난으로부터의 회복에 있어 다양한 측면에서 취약한 집단으로 간주될 수 있다. 노화로 인한 신체적 능력의 저하로 인해 노인은 재난 발생 시 대피, 이동, 서비스 이용, 피해 복구 등 광범위한 영역에서 다른 연령대의 집단에 비해 더 많은 어려움을 경험할 수 있다. 또한 재난 발생 시 노인의 신체적 취약성으로 인한 다양한 욕구가 부각될 수 있으며, 이러한 노인의 욕구를 구체적으로 반영한 개입방안 모색이 필요하다.

제10장에서는 재난 취약 계층으로서 아동과 관련하여 재난 발생 전 대비, 재난 발생 시 개입, 재난 발생 후 개입의 3차원으로 구성하여 살펴보며, 재난에 있어서 아동의 취약성, 재난 발생 시 아동의 욕구, 재난이 아동에게 미치는 영향, 아동에 대한 재난복지 개입을 구체적으로 고찰한다. UNICEF에서는 재난의 피해자 중 50~60%는 아동임을 강조하였으며(UNICEF, 2011), 네팔 지진으로 인한 총 피해 인구의 약 40%가 아동으로, 사회 구성원 중 아동의 피해가 가장 컸다고 보고되었다. 더욱이 재난이 발생했을 때 제공되는 사회적 지원은 성인중심으로 이루어져 있기 때문에 아동은 재난 후 개입 시 사각지대에 놓여 있다. 재난이 발생했을 때, 아동에게 미치는 영향은 한 가지로 국한되는 것이 아니라 매우 복합적으로 나타난다. 그렇기에 재난 전문 사회복지사는 재난이 아동에게 미치는 영향, 재난 시 아동의 특수한 욕구 등을 포괄적으로 사정하고 개입을 하여야 한다. 재난은 아무도 예상치 못하게 갑자기 발생한다. 하지만 재난 발생 전에 대비를 위한 활동은 누구나 언제든 할 수 있다. 동일본 대지진이 발생했을 때 '가마이시 시의 기적'의 사례와 같이 구체적인 재난 대비 계획과 지속적인 예행연습은 재난에서 많은 아동을 보호할 수 있다. 재난 전문 사회복지사는 재난 시 아동이 스스로를 지킬 수 있고, 가족 및 지역사회가 아동을 보호할 수 있도록 아동의 특수한 욕구를 반영한 재난 대비 방안을 마련하고, 이를 지속적으로 보완해 나가야 한다.

제11장은 장애인에 대한 재난복지 개입에 대해서 살펴본다. 재난은 그 특성상 많은 사람에게 동일한 정도의 피해를 주지만, 그 피해의 치명성은 사회적, 신체적으로 취약한 집단, 특히 장애인들에게 더 높게 나타나게 된다. 장애인의 경우 더 어려운 것은 재난의 종류에 따라 예방, 대비, 대응, 복구에서 그 내용이 다르듯이 장애의 유형과 장애의 정도에 따라 재난으로 인한 취약 특성이 다르게 나타난다는 점이다. 장애인들의 이러한 특별한 상황 때문에 각계각층에서 장애유형별 재난위기관리 매뉴얼이 개발, 보급되고 있으나 아직까지 장애인들에게 현실적인 해결방안으로 다가오지는 못하고 있는 실정이다. 그 외에도 장애인은 심

리적으로 재난상황에 대한 두려움이 비장애인에 비해 높게 나타나는데, 재난에 대한 정보를 정확히 파악하기도 쉽지 않은 데다가, 정보를 안다고 해도 혼자서는 대피할 수 없고, 다행히 재난을 피했다 하여도 비장애인 위주로 설계된 대피소에서 장애인에게 필수적인 장비인 보조기 등을 구하기도 어려워 장애인은 대피소에서 또 다른 재난적 상황을 맞이하게 되기 때문이다. 따라서 재난이 장애인에게 미치는 공포감과 두려움은 비장애인에 비해 구체적으로 다가오게 되며, 작은 위험상황도 이들에게는 큰 정신적 충격과 트라우마가 된다. 이에 장애인에 있어서는 물리적 지원뿐만 아니라 심리적 영향에 대한 사회복지적 개입이 반드시 이루어져야 한다.

제12장은 여성에 대한 재난복지 개입에 대해서 살펴보고 있다. 재난은 젠더관점에서 불평등하게 다가온다. 재난은 남성과 여성에게 미치는 영향이 다르다는 것이다. 여성은 남성에 비해 사회적으로 취약하며 이러한 취약성은 여성에게 더 많은 재난피해를 입게 한다. 여성은 차별적 사회관습과 성적 · 사회규범 역할 등으로 인하여 재난상황에서 또 다른 재난을 양산하게 된다. 그리고 재난이 발생하면 남성들을 중심으로 우선복구지원이 이루어지고, 미혼이나 여성가장의 경우 시스템상의 문제로 의도치 않게 재난지원에서 제외되어 경제적 어려움을 겪게 되기도 한다. 특히 신체적 안전에 대한 위협을 심각하게 받기고 하고, 보건적 측면에서도 취약성을 드러내게 된다. 신체적으로는 남성에 비해 재난 시 대피에 어려움이 있고, 재난이라는 비일상적 환경에서 일상적 환경으로 복귀하기까지 남성보다 많은 시간이 소요되는 등 여러 방면에서 사회 구호적 접근도 어렵다. 뿐만 아니라 여성의 교육기회 박탈, 높은 문맹률 등은 가족이나 이웃을 비롯한 지역사회와 같은 사회자본과의 상호연결망을 확보하는 데 큰 걸림돌이 되고 있다.

여성의 재난취약성은 여성이라는 집단 내에서도 정도와 양상에 따라 다르게 나타나기도 한다. 여성은 그들이 가지는 고유속성과 함께 사회 · 경제 · 문화적 속성으로 인하여 2중 취약집단으로 분류되기도 한다. 그렇기에 재난 주기에 따른 재난복지 개입방법 및 대처방안에서는 재난 발생 전 대비단계, 재난 직후 단계, 재난 발생 후 단계의 각 단계에 맞게 그들의 욕구를 파악하고 여성이 참여한 의사결정과정을 통해 재난정책이 마련되어야 할 필요가 있다.

제13장은 다문화 가족에 대한 재난복지 개입에 대해서 살펴본다. 재난취약계층 또는 재난약자의 범주에는 고령자, 장애인뿐만 아니라 입원 중인 환자, 이해능력이나 판단력이 부족한 영유아, 빈곤층, 또한 자신의 출신국이 아닌 거주국가의 재해정보나 지리정보에 관한 지식이 부족하거나 의사소통이 어려운 외국인을 포함할 수 있다. 이러한 관점에서 볼 때 '언어장애' 및 '문화적 차이'를 겪고 있는 국내 거주 외국인은 재난 및 안전사고에 취약한 계층이다. 이와 관련하여 조 성(2017)의 연구에서는 문해능력이 부족한 외국인에 대한 안전관리를 통해서 재난약자를 보호해야 할 필요가 있다고 밝히면서 지역의 거점별로 재난취약계층에 대한 안전관리 대책을 단기 · 중장기 과제로 구분하여 접근하는 것이 필요함을 제시하고 있으나, 다문화가족 등 외국인에 대한 논의는 매우 부족한 것이 현실이다. 또한 「재난 및 안전관리 기본법」이나 「자연재해대책법」상에서도 응급조치 및 대피명령 등 재난 대응 활동 과정에서 다문화 가족 등을 고려한 규정을 실질적으로 찾아보기도 어렵다. 다문화 가족의 재난취약성에 대한 체계적 접근이 부족하며, 재난안전관리 차원에서의 사회적 · 정책적 배려 논의도 부족한 실정이다. 특히 사회복지 측면에서 봤을 때, 문화적인 특성에 민감한 재난구호 사례관리실천가 양성이 중요하다.

위험사회의 도래와 재난복지

CHAPTER 02

박병현 · 김수영

현대사회에서 위험을 주제화하는 것은 각종 자연재해와 재난이 빈번하게 발생하기 때문이 아니다. 이런 일들은 전통사회에서도 있었다. 현대사회가 '위험사회'인 것은 그들 재해와 재난에 따른 손실, 고통, 파괴를 사회활동으로 야기된 위험으로 주제화해 우리 사회가 극복을 모색하기 때문이다(노진철, 2014).

최근 위험을 사회문제로 인식하게 되면서 국가와 국민이 함께 해결해야 하는 문제로 부각되기 시작하였다. 이 장에서는 위험사회가 도래하면서 중요한 이슈인 불확실성, 책임, 개인화, 재난을 살펴보고, 이어서 재난복지를 소개한다.

1. 위험사회의 도래

1) 위험과 불확실성

Ulrich Beck은 1986년 『위험사회(Risk Society)』를 발간하며 '위험사회'라는 단어를 세상에 알렸다. '위험사회'란 과학기술 발전으로 일궈낸 사회 속에서 현대인들이 당면하게 된 예측 불가능한 불덩이와 같은 것이다. 비약적인 발전과 경제성장으로 사람들의 삶은 더욱 쾌적하고 윤택해졌지만, 바닥 깊은 곳에서부터 위험의 불씨들도 함께 커나가고 있었다. Ulrich Beck은 이것을 화산 위에서 살아가는 위험사회라고 표현하며 위험이라는 것에 주목했다.

Ulrich Beck의 위험사회에서의 위험(risk)은 인간이 발전시킨 고도화된 과학기술 때문에 생겨나는 각종 위험들을 의미한다. 예를 들어, 살균제의 발명은 많은 사람들의 목숨을 살렸지만, 반대로 알지 못하는 사이 많은 목숨을 앗아가기도 했다. 만약 과학기술의 발전이 없었다면 이러한 위험은 존재하지 않았을 것이다. 이러한 위험은 불의 불식 간에 우리의 목숨을 위협하며 그 파괴력이 얼마나 될지 가늠하기 어려운 특징을 가진다.

또 다른 특징은 바로 이러한 재난에 대한 판단을 누가 하느냐에 따라 이것의 심각성이 다르게 측정될 수 있다는 점이다. 가령, 가습기 살균제로 인해 피해자가 발생했지만, 이것을 진단하는 의사의 판단에 따라 그 문제의 크기는 달라질 수 있다는 것이다. 전문적인 지식이 없는 사람들은 그러한 판단이 옳고 그름에 대한 정보를 알지 못해 받아들여야 하는 입장이며, 전문가에 의존할 수밖에 없는 상황인 것이다. 따라서 문제가 과장될 수도, 축소될 수도 있는 것이다.

또한 위험사회에서는 전 세계가 동등하게 위험의 영향을 받을 수 있다는 특징이 있다. 세계화로 인해 국가 간 수출입이 자유로워 가습기 살균제를 수입한 국가의 국민들 역시 동일한 위험에 놓이게 될 수 있다는 것이다. 뿐만 아니라 국가 간 국경을 넘은 사회 · 경제적 교류가 활발함에 따라 더 큰 위험을 함께 보편적으로 경험하게 되는 것이다.

마지막으로 현대사회의 위험은 가해자 역시 그로 인한 피해자가 될 수 있는 특징이 있다. 개인의 행동으로 어떤 피해가 발생했다면, 그것으로 인한 2차, 3차 피해를 본인도 입을 수 있다. 예를 들어, 공장 설비를 제대로 갖추지 않아 위험물질을 많이 배출한 사업주 역시 미세먼지로 인한 공기오염에서 벗어날 수 없다.

이상과 같이 과거에는 자연재해나 전염병 등 오히려 과학기술이 발전하지 못해 막지 못하는 재난적인 위험들이 도사리고 있었다면, 최근에는 과학기술이 오히려 인간의 삶을 위협하는 역전현상이 발생하고 있다. 과거와 현재의 재난의 차이는 분명하게 존재하며, 대비하기 위해서는 현대사회의 위험의 특징을 정확하게 파악하고 대비해야 한다. 그러나 아이러니하게도 현대사회의 위험은 측정 가능하지도, 예측 가능하지도 않다. 가능하다 하더라도 일부의 케이스일 뿐이다. 그것이 현대사회의 과학기술 발전이 만들어 낸 위험이다.

2) 위험과 책임[1)]

위험에 대한 사회학적 연구는 크게 두 개의 전통으로 구분하고 있다. 크게는 앞서 소개한 Ulrich Beck이며, Giddens, Luhmann을 중심으로 한 유럽 사회학자들에 의해 주창된 이른바 '위험사회론'과, Perrow, Short, Alario와 Freudenberg 등의 미국 사회학자들에 의해 형성되어 온 '위험사회학'이라는 것이다. 전자를 위험에 대한 '이론적' 작업 또는 '거시구조적' 분석이라고 할 수 있다면, 후자는 '경험적' 작업 또는 '중범위구조적' 분석이라고 할 수 있다(Alario & Freudenburg, 2003; 2007).

유럽의 위험사회론은 국내에 빠르게 수용되었다. 국내에서 위험사회론이 쉽게 수용될 수 있었던 것은 우리 사회에서 사고와 재난이 특히 자주 발생했기 때문이라 볼 수 있다. 1990년대에 연이어 발생한 낙동강 페놀오염사고(1991년), 성수대교 붕괴사고(1994년), 삼풍백화점 붕괴사고(1995년), 씨프린스호 기름유출사고(1995년), 대구지하철공사장 가스폭발사고(1995년) 등은 위험사회론의 수용과 확산에 큰 기여를 했다고 볼 수 있다. 국내외의 위험사회에 대한 많은 논의들은 우리 사회에서 위험이 크게 증가하게 된 것으로 우리 사회의 독특한 양식의 산업화 · 근대화를 추구하였기 때문으로 보았다. 그래서 '돌진적 근대화', '돌진적 성장', '압축적 근대화', '폭압적 근대화'가 그 원인으로 지적되었고, 우리 사회는 '총체적 위험사회', '이중 위험사회', '일상화한 비정상성', '안전부재 사회' 등으로 규정되었다(박재묵, 2008).

1) 박재묵(2008). 「환경재난으로부터 사회재난으로 -허베이 스피리트호 기름유출사고에 대한 사회적 대응 분석」 논문을 수정 · 요약

유럽의 위험사회론과 달리 미국의 위험사회학은 비교적 여러 학자들에 의해 형성되었다. Short, Alario와 Freudenberg의 위험연구가 대표적이며, 특히 지역사회, 사회, 문화에 대한 위험에 대해 연구자들이 등한시함을 지적했으며, Giddens와 Beck이 강조한 초월성에 대해 부정했다. 즉 사회적으로 중요한 위험들은 Beck의 주장처럼 모든 가치, 배타적 권력 집단을 초월하는 것이 아니라는 것이다. 또한 전문가들의 역할에 대한 부분과, 신뢰 가능성에 대한 해석을 달리하였다. 이들은 Beck이 전문가를 신뢰하기 어렵다고 본 관점과 Giddens의 긍정적인 관점 중간에 놓여있다고 볼 수 있다.

위험사회론에서 책임(responsibility)의 문제는 아주 중요한 논의 주제이다. 위험과 신뢰, 위험과 안전 간의 관계에서와 같이 위험과 책임은 서로 밀접하게 연결되어 있기 때문이다(Giddens, 1999). Giddens에 따르면, 책임이라는 말을 서구에서 광범위하게 사용하게 된 것은 아주 근래의 일이다. 18세기 후반에 와서야 책임이라는 말이 영어권에서 사용되기 시작했고, 근대성의 등장과 매우 밀접하게 연관되어 있었다. 이 말은 모호하기도 하고, 아주 다의적인 용어이기는 하지만, 의무 또는 배상책임으로 쓰일 때 위험과 가장 밀접한 관련성을 갖는 것으로 보고 있다. 또한 Giddens는 어떤 의사결정이 행해질 때 책임이 존재하는 것으로 보았다. 즉, 책임은 의사결정을 전제로 하는 것이다. 누군가 의사결정을 할 때 책임의 문제가 발생한다는 것이다. '외부적 위험'에서 '생산된 위험'으로의 이행이 책임의 위기를 발생시키는 아주 중요한 계기인 것이다. 왜냐하면 위험, 책임, 의사결정 사이의 관계가 이때부터 변화하기 때문이다(Giddens, 1999). Giddens는 인간의 의사결정에 의해 위험이 생성될 때부터 위험과 책임 사이에 복잡한 관계가 발생함을 강조한다. 이 말은 자연재해인 '외부적 위험'에서는 책임의 위기가 존재하지 않는다는 것이다.

Beck은 위험사회에서의 책임의 불확실성 문제를 '조직화된 무책임성(organized irresponsibility)'으로 표현하였다(Beck, 1999). 조직화된 무책임성은 어떤 개인들이나 조직들이 사태의 장본인이라는 점에서 책임을 져야 함에도 불구하고 정확하게 누구의 책임인지를 말할 수 없는 상황을 말한다. 따라서 정치적 갈등에서 주요 쟁점이 되며 소송하기 좋아하는 사회가 출연하게 되었다는 것이다(Beck, 1999; Giddens, 1999).

이러한 점에서 기존의 제도들이 왜 책임의 귀속에 실패하는가? 책임의 제도화에 있어 가장 중요한 측면인 사법제도는 '조직화된 무책임성'을 해결하는 데 얼마나 기여하는가? 책임의 귀속에 대한 정치적 갈등이 '제도적 실패'의 반영인가 혹은 책임의 제도화에 이르는 과정인가? 이에 대한 경험적 연구들이 앞으로 이루어져야 한다는 과제를 도출할 수 있다.

3) 위험과 개인화

Ulrich Beck은 구성원 간의 관계가 해체되거나 부정적인 관계로 변화되는 상황에 대해 '개인화'로 개념화한다. 위험사회에서는 개인이 위험을 판단하거나 해결할 능력을 상실하여 기업이나 국가에 의존하는 '안전의 개인화(individualization of security)' 현상이 발생한다는 주장이 있다. 개인은 위험 관리에 대해 기업과 국가 등에 전적으로 의존하고 있으며, 점점 안전 문제에 관한 판단 혹은 해결 능력을 상실하여 피해자화 되어간다는 것이다. 통계적 의미의 위험이 개인들에게 적극적인 의미를 가짐으로써 안전을 권리의 문제로 인식하게 된다는 것이다. 안전의 개인화 현상은 정부가 안전의 정책이나 고려를 할 때 그 중심에 개인을 두는 현상을 설명하며, 공동체 혹은 국가의 안전보다 개인의 안전으로 이해할 수 있다는 것이다(박성용, 2016).

개인화에 대한 또 다른 측면으로 박보연(2014)은 위험을 스스로 책임져야 하며, 개인의 문제로 인식할 뿐이지 사회적 문제(공적문제)로 인식하지 못하고 있다고 보았다. 즉, 스스로 자신의 다양한 삶을 선택하고 결정해야 하며 개인의 이해관계가 우선이기 때문에 정부나 전문가가 일방적으로 규정하는 시대의 종말에 대응해 과학과 법률체계 안으로 시민들이 직접 개입할 것을 제안하였다.

그러나 전문가들의 위험에 대한 산정과 대중의 위험에 대한 수용이 일치하지 않는다는 것을 문제의식으로 삼아 특정 사건에 대해 개인이 경험하는 위험의 크기와 속성이 다르다는 논의가 최근 들어 활발해졌다. 위험을 사회적 형성물로 이해하는 것은 이전보다 안전을 보장받지만, 위험에 대한 차단 욕구가 상대적으로 강해진 현대사회의 단면을 보여준다는 것이다(김희정, 2015).

4) 위험과 재난

재난(災難, disaster)은 재앙, 위기, 위험 등과 혼용되어 사용되기도 하나 아래의 다양한 정의를 통해 그 개념에 대해 살펴보도록 한다. 먼저 표준국어대사전(2015)에서는 "뜻밖에 일어난 재앙과 고난"으로 보며, Zakour(2008)는 "자연재난, 기술적 사고, 환경오염, 수송사고, 집단폭력, 조직의 주요 인물의 갑작스러운 사망 등에 의해 촉발된 위기상황으로 하나 이상의 가구가 경험하는 것", 「재난 및 안전관리 기본법」 제3조에서는 "국민의 생명 · 신체 · 재산과 국가에 피해를 주거나 줄 수 있는 것"으로 정의하고 있다. 이를 정리하면, 갑작스럽게 발생한 위기상황으로 국민과 국가에 피해를 주거나 줄 수 있는 것을 재난으로 볼 수 있겠다.

최근의 위험의 특성은 불확실성으로서의 재난이다(disaster as uncertainty). 이 패러다임은 첫째, 재난은 실재하는 혹은 가상의 어떤 위해(danger)가 공동체를 위협하는 것에서 시작된다. 이 위해는 그 원인과 결과가 뚜렷하지 않은 불확실성을 띤다.

둘째, 이러한 현대사회에서의 불확실성은 사회 자체의 복잡성의 증가에서 비롯된다. 즉, 외부의 요인보다는 사회 자체의 복잡성에 의해 사회 고유의 의미체계(systems of meaning)가 혼란스러워지고, 혼란은 불확실성을 야기한다. 셋째, 이러한 불확실성으로 인하여 사회공동체의 구성원들이 기존의 이해 방식으로는 현재 사태의 심각성을 파악할 수 없는 경우 우리는 이러한 상태를 재난이라고 부를 수 있다(정지범 · 김근세 · 최상옥, 2009).

5) Natech 재난(Natural Disaster Triggered Technological Disaster)

Natech 재난(Natural Disaster Triggered Technological Disaster, 이하 Natech 재난)은 위험사회에 관한 Ulrich Beck과 Giddens 이론들을 배경으로 설명될 수 있으며 최근 이에 대한 관심이 높아지고 있다. 오윤경(2013)에 따르면 Natech 재난이란 자연재난의 불가항력의 영향과 기술적인 시스템상에 발생하는 문제가 급증하는 것이 결합함으로 인해 연쇄적이며 대형화된 방식으로 나타나는 자연 · 기술 복합재난의 유형을 일컫는 용어로 정의하고 있다. 정리하자면 자연재난(Natuarl Disaster)에 의해 발생하는 기술재난(Technological Disaster)으로, 자연재난과 기술재난이 결합하여 발생하는 복합재난을 의미한다.

재난, 기술재난에 대한 연구들도 활발히 이루어지고 있다. 대표적인 연구로 Showalter와 Myers(1994)가 미국 내 Natech 재난유형을 조사 분석한 것을 시작으로, 1990년대 중후반 이후 유럽 등 서구 연구자들, 2000년대 들어 EC, OECD 등 국제기구 등도 인식확장과 제도개선을 위해 가이드라인을 강구하는 등 다양한 노력을 지속해 오고 있다. 이와 같은 시도들은 2011년 일본 후쿠시마 대지진으로 원자력발전소와 정유시설에 문제가 발생하며 다시 큰 관심을 끌고 있다. 특히 OECD는 2012년 Natech 위험 관리 워크숍을 통해 예방 및 관리, 기후변화와 Natech 재난, 사후책임관계, 국제협조 등을 주제로 다루었으며(Koppke, 2012), 세계 각국에서 Natech 재난 유형을 고려한 법제도 개선에 노력을 기울이고 있다. 이와 같은 맥락에서 Natech 재난관리는 공학, 사회, 정책적 측면에서 연구가 매우 필요한 실정이다(오윤경, 2013). 앞서 밝힌 것처럼 Natech 재난을 뒷받침하는 이론으로 Giddens, Ulrich Beck 등 유럽과 미국의 학자들의 다양한 위험연구들이 존재한다. 이러한 연구들의 또 다른 한 축으로 인적 · 조직적 요인들을 통해 Natech 재난을 관리할 수 있는지에 대해 네 가지 흐름인 정상사고이론, 고도신뢰성 이론, 경고 및 부실관리 이론, 중복실패이론이 있다.

박재묵(2011)에 따르면 정상적 사고이론(Normal Accident Theory)은 Charles Perrow의 『Normal Accidents(1984)』에서 처음 소개되었다. 미국 펜실베이니아주의 TMI 원전사고를 경험적 근거로 하여 제시된 이론으로, 이와 같은 사고는 긴밀한 연결성을 가지며, 복합적인 시스템상에는 늘 사고가 내재해 있어 피하기 어렵다고 보는 것이다. 이와 같은 시스템의 예로 원자력 발전소, 비행기, 기상정보, 해상수송, 병원, 의료장비 등이 포함된다.

다음으로 고도신뢰성 이론(High-Reliability Theory)은 T. R. La Porte 등 UC Berkeley의 학자들에 의해 소개되었으며, 복합적인 위험 기술을 운용하는 조직들이 어떻게 고도로 예측하기 어렵고 절박한 생산 목표를 달성하면서도 장기간 무사고 상태를 유지하는가에 초점을 두었다. 고 신뢰성을 확보하기 위해 안전의 전략적 우선시, 설계 및 절차에 대한 주의, 시행착오를 통한 학습의 제한, 분권화된 의사결정 등이 필요하다고 보았다. 이것은 정상사고이론과 대치되는 이론이다.

다음으로 경고 및 부실관리 이론(Warnings Plus Sloppy Management Theory)는 B. Turner의 Man-Made Disaster(1978)에서 소개되고 있다. 여기서는 대규모 사고가 발생하기 전 경고사인이 있지만 그것을 놓치거나 간과함으로써 사고가 발생한다는 것이다. 따라서 이러한 경고에 적절한 대응을 한다면 피할 수 있는 것이며, 부실한 관리 때문에 사고가 발생한다는 것이다. 여기서 부실한 관리란 정보수집체계가 적합하지 않고, 일탈의 정상화(Normalization of deviance), 거부의 문화(culture of denial) 등 경고를 무시하게 만드는 여러 다양한 과정을 허용하는 것을 의미한다.

마지막으로 중복실패이론은 영국 맨체스터 대학의 James Reason이 Human Error(1990)에서 주장한 것으로, 사고가 일어나기 위해서는 일련의 사건들이 특정 순서와 방식으로 발생해야 함을 주장하였다. 사고를 막기 위해 설치되어 있는 다중방호설비들이 동시에 실패하여 대규모 사고가 발생하기 때문에 여러 겹의 방호설비 중 하나라도 제대로 기능하면 사고가 방지될 수 있다는 것이다. 정리하면, 앞의 이론들은 기술 자체의 특성과, 인적·조직적 요인으로 발생하는 것으로 정리될 수 있다.

2. 위험사회에서의 재난복지

1) 위험과 재난복지

한국인이 경험하는 '위험의 일상성'이 결코 최근의 현상인 것은 아니다. 근원과 내용과 성격을 달리하지만, 한국인은 오래전부터 통제 불가능한 위험들 안에서 살아왔던 것이다. 즉, 빈발하는 사고와 위험들, 앞으로도 필연적으로 일어날 수밖에 없는 사고와 위험들은 위험사회론을 처음 제기한 Ulrich Beck 등이 '위험사회'라는 개념을 통해서 지적했던 위험의 내용과 범위를 크게 벗어난다고 할 수 있다. 한국사회는 생태 재앙과 환경 위험 외에도 자연 재해나 인공적인 재난으로부터도 여전히 벗어나지 못하고 있는 것이다. Ulrich Beck 등이 위험사회론에서 문제 삼았던, 산업화된 구미사회의 위험요인들 외에 그것들과는 여러모로 다른 위험요인들이 한국사회에는 혼재해 있는 것이다. '한국적 위험사회론'이 요구되는 이유이기도 하다(이재열 외, 2004).

이처럼 최근에는 '한국적 위험사회론'이 대두되며 Ulrich Beck의 '위험사회'가 포함하지 않는 자연적 재해 위험, 국가적 안보 위험, 정치적 억압 위험, 경제적 생계 위험도 중요하게 고려해야 한다는 연구들도 있다. 즉, 지구적 생태 위험, 기술적 재난 위험, 사회적 해체의 위험 등 과학기술로 인한 위험뿐만 아니라 한국의 특수성을 포섭할 수 있는 다양한 위험들이 존재한다는 것이다.

따라서 다각적 측면에서의 위험들이 존재함을 인식하고 이에 대응할 수 있는 여러 대안 마련이 필수적인데, 특히 Ulrich Beck이 말한 '부의 분배'에서 '안전과 위험'의 분배라는 개념인 '성찰적 근대성'을 강화할 필요가 있다고 본다. 즉, 지금까지 우리가 살아온 근대화에 대한 반성을 기반으로 사회운동, 시민운동 등 개별 국가의 범위를 뛰어넘는 역할이 중요하다.

이상과 같이 열거한 위험과 재난의 특성들로 인해 재난영역에서 복지의 개입이 중요하게 되었다. 즉, 위험사회의 불확실성과 책임, 개인화 문제 등은 지금까지의 재난대책만으로 대응하기 어려운 독특성을 가지기 때문이다. 오히려 위험이라는 문제에 대해 개인적으로 대처하는 것이 어려움에도 불구하고, 개인적 차원에서 이에 대항해야 하는 문제로 발전될 수 있으며, 즉 위험사회에서의 개인화 테제, 즉 가족의 단위보다는 개인적으로 대처해야 하는 상황이 도래하게 됨에 따라 이에 대한 대처방안이 새롭게 구상될 필요가 있다. 또한 위험을 예방, 대처, 대응, 복구하기 위해서 협력적 거버넌스와 같이 공동체 내에서의 협력의 중요성이 대두되고 있는 상황에서, 이러한 개인화 문제는 해결해야 할 중요문제로 판단된다.

Ulrich Beck은 기후 변화와 위험사회의 관계에서 '해방적 파국(emancipatory catastrophism)'이라는 개념으로 취약 계층을 따라다니는 재난을 설명하며 이제는 시민사회의 참여로 해결함을 주장하였다. 또한 위험의 영향을 받는 사람들이 재난 발생 시 의사결정 과정에 참여하지 못하며, 의사결정권이 있는 사람들은 위험의 영향을 받는 사람들이 입는 피해에 대해 책임지지 않는다고 하였다. 이를 '조직화된 무책임(organized irresponsibility)'이라고 하며, 이런 현상을 방지하기 위해 시민사회, NGO도 재난관리 체계 설계와 실행에 적극적으로 참여해야 함을 주장하였다(김석철, 2015). 더 큰 차원에서 보자면 전 지구적 차원의 새로운 제도와 문화, 그리고 거버넌스 등 다양한 재난 대응 양식과 체계를 만들어야 한다는 것이다(정무권, 2012, 박성용, 2016 재인용).

특히 재난 발생은 많은 피해자를 양산한다는 점에서 보상과 복구가 필연적으로 요구되나 누가 이것에 대한 책임을 져야 하는지에 대해서는 정확하게 합의된 바가 없다. 앞서 사고가 발생하는 원인을 고찰한 이론들과 최근 빈발하는 재난 유형, 위험과 책임에 대해 살펴보았다. 이러한 국가는 국민의 안전과 인간다운 삶을 보장하기 위해 노력할 의무가 있지만, 재난 발생으로 인한 모든 피해를 보상할 순 없다. 또한 민간의 경우에도 필요로 하는 모든 서비스를 제공할 수 없는 한계가 있으며, 개인이 모든 책임을 떠안기에도 큰 부담이 되는 것이 사실이다.

재난의 궁극적인 피해당사자가 인간이고 직접적 영향은 개인의 삶의 변화를 통해 나타난다는 점, 그리고 재난의 피해로부터 삶을 복원하는 작용은 가구 내에서부터 시작될 수밖에 없다는 점을 고려할 때, 개인 및 가구가 입은 피해에 주목하여 이들을 지원하고 정상적인 삶으로 복귀시키기 위한 정책적 접근이 매우 중요하다고 할 것이다(강신욱, 2014).

특히 취약계층, 재난약자들은 위험사회에서 일반 사람들과 비슷한 수준의 위험에 노출된다고 볼 수도 있지만, 이에 대한 대처, 대응, 복구에서는 격차가 발생할 수밖에 없다. 따라서 이러한 영역에 대한 세심한 고려가 필요하다. 이들을 위한 시스템적 대안 마련은 물론, 교육 프로그램 등 다양한 측면에서의 대처 마련이 필요하다. 이러한 역할을 재난복지 영역에서 담당할 수 있다.

2) 재난복지의 개념

한국의 경우 재난복지의 필요성과 개념에 대한 관심이 서서히 높아지고 있는 단계이다. 따라서 재난복지에 대한 선행연구들은 아직 깊이 있게 이루어지지 못하고 있다. 해외의 경우 일본, 미국 등에서 상대적으로 관련 연구가 활발하게 진행되어 오고 있어 저서, 논문 등 다양한 형태로 출판되고 있다. 먼저 일본의 경우 재난복지가 아닌 재해복지라는 용어로 다음과 같이 정의하고 있다.

최송식 외 역(2015) 자료에서는 재해복지를 재해의 발생을 계기로 사회복지의 원조가 필요하게 된 때로 정의한다. 재해복지가 발생했을 때 재해시요원호자가 어떤 요구를 가지고 어떤 도움을 요청하고 있는지를 명확하게 파악해 정확하게 대응하기 위해서는 평상시에 어떠한 준비가 필요한지를 포함하여 재해 때 재해시요원호자에 대한 원조 구조를 구축해야 한다고 보고 있다.

다음으로 박정란(2016)의 연구에서도 일본의 재해복지에 대해 "재해를 계기로 생활곤란에 직면한 이재민, 특히 재해요보호자의 생명, 생활, 존엄을 지키기 위해 그들의 욕구를 규명하고 재해구조 · 생활지원 · 생활재건을 위해 효과적인 원조를 조직화하는 민관의 원조활동"으로 정의하고 있다(Takashi, 2009).

김혜선(2009)의 연구에서는 재난복지의 어휘적 의미를 "국민의 생명 · 신체 및 재난과 국가에 피해를 주거나 혹은 피해를 줄 수 있는 상황에서 사회 내적인 관계를 기초로 구성원들의 전 생애에 걸쳐 건강하고 안락하며 바람직한 삶을 추구하는 사회적 노력"으로 보고 있다. 또한 재난복지를 "재난의 파괴적인 영향으로부터 피해지역과 재난을 당한 사람들이 기존의 삶을 회복하고 더 나아가 성장할 수 있도록 개인과 그의 환경이라는 이중적 초점(dual focus)의 상호작용 과정을 통해 변화에 개입하는 사회복지의 지원"으로 정의하고 있다.

또한 최송식(2016)의 연구에서도 재난복지를 "재난을 계기로 생활 곤란에 직면한 이재민, 특히 재난시요원호자의 생명, 생활, 존엄성을 지키기 위해 재난시요원호자의 욕구(needs)를 미리 정확하게 파악해, 재난으로부터의 구호 · 생활지원 · 생활재건에 대해 효과적인 원조를 조직화하는 공적 · 사적 원조활동"으로 정의하고 있다.

3) 재난복지의 영역과 특성

사회복지사들은 역사적으로 재난 발생 시 구호활동을 해왔으며, 재난개입과 연구를 지속적으로 수행해 왔다. 이들이 상당수 포함된 사회서비스기관들은 재난서비스를 제공하는 중요한 기관이다(Gillespie, 1991). 재난구호, 자원개발 및 배분을 위한 전문적 미션, 취약계층 대상 서비스 등, 사회복지 역사에 기반 해 볼 때 재난연구는 사회복지사들에 의해 미시적 · 거시적 차원에서 수행되었다(Zakour, 1997).

사회복지 전문영역의 역사에서 알 수 있듯이 재난연구와 개입은 사회복지의 미션을 개선했다. 재난사회복지서비스에서의 실천과 연구는 ① 취약계층과 빈곤한 사람들을 위해 필요한 자원을 제공하고, ② 심각한 건강 및 정신건강문제를 예방하며, ③ 개인과 자원 시스템을 연계하며, ④ 다양한 자원체계를 사람들이 더 잘 이용할 수 있게 연계하고, ⑤ 클라이언트의 복지를 향상시키기 위해 미시 · 거시 체계를 변화시키는 것으로 목표를 발전시켜 왔다(Zakour, 1997).

재난복지의 영역은 자원봉사, 응급서비스, 취약계층, 예방, 서비스 접근, 서비스조정, 미시 · 거시 차원에서의 변화, 트라우마적 스트레스 개입, 위기관리, 환경이슈 등 다양하게 발전하고 있으며 자연재난에서부터 환경재난까지 다양한 영역에서 필요한 개입으로 확장되고 있다.

그러나 현재 일본의 재해구호 역사 등을 살펴보았을 때 사회복지분야의 적극적인 대응은 미미한 것으로 평가되고 있다. 즉, 재해 발생 직후는 구급구명이 최우선이기 때문에 이재민의 생명신체의 안전이 확보된 이후부터 그 기능이 발휘된다는 것이다. 또 재해로 인한 사회자원이 파괴되어 "자원연계"의 기능이 약화됨에 따라 사회복지가 효과적인 원조기능을 발휘하기 어려웠다고 보았다. 또한 피해지역 사회복지사의 원조대상이 너무 광범위하므로 구체적인 개입이 어려웠다고 보았다(Takashi, 2009; Nomura, 2013, 박정란, 2016 재인용). 이러한 한계를 극복하기 위해 사회생활모델에 입각한 지원을 목표로 정체성을 돌파하려 하고 있다. 즉, 이재에 따른 생활변화가 본인, 가족의 자립생활에 미치는 영향에 포커스를 두고 사회생활 전반에 대한 사정을 통해 자원의 연계를 고민하고 있다. 이를 통해 주민을 환자나 이재민 이전에 생활인의 관점에서 보는 것을 다른 학문과의 차별점으로 보고 있다(박정란, 2016).

3. 재난복지의 역사적 성찰 : 재난과 구호의 역사

앞서 재난복지란 재난 발생 시 공적 · 사적 영역에서의 원조 활동으로 정의하였다. 그렇다면 역사적으로 구호를 위한 국가 혹은 민간의 개입은 어떠한 방식으로 이루어져 왔을까? 이것은 앞으로 재난에 대한 책무를 어떻게 나누어야 하는가를 고민하기 위해 필수적으로 고찰해야 하는 부분일 것이다. 따라서 역사적인 흐름 속에서 재난 발생 시 국가와 민간이 각각 어떠한 역할을 하였는지를 확인해 봄으로써 중요한 시사점을 도출할 수 있을 것이다.

미국의 경우 역사적으로 살펴보면 사회복지는 전쟁, 재난, 위기상황에서 자원봉사자를 요하는 응급서비스를 제공하는 데 강조점을 두어왔다고 본다. 재난에서 사회복지가 항상 중심적인 역할을 해오긴 하지만, 영역 안팎에서 이에 대한 인식이 미비한(Siporin, 1987) 문제가 있었다. 전쟁 중 제공된 건강 및 정신건강서비스는 사회복지 전문영역의 최초의 활동 중에 하나이며 남북전쟁 시기에 의료사회복지사들의 활동이 성공하면서, 사회복지사와 공중 보건의가 식수, 야채의 오염, 밀집된 주거환경, 산업재해와 같이 건강을 해치는 환경적 원인들을 제거하기 위해 시민들을 조직화(Trattner, 1994)하였다(Zakour, 2008).

다음으로 한국의 재난과 구호의 역사는 삼국시대 이전, 삼국시대, 고려시대, 조선시대 순으로 주요 구호정책들을 중심으로 살펴본다. 우선 과거 농경사회에서는 자연재해로 인한 홍수, 가뭄 등이 주요 재난이었으며, 이로 인해 심각한 피해가 발생하면 국가의 존립이 위협받는 심각한 경우가 많았다. 따라서 어느 왕조이던 자연재해에 대한 대책은 국가경영에 있어 전쟁과 함께 가장 중요한 요소로서 인식되어 왔으며, 일반백성 역시 부역이나 각종 상호부조의 형태를 가진 자율조직을 통해 자연재해에 대처해 왔던 것으로 생각된다(심재현 · 이재준, 2005). 그러나 우리나라의 이재민에 대한 재난구호의 역사는 오래되었지만 체계적인 구호정책이 실시되기 시작한 것은 고려시대 이후라고 볼 수 있다(배점모, 2007).

1) 삼국시대 이전[2)]

우리나라는 과거부터 사계절이 뚜렷하기 때문에 가을에 추수한 곡식으로 초여름까지 살고, 여름에 수확한 곡식으로 초가을까지 살아야 했다. 따라서 한정된 토지에서 많은 사람들이 모여 살았던 우리나라는 가을에 추수한 곡식으로 긴 겨울을 나고 나면 이른바 '보릿고개'라는 춘궁기에는 양식이 떨어지는 사람들이 많았다고 한다. 특히 수해, 가뭄, 냉해 등의 자연재해가 발생하면 흉년이 든 해의

2) 심재현 · 이재준(2005). 「조상의 구휼정책을 통해 본 재해대책의 개선방향」에서 인용

겨울부터 다음 해 봄에 이르기까지 춘궁기가 지속되는 고통을 받게 되었다. 이러한 상황은 우리나라 최초의 국가인 고조선 시대에도 해당되었을 것인데, 이에 대해 고조선은 널리 인간을 이롭게 한다는 홍익인간의 철학으로 통치하면서 사회 내에 빈궁자가 생기는 경우 집단공동체의 공동연대의식을 통해 도움을 주거나 받는 가장 원시적인 부조활동을 벌였던 것으로 기록되고 있다.

고대사회부터 구휼정책의 목적은 국가존립을 위한 목적에서 취해진 것이라고 볼 수 있으며, 씨족 또는 혈연적 관계에 의하여 씨족 간의 상호부조의 형태로 이루어졌으며 제3자에 의한 구호는 필요하지 않은 수준이었다고 보인다.

2) 삼국시대

삼국시대 구호 사례를 삼국사기에서 찾아보면 세 나라 모두 기상재해의 비중이 높았고, 재난이 발생하면 임금이 나라의 창고를 열어 곡물을 백성에게 나누어 주는 구제정책(救濟政策)을 베풀었으며, 병자, 자활지원 대상자에 대하여 위로를 하거나 먹을 것을 주는 사례도 있다. 일례로 신라 3대 유리왕은 국내를 순례하다가 한 노파가 굶주림과 추위에 못 이겨 거의 죽어가는 것을 발견하고 "내가 왕위에 앉아 능히 백성을 양생치 못하니 이는 나의 죄이다"라 하면서 백성의 구휼을 지시하였다는 기록이 있다(김만두, 1995, 배점모, 2007 재인용). 뿐만 아니라 관리에게 명하여 전국 도처의 환과고독과 병자 등을 위문하고 음식을 나누어 주었다는 기록이 있으며, 서기 15, 18, 19년에 백제, 신라, 고구려 등에서 자연재해를 당하여 국왕이 기민을 진정시키고 곡식을 내어주었다는 기록이 있으나 본격적인 제도로는 고구려 고국천왕 16년(서기 194년)에 시행된 진대법이 최초였다고 볼 수 있다. 진대법은 춘궁기인 3~7월에 백성들에게 관곡을 대여해 주고 추수기인 10월에 환납케 하는 제도였다. 또한 백제 온조왕 37년(19년) 한수 동북에 흉년이 들어 1천여 호의 가구가 고구려로 이주했다는 기록이나 동성왕 21년(499년) 여름에 가뭄이 들어 백성들이 기근에 허덕이다 서로 잡아먹는 지경에 이르고 도적이 발생하여 신하들이 국가곡식을 내어 진휼할 것을 건의하였으나 왕이 듣지 않자 많은 사람들이 고구려로 도망갔다는 기록이 삼국사기에 전해지고 있다(심재현 · 이재준, 2005).

이 당시 이재민 구호는 과학적이지는 못하지만 삼국시대부터 각종 자연재난으로부터 백성을 구제하기 위하여 노력했다는 흔적을 엿볼 수 있다. 그러나 현실적으로 국가에서 감당하기 어려웠을 것이며, 제도적으로 정비되기보다는 임기응변식의 이재민 구호가 주를 이룬 것으로 추정된다(배점모, 2007). 즉, 국가기반 자체가 제대로 완성되지 않은 고대국가의 입장에서는 별다른 대책이 없었던 것으로 생각되며 이를 해결하는 방안으로 백성들이 고안한 마을단위 또는 씨족단위로 서로 돕는 방식의 부조가 유일한 해결책이 될 수밖에 없었을 것으로 판단되며, 이러한 방식은 고려, 조선시대를 거치면서 계의 형태로 발전하였을 것으로 추측된다. 그러나 재해가 심각하면 상호부조방식으로 대책을 세우기 곤란하였을 것이고, 도적이나 약탈이 횡행하고 심지어는 다른 나라로의 이주를 하는 백성들이 생기면서 국가의 기반 자체를 뒤흔드는 사태가 발생하는 경우가 발생하면서 일정한 형태의 제도 도입의 필요성이 인지되고, 이것이 드디어 고구려 시대에 들어서면서 진대제도로 발전한 것이 아닌가 생각된다. 진대제도를 제안한 재상 을파소(乙巴素)는 궁극적인 목적이 흉년에 백성들을 진휼하는 것이었지만 한편으로는 적은 이자이지만 국가 입장에서는 이윤을 볼 수 있으면서도 재고곡식을 해결하는 동시에 햇곡식을 확보할 수 있었다는 점에서 국가 경영적인 차원에서도 제도의 필요성이 인식되었을 것으로 추측된다(심재현 · 이재준, 2005).

3) 고려시대[3)]

고려시대는 봉건적 토지제도와 문무양반의 관료체제를 확립한 시기로서, 역대 군주는 국가의 안정을 실현시키기 위해 불교사상과 유교주의를 지도 원리로 삼

---

3) 심재현 · 이재준(2005). 「조상의 구휼정책을 통해 본 재해대책의 개선방향」에서 인용

아 궁민구제(窮民救濟)를 국정의 기본으로 생각하였다.

고려 태조 왕건은 훈요십조(訓要十條)를 제정하고 백성들의 조세 및 부역을 경감하였고, 각종 창(倉)제도를 실시하여 궁빈구휼(窮貧救恤)에 활용하고 재면법(災免法)을 실시하였으며 농사를 장려하였다. 이후 고려 역대 군주들은 태조의 훈요를 경국제민(經國濟民)의 원칙으로 삼아 각종 재해로부터 빈민을 구제하는 한편, 농업을 중시하는 정책을 펼쳐 백성들을 기아에서 구제하려는 노력을 하였다.

구휼의 기본 개념은 고려시대 국교인 불교의 기본 정신인 자비사상을 바탕으로 하여 자선사업성격의 구휼제도를 운영하였으며, 구빈(救貧), 시료(施療), 고아보호 및 양로사업 등을 활발하게 시행하였다. 이를 위해 중앙공공기관으로 구빈행정을 수행하는 대부시(大府寺)와 구제도감(救濟都監) 등 상설기관을 설치하고, 임시 구빈기관 또한 필요에 따라서는 설치하는 등 빈곤정책을 제도화하였다. 이때 필요한 재원은 대부분 국가의 조세수입이었으나 때에 따라서는 민간재원의 모집 등을 통해 충당했다.

이 시대의 재해구제사업이라 함은 각종 재해 발생에 대비하거나 발생하였을 경우 빈곤한 백성들을 물질적으로 도와주는 각종 활동을 의미한다. 이러한 재해구제사업에는 다음과 같은 사업 등이 있었던 것으로 조사되고 있다.

(1) 진대사업(賑貸事業)

진대사업이란 고구려시대부터 이어진 제도로서 춘궁 또는 각종 재해가 발생하였을 때 국가가 비축한 곡식을 이재민들에게 무이자 혹은 저리로 대여하고, 가을에 갚게 하거나 풍년이 되면 상환토록 하는 대책이다. 고려시대에는 삼국시대와 유사하게 각종 창(倉)제도를 실시하여 진대사업을 활발하게 실시하였는데, 이러한 제도를 구체적으로 살펴보면 다음과 같다.

① 흑창(黑倉)

태조 원년에 빈민구제의 목적으로 중국의 상평창과 의창을 모방하여 창설한 제도로서 평상시 곡식을 비축하였다가 재난 시 빈궁한 백성들에게 진대하여 추수기에 상환토록 하였던 국립 구호기관이었다. 그러나 이 제도는 오래가지 못하고 성종 5년(986년)에 의창으로 개칭, 여러 지방으로 확대되었는데, 이는 중앙정부기관이 전국을 대상으로 구호를 하기에는 한계가 있었기 때문인 것으로 판단된다.

② 의창(義倉)

의창은 흑창제도가 중앙에서 확대되어 지방의 모든 주, 부의 사람과 가구 수에 따라 전적으로 궁민진대를 하기 위한 목적으로 설치된 국립구호기관이었다. 특히 현종 14년에는 의창수렴법이 마련되어 공전, 사전 기타 일반백성에 이르기까지 일정한 액의 조세를 징수, 저축케 하여 흉년에 이를 대여하고 추수기에 상환토록 하였다. 그러나 의창은 고려 말엽 와서는 빈번한 재난과 국력의 쇠퇴로 인하여 제 구실을 못하게 되었고, 조선시대에 들어서 환곡 또는 사창제도로 바뀌게 되었다. 한편 의창은 미곡뿐만 아니라 소금이나 기타 생필품까지도 저장하여 진휼했다는 점에서 이전의 곡물 위주의 제도를 한층 확대하였다는 데에 의의를 가진다.

③ 상평창(常平倉)

상평창은 중국의 한나라 제도를 모방하여 성종 12년(933년)에 설치되었다. 상평창은 이른바 “흉년에는 백성들을 구하고, 풍년에는 농민들이 손해 보지 않게 한다”는 정책에서 나온 것으로, 풍년이 들어 곡가가 저렴할 때 국가가 이를 매입하여 곡가를 올리고, 흉년 시에 곡식을 매출하여 곡가를 낮추는 일종의 농민 경제안정제도이다. 성종시대에는 饑不損民豊不傷農정책에 따라 개경과 서경, 광주, 양주, 충주, 청주, 공주, 진주, 상주, 전주, 나주, 승주, 황주, 해주 등 목(牧) 단위 지역에 상평창을 설치하여 미곡 6만 4천 석을 운영기금으로 충당케 하였다는 기록도 남아 있다. 이후 상평창은 시간이 흐르면서 곡가조절기능에만 한정치 않고, 의창과 유사한 기능인 진대사업까지로 활동영역을 확대하였으며, 조선시대까지 동일한 목적으로 계승, 운영되었다. 상평창(常平倉) 제도는 이름에서도 알 수 있듯이 과거 재해 발생 시 진휼을 하는 수준에서 한 차원 발전하여 평상시 곡물가격을 조정할 수 있는 기능까지로 확대되었다는 점에서 왕권이 미 확립된 고대국가의 형태에서 벗어나 안정된 국가기반을 조성하는 데에도 도움을 주었을 것으로 판단된다.

(2) 유비창과 연호미법

유비창(有備倉)은 충선왕 2년(1309년)에 기존의 의창과 상평창 제도가 잦은 재해와 고리대금업으로 변질하면서 유명무실하게 되자 이를 보완하기 위해 설치된 제도이며, 이는 성종 7년(988년)에 도입된 재면법(災免法)을 근간으로 하고 있다. 재면법의 내용은 홍수, 가뭄, 병충해 등의 재난을 당했을 때, 피해 정도에 따라 조세와 부역의 감면 비율을 정한 것이다. 또한 연호미법(煙戶米法)이란 현종 14년(1023년)에 연호미(煙戶米)라 하여 일과공전일결(一科公田一結)에서는 조(租) 3두(斗), 이과(二科) 및 사원전(寺院田) · 양반전(兩班田)에서는 조 2두, 삼과(三科) 및 군호(軍戶) · 기인(其人)으로부터는 조 1두를 거두어 주 현(州縣)의 의창에 충당하였으며, 충렬왕과 우왕 때에도 연호미를 거두어 의창의 재원으로 하였다는 기록에서 알 수 있는 제도이다. 이러한 제도를 살펴볼 때 기존 상평창이나 의창의 재원이 국가재원으로 부족하여 제 기능을 하지 못한다고 판단한 고려는 진휼 및 구황제도의 취지를 살리기 위해 세수를 재원으로 확대하였다는 것을 알 수 있다.

(3) 재면사업(災免事業)

재면사업은 재난 시 이재민들에게 조세와 부역을 감면하고 환공의 반납을 면제하고 각종 경범죄를 사하여 주던 제도로서, 성종 7년(988년)에 재면법(災免法)으로 정한 이후 시행되었다고 판단된다.

재면법의 내용은 홍수, 가뭄, 병충해 등의 재난을 당했을 때, 피해 정도에 따라 조세와 부역의 감면 비율을 정한 것이다. 고려시대 역대 군주들은 지속적으로 백성들이 빈한에 시달리거나 참회를 겪을 때 국가에 대한 부담인 조, 공, 부역에 대하여 그 정상을 참작하여 감면조치를 취하여 구제하였으며, 경범죄인들을 사하여 주는 등 그 제도의 범위가 다양하고 광범위하였다.

(4) 재해보호(災害保護)

① 사궁(四窮)의 보호

사궁이라 함은 환과고독(鰥寡孤獨)을 의미하는데, 늙어서 아내가 없는 자를 환(鰥), 늙어서 남편이 없는 자를 과(寡), 어려서 부모가 없는 자를 고(孤), 늙어서 자식이 없는 자를 독(獨)이라 하였다. 고려시대에는 환과고독에 대한 진휼보호책을 실시했으며, 특히 사궁 중에서도 고아와 노인의 보호에 대하여 특별한 관심을 기울였던 것으로 알려지고 있다.

② 행려(行旅)의 보호

행려자는 주거부정에 생업 없이 방황하면서 걸식하는 자를 말하는데, 고려시대에는 사원에 관의 곡식을 하사하여 승려들로 하여금 행려자에게 급식하게 했으며, 아울러 국왕이 직접 궁전에서 시식하였다. 이와 같이 관에서 혹은 사원에서 행려자들을 보호함으로써 이들의 약탈이나 도적행위를 미연에 방지할 수 있었으며, 굶주림과 추위로 인한 죽음을 방지케 해준 것이다.

③ 납속보관제(納粟補官制)

납속보관제도는 국가재정의 고갈, 군량미 부족 등을 보충하고 흉년이 들었을 때, 기민, 질병자들을 구제하기 위한 일종의 재원조달책이었다. 충렬왕 원년(1275년)에 국가재정의 부족을 보충하기 위해 중국의 원나라 제도를 모방해 일정한 금품을 납입한 자에게 일정한 관직을 제수한 데서 비롯되었다. 납속보관제의 근본

취지는 부족한 재원을 충당하여 진휼을 하기 위한 제도였지만 매관매직의 전형적인 형태로서 점차 고려왕조가 기울어지는 역할 또한 하였던 것으로 판단된다.

다음으로 고려사회 의료구제사업은 다른 시기에도 마찬가지였겠으나 고려시대에도 자연재해가 발생하면 직후 발생하는 것이 각종 수인성 전염병이었으며, 영양부족에 의한 각종 질병이 창궐하였을 것으로 생각된다. 특히 생활환경 자체가 현재에 비해 매우 취약했을 것으로 보이는 그 당시 방역이나 오염원 차단 등에 대해 일반 백성들의 상식이나 대처방법은 매우 미흡했기 때문에 국가적인 차원에서 이에 대한 대책을 강구하지 않을 수 없었을 것으로 추측된다.

㉠ 혜민국(惠民局)

고려시대 서민의 질병 치료를 위하여 설치한 국립의료기관으로 예종 7년(1112년)에 설치하여 충선왕 때에는 사의서(司醫署)에 예속되었다가, 공양왕 3년(1391년) 혜만전약국(惠民典藥局)으로 이름을 바꾸었다. 혜민국에서는 특히 국내외의 약재와 백성이 필요로 하는 약을 조제하여 판매했으며, 빈민에게는 무료로 나누어 준 것으로 알려지고 있다. 쉽게 의원과 약품을 접할 수 없던 당시에 혜민국의 신설은 매우 중요한 의미를 갖는 것이었다. 그 밖에도 1109년 5월 경성에 역질이 유행하여 사망자가 많이 생기고, 심지어 시체를 거리에 버리는 등의 사태가 발생하자 구제도감(救濟都監)을 설치하였다. 구제도감은 특히 유행병의 치료를 목적으로 한 것이어서 상설기관은 아니었고 때때로 필요에 따라 설치되었다. 즉, 1348년 2월에는 같은 목적으로 진제도감(賑濟都監)이, 공민왕 3년인 1354년 6월에는 진제색(賑濟色)이 설치되었다.

㉡ 동서대비원(東西大悲院)

고려시대의 국립의료구제기관으로 주로 개경의 동 · 서 2개소에 설치하여 동서대비원이라 불렸으며, 설치연대는 명확하지 않으나 정종 2년(1036년) 이전인 것으로 보인다. 의료사업과 구제사업을 수행하여 병자를 치료하고 행려자를 돌보았다.

수도에 있는 가난한 병자, 무의무탁한 노인과 고아들을 치료하고 보호·양육한다는 사명을 띠고 있었으며, 서경에도 한 곳이 설치되어 있었다. 인력으로는 2명의 의사와 5명의 직원이 있었다. 또한 동서대비원은 비록 고려 말에는 운영이 원활하지 못하였지만, 몽고의 침입기를 제외하고는 비교적 본래의 임무에 충실하였다.

조선 초에도 서울의 동소문 밖 용산과 서소문 밖 연희동에 동서대비원을 설치하였고, 1414년 동서활인원(東西活人院), 1466년 활인서(活人署)로 개칭하였다가 1822년에 폐지되었다.

ⓒ 제위보(濟危寶)

광종 14년(953년)에 처음 설치된 자선의료기관으로 빈민, 행려의 구호와 치료를 맡아보던 기관이다. 국가가 세운 일정한 기금에서 10대 1의 비율로 나오는 이자를 가지고 자선의료의 대상으로 되는 무의무탁한 환자 등을 치료하고 돌본다는 사명을 띠고 있었다.

제위보에서는 죄를 지은 여성으로 하여금 죄의 대가로 도역(徒役)을 시키기도 하였다. 제위보에는 부사(副使) 1명과 녹사(錄事) 1명이 배치되어 있었는데, 그중 1명이 의사일 뿐인 빈약한 기관이었으며 1391년 관제축소 때 폐지되었다.

ⓓ 해아도감(孩兒都監)

고려 충목왕 3년(1347년)에 설치된 구빈기관으로 주로 젖먹이와 같은 어린 아이를 보호·양육하는 일을 맡아보던 기관으로 최초의 관설 영아원으로 생각된다. 고려 전기에는 동서대비원, 제위보 등의 기관에서도 고아를 보호·양육하였으나 후기에 이러한 기관들의 운영이 유명무실해지면서 고아를 돌보기 위하여 따로 이것이 설치된 것으로 판단된다.

이상과 같은 고려시대의 재난 발생에 대한 국가적 개입을 통한 오늘날의 시사점이라 할 수 있는 것은 국가경영에 있어 최우선적으로 국민의 생명보호와 안정된 삶의 확보를 생각하고, 다양한 이재민 구호 및 생활지원자금을 마련하였다는 점과 이를 위한 재원 마련을 위해 각종 세금징수의 조정, 민간 재원의 확보 등에 노력하였다는 점 등이다. 심지어는 관직을 매도하면서까지 재원 마련에 노력하였다는 점은 특이하면서도 고려시대 진휼정책의 시급성과 중요성을 깨닫게 해준다.

4) 조선시대[4)]

국가경제의 중심이 농업이었던 조선시대의 자연재해는 국가의 통치기반을 흔들 만큼 빈번하게 발생하였던 것으로 기록되고 있다. 이에 따라 농민의 재생산 기반을 국가가 보장해 주는 방식으로 체제의 안정을 기하고자 한 것이 조선시대 대민정책의 한 방법이었을 것으로 생각된다.

진휼정책은 삼국시대부터 계속되어 왔으며, 고려시대 이후 민간구제 사업이 확장되었는데, 조선시대에 들어와 유교적 정치이념을 바탕으로 제도적 정비를 추진하게 되었다고 판단된다. 조선시대에는 봉건적인 중앙집권체제가 완성되고 유교적 사회질서가 확립됨에 따라 빈민구제의 책임은 왕으로 대표되는 국가에 있다는 유교적 왕도주의에 입각하여 종래 진휼정책을 확대, 조직화하기 위해 중앙정부가 진휼정책의 지침을 마련하고, 각 지방에 대해 지시 · 감독을 시행하고 구체적인 운영 실무는 지방관에게 위임하는 형태로서 진제사, 진휼사, 구황순찰사 등을 운영하였던 것으로 나타나고 있다.

(1) 진휼정책의 사회적 배경

조선 중기였던 16세기에는 평균 1.5년에 1회 정도의 수해와 가뭄이 연속적으로 발생하였다고 기록되고 있는데, 이는 유성이 연속적으로 지구로 떨어짐에 따른 먼지로 태양이 가려졌던 소빙하기(小氷河期) 현상이 지속되었기 때문인 것으로 과학적으로 추측되고 있다.

4) 심재현 · 이재준(2005). 「조상의 구휼정책을 통해 본 재해대책의 개선방향」에서 인용

조선왕조실록의 기록에 의하면 어전회의에서 중종 재위기간 39년 중 31회, 명종 23년 중 10회, 숙종 60년 중 31회 이상 각종 자연재해 및 화재, 역병발생 등에 대해 논의되고 이에 대한 대책이 마련되었다는 기록이 있다.

이와 같이 조선의 전기 · 중기시대에는 거의 매년 재해와 기근으로 인해 농민의 생존이 위협받고 있는 상황에서 걸식을 하며 돌아다니는 유걸(流乞)과 굶어 죽는 아사자(餓死者)가 속출하고 도적이 성행하는 등 민심이 흉흉해지고 사회불안을 가중시키는 상황이 지속되었다.

더욱이 전근대 동양사회에서 천재지변은 군주의 통치력에 대한 하늘의 심판으로 인식하고 있었기 때문에 이러한 상태는 바로 통치권에 대한 지지기반의 상실, 민심의 이반으로 귀결될 수 있었다. 이에 따라 지배권력은 재해로 인한 이와 같은 정치적 · 경제적 위기상황에서 민생을 구제하여 대민 지배기반을 굳건히 하기 위해 대책을 마련해야 했다. 이러한 자연재해대책은 과거부터 비황(備荒)과 구황(救荒)이라는 체제로 구분하여 살펴볼 수 있다.

비황이란 재해가 발생하기 이전에 발생에 대비하고 춘궁기에 대응하기 위하여 곡식을 저장하여 두는 대책을 의미하며, 고려시대부터 창(倉)제도가 대표적인 예이다.

창의 원래 목적은 백성의 구제였으나 전시에 군량을 확보하고, 당시의 중심재화가 양곡이었던 만큼 부족공동체나 왕가의 재력을 비축하는 시설로 활용되기도 하였다. 고려시대에는 창의 물가조절기능이 강조되었고, 수도뿐만 아니라 지방관청에까지 설치해서 백성의 안정된 생활에 관심을 가졌다. 조선시대에는 공적인 창뿐만 아니라 주민이 자주적으로 운영하는 사창이 만들어지기도 했다. 이처럼 창은 춘궁기와 흉년에 대비하는 비황제도일 뿐 아니라, 물가조절 기능, 군량미의 비축, 지방재정의 수입원, 왕궁, 사찰, 지주의 재력 비축, 그리고 구휼기관 등 다목적용으로 활용되었다. 오늘날도 정부가 추수기에 공판을 통해서 벼를 수매하고, 이를 비축하였다가 연중 일정한 가격으로 판매하고, 군량미로도 사용하는 이른바 '정부미'는 오랜 전통을 가진 창제도와 관련되어 있다.

춘궁기에 대비한 창제도가 비황제도라면 수해와 한해와 같은 자연재해를 대비한 대책은 구황제도이다. 농업이 중심이 된 사회에서 백성이 매년 겪는 일은 춘궁기를 넘기는 일이지만, 그보다 훨씬 힘든 일은 홍수, 가뭄, 기근, 바람, 우박, 지진과 같은 자연재해와 전란과 같은 인위적인 급변이었다. 창은 춘궁기에 곡식을 빌려줄 뿐만 아니라, 재해구제를 위해서 곡식을 방출하기도 하였다. 그런데 구황이 비황과 다른 점은 정부가 비축하고 있는 관곡을 재해를 당한 백성에게 무료로 배급한다는 점에서 곡식을 빌려주는 진대와 차이가 있다. 또한 자연재난을 당할 경우에는 토지에 대한 세금, 군역, 부역, 형벌 등을 광범위하게 면제하거나 감면하였다.

(2) 조선시대 재해발생 현황

조선왕조 519년 동안에 기록에 나타나는 재해의 발생건수는 총 390회에 달하는데, 그 내용은 간략하게 기록되어 있으나 당시 피해규모와 사회에 미치는 영향은 매우 컸을 것으로 판단된다. 기록을 보면 1년에 0.75회의 재해가 발생하였다는 것을 알 수 있다. 또한 피해규모가 경미한 재해는 제외되었을 것이기 때문에 재해로 인한 백성들의 경제적 · 정신적 타격은 매우 심각했을 것으로 판단된다. 재해의 유형으로는 수해가 103건, 지진이 96건, 기아가 59건 등으로 나타나고 있다. 당시 수리시설이 변변치 못해 경지는 주로 천수답이 많았으며, 대규모 저수지가 절대적으로 부족한 상태였다고 판단되기 때문에 산간계곡에는 보를 설치하여 농업용수를 해결할 수밖에 없는 형편으로, 이러한 상태에서의 홍수나 가뭄은 사회, 경제적으로 큰 어려움을 주었을 것이라고 생각된다. 또한 주목할 만한 것은 현대에 이르러 큰 규모의 지진이 발생하지는 않았으나 조선시대에는 지진이 수해 다음으로 다발하는 재해로서, 결코 우리나라도 지진에 대해 안전하지만은 않다는 것을 재인식하게 해주는 기록이라고 할 수 있다.

(3) 조선시대의 구휼기관

① 사창(社倉)

사창은 세종 30년(1448년)에 처음 설치되었는데 경상도 대구군(大丘郡)에서 시험 실시한 후 문종조에 전국적으로 확대되어 갔다. 사창은 전국의 각 사(社)(지방 행정 기본 단위로 오늘날 村과 같음)에 설치된 곡물 대여기관으로 의창과 비슷한 성격을 지닌 것으로서, 의창의 일종의 보급적 형태를 가졌다. 그런데 의창은 지방 수령에게 직속되어 국가가 경영하는 데 반하여 사창은 촌락민의 직접 경영이었다.

사창에는 사장(社長)과 검교(檢校)라는 임원이 있어 사를 관리하고 그 원자산은 동네주민이 자의적으로 출자하여 운영하였기 때문에 도시보다는 촌락을 기반으로 했던 데 특징이 있다.

세종실록 제109권에는 사창의 설치와 운영에 필요한 큰 틀을 시행사목(施行事目)으로 제시하고 있는데 주요 내용은 다음과 같다.

㉠ 그 고장의 청렴한 선비를 관리자로 삼을 것
㉡ 창직(倉直)은 부호(富戶)로 할 것
㉢ 윤차숙직(輪次宿直)을 실시할 것
㉣ 利子를 제시할 것(이자를 빌려주기 이전에 명확히 할 것)
㉤ 보 · 장(保 · 狀) 체제의 구성
㉥ 청대(請貸)에서 부호는 제외할 것
㉦ 풍년에 창(倉)을 설치할 것

또한 의창과의 마찰 등을 고려하여 시범실시와 어전회의에서의 논의를 거쳐 문종 원년(1450년) 11월 사창제도에 대한 대원칙을 다음과 같이 반포하게 되었다.

㉠ 경상도 각 관(官)에 사창을 설치할 것
㉡ 매 사창은 의창곡(義倉穀) 200석을 분급(分給)받을 것
㉢ 매년 1석에 3두를 가산하여 받되, 만약 흉년일 경우 이자를 받지 말 것

㉣ 사(社)에 장(長)을 두어 그 일을 주관할 것

㉤ 1사에 200석을 받아서 이식(利殖)이 550석에 이르면 이전의 200석은 의창에 환수시킬 것

㉥ 사장은 9품 산관(散官)으로 제수하고 매 500석이 되면 자품(資品)을 올려주어 포상지전(褒賞之典)으로 할 것

㉦ 사장의 근만은 그 관수로 하여금 고찰해서 당년 실적을 감사에게 보고토록 하고 서용(敍用)할 때에는 능히 이식(利殖)을 늘리는 데 폐가 없었던 자를 포상할 것. 비록 이식을 많이 하더라도 사정(私情)이 있고 염산(斂算)이 불균(不均)해서 해가 주민에게 미치게 한 사람은 과죄(科罪)하고 상직(賞職)도 주지 말 것

㉧ 상직의 일은 병조에서 관장할 것

이와 같은 내용을 살펴볼 때 사창의 자원은 지역주민의 출자도 있었겠으나 의창곡으로 하고 500석 단위로 환상하는 방안이 일반적이었으며, 이자 또한 3푼을 원칙으로 하였다는 것과 도입 초기에 부정을 막기 위한 감사와 관의 감독을 받는 등의 내용을 알 수 있다.

그러나 사창제도는 시일이 경과하면서 곡물의 대여가 공평치 못하고, 가난한 백성에게 별 도움이 되지 못하여 임진왜란 후에는 그 폐지론이 대두하게 되었다. 그러다가 숙종 10년(1684년) 3월 좌승지 이단하(李端夏)의 건의로 사창절목(社倉節目)을 제정하여 각 도에 반포하는 등 흉황대책으로 이 제도를 개선해 보려는 노력을 기울이기도 하였다. 또 정조 21년(1797년)에는 북관(北關)에도 이 제도를 시행하는 등 널리 확대되었다. 그러나 의창에서와 마찬가지로 탐관오리에 의한 폐단이 발생하였으므로 폐지론이 대두되더니, 마침내 순조 5년(1805년)에는 전라도와 충청도지방의 사창은 관찰사의 재량으로 그 존폐를 결정하도록 지시하기에 이르렀다.

② 의창(義倉)

빈곤한 일반 서민 중에서도 생산에 종사할 수 없는 무능한 자를 구호하기 위해 국가에서 무상으로 관곡을 지급하거나 대여해 준 제도이다. 의창제도는 고려시대에도 활발하게 시행된 제도이며, 조선 전기에는 그 기구가 확대되었다고 판단된다.

의창의 원자곡(原資穀)은 정부곡(政府穀) 혹은 군자곡(軍資穀)으로 그 근본은 백성들의 조세였으며, 의창곡의 반은 의창에 남겨두고 나머지 반을 가지고 매년 대여하는 것을 원칙으로 하였다. 원칙적으로 신곡(新穀)과 구곡(舊穀)의 순환과 아울러 이식(利殖)을 하는 것이었으나 기황(饑荒)일 경우 무상으로 배급하는 경우도 많았다.

의창제도의 수혜자는 가난한 농민이나 실농한 군인, 평안, 황해, 강원도로 이주한 자 등이었으나 구체적인 기준은 다음과 같다.

㉠ 도적의 침입, 방화로 가옥을 소실한 자
㉡ 1리(里)의 범위 내 누구나 인정하는 빈곤한 자
㉢ 상(喪)이나 수화(水火)의 피해자
㉣ 행행(行幸) 때 피해를 입은 자
㉤ 의창곡을 관장하는 자의 부정으로 피해를 입은 자

의창제도는 실시의 범위가 전국으로 확대되면서 크게 두 가지 기능을 하게 되었는데, 하나는 국역(國役)의 측면이고 다른 하나는 경제적 측면이다.

조선시대 국역을 담당하는 계층은 서민과 상인이었기 때문에 이들이 생활고 등으로 흔들릴 경우 국가는 즉시 큰 타격을 입게 되기 때문에 국가 통치자의 입장에서 백성이 정착하여 살 수 있도록 하기 위해 의창제도를 실시하였다고 볼 수 있다.

또한 신곡과 구곡을 교환하고, 이식을 통해 경제적인 이익을 꾀하는 한편 콩이나 잡곡까지 대여해 줌으로써 구휼뿐 아니라 신종자(新種子)까지 빌려주는 농업 정책으로도 의창은 활용되었을 것으로 생각된다.

③ 상평창(常平倉)

상평창은 고려의 제도를 답습한 것으로 상평창(常平倉)이라고 부르는 것은 다만 관청의 기구로서 본 것일 뿐이요 별다른 것이 아니다. 조선에서는 세조 3년(1457년)에 설치되어 처음에는 경기 5참(站)의 공수(供需)를 전관(全管)케 한 것으로 그 관원으로는 낭청(郎廳) 1원을 음관(蔭官)으로서 임명하였다. 『경국대전(經國大典)』에 "경외에 상평창을 설치하여 곡물이 귀하면(흉년) 가격을 올려 포(布)를 사들이고, 곡물이 천하면(풍년) 가격을 내려서 포를 내다 판다"고 하였다. 이것으로 미루어 보면 상평창은 물가 조절이 주 목적이었으며, 그 부수적인 업무로 진휼사업에 관련했던 것으로 생각된다.

그러나 조선시대 상평창의 활용은 한성과 그 밖의 몇몇 도시에 그쳤고, 전국적인 규모로 널리 설립 · 운영되지는 못하였다. 상평창은 중기로 내려오면서 여러 가지 폐단이 발생하여, 인조 시대에 이르러서는 이를 폐지하고, 그 곡물(殘財)은 진휼청(賑恤廳)의 자산으로 정리되었다. 그러나 이때의 폐지는 상평창 기구(관원)의 폐지에 불과하였으며, 창제(倉制)로서의 이름은 그 뒤에까지 존속되었다.

그러나 중종실록에 보면 상평창의 사회에 대한 기여도를 다음과 같이 표현하고 있다.

㉠ 상평창은 물가조절기관으로 풍년에 곡가가 싸지면 이곳에서 적당량을 시가 이상으로 사서 저장하였다가 흉년에 매도함으로써 소비자의 부담을 덜게 하였다.

㉡ 흉년에 백성을 아사에서 구해내고 풍년에는 곡가의 폭락을 막아 손해를 보지 않게 하였다.

㉢ 환과고독을 구휼하고 농사에 편의를 주도록 하였다.

㉣ 가난한 백성들의 진휼기구로 사용하려 하였다.

㉤ 곡가가 하락하였을 때 포(布)와 교환하여 백성들의 편의를 제공하였다.

㉥ 백성들의 효유기구(曉諭機構)로 사용되었다.

㉦ 백성들의 유망(流亡)을 방지하였다.

④ 구휼제도의 운영실태

조선시대의 역대 군왕은 왕도사상을 바탕으로 시혜정치(施惠政治)를 강화하였다. 시혜의 내용은 크게 설죽(設粥), 보양견감, 경조, 의료정책, 사면, 구황책 등이 있다.

첫 번째로 설죽(設粥)은 빈민을 위해 시식(施食)을 베풀어 준 것으로 고려시대부터 존재하였는데, 조선시대에는 서대문 밖의 홍제(弘濟), 동대문 밖의 진제(賑濟) 등의 상설 설죽소(設粥所)가 있었다.

두 번째는 아동보호제도인데 추관지(秋官志)의 진휼청사목(賑恤廳事目)에 의하면 구호가 필요한 대상은 10세까지의 걸식자와 3세까지의 유기아(遺棄兒)로 진휼청에서 보양토록 하였다.

또한 정조 시대(1783년)에는 자휼전칙(字恤典則)이라 하여 유기아와 행걸아에 대한 법률을 제정한 바 있다. 자휼전칙은 기아와 걸식으로 굶어 죽는 아동이 많다는 것을 안 정조가 특별히 윤음(綸音)을 내려 사목(事目)을 정하고 혜휼(惠恤)의 길을 열어 시행방법을 규정하게 하였다고 한다. 혜휼방법으로는 9조의 절목을 나열하였는데, 국한문으로 인쇄하여 서울을 비롯한 전국에 반포하여 시행토록 하였다. 9조의 주요 내용은 나이와 구제기간, 행걸아 구제의 친족책임의 원칙, 행걸아 구제방법, 유기아 발견과 보고절차, 유기아 구휼을 위한 젖어미제도, 행걸아, 유기아 입양과 추거(본래 연고자가 찾아가는 것), 죽/젖먹이는 절차와 사후감독, 의복과 의료, 지방에서의 절차와 재정 등이다.

세 번째는 노인에 대한 우대정책으로, 건국과 함께 기로소(耆老所)를 설립하고 80세 이상의 노인들을 일정한 장소(궁궐 · 관아 등)에 초청하여 연회를 개최하는 것이 하나의 준례적 사항으로 인정되었다. 연회장소는 노인의 노고를 덜어주기 위해 어느 한 곳으로 집중하지 않고 여러 곳으로 분산하여 설정하였다. 노인들에 대해 개별적으로 미곡과 육류를 제공하였으며, 70세 이상의 노인으로 슬하에 효자가 있을 경우에는 병역의 의무를 면제하여 주고 그 부모를 편안히 봉양할 수 있도록 조처하였으며, 또 90세 이상의 노인일 때에는 그 집에 대한 요역을 면제하여 주었다. 그리고 백수(白壽, 99세) 이상의 노인에 대해서는 그 집에 대한 잡역을 모두 면제하여 주었을 뿐 아니라 특히 일반의 노인에서보다 의복 · 고운 솜 · 포목 · 미곡 · 육류 등을 더 주었다.

네 번째는 국왕이 베푸는 감세제도로서 국민의 생활안정에 중요한 역할을 하였다. 주요 내용으로는 지세(地稅), 호세(戶稅), 부역(賦役)의 감면이었는데, 신왕이 등극하거나 각종 행사에 국왕이 특별하게 베푸는 은면(恩免)과 뜻밖의 재해를 당한 이재민에 대한 재면(災免)으로 구분할 수 있다.

다섯 번째는 서민 가운데 가세가 곤궁해서 장례나 혼사를 치르지 못할 경우 호조의 진휼청(賑恤廳)에서 장례비를 지급해 주거나 혼사를 치르도록 해주었다. 흔히 이를 가취고조제(嫁娶顧助制)라 하는데, 혼인이 사회성원 유지와 노동력이 모든 생산의 원동력이 되는 농경사회에서 국가 발전의 원동력이 되는 것이며, 가족제도를 중요시하는 유교사회에서는 그 중요성이 더욱 강조되었기 때문인 것으로 판단된다. 이와 같은 이유로 국가는 일반 백성, 특히 가세가 빈곤하여 혼기를 잃은 사람들에 대하여 그 혼인이 가급적 빨리 이루어지도록 원조를 하였다.

특히 세종대에 이르러 구황촬요(救荒撮要)를 인쇄 · 배포하면서 서민들로 하여금 스스로 구황대책을 개발하도록 독려하였다. 이 책에는 장기간 공복상태에서 갑자기 밥을 먹을 경우 사망할 수 있으므로 먼저 장(醬)을 물에 타서 먹는 방법, 구황 대용식물로서 느릅나무 껍질, 솔잎, 송피(松皮), 무씨, 무 줄기, 도토리 등이 제시되어 있다.

여섯 번째는 일반 서민의 병환을 치료하기 위한 곳으로서 동서활인원(東西活人院)과 혜민서(惠民署), 제생원(濟生院) 등이 건립되었다. 사창, 의창, 상평창 등 전무적인 진휼기구 이외에 여러 기구들은 선조 24년(1591)에 선혜청(宣惠廳)으로 통합되었고, 인조 4년(1626)에 진휼만을 담당하는 진휼청이 설치되었다.

조선의 왕들은 재위 기간 중 여러 가지 재해로부터 백성을 지원해 주기 위한 다양한 대책을 고민하였던 것으로 판단된다. 특히 사궁에 해당되는 고아, 아녀자에 대한 진휼대책과 기근 등에 따른 구황정책 등이 지속적으로 어전회의에서 논의되고, 지방에 시달되었던 것을 알 수 있다.

(4) 조선시대의 제도에서 본 시사점

조선왕조 519년 동안에 조선왕조실록에 기록된 재해발생 횟수만 390회에 달할 정도로 조선시대에는 거의 매년 크고 작은 자연재해로 인해 많은 피해가 발생하였던 것으로 추측된다. 이에 따라 조선은 평상시 미리 곡물을 비축하여 재해에 대비하는 비황책(備荒策)에 대해 건국 초기부터 구체적으로 제도화하려는 노력이 컸으며, 이러한 대책의 일환으로 의창(義倉), 상평창(常平倉), 사창(社倉) 등이 운영되었던 것으로 보인다.

또한 사궁(四窮)에 해당하는 환과고독의 사회적인 약자에 대한 다양한 배려가 있었던 것으로 보이며, 기로소(耆老所), 진휼청(賑恤廳), 선혜청(宣惠廳) 등의 상설 전담기관을 설치하였다는 것에서도 진휼이 중요한 정책이었음을 알 수 있다.

그러나 사실상 조선시대 진휼의 주요 대상은 국가의 조세와 부역을 담당한 16~60세까지의 정(丁)이라고 할 수 있다. 이들은 국가의 중추적인 구성원으로서 그 생활이 안정되지 않아 토지를 떠나 유랑하고 걸식할 경우 조세징수에 결정적인 영향을 미칠 뿐만 아니라 필요시 요역에도 투입될 수 없게 되어 국가운영상 치명적인 어려움을 초래하기 때문에 이들에 대한 대책이 필요했을 것으로 사료된다.

재해 발생 후 사후대책으로는 조세를 경감해 주는 방법과 곡물을 유무상으로 지급하는 진대와 진조 및 진희와 유랑자에 대한 음식제공, 의료사업 등이 있었다.

그러나 실제적으로 재해 시 기민구제는 유무상 원조보다 조세부담을 줄여주는 것이 효과가 커서 이를 활용하였던 것으로 파악되며, 토지세(田結稅) 감면 지역의 시행범위는 전국적인 흉년이라도 동시에 감면혜택을 내린 적은 없었던 것으로 조사되고 있다. 이러한 측면은 감면제도를 극대화하고 국정운영을 위한 재원 마련은 최소화하면서 무상지원보다는 조세부담을 통해 재해대책을 운영하였다는 것을 알 수 있다.

사회적 재난

CHAPTER 03

이기영 · 김현성

1. 사회적 재난의 개념

일반적으로 사회적 재난은 자연재난을 제외하고 인위적인 원인으로 발생하는 재난을 말한다. 사회적 재난은 국가적으로 체제를 위협할 정도로 그 영향이 매우 크기 때문에 이에 대한 예방, 대책이 매우 중요하다. 사회적 재난은 자연재난, 인적재난과 함께 서로 영향과 원인이 될 수 있기 때문에 한정지어 대비나 예방은 곤란하며 통합적 관리와 네트워크 형성이 중요하다(진병문 · 박재여 · 안대명 · 윤혜경, 2017).

사회적 재난의 개념을 포함한 재난의 개념은 현대사회의 변화속도와 원인의 다양성 그리고 환경변화로 인해 학자들 사이에서 많은 논쟁이 되어 왔다. 현대사회 이전에는 자연재해(태풍, 홍수, 지진 등)를 재난으로 인식하였고 최근에는 환경변화 등 다양한 원인을 포함한 인위적 요인의 대형사고도 재난의 범주로 인식하고 있다. 2004년 3월 11일에 공포된 「재난 및 안전관리 기본법」 제3조는 재난의 개념을 "국민의 생명, 신체 및 재산과 국가에 피해를 주거나 줄 수 있는 것으로서 태풍, 홍수, 호우, 강풍, 풍랑, 해일, 대설, 가뭄, 지진, 황사, 조류대발생, 조수, 화산활동, 소행성 · 유성체 등 자연우주물체의 추락 · 충돌 그 밖에 이에 준하는 자연현상으로 인하여 발생한 재해, 화재, 붕괴, 폭발, 교통사고, 화생

방사고, 환경오염사고 그 밖의 유사한 사고로 인한 피해, 에너지, 통신, 교통, 금융, 의료, 수도 등 국가기반체제 마비와 전염병 확산 등으로 인한 피해"로 정의하고 있다. 이는 기존의 자연재해와 인위적 재난의 개념을 통합하고, 사회 전반에 걸쳐 기능이 마비되는 사회적 재난(전쟁, 쿠데타, 테러사건, 독가스 등)까지도 포함하여 재난의 개념을 새롭게 정의한 것이다(이진우, 2013). 특히 우리나라는 다른 해외국과 국제기구들의 정의와 달리 감염병 피해도 사회적 재난에 포함시키고 있는데, 이는 우리나라에서만 나타나는 특징으로 볼 수 있으며, 강석훈(2015)은 다양한 국제기구들에게서는 감염병 피해를 자연재난으로 분류하는 경우가 흔하다고 말하고 있다.

사회적 재난이란 비교적 최근에 위기 및 재난 관련 학계에서 먼저 대두되기 시작한 개념이다. Waugh(2000), Haddow와 Bullock(2003)은 조직 및 사업장 내에서의 파업 · 테러 · 시민 불복종 등과 사회적 재난의 발생 요인과 그로 인한 재난에 대해서 언급한 바 있으며, "사회적 재난"을 "재난"으로 처음 정의하여 분류한 학자는 Alexander(2002)이다. Alexander(2002)는 그의 저서에서 사회적 재난을 자연적 요인과 기술적 요인으로 인한 재난과 구분하여 언급하였다(송창영, 2013).

현대사회는 첨단 산업의 발전으로 삶은 편리하고 풍요롭게 되었지만 전쟁과 폭동, 테러 등과 같은 빈번한 재난상황의 발생은 인류를 심각하게 위협하고 있다. 최근 들어 폭탄 테러와 같이 타인의 생명과 재산을 고의적이고 의도적으로 위협하고 나아가 국가핵심기반까지 위협하는 사회적 재난이 증대되고 있다. 갈수록 여러 위험적인 사회적 재난 상황들이 확대되고 있는 양상이다. 테러단체들의 반인륜적 행위, 지하철 파업, 항공기조종사 노조파업 등으로 인한 교통대란 등은 사회적으로 크나큰 혼란을 가져온다. 이와 같이 사회적 재난이란 종교적 · 정치적 · 이념적인 목적 달성(Weinberg & Davis, 1989; 이재은, 2005)을 위하여 개인이나 집단이 인간의 생명과 재산을 위협하거나 사회 질서를 파괴하려는 의도적 · 고의적인 범죄일 뿐만 아니라 인종적 · 종교적 · 지역적 이익을 위한 집단행동으로 인한 재난상황을 의미한다. 사회적 재난은 의도적이고 고의적이라는 점에서 잔혹성이 크며 자연 및 인적 재난에 비해 사회적 · 심리적 불안감의 고조를 가져온다(재난 및 안전관리 기본법; 이재은, 2005).

사회적 재난은 자연재난을 제외한 인간에 의해서 인위적으로 발생되며 이는 국가사회에 미치는 영향이 매우 크고 체제 자체를 위협할 소지 또한 크다. 사회적 재난은 자연재난과 인적재난으로 파급되는 경우도 있기에 어느 한 분야만 한정하여 대비하기란 어렵다(진병문 · 박재여 · 안대명 · 윤혜경, 2017). "이러한 사회적 재난은 자연현상에 의해 발생하지 않는다는 점에서 인위재난과 같지만, 인위재난이 주로 과학 · 기술의 조작, 운용상의 실수나 부주의, 무지와 무관심에서 비롯된 반면, 사회적 재난은 의도적 및 고의적인 것에서 비롯된다는 특징이 있다. 예를 들면, 2001년 미국의 9 · 11테러, 2004년 스페인의 3 · 11 열차테러, 그리고 2005년 7월 7일 이슬람 테러단체 알 카에다에 의해 자행되어 45명 이상의 사망과 200여 명의 부상자가 발생되었던 영국 런던 폭탄테러, 1995년 3월 20일 12명의 사망자를 포함한 5,000여 명의 사상자가 발생한 일본 동경 지하철 독가스 테러, 1995년 4월 19일 150여 명의 사망자를 포함 500여 명의 부상 및 실종자가 발생한 미국 오클라호마 연방기구 폭탄테러 사건 등과 같이 특별한 이유 없이 불특정 다수의 시민을 대상으로 하여 무차별 테러행위를 저지르는 슈퍼 테러리즘(superterrorism) 등을 들 수 있다. 이 외에도 LA폭동과 같이 인종적 단결에 의한 집단행동으로 인해 발생하는 경우도 사회적 재난의 범주에 포함된다"(이종열, 1995; Rosenthal & Hart, 1991; 이재은, 2005).

재난은 그것을 구성하는 요소의 다양한 환경변화와 복합적인 원인에 의한 피해현상에 따라 개념과 유형을 달리할 수 있을 것이다. 직접원인에 의한 자연재난과 복합적인 원인에 의해 발생하는 재난을 사회적 재난으로 나누어 본다면, 사회적 재난의 의미는 사회를 구성하는 직 · 간접적인 요소들로부터 기인한 1개 이상의 원인으로 인하여 피해의 양상과 크기가 변하는 인간의 생명과 재산 그리고 국가나 사회의 항상성을 위협하는 파장이 큰 재해라고 볼 수도 있을 것이다(김성태, 2013).

사회적 재난은 인적재난의 의미도 내포하고 있다. 인적재난의 종류에는 환경오염 사고, 도로교통사고, 철도사고, 폭발, 화재, 산불, 해양사고, 가스사고, 유·도선사고, 공단 내 시설사고, 광산사고, 전기(감전)사고, 승강기 사고, 보일러 사고, 항공기 사고로 15여 종이 있다. 이런 인적사고는 자연재해와는 다른 특징을 가지고 있다. 첫째, 실질적인 위험이 크지만 체감하지 못하거나 방심한다. 둘째, 본인과 관련된 직접적인 재난피해 외에는 무관심하다. 셋째, 기술·산업발전의 양상에 따라 발생빈도, 피해규모가 다르다. 넷째, 인간의 철저한 관리 등 면밀한 노력에 의해 상당 부분 근절 가능하다. 다섯째, 돌발적이며 강한 충격의 발생과정을 지니고 있지만 비슷한 유형의 재난피해도 형태나 규모, 영향범위가 다르다. 여섯째, 고의와 과실 여부에 따라 타인에 대해 손해에 대한 배상 책임이 따른다(허연주, 2016).

산업화 이전에는 인간이 통제 불가능한 자연재해가 인재의 역할을 하였다. 최근에는 기술발전, 인간성의 상실로 인한 잔인성 증가로 인한 인적재난 외에도 시민, 정부 간 투쟁, 전쟁 등과 같은 재난의 형태들이 발생하고 있다. 이들 또한 인위적 재난에 포함될 수 있으며, 인적재난은 인간의 역량에 따라 결정될 가능성이 크다. 그래서 인적재난은 '비의도성 재난(nonintentional disaster)'과 '의도성 재난(intentional disaster)'으로 분류된다(김현수, 2015).

의도성 재난은 전쟁이나 내란, 폭동, 테러 등을 말하고 쓰나미, 화산폭발 등 자연재해의 일차적 원인에 의해 발생하는 이차적 반응(예 원전사고로 인한 방사능 유출)이 비의도적 기술적 재난이라 할 수 있다. 기술적 재난은 대부분 비의도성 재난이라고 할 수 있다. 첨단기술사회에서 일어나는 이러한 형태, 즉 인적재난과 자연적 재난이 함께 발생하는 재난을 복합재난(complex disaster or emergency)이라고 한다. 그러나 이러한 의도적·비의도적 인적재난은 인간의 예방에 의해 사고의 규모, 횟수 등이 달라질 수 있다(강석훈, 2015).

하지만 피해 범위에 있어 사회적 재난은 인적재난보다 더 크다. 이진우(2013)의 연구에 의하면 재난을 직접원인에 의한 자연재난과 복합적인 원인의 사회적 재난으로 나누면서, 직·간접적인 사회의 구성요소들로부터 기인한 1개 이상의 원인으로 인한 피해의 양상과 그 크기가 변하는 인간의 생명, 재산과 국가나 사회의 항상성을 위협하는 그 피해의 파장이 큰 재해가 사회적 재난이라고 정의하였다. 즉, 뚜렷한 사고, 기술적 재해 외에도 테러, 범죄, 폭력 등의 여러 형태가 사회적 재난 범주에 속할 수 있다는 것이다. 예를 들어, 개인 혹은 집단 간 폭력 사태는 소규모의 재난으로 어디에나 발생할 수 있다.

집단폭력(mass violence)은 자연재해보다 피해자에게 더 심한 기능 장애를 일으킨다고 알려져 있다(Norris, Friedman & Watson, 2002; 허연주, 2016). 최근에는 새로운 형태의 재난으로 테러리즘(terrorism)이 포함될 수 있다. 9·11 테러, IS(이슬람 무장 테러단체)에 의한 테러가 대표적이다. 이러한 물리적 테러뿐만 아니라 사이버상의 테러리즘도 사회를 심각하게 위협하는 재난으로 부각되고 있다(Ursano, Fullerton, Lars & Raphael, 2007; 허연주, 2016). 그 외에도 공식적인 재난으로 인정되지 않지만 그만큼의 파급력이 있는 범죄가 있다. 피해자는 개인이거나 소수이지만 대중의 공분을 사고, 사회의 변화를 일으킨다는 점에서 재난과 일맥상통한다. 재난정신건강위원회에서 발간한 『재난과 정신건강』에서는 성폭력과 가정폭력을 포함시켰는데, 이는 소수인 피해자의 범죄 피해 역시 재난으로 인한 결과에 준함을 인정하는 것이라고 볼 수 있다(허연주, 2016).

이렇듯 사회적 재난과 인적재난은 깊은 연관성을 가지고 있으며, 인적재난과 사회적 재난은 많은 학자들 사이에서 구분, 분류되고 있다. 하지만 2013년에 개정된 「재난 및 안전관리 기본법」에서는 자연재난과 사회재난을 단순하게 분류하였지만, 개정 전에는 사회적 재난이 인적재난과 구분하여 사용되었다. 지금은 양자를 구분하는 기준이 모호하고, 혼용해서 쓰는 경우가 많아서 현재는 인적재난과 사회재난을 통합하여 사회적 재난으로 사용하고 있다(진병문·박재영·안대명·윤혜경, 2017).

"국외에서는 재난원인에 따라 자연재난과 사회재난을 나누지 않고 모두 포함하여, 재난결과로 인해 야기될 수 있는 재난규모에 따라 비상사태를 결정하여 대응하고 있다. 그중에서 국내 사회재난의 개념과 유사하게 볼 수 있는 해외 재난 관련 용어는 재난의 용어에 모두 포함되거나 사람이 원인이 되거나 영향을 미치는 재난으로 정의하고 있다. 즉, 사회재난을 'Social Disaster'로 명칭하지 않고 사람에 의해 발생하는 실수, 고의, 기술, 사고 등에 의해 발생하는 재난으로 용어를 사용하고 있다"(정재학 외, 2014).

우리나라와는 달리 재난관리 선진국인 미국, 일본 등에서는 사회재난에 대해 분류나 정의를 하기보다는 재난 발생의 한 원인으로 사회재난과 같은 요인들을 제시하고 있다(정재학 외, 2014).

〈표 3-1〉 사회재난과 유사한 해외 재난 정의

재난명	내 용	출 처
• Man-made disaster	• 사람에 의한 재난 • 사람이 일으킨 사건	스태포드 재난법
• Technological & accidental hazards	• 기술적, 사고적 재해 ※ 감염병, 테러, 화재는 제외	연방재난관리청 (FEMA)
• Natural hazards increase by humans	• 사람이 직간접적으로 재난에 영향을 미침 • 사람이 원인인 재난	응급 공공의료 가이드 (적십자 · 적신월사와 존스홉킨스대학)
• Social security • Disaster	• 사회안전 : 인간의 고의 또는 비고의적 행위, 자연적 위험요소 및 기술적 실패로 인해 야기된 사건, 응급 상황 및 재난으로부터 사회보호와 이에 대한 대응 • 재난 : 해당 조직, 단체, 사회의 보유자원을 가지고 대응, 복구할 수 없을 정도로 큰 인적, 물적, 경제적, 환경적 손실이 발생한 상황	국제표준용어 ISO/TC22300
• Unnatural disaster	• 인간의 실수로 고의행동 결과로 발생하는 죽음과 손해	Natural Hazards, Unnatural disasters (World bank, UN보고서)

출처 : 정재학 외(2014) 재인용.

"미국 스태포드 재난법에서 대통령은 자연재해 또는 사람에 의한 재해(man-made disaster)에 대한 주지사의 비상사태 선언 요청을 지원하고 가이드라인이 유지될 수 있도록 공포하여야 한다고 되어 있고, 연방재난관리청(FEMA)에서는 기술적, 사고적 재해(technological & accidental hazards) 종류로 블랙아웃, 위험물질 사고, 핵 시설 등을 제시하고 있다. 응급 공공의료 가이드에서는 사람에 영향을 받는 재해(natural hazards increase by humans)로, 예를 들어 중남미에서 산림 훼손에 의한 산사태 위험 증가, 사헬(sahel)지역의 과잉 소떼 방목으로 인한 기근 등을 제시하고, 사람에 의한 재해(disaster caused by humans)로는 오염물질 배출, 위험물질 누출과 같은 산업화 관련 재난과 무력충돌, 폭력을 동반한 갈등 및 테러, 교통 관련 재난 등을 들 수 있다. 국제표준용어 ISO/TC22300에서는 'social disaster' 용어는 사용하지 않고, 대신 사회안전(social security)이라는 단어 안에 자연적 위험요소까지 포함하는 포괄적 의미로 정의하고 사회재난을 정의하고 있다. 또한 월드뱅크에서 나온 2010년 보고서에서는 사회재난의 개념을 'unnatural disaster'로 사용하고 세계 10대 재난을 제시하고 있다"(정재학 외, 2014).

〈표 3-2〉 세계 10대 Unnatural Disasters

순 위	내 용	인명피해
1위	1975. 8. 8. 중국 허난성 반차오댐 붕괴 반차오댐은 천년에 한번 발생하는 폭우에도 견디도록 설계(306mm/day)되었으나 태풍 니나의 영향으로 이천 년에 한 번 발생하는 폭우가 내려서(1,060mm) 결국 붕괴	당국 발표는 26,000명 사망, 댐 붕괴로 인한 전염병 기근 포함해서 230,000명 사망 추정 사망 26,000~230,000명
2위	기원전 27세기 로마 원형극장 붕괴	사망 20,000명
3위	1984. 12. 2.~3. 인도 보팔 살충제공장 가스(메틸 이소시안염 : MIC) 누출사고 MIC 보관 탱크에 물이 들어가면서 화학반응, 온도가 200℃ 올라가고 압력이 올라가 누출, 북서풍 타고 보팔 전역으로 번짐, 현재까지도 근처 토양에 살충제 성분이 다른 곳에 비해 40배 이상, 질식사 및 순환계 이상으로 사망	당일 사망 집계 8,000명 이상, 누출로 인해 170,000명 치료, 전체 100,000~200,000명 고통받은 것으로 추정, 사망 16,000~30,000명

4위	1952. 12. 런던 대스모그 1952년 12월 5일간 지속, 추운 날씨로 인해 석탄 소모 증가 (당시 석탄은 연소 시 요즘 석탄보다 이산화황이 많이 나옴) + 배기가스 + 북서풍으로 인해 유럽대륙에서 오염된 공기 유입, 위 세 가지 요소로 인해 한 주간 당시 4,000명 사망, 이를 계기로 clean air act 1956 제정	현재 연구로는 이때 스모그로 인한 사망자를 12,000명까지 추정, 100,000명 아픔, 사망 4,000~12,000명
5위	1941. 6. 5. 중국 충칭 대폭격 2차 세계대전 중 일본이 충칭에 대해 지속적인 폭격, 1941년 6월 5일은 특히 3시간 동안 폭격 지속	사망 2,500~4,000명
6위	1987. 12. 20. 필리핀 마닐라 해상 MV Dona Paz 유람선이 유조선과 충돌 충돌 직후 유조선에 불이 붙어 유람선으로 번짐, 유람선 갑판에 구명정이 구비되지 않아서 승객들이 뛰어내릴 수밖에 없었음, 사고 후 당국에서 인지하기까지 8시간이 걸렸으며 구조는 추가로 8시간 후에 시작, 공식 사망자는 1,749명이나 실종신고 등으로 미루어 볼 때 정원 외 몰래 추가 탑승 시사	사망 1,749~4,341명
7위	1863. 12. 8. 칠레 대성당 화재 축제 중 성당에 켜놓은 촛불이 베일에 옮겨붙어 화재, 너무 많은 인원이 성당에 모여 있었던 데다가 문이 안쪽으로 열러 사람들이 출입구로 물려들면서 문이 열리지 않아 많은 사상자 발생	사망 2,000~3,000명 추정
8위	1917. 12. 6. 캐나다 노바스코샤 핼리팩스 폭발 전시에 화약을 실은 프랑스 화물선과 노르웨이 화물선이 충돌하면서 폭발, 폭발에 이은 쓰나미로 항구 안쪽 지역 16km 반경 건물 파괴, 인명 피해	신원, 주민, 구경인파 포함 1,950명 사망
9위	1942. 4. 26. 중국 벤시후 철, 석탄 광산 광산에서 가스폭발 후 화재로 인하여 1,549명 사망, 일본이 강점하는 지역이라 사고 후 방치, 사고처리 태만, 은폐, 축소 보고	1,549명 사망
10위	1977. 3. 27. 그란 카나리아제도 테네리페 섬의 로스 로데오 공항 팬암사와 KLM사의 보잉 747기가 충돌 원인1. 테러 이협으로 온래 목적지인 라스 팔라스 공항 폐쇄로 로스 로데오 공항으로 임시 착륙 원인2. 테러위협이 거짓으로 드러나 원목적지로 갈 때 짙은 안개로 상대방 비행기뿐 아니라 관제탑에서도 비행기를 볼 수 없었음 원인3. 관제탑 교신 불분명으로 서로 다르게 이해했으며 관제탑 지시 불이행	583명 사망

출처 : World bank(2010), 정재학 외(2014) 재인용.

1) 법제도상의 사회적 재난

재난은「재난 및 안전관리 기본법」상 자연재난, 인적재난, 사회적 재난으로 구분되어 왔다. 그럼으로 해서 인적재난과 사회적 재난의 구분에 대해 쉽게 이해하기 어려웠으며 실제 재난 발생 시 관련 부서 간에 상황관리나 책임소재의 혼란도 있었다. 이에 따라 정부는 2013년 8월 16일 개정된「재난 및 안전관리 기본법」에서 재난유형을 국민들이 알게 쉽도록 자연재난과 사회재난으로 단순·명확하게 분류하여 기존의 '인적재난'과 '사회적 재난'을 합하여 '사회재난'이라고 정의하였다. 또한 자연재난은 소방재청이, 사회재난은 행정안전부가 총괄관리함으로써 관리책임도 명확히 하였다.[1)]

〈표 3-3〉 현행 재난 및 안전관리 기본법상 재난유형 및 관리책임

구 분	유형(예시)	관리책임
자연재난	태풍, 홍수, 호우, 강풍, 풍랑, 해일, 대설, 낙뢰, 가뭄, 지진, 황사 등	소방방재청
사회적 재난	에너지, 통신, 교통, 금융 등 국가기반체계 마비 및 감염병, 가축전염병	행정안전부
인적재난	화재, 붕괴, 폭발, 교통사고, 화생방, 환경오염 등	소방방재청

출처 : 대한민국 정부 대표 블로그 '정책공감'.

「재난 및 안전관리 기본법」에서 정의하고 있는 사회적 재난에 대해 살펴보면 다음과 같다(법제처 국가법령정보센터, 2017).

〈재난 및 안전관리 기본법〉

제3조(정의) 이 법에서 사용하는 용어의 뜻은 다음과 같다.

"재난"이란 국민의 생명·신체·재산과 국가에 피해를 주거나 줄 수 있는 것으로서 다음 각 목의 것을 말한다.

---

1) 대한민국 정부 대표 블로그 '정책공감'에서 인용함

가. 자연재난 : 태풍, 홍수, 호우(豪雨), 강풍, 풍랑, 해일(海溢), 대설, 낙뢰, 가뭄, 지진, 황사(黃砂), 조류(藻類) 대발생, 조수(潮水), 화산활동, 소행성·유성체 등 자연우주물체의 추락·충돌, 그 밖에 이에 준하는 자연현상으로 인하여 발생하는 재해

나. 사회재난 : 화재·붕괴·폭발·교통사고·화생방 사고·환경오염 사고 등으로 인하여 발생하는 대통령령으로 정하는 규모 이상의 피해와 에너지·통신·교통·금융·의료·수도 등 국가기반체계의 마비, 「감염병의 예방 및 관리에 관한 법률」에 따른 감염병 또는 「가축전염병예방법」에 따른 가축전염병의 확산 등으로 인한 피해

2) 사회적 재난의 관리 연혁

우리나라는 6·25전쟁이라는 상황을 겪으면서 사회적 재난에 대한 대비가 일찍이 이루어졌다고 볼 수 있다. 우선 민방위법에는 1975년 적의 침공이나 전국 또는 일부지방의 안녕과 질서를 위태롭게 할 재난으로부터 주민의 생명과 재산을 보호하기 위하여 민방위에 관한 기본적인 사항과 민방위대의 설치·조직·편성과 동원 등에 관한 사항을 규정하고 있다. 다음으로는 1984년에 전시·사변 또는 이에 준하는 비상시에 있어서 국가의 인력·물자 등 자원을 효율적으로 활용할 수 있도록 이에 대비한 계획의 수립·자원조사 및 훈련 등에 관하여 필요한 사항을 비상대비자원관리법으로 규정하였다(비상대비자원관리법). 그리고 2004년에는 「재난 및 안전관리 기본법」이 제정되었다. 「재난 및 안전관리 기본법」은 각종 재난 시 국토보존과 국민의 생명·신체 및 재산의 보호를 목적으로 이에 필요한 사항을 규정하였다(재난 및 안전관리 기본법). 특히 에너지·통신·교통·금융·의료·수도 등의 국가핵심기반체계 보호 등의 사회적 재난관리 내용도 이에 포함하게 되었다(이재은, 2005). 결국 과거의 전통적 안보 개념의 민방위와 자연재해에 대한 재난관리에서 에너지, 금융, 환경 특성에 기인하는 사회적 재난까지 포함하게 된 것이다(김석철, 2015).

〈표 3-4〉 사회적 재난 관리 연혁

민방위법(1975. 7. 25., 법률 제2776호) : 민방위에 관한 기본적인 사항과 민방위대의 설치 · 조직 · 편성 · 동원 사항을 규정
⇩
비상대비자원관리법(1984. 11. 17., 대통령령 제11545호) : 비상시에 자원을 효율적으로 활용할 수 있도록 하기 위한 사항을 규정
⇩
재난 및 안전관리 기본법(2004. 6. 1., 법률 제7188호) : 각종 재난으로부터 국토 보존, 국민의 생명 · 신체 및 재산을 보호하기 위한 목적으로 국가 및 지방자치단체의 재난 및 안전관리체제를 확립하고, 재난 및 안전관리 등에 관하여 필요한 사항을 규정

3) 대응 시점상의 사회적 재난

사회재난을 대응 시점 등의 대응 유형별로 분류하면 집중 피해형, 동시 대응형 그리고 광역거대재해로 분류할 수 있다. 집중 피해형은 매우 짧은 시간 안에 재난이 발생하여 재난이 종료된 후 대응이 이루어지는 것으로 붕괴나 화재 등이 있다. 그리고 동시 대응형은 초기대응의 미흡과 대응기관 간의 협력 부족으로 인해 대형 재난으로 발전된 것으로 불산 누출 사고, 세월호 침몰 사고 등이 있다. 마지막으로 광역거대재해 유형은 피해범위(3개 이상 인접지역 동시 피해발생)가 광역적인 재해로 피해지역의 동시 대응이 필요한 것으로 산불과 원유 유출이 있다(정재학 외, 2014).

〈표 3-5〉 대응유형에 따른 사회재난

복합재난	집중 피해형	삼풍백화점 붕괴, 대구 지하철화재 등
	동시 대응형	불산 누출, 세월호 침몰 등
광역거대재해		산불, 원유 유출 등

출처 : 정재학 외(2014).

4) 규모와 공간유형상의 사회적 재난

사회적 재난을 재난 규모와 피해지역 규모에 따라 분류하면 다음 〈표 3-6〉과 같다.

〈표 3-6〉 규모와 공간유형에 따른 사회재난

재난종류		거대성	
		중소규모	대규모
광역성	국지적	300명 이하, 단일지역 (대구지하철, 불산가스)	300명 이상, 단일지역 (삼풍백화점, 세월호)
	광역적	300명 이하, 복수지역 (강원도 양양 산불, 동해안 산불)	광역지역 (태안 원유 유출)

출처 : 정재학 외(2014). 재인용.

5) 자연재난과 사회적 재난의 비교

자연재난은 근본적으로 예방이 매우 어려운 불가항력적 특징이 강한 반면 사회적 재난은 인위적이라는 점에서 예방이 가능하다(진병문 외, 2017).

자연재난의 발생은 광범위한 지역에 걸쳐 이루어지며 재산의 피해와 사상자 발생이 넓은 지역에서 산발적으로 이루어진다. 이에 비해 사회적 재난은 재산피해와 사상자 발생이 국소 지역에서 일어나는 특징을 가진다. 또한 대응활동과 재난 통제가 자연재난에서는 극히 제한적으로 진행되는 반면에 사회적 재난은 재난에 대한 대응활동, 재난 통제의 가능성이 상대적으로 높다(진병문 외, 2017).

시간적 측면에서도 자연재난의 진행이 장기간에 걸쳐 완만히 이루어지는 것에 비해 사회재난은 단시간에 걸쳐 급격히 완결된다(진병문 외, 2017).

2. 사회적 재난의 특징

사회적 재난은 개인이나 집단이 종교적 · 정치적 · 이념적 목적을 달성하기 위해 인간의 생명과 재산을 위협하거나 이를 넘어 사회질서를 파괴하기 위한 의도적이고 고의적인 범죄일 뿐만 아니라, 인종적 · 종교적 · 지역적 이익의 달성을 목적으로 집단이 행하여 발생하는 재난상황이라고 정의할 수 있다. 특히 한국의 경우에는 남 · 북한의 군사적 대치상황으로 인해 정치적 · 이념적 측면의 목적 달성을 위한 사회적 재난의 발생 가능성이 높은 동시에 안보재난이 곧 사회적 재난으로 확대, 전이될 수 있다(송창영, 2013; 진병문 외, 2017). 특히 우리나라의 사회적 재난 관리는 예방, 대비, 대응, 복구의 관리체계 단계보다는 사건이나 사고로 취급하고 정치적 · 군사적 대응 그리고 사법적 처리에 치중하는 경향이다(채진, 2017). 이러한 사회적 재난의 특징은 다음과 같다.

1) 복합성

우리 사회는 지식정보화 및 첨단산업까지 발전해 오면서 사회구조적인 변화 발전과 함께 재난의 유형과 피해 규모도 함께 변화를 해오고 있다. 특히 재난의 유형 면에서는 자연재난 중심의 형태에서 인적재난이 차지하는 빈도나 규모의 비중이 증가하였고, 개방화 · 국제화 그리고 다원화는 운송노조의 파업으로 인한 물류대란과 같은 사회주체들 간의 첨예한 대립과정의 사회재난의 발생도 빈번화시켰다(유현정 · 이재은 · 노진철 · 김겸훈, 2009). 이러한 재난유형 변화의 시대흐름을 살펴보면 사회적 재난의 복합성을 이해하는 데 도움이 될 수 있다.

1960~1970년대 이전에는 전통적 안보 위기 속에 외부 침략으로부터 국가 안정에 중점을 두었다. 그러나 1970~1980년대에 들어서 빈번한 태풍, 홍수 등으로 인해 심각한 피해의 경험은 자연재난에 과거와 달리 더욱 중점을 두게 되었다. 그 후 1990년대 중반 이후에는 사회적으로 큰 피해를 입힌 대형 인적재난(우암상가 붕괴, 성수대교 붕괴, 대구 지하철공사장 가스폭발, 마포구 아현동 도시가스 폭발, 삼풍백화점 붕괴)이 지속적으로 발생하게 됨에 따라 인적재난에도 관심을 가지게 되었다. 특히 최근에 자연재난인 2002년 태풍 루사, 2003년 태풍 매미, 2004년 충청도 폭설, 2006년 태풍 에위니아 및 집중호우, 인적재난으로서 국가적으로 크나큰 상처를 입힌 2003년 대구 지하철 참사에서부터 2014년 세월호 참사, 그리고

극심한 사회적 갈등을 빚는 사회적 재난으로서 각종 파업, 남북한 문제, 북핵 문제, IT 관련 신종 재난이 발생하고 있다(유현정 · 이재은 · 노진철 · 김겸훈, 2009). 이러한 재난상황들은 극심한 사회적 갈등을 빚고 국가핵심기반 마비 현상까지 불러온다.

이와 같은 재난유형의 변화에서 발견할 수 있는 가장 큰 특징은 자연재난이나 인적재난, 국가핵심기반 재난, 그리고 사회적 재난이 개별적으로 나타나기보다는 복합적이고 대규모적인 양상으로 발전하고 있다는 점이다. 즉, 현대사회는 각 부문 간의 긴밀한 관계성의 증가로 인해 사회적 재난은 복합재난의 성격을 띤다(유현정 · 이재은 · 노진철 · 김겸훈, 2009 재인용). 앞으로의 재난은 자연재난, 인적재난, 사회재난 등과 같이 명확하게 구분되기보다는 복합재난의 성격이 강조될 것으로 보인다.

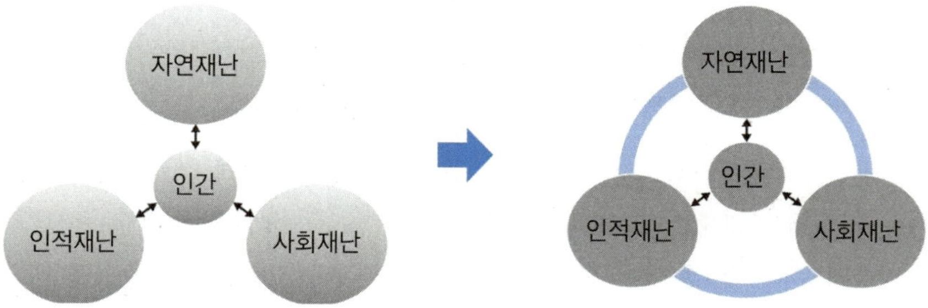

| 그림 3-1 | 복합재난으로의 변화

출처 : 채 진(2017).

2) 인위적 재난과의 유사성(의도성 · 고의성)

사회적 재난은 인간에 의해 발생한다는 점에서 인위재난과 유사한 점이 있으나, 인위재난이 기술적인 실수나 부주의, 무지 · 무관심에서 비롯되는 것인 반면 사회적 재난은 고의성과 의도성, 즉 종교적 · 정치적 · 이념적 목적 달성을 가진다는 점에서 차이가 있다(진병문 외, 2017).

3) 피해의 대형화

정보화, 도시화, 고속화, 세계화, 사업의 첨단화, 시설의 고밀도화 등 사회가 발전하고 고도화될수록 사회적 재난에 대한 취약성이 증가하고 이와 동시에 피해의 규모도 대형화된다(진병문 외, 2017).

4) 사회기반시설의 피해

일상생활과 밀접한 금융, 교통 · 수송, 전기, 정보통신 등의 기반시설의 침해나 사고는 그 자체로 사회적 재난으로 발전될 가능성이 매우 높다. 이러한 기반시설의 보호대책, 복구계획 없이 발생하는 사회적 재난은 일상생활과 산업활동 마비 등 우리 사회 전반에 심각한 영향을 미치기 때문에 이에 대한 대비책이 필요하다(진병문 외, 2017).

5) 국가적 측면의 관리방안 요구

사회적 재난은 국가의 핵심기반시설뿐만 아니라 일반 국민, 정부 서비스, 국가 정체성과 관련된 대상의 관리방안 수립이 요구된다.

〈표 3-7〉 **국가 핵심기반시설, 국민, 정부 서비스, 국가 정체성의 사회적 재난 피해 사례**

- 1995년 4월 19일 미국 오클라호마시티 관공서 건물 폭탄 테러
- 1995년 11월 4일 라빈(Yitzhak Rabin) 이스라엘 총리 극우파에 의해 암살
- 1995년 12월 27일 한파에 의한 유라시아 대륙 독감, 폐렴 등 호흡기 질환 발생 (카자흐스탄 726명 디프테리아환자 중 51명 사망)
- 2001년 9월 11일 뉴욕 세계무역센터(WCT)빌딩 테러 사망 2,795명
- 2003년 3월 중국 북경, 광동성, 홍콩 전염병 사스(SARS)
- 2003년 5월 포항, 마산 화물노조 파업에 의한 물류대란

출처 : 채 진(2017). 재난관리론 재인용.

사회적 재난으로 인한 많은 피해 사례가 발생함에도 불구하고 그 중요성을 인식하지 못하는 경우가 많다. 이러한 중요성을 인식하더라도 국가적으로 중요한

일부 시설에만 관심을 갖는 경우가 있으나, 일반 국민을 대상으로 하는 사회적 재난, 정부서비스에 대한 중요성의 인식 또한 중요하다(진병문 외, 2017).

3. 사회 재난의 유형[2)]

사회적 재난의 유형과 사례는 매우 광범위하고 포괄적이다. 그리고 사회재난과 사회적 재난의 용어 차이가 명확하지 않다. 그리고 최근 사용되고 있는 사회적 재난의 개념에는 인적재난의 개념이 포함되어 사용되고 있는 현실이다. 또한 우리는 정부는 2013년 8월 16일 개정된 「재난 및 안전관리 기본법」에서 재난유형을 자연재난과 사회재난으로 단순·명확하게 분류하고, 기존의 '인적재난'과 '사회적 재난'을 합하여 '사회재난'이라고 정의하고 있다. 그래서 이 책에서는 인적 재난과 사회적 재난을 포함하고 있는 사회재난의 몇 가지 사례를 다루고자 한다.

1) 인적재난

(1) 화재

"물질이 연소(물질이 산소와 화합할 때에, 많은 빛과 열을 내는 현상)되는 현상으로, 인간의 의도와는 상관없이 발생되거나 또는 고의에 의해 발생하여 확대된 화학적인 폭발로 연소하는 현상으로서 소화시설 등을 사용하여 소화할 필요가 있는 것을 화재라고 정의한다"(송창영, 2013). 소방방재청에서는 화재의 3요소를 『국가화재분류체계매뉴얼(2013)』에서 다음과 같이 제시하고 있다.

- 사람의 의도에 반(反)하거나 방화에 의하여 발생할 것
- 소화의 필요가 있는 연소현상일 것

2) 이하 사례의 내용은 송창영(2013)의 『재난안전 이론과 실무』와 김태환(2010)의 『재난관리론』에서 참고하여 재구성

• 소화시설 등을 사용할 필요가 있을 것

이상 위의 세 가지 요소가 모두 포함되는 것을 화재라고 한다. 즉, 이 세 가지는 화재의 성립요건이므로 한 가지라도 충족되지 않으면 화재가 아니다. 그러나 폭발현상의 경우는 항목의 유무에 상관없이 화재로 본다(송창영, 2013).

"「소방기본법」에서는 화재사고의 정의를 「소방기본법」에서 정한 소방대상물이 화재로 인명과 재산피해가 발생한 경우를 말한다. 여기에서 소방대상물이란 건축물, 차량, 선박, 산림 그 밖의 공작물 또는 물건을 말한다. 단, 산불은 「소방기본법」상 소방대상물로 되어 있으나, 「산림법」의 규정에 따라 산림청에서 관리한다"(김태환, 2010).

"화재의 종류는 건축물화재(건축물, 지하 또는 그 수용물이 소손된 것), 차량화재(자동차 및 피견인차 또는 그 적재물이 소손된 것), 선박화재(선박, 선거 또는 그 적재물이 소손된 것), 산림화재(산림, 야산, 들판의 수목, 잡초, 경작물 등이 소손된 것), 특종화재(위험물제조소 등, 가스제조 · 저장취급소, 원자력병원 및 발전소, 비행기, 지하철, 지하구, 터널 등의 화재), 기타 화재(위의 각 호에 해당하지 않는 화재) 등으로 분류할 수 있다"(김태환, 2010). 또한 화재를 원인에 따라 분류하면 방화, 실화, 자연적 원인, 미상으로 구분된다.

〈표 3-8〉 **화재의 유형**

구 분	세부 내용
건축 · 구조물 화재	• 건축물, 구조물 또는 그 수용물이 소손된 것 • 용어정의 – 건축물 : 토지 위에 정착된 공작물 중에 지붕 및 기둥 혹은 벽을 가진 것 – 구조물 : 토지 위나 아래에 인공적으로 고정시켜 만든 시설물 – 수용물 : 기둥, 벽 등 구획을 중심선으로 둘러싸인 부분에 수용된 물건 또는 그것과 일체화하여 있는 물건
자동차 · 철도 차량화재	• 자동차 · 철도차량 및 견인차량 또는 그 적재물이 소손된 것
위험물 · 제조소 등 화재	• 위험물제조소 등, 가스제조소 등 화재

선박 · 항공기 화재	• 선박, 항공기 또는 그 적재물이 소손된 것
임야화재	• 산림, 야산, 들판의 수목, 잡초, 경작물 등이 소손된 화재
기타 화재	• 위의 각 호에 해당하지 않는 화재 • 기타 화재의 예 – 야외 : 쓰레기, 모닥불, 야적장 – 도로 : 전봇대, 가로등 등

출처 : 송창영(2013) 재인용.

(2) 붕괴

“붕괴는 각종 시설물(건축물, 교량, 육교 등)이 시공하자(瑕疵), 노후, 관리소홀, 지반약화 등으로 붕괴되어 인명과 재산피해가 발생한 사고를 말한다.

국내 주요 붕괴사고는 1994년 10월 21일 발생한 서울 성동구 ‘성수대교 붕괴사고’로서 용접시공의 결함과 제작 오차 등의 부실시공이 원인이 되어 인명피해 49명(사망 32명, 부상 17명)과 차량 6대, 교량 상판 1구간의 재산 피해가 있었다.

또한 1995년 6월 29일 발생한 서울 서초구 ‘삼풍백화점 붕괴사고’는 설계 및 시공이 부실한 건물 초과 사용이 원인이 되어 인명피해 1,440명(사망 502명, 부상 938명)과 건물 1동, 차량 310대, 점포 869개소의 물품파손 등의 재산 피해가 났다. 그 밖의 충북 청주시 ‘우암상가 붕괴사고’, ‘태백탄광 매몰사고’, ‘경주리조트 붕괴사고’, ‘평택국제대교 붕괴사고’ 등이 있다(김태환, 2010). 사소한 붕괴사고에서부터 대규모 피해의 붕괴사고까지 현대사회에서 가장 빈번하게 발생하고 있는 것이 붕괴사고라고 볼 수 있다.

(3) 도로교통사고

“도로교통사고는 도로에서 자동차가 교통으로 인하여 인명과 재산피해가 발생한 사고를 말한다. 여기서 ‘도로’는 「도로법」, 「유료도로법」 등에 의해 고속도로, 일반국도, 지방도, 특별시도 · 광역시도, 시도, 군도, 구도와 통행료 및 사용료를 받는 도로를 지칭한다. 나아가 터널, 교량, 도선장, 도로용 엘리베이터 및 도로에 준하는 시설 또는 공작물까지 포함하고 있다. 한편 경찰청의 도로교통사고 통계에는 철길건널목에서 발생한 사고도 포함되어 도로의 개념은 현실적으로 다수의 사람 등이 통행하기 위해 확보한 장소로 정리할 수 있다”(김태환, 2010).

“교통사고는 자칫 국가의 존립이나 생존을 위협하는 막대한 피해를 가져오기도 한다. 이때의 교통사고는 교통(수송) 관련 국가핵심기반의 마비를 의미하며, 구체적으로 수송시설 · 수단, 통제 시스템의 파괴 및 기능 마비, 운영 중지 등으로 모든 서비스가 중단된 상황이다. 교통(수송) 분야의 국가핵심기반 대상은 육상 교통시스템, 항공 교통시스템, 해운 교통시스템과 도로, 철도, 지하철, 공항, 항만 등의 기반시설이 된다”(김태환, 2010).

(4) 환경오염사고

“환경오염사고란 「환경정책기본법」에서 규정하는 환경이 오염되어 피해를 입은 사고를 말한다. 여기에서 말하는 환경오염이란 산업활동, 기타 사람의 활동에 따라 발생하는 대기오염, 수질오염, 토양오염, 해양오염, 방사능오염, 소음, 진동, 악취 등이 사람의 건강이나 자연환경, 생활환경에 피해는 주는 상태를 말한다”(김태환, 2010).

“환경은 자연적 조건으로부터 사회, 경제, 문화 등의 인위적 조건에 이르기까지 인간생활의 모든 부분과 관계된다. 인류가 생존하기 시작한 때부터 환경오염은 시작되었고, 인구가 증가하고 과학기술이 발단하면서 환경의 자생능력을 벗어나는 이용을 하게 됨에 따라 인간은 그 대가를 되돌려 받기 시작하였다”(김태환, 2010).

“오염의 근원은 인구의 증가, 도시화, 산업의 집중화이며 이는 폐기물의 증가를 불러왔고, 이 막대한 폐기물들은 오염물로 변환되어, 지구의 물질순환 능력을 떨어뜨려 환경오염의 악순환을 불러왔다”(김태환, 2010).

“현재 환경오염은 크게 수질오염, 대기오염 및 토양오염으로 구분할 수 있으며, 이와 같은 오염은 물 순환이 주요 매체로서 오염과 밀접한 관계가 있다. 수

질오염의 원인은 공장, 축산, 가정 폐수이며, 인간이 사용하는 생활용수에 심각한 영향을 미친다. 물의 순환은 '물〉대기〉토양' 순으로 이루어지며 이들 셋 중 하나만 오염되어도 나머지 둘에 막대한 영향을 주는 아주 밀접한 인과관계에 있다. 대기오염은 현재 가장 심각한 환경오염으로 인간의 지구 존립 위기를 고려해야 할 정도로 중대한 오염이다. 태양에너지의 유입과 방출에 영향을 주며, 기상이변 기후변화 등에 많은 영향을 미친다. 산성비, 온실효과, 오존층파괴 등으로 인하여 남극과 북극의 빙하가 녹아 수면이 높아지고, 생태계가 변화한다. 토양오염은 쓰레기가 가장 큰 원인이다. 산업, 생활 쓰레기와 방사성 폐기물 등으로 인한 오염이며 이는 수질, 대기와 상호 연동하여 생태계에 직접적인 영향을 준다"(김태환, 2010).

2) 사회적 재난

(1) 테러

① 테러의 개요

오늘날과 같은 국제화시대에는 전 세계가 하나의 생활권으로 묶여 있으며, 우리나라도 이러한 흐름에서 예외일 수 없다. 우리나라 국민들에게도 이제 해외여행이나 업무 등을 이유로 외국으로 나가는 일은 일상이 되었다. 이러한 변화는 범죄학의 생활양식-노출이론과 일상활동이론으로 설명할 수 있을 것이다. 생활양식-노출이론과 일상활동이론의 기본적 가설은 범죄피해의 가능성에 있어 인구학적 차이는 피해자의 개인적 생활양식의 차이에 기인한다는 것이다. 즉, 이렇게 모든 사람은 그 생활환경에 따라 범죄피해의 위험이 높은 상황, 지역, 시간에 노출되는 정도가 다르기 때문에 범죄피해에 대한 위험부담 또한 다르게 된다는 것이다. 즉, 이전과는 다르게 우리 국민들의 외부 테러세력과의 접촉빈도와 가능성이 높아짐에 따라 과거보다 높은 테러에 대한 위험성을 갖게 된 것으로 설명할 수 있다.

이러한 위험성의 증가는 최근 일련의 사건으로 입증이 되고 있다. 2009년 4월 나이지리아에서 발생한 대우건설 바지선 억류사건, 2009년 5월 소말리아 북단에서 발생한 '오로라 9호' 피랍기도 사건, 2009년 6월 예멘에서 발생한 국제의료봉사단체 소속 한국인 피살사건, 2009년 7월 인도네시아 자카르타에서 발생한 폭탄테러로 인한 한국인 부상사건, 2010년 1월 이라크 바그다드 시내 호텔에서 발생한 연쇄 차량폭탄테러 등 우리 국민을 대상으로 한 테러 사건들이 끊임없이 일어나고 있다. 더구나 2010년 1월에는 러시아 알타이 국립사범대에 단기연수를 온 광주 모 대학 2학년 강모 씨(22)가 일르큐츠크 바르나울 시에서 러시아 청년 3명에게 칼 등으로 상해를 입고 병원 치료 중에 사망한 사건이 발생했는데, 러시아 극우단체 '스킨헤드' 등에 의한 이런 사건 역시 처음은 아니다. 이처럼 국내외에서의 테러 빈발은 상대적으로 안전하다고 생각하였던 우리 국민들에게 테러에 대한 공포심을 증가시키는 계기가 되고 있다.

② 테러리즘의 특징

최근의 테러리즘 특성은 사건의 숫자는 감소하나 테러범의 살상 잠재력은 기하급수적으로 증가하였다는 점이다. 이와 같이 불길한 사태 발전의 핵심은 20세기 말의 기술적 진보에 있다. 기술은 국내·외적 관계의 본질은 물론 지난 세기 생명을 위협하던 적대행위의 본질도 바꾸었다. 최근의 테러리즘의 특징은 다음과 같다.

- 요구조건 및 공격 주체의 불분명
- 전쟁 수준의 무차별 공격으로 막대한 물적·인적 피해 발생
- 그물망 조직으로 무력화의 곤란
- 테러의 긴박성으로 인한 대처시간 부족
- 테러장비의 다양화
- 언론매체의 발달로 인한 공포심 확산

이러한 테러리즘의 특성으로 테러를 받는 곳은 다양한 범위에 영향을 끼치게 되는데, 크게 정치적 · 경제적 · 사회적 · 심리적 영향으로 나눌 수 있다.

가. 정치적 영향

테러는 세계정치의 판도를 바꾸어 놓기도 한다. 9 · 11테러처럼 전 세계를 대상으로 인적 · 물적으로 막대한 피해를 입힌 테러라면 더욱 그러하다. 그동안 미국의 독주로 불편해하던 국제사회의 시각을 '대테러 전쟁'이라는 하나의 주제로 뭉치게 한 계기가 된 것이다. 세계의 주요 강대국들이 일단 미국과의 갈등요인들을 제쳐놓고 우선 테러와의 전쟁에 적극 협조하고 나선 것이다. 이는 유럽 각국이 9 · 11테러를 서구 문명권 전체에 대한 도전과 위협으로 느꼈기 때문이다. 이로 인해 장차 국제사회는 미국과 중동 간의 헤게모니 쟁탈전을 중심축으로 하는 갈등구조 속에 서구사회에 대한 아랍, 이슬람권의 저항, 중국과 일본 간의 각축 등과 같은 하부갈등구조들이 보조축이 되어 복합적으로 작용하는 매우 불안전한 시대가 될 것이다.

나. 경제적 영향

9 · 11테러는 세계경제의 메카이자 상징인 "세계무역센터"가 표적이었던 만큼 미국경제나 세계경제에 미치는 영향은 엄청났다. 테러참사로 가장 먼저 항공 산업에 타격이 가해졌다. 피해는 항공사만이 아니라 정보 · 통신 산업의 피해도 60억 달러에 달했다. 테러로 인해 유선전화 20만 회선과 데이터 회선 300만 개가 손상되었다. 가장 큰 타격을 받은 월가의 금융기관들은 각종 전산시스템과 데이터를 복구하기 위해서 약 81억 달러의 비용을 쏟아부었다. 미국경제가 세계경제의 바로미터인 만큼, 세계경제에 미친 영향도 컸다. 우선 계획되어 있던 각종 신제품 출시와 대규모 전시회, 비즈니스 축제, 대규모 주식공모 등이 취소 또는 연기되었고 세계증권계와 항공업계에 영향을 미쳤다.

다. 사회적 · 심리적 영향

국민들의 생활에 미치는 영향 또한 지대했다. 9 · 11테러 이후 미국은 디즈니랜드 같은 놀이동산에 입장할 때도 금속탐지기 통과는 물론이고 소형가방도 엄격히 검사하고 있다. 주요 건물에는 바리케이트가 설치되고, 사무실이나 아파트도 출입증이 없으면 엄격히 출입을 통제하고 있다. 국민들 대부분이 이러한 조치에 대해 다소 불편하긴 하지만 필요하다는 반응이 지배적이다. 테러 이후 애국심이 상승했다는 것도 영향 중 하나이다. 미국 성조기 판매가 대폭 늘었고, 젊은 청소년들의 헌혈과 함께 군대 지원자 수도 급상승하였으며, 정부에 대한 신뢰도도 사상 최고치를 기록하였다.

③ 테러사고 사례

가. 폭탄 테러(미국 오클라호마 폭탄테러)

1995년 4월 19일 오전 9시 5분, 미국 중부 오클라호마주의 주도 오클라호마시티 중심가에 있는 알프레드 머라 빌딩에서 폭탄테러사건이 일어났다. 9층짜리인 이 건물에는 마약단속국 등 미국 연방정부의 각 기관 사무실과 탁아소 등이 있었다. 이 폭발로 건물은 완전히 파괴되었고 폭발지점에는 폭 10m, 깊이 2.45m의 큰 구덩이가 패였다. 공무원들이 출근한 시간에, 탁아소가 있는 건물을 택한 점으로 미루어 보아 범인이 테러에 대한 선전효과의 극대화를 노렸다는 점이 주목되었다. 또 사고 당일은 바로 2년 전 사교집단인 다윗파의 방화자살사건 날짜와 같다는 점이 중요한 단서였다. 범인은 사건 발생 90분 후 발생 지점에서 100km쯤 떨어진 거리에서 과속으로 달리던 중 속도위반으로 순찰대의 검문을 받았다. 그 과정에서 검문 경찰관이 맥베이를 알아보고 검거했다. 맥베이는 사건 발생 2년 전 텍사스에서 집단자살한 사교집단 다윗파에 대한 연방정부의 불만족스러운 처리 때문에 범행을 저질렀다고 밝혔다. 이 사건으로 168명이 죽고, 600여 명이 부상당했다.

나. 납치로 인한 테러(9 · 11 테러)

2001년 9월 11일 알 카에다 조직원들이 미국의 국내선 항공기를 탈취하여 뉴욕의 세계무역센터와 워싱턴 DC 및 국방부청사 등을 대상으로 동시다발적 테러를 자행하였다. 이 사고로 인한 사망자 및 실종자는 비행기 탑승자 211명과 소방관 및 경찰 350명을 포함하여 펜타곤 125명, 무역센터 4,819명 등 총 5,519명이며 부상자는 3,201명이었다. 건물붕괴는 4동이며 (110층 2동, 47층, 54층), 건물파괴는 40여 개에 달한 것으로 집계되고 있다. 이와 관련하여 야기된 경제적 손실은 추정하기 어려울 만큼 크지만 뉴욕시의 경우 400억 달러에 달하는 것으로 추정하고 있다. 사건의 전개와 무역센터 7호 빌딩 완전 붕괴에 걸린 시간은 9시간 정도였다. 이처럼 인위적 재난은 자연재난에 비해 단시간에 엄청난 피해를 유발할 수 있고 더욱이 재난 감지와 피해규모 등을 사전에 예측할 수 없다는 특징을 갖는다.

다. 사이버 테러(1 · 25 인터넷 마비사태)

정보화가 심화되면서 우리의 경제활동 기반구조는 정보통신 인프라에 절대적으로 의존하고 있어 사이버 안전에 대한 준비 없이 정보통신 기반 확장에만 주력했던 우리나라는 2003년 1월 25일 인터넷 마비사태를 맞게 되었는바 그 개요는 다음과 같다.

- 2003년 1월 25일 14시 10분경 초고속 인터넷 업체인 드림라인이 인터넷 이용 시 접속지연 및 일부 인터넷 사이트 접속 불능상태 발생(미국, 호주 등을 통해 국내용 슬래머웜이 유입된 것으로 추정) 보고
- 'MS-SQL서버'의 취약점을 이용한 새로운 웜바이러스가 발생하여 전 세계 인터넷을 통해 급속하게 확산, 인터넷망의 부하 급증
- 주요 ISP의 'DNS' 서버 부하 증가, 특히 KT 혜화전화구 DNS 서버부하 급증
- 동일 15:30부터 KT, 데이콤, 하나로통신, 드림라인, 두루넷 등 주요 ISP들은 '1434'번 포트를 차단, 이를 계기로 17시 30분부터 네트워크 트래픽 급감
- 일부 ISP의 경우 여전히 DNS 과부하 현상으로 정상적 서비스 불가

이 사태에 대해 국가사이버안전센터가 그 원인을 분석한 자료에 따르면 1월 25일 14시 10분경부터 시작되어 17시 30분까지 지속된 인터넷의 지연이나 서비스 불능상태는 백본망과 하부 네트워크망의 붕괴에 기인하여 있다고 밝히고 있다. 또한 'Slammer웜'은 404byte 크기의 공격 패킷을 초당 최대 26,000개, 평균 4,000개 생성하며, 이렇게 많이 발생된 패킷들에 의해 네트워크의 bps(bit per second : 초당 전송률) 혹은 pps(packet per second : 초당 패킷량)의 한계치가 초과했으며, 이로 인해 네트워크 장비에서 패킷들을 처리하지 못하여 패캣유실 및 장비 장애가 발생하였다.

CAIDA(Cooperative Association for Internet Date Analysis)의 통계에 따르면, 특히 우리나라가 외국에 비해 많은 MS-SQL서버가 감염된 것으로 확인되었는데, 상대적으로 볼 때 일본의 약 7배, 중국의 약 2배가 많아 우리나라의 인터넷 규모를 짐작해 볼 수 있으며 이 때문에 공격패킷이 상대적으로 월등히 많이 발생한 것으로 나타났다.

(2) 전쟁

① 전쟁의 개요

국제법상 전쟁을 합법적인 것과 위법적인 것으로 나눌 수 있다. 정당한 사유 없이 외국에 대하여 무력 공격을 하는 것은 불법적인 전쟁이며, 일반적으로 이러한 전쟁을 침략전쟁이라고 한다. 이에 반하여 불법적인 공격을 받은 국가가 자위를 위해서 수행하는 전쟁은 합법이며, 국제법상 이와 같은 전쟁을 자위전쟁이라고 한다. 또한 합법적인 전쟁에는 자위전쟁을 수행하는 국가를 돕고, 침략국가를 응징하기 위해 제3국이 전쟁에 가담하여 실시하는 전쟁이 있다. 오늘날의 집단안전보장체제하에서는 집단적인 제재라는 형식으로 합법적인 전쟁이 수행될 가능성이 많다.

도덕적 기준에 의해서는 정의의 전쟁과 불의의 전쟁으로 나뉠 수 있고, 정치목적과 이데올로기상으로는 독립전쟁 · 혁명전쟁 · 식민지전쟁 · 종교전쟁 · 예방전쟁 등으로 구분된다. 참가국 또는 지역적인 면에서는 세계전쟁 · 국제전쟁 · 연합전쟁 · 국지전쟁 · 내전 등으로 구분되고, 전쟁의 주체에 의해서는 2개국 간의 전쟁 · 대리전쟁 · 내전 등으로, 또한 전쟁의 수단과 목적에 따라서는 전면전쟁 · 무제한전쟁 · 절대전쟁 · 제한전쟁, 사용무기에 따라서는 핵전쟁(전면핵전쟁 · 제한핵전쟁) · 비핵전쟁 · 재래식전쟁, 선전포고의 유무에 따라서는 정규전쟁 · 비정규전쟁, 시간적인 관계에 의해서는 장기전(지구전쟁) · 단기전(결전전쟁) · 우발전쟁으로 나뉜다.

전쟁은 하나의 성격만을 가지는 것이 아니라 많은 범주에 관련되는 성격이 복합적으로 혼재되고, 다분히 주관적인 요소가 개입되므로 한마디로 규정하기 어렵다. 즉, 고대로부터 어느 국가이건 간에 침략이나 불의의 전쟁을 하였다고 하는 예가 거의 없다는 사실이 그것을 실증하고 있다.

② 전쟁의 사례

가. 이라크 전쟁

2001년 9월 11일 미국 세계무역센터(World Trade Center, WTC)에 대한 여객기 테러사건이 일어난 뒤 2002년 1월 미국은 북한, 이라크, 이란을 '악의 축(Axis of Devil)'으로 규정하였다. 그 후 이라크의 대량살상무기(Weapons of Mass Destruction, WMD)를 제거함으로써 자국민 보호와 세계평화에 이바지한다는 대의명분을 내세워 동맹국인 영국, 오스트레일리아와 함께 2003년 3월 17일 48시간의 최후통첩을 보낸 뒤, 3월 20일 오전 바그다드 남동부 등에 미사일 폭격을 가함으로써 전쟁을 개시하였다. 작전명은 '이라크의 자유(Freedom of Iraq, FOI)'였다.

전쟁 개시와 함께 연합군은 이라크의 미사일기지와 포병기지 · 방공시설 · 정보통신망 등에 대해 3회에 걸쳐 공습을 감행하고, 3월 22일에는 이라크 남동부의 바스라를 장악하였다. 이어 바그다드를 공습하고 대통령 궁과 통신센터 등을 집중적으로 파괴하였다. 4월 4일 바그다드로 진격해 사담후세인국제공항을 장악하고, 4월 7일에는 바그다드 중심가로 진입한 뒤, 이튿날 만수르 주거지역 안의 비밀벙커에 집중 포격을 감행하였다. 4월 9일 영국군이 바스라 임시지방행정부를 구성하고, 다음 날 미국은 바그다드를 완전 장악하였다. 이로써 전면전은 막을 내리고, 4월 14일에는 미군이 이라크의 최후 보루이자 후세인의 고향인 북부 티크리트 중심부로 진입함으로써 발발 26일 만에 전쟁은 사실상 끝이 났다.

동원된 병력은 총 30만 명이며, 이 가운데 12만 5,000여 명이 이라크 영토에서 직접 작전에 참가하였다. 인명피해는 미군 117명, 영국군 30명이 전사하고, 400여 명이 부상당하였다. 또 종군기자 10명 외에 민간인 1,253명 이상이 죽고, 부상자만도 5,100여 명에 달한다. 그 밖에 1만 3,800여 명의 이라크군이 미국의 포로로 잡히고, 최소한 2,320명의 이라크군이 전사하였다.

일명 '전자전'으로 불릴 만큼 이라크 전쟁에는 각종 첨단무기가 동원되었다. 전쟁을 반대하는 시위가 세계 곳곳에서 이어졌으며, 민간지역에 대한 오폭 등으로 인해 민간인 사상자가 늘어나면서 비난의 강도도 더욱 거세졌다. 게다가 미국의 실질적인 목적이 이라크 자유보다는 이라크의 원유 확보, 중동지역에서 친미 블록 구축, 미국의 경기 회복을 위한 돌파구 마련, 중동 지역 정치구도 재편 등에 있다는 이유로 각국의 비난이 쏟아졌다.

나. 콜롬비아 마약전쟁

콜롬비아 정부가 콜롬비아 마약조직으로 인한 최대 피해국인 미국의 압력과, 마약공급이라는 국가의 이미지를 개선하기 위해 1989년 8월 14일 코카인 밀매조직에 대한 소탕작전을 벌이자, 이에 무장한 마약조직이 강경 대응함으로써 양자의 대결은 내전의 양상을 띠기 시작했다. 이어 자유당의 유력한 대통령 후보였던 갈란이 마약조직에 의해 암살되자, 바르가스는 전면소탕을 선언하고 밀매조직의 간부들을 체포, 미국에 인도하는 등의 조치를 취하기 위한 비상대권을 발동하였다. 이와 함께 콜롬비아 군·경은 밀매조직의 거점을 공격, 비행기, 헬리콥터, 차량, 요트, 코카인 등 약 2억 달러 상당을 압수하고 1만여 명을 체포했다. 그러나 수천 명의 사병을 거느린 마약조직은 이에 맞서 정부에 전면전을 선언하고, 정부청사, 정당사무실, 정치인들의 주택, 방송국 등에 폭발물을 투척함으로써 정부와 밀매조직은 무력충돌을 일으켰다. 국가와 범죄 조직 간의 내전양상은 콜롬비아 정부가 마약거점인 메데인시 등 10개 도시에 야간통금을 실시한 데 이어 탱크 및 특수부대를 추가로 투입하고, 마약조직이 로켓포 등의 화력으로 대항함으로써 전국적으로 확산되었다.

(3) 전염병

① 전염병의 개요

병원체가 인간이나 동물에 침입하여 그 장기에 자리 잡고 증식하는 것을 총칭하여 감염이라고 하며, 이 감염에 의한 증세의 발현을 감염증이라고 한다. 감염에는 전혀 증세가 없이 면역만 생기는 불현성 감염과, 증세가 나타나는 현성 감염이 있으며 때때로 감염증과 전염병을 동의어로도 쓰나, 전염병은 감염증 중에서도 그 전염력이 강하여 소수의 병원체로도 쉽게 감염되고 많은 사람들에게 쉽게 옮아가는 질병을 말한다.

② 전염병의 사례

가. 신종인플루엔자

신종인플루엔자 A(HIN)는 2009년 4월 북미대륙을 중심으로 감염자가 발생하기 시작하여 전 세계에 퍼져 우리나라는 7월 21일 국가전염병 위기단계를 "주의"에서 "경계"단계로 상향 조정하였으며, 8월 15일 최초 사망자가 발생하였다. 신종인플루엔자 A는 A형 인플루엔자 바이러스가 변이를 일으켜 생긴 새로운 바이러스로, 2009년부터 전 세계적으로 사람에게 감염을 일으킨 호흡기 질환이다.

나. 구제역

소, 돼지, 양, 염소, 사슴 등 발굽이 둘로 갈라진 동물(우제류)에 감염되는 질병으로 전염성이 매우 강하며 입술, 혀, 잇몸, 코, 발굽 사이 등에 물집(수포)이 생기며 체온이 급격히 오르고 식욕이 저하되어 심하게 앓거나 죽게 되는 질병으로 국제수역사무국(OIE)에서 A급 질병(전파력이 빠르고 국제교역상 경제피해가 매우 큰 질병)으로 분류하여 우리나라 제1종 가축전염병으로 지정되어 있다.

4. 21세기 사회적 재난 여건의 변화

21세기에 들어서면서 재난과 관련된 여러 여건들이 변화되었거나 변화될 것으로 전망된다. 여기에는 부정적인 여건과 긍정적인 여건들이 동시에 존재한다. 향후 재난의 대응에 있어 승패는 부정적인 여건은 줄이고 긍정적인 여건들을 극대화하는 것이라고 볼 수 있다. 이를 위해서 부정적 요소와 긍정적 요소의 파악이 필요하다(채 진, 2017).

앞서 재난의 원인은 크게 자연적 원인, 인적 원인, 그리고 사회적 원인으로 볼 수 있다. 여기에서는 사회적 재난 대응과 관련하여 사회적 여건 변화의 주요한 몇 가지 요소를 다룰 것이다.

1) 사회적 여건 변화 : 부정적 요소

(1) 자원 희소성

인구 증가로 인하여 전 세계의 물 공급은 계속적으로 부족하게 될 것이다(Organization for Economic Cooperation and Development, 2003, 채 진, 2017, 재인용). 세계적으로 인간이 사용할 수 있는 민물은 12,500㎦이지만, 이 중에서 절반은 이미 사용 중에 있다. 소비량이 현재 수준대로 증가하면, 소비될 수 있는 가용 민물자원의 비율은 2030년에 90%에 이를 것이다. 하지만 이용 가능성의 수준이 세계적으로 균일하지 않으며, 실제로 세계 인구의 3분의 2는 그 시기에 이르면 만성적인 물 부족에 시달릴 것이다. 오염수에 대한 의존도가 높아지면 전염병의 확산을 도와서 국제적인 정치 불안정과 인구 이동을 초래할 것이다.

일부 전문가들은 에너지와 식량도 이와 비슷한 문제를 안고 있다고 내다보았다. 에너지 소비의 증가는 향후 50년간에 걸쳐 개발도상국에서 약 350% 증가될 것이며(Brown, Garder & Halweil, 1998, 채 진, 2017, 재인용), 2010년 극 국가들의 곡물 사용은 1990년에 관측된 수준보다 50% 이상 증가했다. 이러한 소비 증가는 지역 및 지구 기후뿐만 아니라 현지 자원에 상당한 영향을 줄 잠재성을 가지고 있다. 개발도상국들의 인구들이 필요로 하는 수준을 만족시키지 못할 경우, 농업용으로 지속 가능하지 못한 토지들이 계속적으로 개발되고 수자원이 고갈되면서, 환경 취약성이 증대될 것이다. 이것은 사회적, 경제적, 정치적 불안정성과 맞물려서 재난이 발생하면 집단 인구 이주가 발생할 것이다.

(2) 소득 불평등 증가

변화하는 기후가 세계 전역에서 사회적, 경제적, 정치적 시스템들에 어려움을 주면서, 그러한 시스템들이 인구 취약성을 증대시키는 방식으로 변모하고 있다. 소득과 부는 점점 부유한 자들에게 집중되고 있으며, 이 현상은 국가 간에 그리고 국내에서 명백해지고 있다. 예컨대, 1900년 가장 부유한 5개국의 1인당 평균 GDP가 약 4천 달러였던 반면에, 가장 가난한 5개국의 GDP는 그 가치의 1%에 해당하였다(Organization for Economic Cooperation and Development, 2003, 채 진, 2017, 재인용). 하지만, 1세기가 지난 후 가장 부유한 5대국의 1인당 평균 GDP는 약 2만 달러에 이른 반면에, 가장 가난한 5개국의 GDP는 거의 변함이 없었다. 부국들이 세계의 경제 자원들의 대부분을 거머쥐고 있으며, 빈국들은 변제 불가능한 부채로 갈수록 허덕이고 있다. 그러한 상태는 사회적 불안정, 시민소요, 그리고 정치폭동을 야기할 잠재성을 증가시키고 있다.

2) 사회적 여건 변화 : 긍정적 요소

(1) 전자정보통신 기술의 고도화

IT로 대변되는 정보통신 기술 분야의 강국인 우리나라는 선진형 정보통신 기술을 이용하여 지금까지 불가능하다고만 생각해 왔던 재난의 실시간적인 대응과 정보수집, 전파가 가능해짐으로 해서 재난 대응이나 대책에 있어 매우 긍정적인 방향으로 개선 발전될 수 있을 것으로 기대된다. 인공위성 및 초고속 인터넷을 활용한 전국 및 전 세계 정보와 자료를 신속하게 수집할 수 있고, GIS 등 공간정보의 이용 범위가 다양화되고 정교화됨에 따라 과거에 비해 정확한 정보 수집 및 해석이 가능하게 된 것이다. 특히 유비쿼터스(ubiquitous)기술로 인한 시간과 장소에 구애받지 않는 정보의 전달체계의 완성은 재난 관련 정보와 학문의 무궁무진하게 발전될 것으로 예견되고 있다. 과거와는 달리 최근의 재난 정보는 실시간의 정지화상, 동영상, 음성으로 파악이 될 수 있기에, 빠른 재난 대응이 가능해짐에 따라 인명과 재산 피해가 최소화될 수 있는 여건이 갖추어지고 있다는 점에서 매우 긍정적인 영향을 줄 것으로 기대된다(채 진, 2017).

(2) 국민의식 향상에 따른 국가 운영 체계의 변화

지식정보화 사회로의 전환은 재난관리에 있어 매우 중요한 의미를 갖는다. 대량생산과 국가자원이 국가의 경쟁력이던 시대에서 최첨단 시대로의 여건 변화에 있어 능동적으로 대처하는 지식인 인력들의 수와 인프라가 중요한 시대의 도래는 재난 대응의 혁신적인 전환이 이루어지는 계기로 작용할 것이다. 특히 과거의 성장 위주의 정부주도형 국가 운영은 국내 정세 및 국민의식의 변화에 따라 다변적 국민주도 국가 운영 체계로의 전환이 예상되고 국민의 생활수준과 지식수준은 다양화 그리고 고급화될 것이다. 이에 따라 20세기에 비해 발전된 복지정책과 국가의 구조조정을 통한 국가경쟁력 향상을 위한 노력이 필요할 것이다(채 진, 2017). 과거는 전쟁으로 인한 인명과 재산 피해가 우려의 대상이었다면, 현재는 이데올로기, 전염병, 환경오염 등으로 인한 자연 및 인적 재난과 서로 원인과 영향을 주는 사회적 재난으로 집중되고 있기에, 이에 대한 국민의 관심과 요구는 증대될 것이다.

PART 2

재난복지와 사회복지방법

재난과 정신건강

CHAPTER 04

최송식

인류의 역사상 재난이 지속적으로 발생해 왔지만 주로 물질적·신체적 피해에만 관심을 가져왔고 재난으로 인한 심리적 문제를 공식적인 정신의학 진단으로 내린 것은 1980년 개정진단기준(DSM-Ⅲ)에 외상후 스트레스장애가 추가된 이후이다. 재난 이후 재난 피해당사자뿐 아니라 언론을 통해 일반 대중들까지 심리적 문제를 겪게 되면서 재난의 심리적 영향에 대한 관심의 폭이 넓어지게 되었다.

따라서 이 장에서는 재난으로 인해 나타나는 다양한 정신건강문제와 정신건강문제 발생을 뒷받침하는 설명 이론, 재난 상황에서 정신건강사회복지사의 개입에 대해 살펴보겠다. 재난으로 나타날 수 있는 재난사별가족의 정신건강문제 및 애도와 관련된 내용은 다음 장에서 별도로 다룬다.

1. 재난과 정신건강문제

인간이 행복해지려면 신체적·정신적·사회적으로 건강해야 한다. 그러나 평생 동안 살아가면서 정신건강에 부정적 영향을 미치는 다양한 스트레스와 어려움, 재난을 경험하게 된다. 재난의 여파로 모든 사람들이 동일한 반응을 보이지는 않는다. 재난을 겪은 사람들 중 일부는 일정 기간 불면증, 무력감, 충격, 의욕

상실 등 다양한 스트레스 반응들을 계속해서 보이다가 점차 감소되는 반면, 일부의 경우에는 시간이 흘러도 반응이 감소되지 않고 심각한 정신적 고통을 경험하기도 한다. 다음의 〈표 4-1〉은 재난 후 일반적으로 나타나는 스트레스 반응을 정서 · 인지 · 신체 · 대인관계 문제별로 제시하였다. 이러한 반응은 성격 특성, 유전적 특성, 나이, 사회적 지지, 이전 재난 경험 등 여러 요인에 의해 달리 나타난다.

〈표 4-1〉 **재난에 대한 일반적인 스트레스 반응**

정서적 문제 (Emotional effects)	• 충격(Shock) • 화, 분노(Anger) • 불안, 공포(Anxiety, fear) • 절망(Despair) • 감정적 둔마(Emotional numbing) • 두려움(Terror) • 죄책감[Guilt(about living when others have died)] • 비탄, 슬픔(Grief or sadness) • 과민성(Irritability) • 무력감과 조절장애(Helplessness and loss of control) • 무가치감(Feelings of insignificance) • 일상 활동에서 느껴지는 즐거움의 감소(Loss of derived pleasure from regular activities)
인지적 문제 (Cognitive effects)	• 집중력 손상(Impaired concentration) • 의사결정의 어려움(Impaired decision-making ability) • 기억력 손상(Memory impairment) • 불신(Disbelief) • 혼란(Confusion) • 시간관념의 왜곡(Distortion of sense of time) • 자존감 하락(Decreased self-esteem) • 자기효능감 하락(Decreased self-efficacy) • 자기 비난(Self-blame) • 침투적 사고와 기억(Intrusive thoughts and memories) • 걱정(Worry) • 해리[Dissociation(예 person feels they are in 'dreamlike' state, 'spacey' or on 'automatic pilot')]
신체적 문제 (Physical effects)	• 피로(Fatigue) • 불면(Insomnia) • 수면 장애(Sleep disturbance) • 과각성(Hyperarousal)

	• 신체적 호소(Somatic complaints) • 두통(Headaches) • 위장 장애(Gastrointestinal problems) • 식욕 부진(Decreased appetite) • 리비도 감소 혹은 증가(Decreased or increased libido) • 놀람 반응(Startle response)
대인관계적 문제 (Interpersonal effects)	• 소외(Alienation) • 사회적 철수(Social withdrawal) • 대인 간 갈등 증가(Increased conflict within relationships) • 업무능력 감소(Impairment in capacity to work) • 학업능력 감소(School impairment) • 외상사건을 연상시키는 행동 증가(Increased affiliative behaviours)

출처 : New South Wales Health(2000).

위와 같은 스트레스 반응은 정상적인 것이며, 대부분 6개월에서 16개월 사이에 완전히 회복한다. 다음의 〈표 4-2〉는 재난 후 스트레스 반응이 감소하지 않고 외상 사건에 대한 고통이 지속되는 사람들에게서 나타나는 정신의학적 반응을 폭넓게 보여주고 있지만, 이 절에서는 재난유형별 정신건강문제 이환율을 살펴보기 전에 먼저 급성 스트레스장애, 외상후 스트레스장애, 주요우울장애 등의 진단기준과 특징을 중심으로 살펴보겠다.

〈표 4-2〉 **재난에 대한 정신의학적 반응**

• 급성 스트레스장애(Acute stress disorder) • 외상후 스트레스장애(Post-traumatic stress disorder) • 주요우울장애(Major depression) • 범불안장애(Generalised anxiety disorder) • 물질남용(Substance abuse) • 심리적 요인으로 인한 신체질병[Psychological factors affecting physical disease (in the injured)] • 두부 손상, 독성 노출, 감염 및 탈수로 인한 이차적 기질적 장애(Organic disorders secondary to head injury, toxic exposure, infection and dehydration) • 적응장애(Adjustment disorder) • 사별 복합(Bereavement complications) • 가정폭력(Family violence) • 자녀 및 배우자 학대(Child and spouse abuse)

출처 : Ursano, Grieger & McCarroll(1996).

1) 재난과 정신건강의학적 문제

(1) 급성 스트레스장애

급성 스트레스장애(Acute Stress Disorder, ASD로 약칭함)는 재난 및 외상성 사건을 경험 한 후 3일 이상에서 1개월까지 지속되는 진단이며, 스트레스에 노출된 뒤 침습, 부정적 기분, 해리, 회피, 각성 증상이 나타난다. 외상후 스트레스장애와 비교하여 장애 관련 기간만 차이가 난다(민성길, 2015). 재난 및 외상성 사건 이후 급성 스트레스장애에 대해 연구한 결과는 많지 않다.

미국에서 보고된 급성 스트레스장애 사례를 보면, Stabb 등(1996)의 연구에서의 태풍 생존자 발병률 7%에서 Classen 등(1998)의 연구에서의 총기난사 사건 경험자 발병률 33%으로 나타났다. 급성 스트레스장애는 외상후 스트레스장애로의 발병 가능성이 높기 때문에 재난 후 급성 스트레스장애 예방에 중점을 두고 개입해야 한다(Raphael & Newman, 2000).

(2) 외상후 스트레스장애

외상후 스트레스장애(Post-Traumatic Stress Disorder, PTSD로 약칭함)는 재난 및 외상성 사건을 경험 후 1개월이 지난 시점에 진단을 내릴 수 있다. 간혹 발병이 늦어져 수개월, 수년이 지난 후 나타나기도 하며 이는 지연된 외상후 스트레스장애라고 불린다. 주요 증상으로는 침습, 회피, 인지와 감정의 부정적 변화, 과도한 각성이 있다.

미국에서 보고된 외상후 스트레스장애 사례를 보면, North와 동료들(1999)의 연구에서 오클라호마시티 폭파 사건이 발생한 지 6개월 후 182명의 생존자 중 거의 절반이 재난 발생 후 정신과적 장애가 있었고 PTSD에 대한 전체 기준은 표본의 1/3(34%)이 나타났다. Grace 등(1993)의 연구에서 버팔로댐의 붕괴와 홍수 후 피해자는 약 44%가 PTSD 증상을 보였으며 다른 연구들에 비해 높은 비율이 보고되었다.

(3) 우울장애

우울장애(depression)란 우울한 기분에 대한 주관적 보고, 흥미나 즐거움 저하, 체중감소, 피로나 활력의 상실 등의 증상이 나타나는 질병이다. 재난 시 PTSD 등 정신질환과 동반이환율이 높은 편이며 개인의 손실에 따라 문제의 심각성과 발병이 다르게 나타났다(Raphael & Newman, 2000). 미국에서 연구된 사례의 경우 North와 동료들(1999)은 오클라호마시티 폭파 사건 6개월 후 생존자를 평가한 결과, PTSD 제외했을 때, 주요 우울장애가 22%로 가장 발병률이 높았다. Smith 등(1990)은 인디애나 폴리스의 라마다 호텔로 1987년 비행기가 추락한 후 시행한 연구에서 우울증이 가장 흔한 사후 재해 진단으로 나타났고, 연구 참여자의 40% 이상이 진단 기준을 충족한다는 것을 발견했다.

(4) 기타 정신질환

급성 스트레스장애, 외상후 스트레스장애, 우울장애 외에도 재난 발생 후 볼 수 있는 장애로 범불안장애, 약물 남용 및 적응장애 등이 있다. 이는 재난 발생 후 6~12개월 사이에 상대적으로 흔하게 볼 수 있으며 부상자나 지속적인 스트레스 요인 및 재난 원인에 대한 생존자 반응에 따라 다르게 나타날 수 있다(Ursano et al., 1995). 다른 문제로는 신체화 장애, 만성 수면 장애, 분노와 적대감, 가정 폭력이나 배우자 학대 가능성 등이 나타날 수 있다.

[사례 1]

일주일 전 서울 A대학병원 정신건강의학과 진료실에 초췌한 표정의 한 군인이 들어섰다. 2005년 6월 19일 경기도 연천 GP 총기 난사 사건 당시 목숨을 건진 병사 A이다. 담당 정신건강의학과 교수가 그의 병력 기록을 살펴보고 상담한 결과, A씨는 사건 직후 꿈에 자신이 본 동료 병사의 시신이 자꾸 나타나 잠을 잘 수 없고 이유 없이 계속 무서운 느낌이 드는 등 심리적으로 극도로 불안한 상태였다. A씨는 심지어 "혼자서는 화장실에도 갈 수 없을 정도"라고 말했다. 더구나 A씨는 사고 당일 자기 자리가 아닌 다른 자리에서 취침을 한 데 대해 심한 죄책감에 시달리고 있었다. "원래 내 자리에서 잤다면 내가 죽었을 텐데… 동료가 나를 대신해 죽은 것은 아닌가"라는 생각이 든다는 것이다.

정신건강상으로 A씨의 이런 불안증은 사고 직후 군 당국의 허술한 대처 때문에 악화된 것으로 보인다. 현장 검증을 한다면서 사고가 발생한 내무반에 생존 병사들을 정렬시켜 놓고 다른 일이 있다면서 조사원들이 자신들을 1시간가량 방치했다는 것이다. A씨는 그때 참혹한 현장을 다시 경험하는 것 같아 심한 불안을 느꼈고 이후에 불안 증상이 악화되었다고 전했다. 또한 A씨는 사고 현장 검증 당시 조사 요원들이 "그따위로 행동하니까 여러 명이 죽은 것 아니냐"며 자신들을 질책하는 말에 조사원을 죽이고 싶은 충동까지 느꼈다고 한다. 다른 생존 병사들도 조사받는 도중 "한숨만 쉬어도 죽여 버리겠다"는 등의 수사원들의 폭언에 매우 불안해했다고 A씨는 전했다.

조사 후 생존 병사들은 후방 부대로 이송되어 빈 내무실에서 생활했고 다른 동료들도 비슷한 증상에 시달려 화장실을 갈 때 동료들과 함께 가야 할 정도로 극심한 공포를 느끼며 치료를 받고 싶다며 수차례 호소하였다.

[사례 2]

민호는 초등학교 5학년 남학생으로 지하철 화재 사고에서 살아 나왔다. 같은 반 친구이면서 이제 중학교를 올라가게 되면 각기 다른 학교로 진학하게 될 수한이와 헤어지는 것이 싫어서, 중학교에 올라가기 전에 하루 놀기로 하고 시내에 나갔다가 사고를 당했던 것이다.

다행히 함께 탈출에 성공해서 크게 다친 곳은 없었다. 그렇지만 탈출하는 과정에서 먼저 민호가 유리창을 깨고 앞서 나갔기 때문에 수한이보다 피해를 좀 더 많이 입었다. 유리창을 깨다 보니 주먹에 큰 상처가 나서 흉터가 크게 남았다. 또 기도 화상을 입어 민호는 목소리가 잘 나오지 않았다. 반면 수한이는 민호 뒤를 따라 오면서 옷으로 입을 잘 막고 나왔기 때문에 전체적으로 상처를 입지 않았다.

민호는 지금도 잠을 깊이 자지 못하고 악몽을 꾸곤 한다. 방 안에 가만히 앉아 있는데도 누군가 옷을 부여잡으며 '살려달라'고 외치는 것 같아 소스라치게 놀랄 때가 있다. 사실 병원에 누워 있을 때 가족들은 민호를 보면서 대견하다고 했지만, 지하 3층에서부터 더듬어 올라오면서 뿌리친 사람들, 우는 사람들, 전철 안에서 나가자고 유리 깰 때 가만히 앉아 있던 다른 사람들을 떠올리며 그 사람들은 살았을까? 하는 생각도 들기도 하고 왠지 혼자 살아남은 것 같아 죄책감이 느껴지기도 했고, 같이 탈출에 성공한 수한이에 대해서도 탈출할 때 자신을 적극적으로 도와주지 않았던 점을 자꾸 떠올리며 원망스러운 생각이 들기도 하였다. 병원에서 퇴원한 후 학교에 가서 막상 수한이 얼굴을 보니 반갑기도 했지만 어색했다. 수한이도 괜히 미안한지 민호를 피했다. 어느 사인가 같이 어울리는 일이 없어졌다. 수업시간에 밖에서 무슨 타는 냄새가 나면 깜짝깜짝 놀란다. 한동안 지하철을 타러 가기가 무서워 되도록 버스를 탔다. 하지만 버스에 오를 때에도 버스가 폭발하면 어쩌지 하는 생각이 들어 걸어다니거나 아예 집 밖을 잘 안 나가게 되었다.

출처 : 한국청소년상담원(2011).

2) 재난유형과 정신건강 문제

(1) 자연재난과 정신건강

자연재난의 예로는 지진, 태풍, 폭설, 홍수, 화산폭발, 가뭄, 산사태 등이 있다. 자연재난을 겪은 사람들의 외상후 스트레스장애 가능성은 〈표 4-3〉과 같다. Green 등(1992)의 연구에서 버팔로 강 범람 후 연구에 의하면, 14년 추적조사 후 실시한 PTSD는 25%였지만, 생애 동안 PTSD를 경험할 가능성은 59%에 달했다.

자연재난을 겪은 사람들 가운데 약 60%가 일생 동안 외상후 스트레스장애를 경험할 가능성이 있으며, 어린이의 경우는 70%가 외상후 스트레스장애의 가능성이 있을 정도로 취약하다. 특히 자연재난 중에서도 간접적으로 경험한 화산폭발, 산불 등과 같은 재난보다 직접 경험한 홍수, 범람, 태풍 등이 더 발병률이 높다.

〈표 4-3〉 자연재난 경험자의 생애 동안 PTSD 가능성

버팔로 강 범람 (Green et al., 1992)	생애 동안 PTSD 가능성 14년 추적조사 후 PTSD 어린이 PTSD	59% 25% 37%
성 헬렌 산의 화산 폭발 (Shore et al., 1989)	재난당사자 표본조사 PTSD 비 재난당사자 PTSD	3.6% 2.6%
토네이도 [Smith et al., 1993(2%); Steinglass & Gerrity, 1990(21%); Madakasira & O'Brien, 1987(59%)]	PTSD Post-traumatic Stress Impairment	2~21% 59%

토네이도와 홍수 (Steinglass & Gerrity, 1990)	재난 4개월 후 PTSD 재난 14개월 후 PTSD	15% 21%
폭설과 홍수 (Burke et al., 1986)	재난 10개월 후 어린이 Post-traumatic Stress Impairment	60%
홍수 (Smith et al., 1993)	PTSD	4%
허리케인 [LaGreca et al., 1996(18~54%); Shannon et al., 1994(5%); Shaw et al., 1995(39~56%)]	재난 2~14개월 후 어린이 PTSD	

(2) 인적재난과 정신건강

인적재난의 예로는 산불, 교통사고, 폭발, 감염병 등이 있다. 인적재난의 경우는 자연재난과 비교하여 더 높은 정신건강의학적 증상을 보인다. 이는 인적재난이 가지고 있는 예측 불가능, 제어 불가능, 과실 가능성이라는 특성으로 설명할 수 있다. 기술적 재난 이후 PTSD의 발병률이 50%에 이르고, 대형화재에서 화재를 입은 생존자는 대다수가 외상후 스트레스장애로 인해 고통을 받는다(표 4-4).

〈표 4-4〉 인적재난 경험자의 생애 동안 PTSD 가능성

기술적 재난 [Palinkas et al., 1993(9%); Realmuto et al., 1991(13%); Silverman et al., 1985(50%); Smith et al., 1993(7%); Haavenar et al., 1996(36%); Weisaeth, 1989a(24%); Baum & Fleming, 1993(22~43%)]	PTSD Post-traumatic Stress Impairment	7~50% 23~43%
대형화재 [Adler, 1943(54%); Green et al., 1983(58%); Turner et al., 1993(66~100%)]	Post-traumatic Stress Impairment 화상 입은 생존자 PTSD	54~66% 100%
교통사고 [Marks et al., 1995(100%); Newman & Foreman, 1987(50~100%); Smith et al., 1993(29%); Martini et al., 1990(40%); Yule, 1992(47%)]	PTSD 어린이 PTSD	29~100% 40~47%

테러, 납치, 고문 (Weisaeth, 1989b)	PTSD	54%
총기난사 사고 (Pynoos et al., 1987; Smith et al., 1993)	PTSD 어린이 PTSD	5% 5~47%
위험직종 종사자 (Weisaeth, 1989c)	Post-traumatic Stress Reactions	24%
공권력과 시민폭력 (Goenjian et al., 1994)	Post-traumatic Stress Reactions	82~92%
911 테러 (Galea et al., 2002)	1개월 후 PTSD 1개월 우울증	7.5% 9.7%

(3) 한국재난과 정신건강

우리나라의 경우 PTSD 등과 같은 정신건강의학적 문제에 대해 장기적으로 추적 및 조사한 보고는 거의 없으나 단기 조사한 보고에 따르면 미국과 크게 다르지 않다. 이에 대한 내용은 다음의 〈표 4-5〉와 같다.

〈표 4-5〉 한국 재난 피해자의 생애 동안 PTSD 가능성

1995년 삼풍백화점 붕괴 (김승태 외, 1997; 최윤경 외, 1997; 김종남 외, 1997)	PTSD	41~48.4%
2002년 태풍 루사 (이인숙 외, 2003)	PTSD	52.1%
2003년 대구 지하철 화재 참사 (하신숙 외, 2003)	2개월 후 PTSD 6년 후 PTSD	48.5% 46.6%
삼성-허베이 스피릿호 기름유출사고 (이정림 · 김도균, 2011)	10개월 후 PTSD 2년 후 PTSD	62.2% 43.8%
2015년 메르스 사태 (http://www.doctorsnews.co.kr/news/articleView.html?idxno=108558)	의료진 우울증 의료진 PTSD	28% 8%

2. 재난 관련 정신건강의 이론

예기치 않은 재난은 사람들에게 충격으로 작용하게 되고, 직·간접적으로 재난을 경험한 피해자 모두에게 심리적 반응을 불러일으키게 되며, 만성적 스트레스, 우울, 불안 등의 정신건강문제를 야기한다. 재난으로 인한 정신건강문제는 같은 재난을 경험하더라도 개인적·사회적·환경적 요인에 따라 다르게 나타난다. 어떤 사람은 충격적인 재난 이후 위기를 자연스럽게 극복하기도 하지만, 동일한 재난을 경험한 사람이라 하더라도 외상후 스트레스장애 혹은 만성적 정신장애로 증상이 이환될 수 있다. 따라서 재난으로 인한 정신건강문제의 발생원인을 이해하기 위해서는 다양한 이론적 관점이 필요하다.

재난은 외상적 사건(traumatic event)으로 스트레스를 유발하게 되고, 스트레스는 정신질환의 발병 또는 재발의 중요한 촉발 요인으로 여겨진다. 재난으로 인한 대표적인 정신질환은 외상후 스트레스장애(Post-Traumatic Stress Disorder, PTSD)이다. 이 절 에서는 외상후 스트레스장애를 위주로 재난으로 인한 정신건강문제를 설명한다.

1) 정신역동적 관점

역사적으로 보면, 군인들의 전투 신경증과 대학살 생존자들의 외상 신경증을 설명하기 위해 정신역동적 이론이 사용되었다(Peterson et al., 2013).

정신역동이론은 Freud의 학설에 기초한 것으로, 행동은 사고과정의 산물이라는 '심리적 결정론'과 그 사고와 정신의 일부는 의식하지 못하더라도 인간 내면의 깊은 곳에 존재하면서 개인의 삶에 영향을 미친다는 '무의식' 개념에 바탕을 두고 있다. 또한 욕구해결에 집중하는 원초아(id), 원초아를 통제하며 현실에 적응하고 타협의 기능 및 타인과 외부사물의 관계를 다루는 자아(ego), 그리고 자아를 이끄는 도덕 원칙인 초자아(super-ego)가 존재하며 이들 간의 갈등은 모든 정신적 문제의 근원인 불안을 유발한다고 간주한다(최명민, 2013). 다시 말해, 정신역동이론에서는 스트레스나 외상이 소아기의 미해결된 무의식적 갈등을 불러일으킨다고 보기 때문에 퇴행이 일어나고 억압, 부정, 취소의 방어기제가 동원된다. 불안은 반복하여 회상되고 극복되고 그리고 감소된다(최송식, 2010).

고전적인 정신분석의 관점에서는 외상으로 인한 스트레스상황 또는 현실에 대해서는 무시하고, 외상 이전에 형성된 개인의 체질과 정신 내의 갈등을 강조하는 특징이 있기 때문에 비판을 받지만, 그럼에도 불구하고 정신분석의 관점의 외상 스트레스에 대한 개인의 심리 반응에 대한 이해를 훨씬 더 넓혀준다(Peterson et al., 2013).

대상관계이론은 정신역동이론에 포함되면서도 독특한 개념과 접근방법을 제시하는 독립적인 하나의 이론이며, 이 이론의 특징은 초기 아동기 경험이 갖는 의미를 매우 중시하며 이를 통해 형성된 자신과 타인, 대상(object)의 내적 이미지가 어떻게 작용하는지에 대해 많은 관심을 기울인다(최명민, 2013). Brende(1983)는 미국의 대상관계 이론가들의 주장을 근거로 하여 베트남전 귀향자들 중 특정 집단이 경험한 다양하고 강렬한 스트레스 요인들이 정체감을 파편화시키는 효과를 갖는다고 가정하였다. 이로 인해 ① 자기 정체감의 상실, ② 자기 체계 내에서의 분열, ③ 병리적으로 살인자와의 동일시 : 살인자로서의 자기, ④ 병리적 희생자와 동일시 : 희생자로서의 자기, ⑤ 병리적 전능감, ⑥ 보호적 자기의 등장이 결과적으로 나타난다(Brende, 1983, 최송식, 2010 재인용).

2) 행동주의적 관점

학습이론은 외부의 조건이나 자극에 의하여 어떻게 인간의 행동이 학습될 수 있는지에 관한 이론이다. 그리고 이와 같은 이론적 기반 위에서 인간의 행동이 불합리한 경우 이를 수정할 수 있다고 보는 입장을 행동수정이론 또는 행동주의라고 지칭한다. 따라서 사실상 행동주의적 접근은 학습이론의 개념에 근거하므로 이들은 모두 같은 입장을 취한다고 볼 수 있다(최명민, 2013).

Keane 등(1985)은 베트남전쟁에 참여한 퇴역군인의 임상증상이 Mowrer(1960)에 의해 가정된 공포와 불안에 대한 2요인 학습이론(two-factor learning theory of fear and anxiety)을 통해 가장 잘 이해될 수 있다고 하였으며, 이 이론은 외상후 스트레스장애를 보이는 모든 환자 집단에 적용될 수 있다. 이 이론에 따라 외상후 스트레스장애를 설명하기 위해서는 ① 공포반응이 연관된 원리를 통해 학습된다는 고전적 조건화와, ② 개인이 불안을 촉발하는 조건화된 단서를 피할 것이라는 도구적 학습이라는 두 가지 기능이 기본적으로 필요하다. 또한 단서 조건화와 자극 일반화, 고차 조건화, 외상 기억에 대한 불완전한 노출은 증상의 복잡성을 설명할 수 있게 한다(Peterson et al., 2013).

(1) 단서 조건화

단서는 신호로써 사람이 언제 어디서 어떤 반응을 형성시켜야 할지를 결정한다(Dollard & Miller, 1980, 신응섭 · 채정민, 1996 재인용). 단서는 외부 사건, 사고, 특별한 사람, 특정한 시간이 될 수 있으며 이 단서들의 특정한 결합이 반응을 결정하기도 한다(Dollard & Miller, 1980, 신응섭 · 채정민, 1996 재인용).

사람들은 고전적 조건화 과정을 통해서 소리, 냄새, 지형, 시간, 사람, 인지 등의 외상 동안 존재했던 다양한 자극들에 조건화될 수 있고, 각각의 자극들은 사건 동안 경험된 것과 비슷한 불안반응을 유발할 수 있다(Keane et al., 1985). 불안은 외상 동안 존재했던 자극에 의해서 일깨워지는 것이 아니라 보다 높은 단계의 조건화과정과 자극일반화를 통해서, 넓은 범위의 상황이 공포를 유도하는 능력을 습득한다(Keane et al., 1985). 특징적인 외상후 스트레스장애 반응은 외상적 경험 이후의 정상적인 회복 과정의 일부이나, 일반화의 정도(degree of generalization)가 높고, 보다 높은 순위(order)의 조건화가 일어날 때, 이들 증상들이 만성적이게 된다(Keane et al., 1985).

(2) 자극 일반화

자극 일반화(stimulus generalization)는 새로운 자극과 조건화된 자극의 단순한 유사성에 기초해서 일어나는데, 새로운 자극이 조건화된 자극에 더 유사할수록 그 새로운 자극에 대한 반응은 더 강해진다(Keane et al., 1985). 예를 들어, 차량폭발음이나, 폭죽 폭발과 같은 크고 갑작스러운 소음은 조건화된 자극이 되고, 퇴역군인들에게 방어적 또는 공격적인 반응을 유발하는 총성과 비슷한 새로운 자극으로 충분할 것이다(Keane et al., 1985).

(3) 고차 조건화

일단 단서가 공포를 유발하도록 조건화가 되면, 그것은 그 자체로서 공포스럽게 되어 지속적으로 조건화된 단서에 선행하는 어떤 단서라도 같은 공포반응을 유발할 수 있게 된다(Dollard & Miller, 1980, 신응섭 · 채정민, 1996 재인용). 예를 들어, 한 남자가 운전하면서 아내와 싸우고 있던 중 사고가 일어난 경우, 그 남자는 사고 순간에 아내에게 화가 나 있었기 때문에, 분노와 싸움은 공포의 단서가 되어 분노와 싸움이 일어나는 모임(예 간부 모임) 직전인 화요일 혹은 금요일 오후마다 불안발작을 일으킬 수 있다(Keane et al., 1985).

(4) 부적 강화

부적 강화는 외상후 스트레스장애와 연합된 많은 특징들에 대해 설명할 수 있다(Keane et al., 1985), 모든 회피행동과 정신적 마비가 부적 강화에 의해 매개된다. 분노와 공격성, 약물과 알코올 남용과 같은 행동장애는 “혐오 감정을 감소시키는 능력에 의해 기능적으로 강화된 행동 형태로 개념화된다”(Keane et al., 1985, 최송식, 2010 재인용).

(5) 외상기억에 대한 불완전 노출

조건자극에 지속적으로 노출되면 조건 반응은 소거될 수 없다는 사실을 설명하기 위해, Keane 등(1985)은 조건 자극이 외상적 기억군의 일부와만 짝 지워져 있다고 하였다. 특정 단서가 없다면 정보의 빈약한 회상이 일어나고, 기억에 대한 이러한 불완전한 노출은 이에 연속되는 증상 표출을 불러일으킨다(Keane et al., 1985, 최정민 · 신응섭, 1996 재인용).

3) 인지주의적 관점

인지이론은 인간의 생각, 즉 사고에 초점을 두고 인간을 이해하는 이론이다(최명민, 2013). 사람은 일상생활에서 부정적 감정을 유발하는 사건을 경험하는데, 때때로 감정적 반응이 보다 강하고, 보다 장기화되어 개인의 일상기능을 방해한다. 이러한 과장된 감정적 반응은 왜곡된 혹은 역기능적인 해석으로부터 기인한다. 따라서 인지적 입장은 정신장애를 유발하는 ① 부적응적 인지도식, ② 역기능적 신념, ③ 인지적 오류, ④ 부정적인 자동적 사고에 초점을 맞추고 있다(권석만, 2014). 인지치료의 목표는 사람들이 자신의 역기능적인 사고를 깨닫고, 역기능적인 사고에 도전해서 보다 기능적인 사고로 그것들을 대체하는 것이다.

Ehlers와 Clark의 인지모델에서는, 부정적인 평가와 외상기억의 독특한 특성이라는 두 가지 요인을 이용한다. 외상후 스트레스장애는 과거에 일어났던 사건이 두 가지 중요과정을 통해 현재의 위협감을 불러일으키는데, 이 과정은 외상 사건과 그것의 결과, 외상기억의 성격에 대한 개인의 평가와 개인의 다른 에피소드 기억들이 어떻게 통합되는지에 대한 것이다.

Ehlers와 Clark는 외상후 스트레스장애를 설명함에 있어 감정적 처리 이론과 맥락을 같이하고 있으나, 감정적 처리과정 이론에서는 자기성찰과 자기보고에 의하여 인지가 이용될 수 있다는 것과 대조적으로 평가의 개념을 사용하였다.

평가는 외적 위협(세상을 위험한 장소로 인식하는 것)에 대한 것일 수도 있고 혹은 내면적 위협(자신을 무능력한 것으로 보는 것)에 관한 것일 수도 있다(Ehlers & Clark, 2000, 최송식, 2010 재인용).

한편 외상후 스트레스장애를 가진 사람들은 외상 이야기를 함에 있어서 분절적이고 제대로 묘사하지 못하며, 그들이 기억을 떠올릴 때, 마치 과거가 아니라 외상이 지금 현재 일어나는 것처럼 느낀다. 외상기억의 분절화, 외상이 현재 일어나고 있는 것과 같은 외상에 대한 인식, 다른 자전적인 기억과 외상기억이 통합되는 것의 결핍, 이 모든 것들이 과거에 일어났던 사건이 현재의 위협감을 어떻게 야기하는지를 설명한다.

Ehlers와 Clark의 외상후 스트레스장애 모델은 연관네트워크이론(association network theories)으로부터 나온 개념들을 포함한다. 외상기억의 특징적인 또 다른 양상은 수많은 요소들에 의해 쉽게 재생될 수 있는 기억을 지배하는 강한 S-S와 S-R의 연관성이 존재한다는 것이다. 연관기억으로부터의 재생은 비의도적이며, 개인들은 감정적인 반응과 외상기억 사이의 관계를 깨닫지 못할 수도 있다. 증상 재경험을 유발시키는 인자를 밝히지 못할 때 유발인자 그 자체는 위험스럽지 않다는 것을 개인들은 알지 못하게 된다.

Ehlers와 Clark의 모델의 혁신점은, 외상기억과 외상, 외상의 후유증에 대한 평가 사이에 상호적인 관계가 존재한다고 보는 견해이다. 지속적인 외상후 스트레스장애를 가진 사람들은 외상 사건을 회상할 때, 그들의 회상은 그들의 평가에 의해 왜곡되고, 이들 평가에 일치하는 정보를 선택적으로 재생시킨다. 선택적인 재생(selective retrieval)은 평가와 모순되거나 일치하지 않는 외상은 기억하지 못하게 차단하여, 평가에서의 변화를 막는다. 반대로 외상기억의 성격은 평가에 영향을 끼칠 수 있다. 예를 들어, 비조직화되고 분절화된 기억은 자신에 대한 부정적인 평가를 가져올 수 있다(최송식, 2010).

4) 생물학적 관점

생물학적 입장은 모든 정신장애는 신체질환과 마찬가지로 신체적 원인에 의해서 생겨나는 일종의 질병으로 간주한다. 정신장애의 생물학적 원인에 대한 관심은, 19세기 말 '진행성 마비'로 불리는 심한 정신적 퇴화와 매독균의 감염으로 유발된다는 것이 발견되면서 고조되었으며, 오늘날 정신장애를 유발할 수 있는 주요한 생물학적 원인으로 유전적 요인, 뇌의 구조적 결함, 뇌의 생화학적 이상에 초점을 맞추고 있다(권석만, 2014).

De la Pena(1984)는 외상후 스트레스장애의 원인에 대한 정신생리적 모델을 개관했다(Keane et al., 1985, 최정민 · 신응섭, 1996 재인용). 다음과 같은 다양한 가정이 기초를 이룬다.

- *신경계는 "정보처리 체계"이다.*
- *"각성 수준"은 하위체계에서의 정보 처리율과 관련이 있다.*
- *"종합적 정보 처리율"이 중추신경계(CNS)의 특징이다.*
- *이상은 다양하게 위계적으로 조직되어 있는 정보 하위체계에서 평가된 정보처리의 합계와 상관이 높다.*

De la Pena(1984)는 "부교감신경이 지배적인 사람(PDI)"이 다른 사람보다 외상후 스트레스장애를 발달시킬 위험이 더 크다고 가정하였다. 이러한 사람들은 정상적 수준의 감각 자극에 노출되었을 때 대개 중추신경계에서 "교감신경이 지배적인 사람(SDI)"보다 더 낮은 비율의 정보 흐름을 경험한다. 명백하게 부교감신경이 지배적인 사람이 감각 정보에 더 빨리 길들여지는데, 이러한 결과는 지각적 및 행동적 기능을 향상시키기 위해 뇌가 그 자신의 정보 흐름을 증가시키는 시도 때문이다. De la Pena(1984)는 전투상황을 "정보가 풍부한" 상황으로 기술한다. 전투 상황에서 사람들은 흥미와 이완감을 느끼는 것과 동시에 피질 구조들이 증가된 정보 흐름을 조절하기 위해 발달되는데, 부교감신경이 지배적인 사람들은 구체적으로 정해진 수준 이상의 선호되는 수준으로 정보 흐름률을 발달시킨다. 그러나 부교감신경이 지배적인 사람이 높은 정보 흐름을 가진 환경에 더 이상 있을 수 없을 때는 '반동'이 있게 된다. 중추신경계의 정보 흐름은 "현저하게 낮은 수준"으로 급격히 떨어진다. 그래서 일상적 감각환경에서 부교감신경이 지배적인 귀향자는 감각 박탈과 유사한 것을 경험하고 심한 지루함과 우울을 경험한다. 전투를 하는 동안 선호되는 정보 처리율의 경험이 주어지면, 비전투 상황에 있는 귀향자들도 정보 흐름을 늘리려고 시도한다. De la Pena(1984)는 이러한 점이 악몽, 불면증, 과잉경계, 충동적(흥분을 추구하는) 행동, 공격적 폭발 등의 많은 외상후 스트레스장애의 공통 증상들에 대해 설명해 준다고 주장하였다(Keane et al., 1985, 최정민 · 신응섭, 1996 재인용).

Van der Kolk 등(1984)과 Van der Kolk와 Greenberg(1987)는 Maier와 Seligman(1967)이 개발한 학습된 무기력 모델을 토대로 이론을 세웠는데, 동물들의 경우 피할 수 없는 충격에 노출되면 노르에피네프린(norepinephrine) 교체율이 증가한다고 말한다(Keane et al., 1985, 최정민 · 신응섭, 1996 재인용). 그 결과는 다음과 같다.

- 혈장 카테콜라민(catecholamine) 수준의 증가
- 뇌 노르에피네프린 수준의 감소
- 3−methoxy−4 hydrophenylglycol(MHPG) 생산의 증가
- 뇌 도파민(DA) 수준의 감소
- 뇌 세라토닌(seratonin) 수준의 감소
- 아세틸콜린(acetycholine) 수준의 증가
- 내인성 마취제에 의해 매개되는 마취 반응

노르에피네프린의 감소는 회피행동의 결함과 상관이 있고, 도파민(dopamine)의 감소는 동물의 반응 개시 능력을 감소시킨다. 피할 수 없는 충격에 반복 노출

되면 통각상실이 나타나고, 매우 약한 스트레스 요인에도 조건화된 반응으로서 통각상실이 나타난다.

결국 “외상에의 중독”이 일어날 수 있다. 외상의 희생자들이 외상에 노출되면 중추신경계 마취반응이 나타나고, 원래의 경험과 유사한 자극들을 찾아내게 된다. 구체적으로 설명하면 내인성 마취 펩타이드를 포함해서 마취제는 다음과 같은 정신활성적(pscychoactive) 속성을 지닌다. ① 행동의 진정, ② 분노 · 공격성의 감소, ③ 편집증의 감소, ④ 부적절감의 감소, ⑤ 항우울적 활동이다. Van der Kolk 등(1984)은 외상후 스트레스장애와 외상후 상태가 개시되고 유지되는 것은 중추의 노르아드레날린 체계(noradrenergic system)와 중추신경계 마취 펩타이드에 의해 매개된다고 가정하였다. 외상 상황에서의 재노출은 마취제 생산을 늘려 통제감을 가져다주며, 이러한 스트레스 요인이 없어지면 개인은 마취제 금단 현상을 경험한다(Keane et al., 1985, 최정민 · 신응섭, 1996 재인용).

5) 심리사회적 관점

앞서 말한 것처럼 똑같이 외상적 스트레스를 경험하더라도, 모두 외상후 스트레스장애로 발달하지는 않는다. 따라서 외상후 스트레스장애의 발달에 영향을 미치는 요인들에 대해 좀 더 통합된 이해를 갖는 것이 중요하다.

Green 등(1985)에 의해 제안된 심리사회적 모델은 사람에 따라 외상후 스트레스장애의 발병 여부의 차이를 설명하기 위한 대표적인 모델이다(그림 4-1). 구체적으로 심리사회적 모델에서는 외상적 사건뿐만 아니라 재난에 대한 정상적인 반응, 개인적 성격 특성 및 외상이 경험되고 환자가 회복하는 사회문화적 환경의 어떤 요인들이 장애를 일으키는 데 기여하는가를 설명하고자 한다.

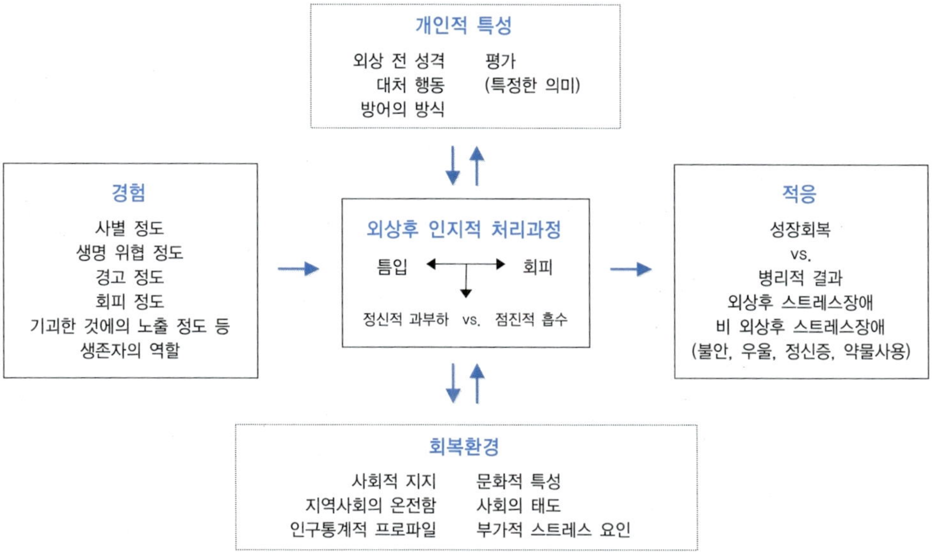

| 그림 4-1 | 외상후 스트레스장애의 이해를 위한 심리사회적 틀

(1) 개인적 특성

두드러진 것으로 간주되는 개인적 성격 특징 변인들로는 자아강도(ego-strength), 대처 자원 · 방어의 효율성 · 성질, 기존의 정신병리 존재 유무, 이전의 스트레스나 외상 경험, 행동 경향, 희생자의 현재 심리사회적 단계, 인구통계학적 요인들(예 나이, 성, 교육 정도 등)이 포함된다(Green et al., 1985).

(2) 외상 경험의 특성

Green 등(1985)은 외상경험의 성질이 어떠한지에 따라 얼마나 많은 정보처리가 필요한지가 결정되며, 그에 따라서 외상후 스트레스장애로 발전할 가능성이 다르다고 하였다. 장기적 반응과 관련하여 볼 때 장애로 발전하는 데 기여할 수 있는 외상경험의 결정적 요소에는 스트레스 요인의 심각성, 외상의 지속기간, 증상 개시의 경고 속도, 사별(bereavement), 사람 또는 지역사회의 전환배치(displacement) 정도, 생명위협(life-threat), 기괴한 죽음장면에의 노출(exposure to grotesque sights), 목숨을 건 파괴적 전투 스트레스(귀향군인들에서), 참여(수동적이든 적극적이든, 생존자들에 의해 취해지는 역할을 포함한), 재발을 통제하는 것과 잠재 가능성 간의 도덕적 갈등의 정도가 포함된다(Green et al., 1985).

(3) 회복환경의 특성

Green 등(1985)은 대부분의 외상후 스트레스장애의 이론적 설명에서 사회적환경의 중요성을 덜 강조하는 경향이 있다고 하였다. 회복환경의 측면에서 중요한 변수들은 사회적 지지이며, 개인이 외상적 경험을 훈습하려고 시도하는 환경의 질이 회복결과와 상당한 상관이 있다고 주장한다. 여기에 해당하는 환경적 요인들은 사회적 지지, 가족과 친구들의 보호("외상에 대한 막"), 사회의 태도, 지역사회의 견고성, 문화적 특성이다. 베트남전 귀향군인들과 강간피해자들의 회복 환경은 종종 홍수 피해자들, 폭행, 범죄피해자들보다 지지적이지 못한 편이다(Peterson et al., 2013).

6) 생태학적 관점

대규모 재난은 개인을 넘어서서 전 공동체에 영향을 주고, 광범위한 인명, 재산, 환경 피해를 야기한다. 개인이 예상치 못하게 통제 불가능한 충격적 사건을 경험하는 것과 달리 재난은 여러 외상 사건이 동시다발적으로 발생하여, 이와 관련된 많은 사람들로 하여금 공포, 삶에 대한 위협을 경험하게 만들고, 물리적 손상뿐만 아니라 공동체성의 상실, 한 사람을 둘러싼 이웃과 주변 환경 간의 연결감의 상실, 다른 사람들과의 분리감, 고립감, 타인을 돌보기 어려워지는 상태와 같이 심리사회적 측면의 손상을 일으킨다고 알려져 있다(Erikson, 1976; Carr et al., 1997; Halpern & Tramontin, 2007, 이나빈, 2016 재인용). 이처럼 재난은 사회적 사건이라는 점에서 개인 외상 경험과는 다른 맥락에 놓여 있기 때문에, 재난이 개인과 사회에 미치는 영향력은 사건이 가지는 위험의 크기뿐 아니라 사건을 경험한 개인을 둘러싸고 있는 사회적 조건들과 상호작용한 결과로 이해되어야 한다.

생태이론에 기반한 모델은 개인체계, 미시체계, 외체계, 거시체계로 분류된다. 첫째, 개인체계(individual systerm)로서 성격, 기질, 생리학적 반응, 심리적 자원과 같은 요인들을 포괄한다. 둘째, 개인체계에 직접적인 영향을 주는 인접환경으로 가족 내 경험, 또래 및 친구와의 경험, 학교 및 직장에서의 경험 등의 요인을 포괄하는 미시체계(microsystem)이다. 셋째, 개인과 간접적으로 관련된 환경 구조들로 지역사회 네트워크 수준, 대중매체, 신체 및 정신건강관리체계, 시민사회 역량, 지역사회 정치기구, 인프라 등을 포괄하는 외체계(exosystem)이다. 넷째, 정치 및 경제 체계, 신뢰체계, 문화규범이나 인종차별, 편견, 언어, 사회적 규제, 가치관, 이데올로기 등으로 구성되어 있는 거시체계(macrosystem)이다(이나빈, 2016). 이를 그림으로 나타내면 |그림 4-2|와 같다.

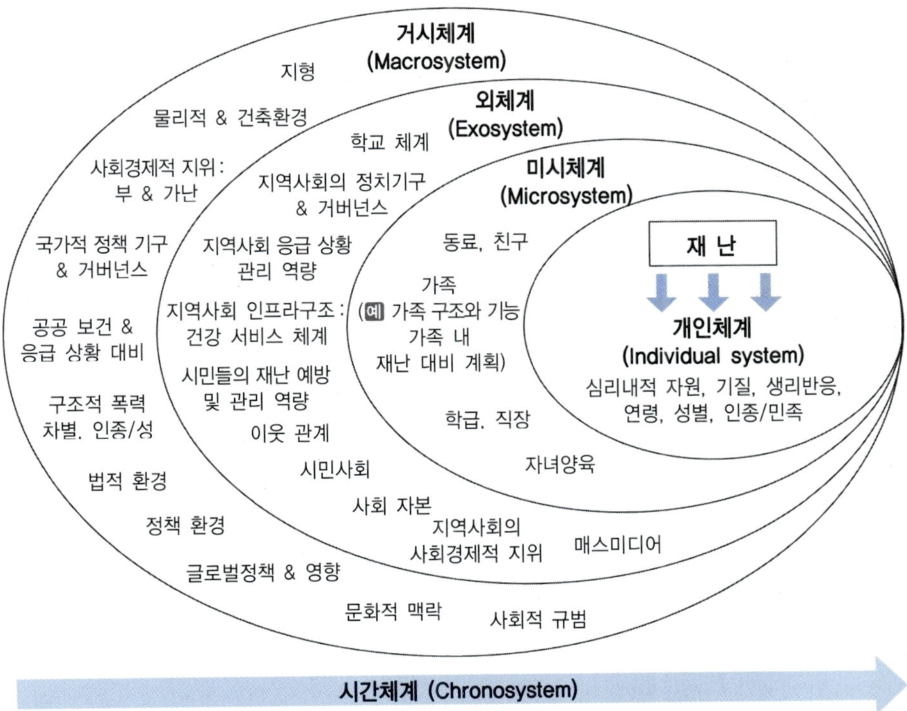

|그림 4-2| 재난의 생태모델

출처 : Shultz, Espinel, Galea, & Reissman(2007); Hoffman & Kruczek(2011), 이나빈(2016) 재인용.

3. 재난 피해자들을 위한 정신보건사회복지 개입

재난정신건강서비스는 일반 정신건강서비스와는 그 성격이 다르다. 재난정신건강서비스는 재난을 당한 피해자들을 포함하여 재난 당시 혹은 그 여파로 인한 심한 정신적 스트레스에 효과적으로 대처하도록 돕는 서비스를 의미한다. 이 장의 도입에서 설명한 바와 같이 재난 피해자를 포함한 지역사회는 어마어마한 충격과 혼란을 경험하게 되고, 개인은 특성에 따라 심리적 충격이 장기적으로 지속되거나, 외상후 스트레스장애, 우울증, 약물사용장애와 같은 심각한 문제를 겪게 될 수 있다. 이런 상황에서 재난건강서비스 실천가는 재난 이후 지역사회에서 드러나는 다양한 욕구를 충족시킬 수 있도록 포괄적, 통합적, 복합적인 서비스를 제공해야 한다.

1) 재난정신건강서비스

여러 사례에서 언급한 재난정신건강서비스의 주요 개입방법을 종합하면 재난 현장의 사회복지 실천가는 ① 빠른 사정을 통한 긴급 상담 대상자의 선정, ② 재난 스트레스에 대한 교육, ③ 지지적 경청 및 충격완화(defusing), ④ 경험에 관한 보고(debriefing)와 지역사회모임, ⑤ 위기개입, ⑥ 당면한 문제 해결, ⑦ 지역 내 자원조직과의 정보교환, 의뢰 및 후송 등의 역할을 수행해야 한다(신선인, 2000).

일반적으로 슬픔이나 스트레스 반응 같이 재난 이후에 사람들이 경험하는 일시적인 반응은 매우 비정상적인 상황에서 당연히 나타나는 정상적인 반응이다. 재난정신건강서비스의 궁극적인 목표는 일시적인 기능장애를 겪고 있는 개인과 지역사회를 재난 이전의 기능 수준 정도로 돌아갈 수 있도록 도와주며, 재난과 관련된 정신건강 문제의 발생과 발생 시 그 심각도를 줄이는 것이다. 사실 생존자의 대다수는, PTSD 증상을 자주 보이던 이들조차 자연적으로 회복되므로 조기평가와 개입이 불필요하다. 이러한 회복의 대부분은 초기 몇 주 동안, 그리고 처음 3~4달까지 일어난다(Solomon & Davidson, 1997). 따라서 재난생존자를 평가, 분류하고, 그에 맞는 재난정신건강서비스를 제공할 필요가 있다. 일반적으로 재난 생존자의 시간별 변화에 따른 재난정신건강서비스는 〈표 4-6〉과 같다.

〈표 4-6〉 **재난 생존자의 시간별 변화와 재난정신건강서비스의 제공**

구분	시간	광주트라우마센터	미국 정신보건원 (National Institute of Mental Health, NIMH)
평소	재난 전	**재난이 일어나기 전 준비하는 단계** • 활동지침 정비 • 인력양성 : 재난심리안정요원 교육 및 훈련 • 정보제공 • 홍보활동 • 협력유지 : 관련기관과의 네트워크 • 연구활동	**사건 전 단계 : 사건 전** • 사건이 발생하기 전에 사람들을 훈련시키고, 정보를 제공하고, 사건이 일어났을 때 신속히 협력할 수 있는 네트워크를 구축해야 함
긴급 대응기	7일 이전	**초기 대부분 재난 생존자에서 PTSD 관련 증상이 나타나는 단계** • 목표는 초기 안정 : 외상기억을 직접 다루지 않아야 함 • 재난심리안정서비스 관련정보 수집 : 가용 정신의료 상태 파악, 필요한 경우 구호소, 현장사무소 등을 파악 • 재난심리안정서비스 팀 구성(중앙센터 직원 출동 및 외부 재난심리안정요원 확보) 및 교육 – 재난 생존자를 안심시키고 정상적인 스트레스 반응일 수 있음을 교육하는 것이 가장 중요 – PTSD와 초기 주의사항에 대한 교육은 증상의 유무에 관계없이 전체 재난 생존자에게 전달될 수 있어야 함 – 향후 발생 가능한 문제나 상태에 대한 교육도 같이 실시 – 신체부상이 심할 경우 PTSD 관련 증상은 초기에 없다가 일주일까지 점점 심해질 수 있음 – 증상이 심하지 않는 경우 최대한 일상생활로 복귀 유도	**충격단계 : 0~48시간** • 생존자들은 싸움, 도주 반응이 일어나며, 얼어붙거나 항복하는 등의 행동을 보임 • 생존자의 기본적인 욕구를 파악하고 심리적 응급처치를 함. 이 단계의 응급처치의 주 내용은 정보를 주고, 위안을 주며, 실질적인 도움을 주는 것임 **구출 혹은 반응 단계 : 0~1주** • 생존자들은 탄력적 혹은 소진 행동을 보임 • 생존자의 현재 상태를 파악하고, 이들의 욕구가 얼마나 잘 다루어지는지를

		– 필요한 경우 현장방문서비스 가동 – 필요한 경우 약물치료 – 일부에서 심한 불면이나 불안에 대한 약물치료가 필요할 수도 있음	파악해야 함. 이후 중증도 분류작업을 통해 고위험자를 가려내고 이들을 적절한 의료기관에 의뢰함. 외부와의 연계활동이 요구됨
초기 대응기	8일~1개월	**PTSD, 우울증 등의 증상이 고착될 수 있는 단계** • 목표는 PTSD, 수면장애, 주요우울증, 불안장애, 알코올사용장애, 자살 등 모든 외상후 스트레스후유증 예방 • 재난심리안정서비스가 제일 중요한 단계 • 필요한 경우 외부 재난심리안정요원 동원 및 활동 • 지역 요구도 파악 및 활동방침 점검 – 증상이 심하지 않은 경우 최대한 일상생활로 복귀 유도 – 증상의 호전이 없거나 악화되는 재난생존자의 발견 – 필요에 따라 적합한 재난심리안정서비스 시행 – 취약성을 가진 재난생존자에 대한 관심 – 필요한 경우 현장방문서비스를 연장 – 동의한 경우 추적관찰서비스를 가동 – 고위험군 재난생존자의 관리 – 집중안정서비스를 시행 – 필요한 경우 자문연계서비스를 가동 – 동의한 경우 추적관찰서비스를 가동	**회복단계 : 1~4주** • 생존자들은 이 단계에서 애도하며, 재평가하고, 침습적인 기억을 경험 • 회복되고 있는 환경과 생존자, 제공되는 서비스를 종합적으로 모니터하며 회복과 탄력적 적응을 도와야 함
중기 대응기	1~3개월	**PTSD, 우울증 등으로 진단될 수 있는 단계** • 목표는 PTSD 증상 완화 및 다른 외상후 스트레스후유증 예방 • 자문연계서비스 가동이 중요한 단계 • 외부 재난심리안정요원의 활동 종료 단계 • 필요한 경우 평상시 활동으로 전환 • 재난심리안정서비스 평가 및 활동실적에 대한 분석 – 증상이 심하지 않은 경우 최대한 일상생활로 복귀 유도 – 중증의 재난생존자에게 자문연계서비스를 제공 – 어려운 경우 집중안정서비스를 가동 – 외부 재난심리안정요원의 활동 종료 시 중앙센터의 추적관찰서비스를 가동 – 재난구조자 지원 프로그램 가동	**재통합단계 : 2주~2년** • 개인에 따라 재통합에 걸리는 기간이 달라짐. 트라우마 사건을 자기의 삶에 통합 • 필요한 사람의 치료를 의뢰하여 증상을 감소시키고 기능을 증진하도록 도움

후기 대응기	3개월 이후	**재난 후 회복 적응 단계** • 목표는 모든 외상후 스트레스후유증 완화 • 주로 추척관찰서비스가 진행되는 단계 • 대부분 평상시 활동으로 전환 – 최대한 일상생활로 복귀 유도 – 현실 상황의 문제들 기술 및 의논 – 고위험군이거나 증상이 있거나 재난생존자가 원하는 경우 추적관찰서비스와 자문연계서비스 운영

출처 : 광주트라우마센터(2014); 왕순주(2009).

2) 예방 및 준비

(1) 예방

재난관리 전반에서 전문가들은 재난으로 인해 나타날 수 있는 여러 충격을 완화할 수 있도록 예방하고 개인 및 지역사회의 삶의 질 향상을 목표로 가지고 있다. 특히 정신건강전문가들은 재난으로 인해 나타날 수 있는 PTSD, 우울장애, 불안장애, 적응장애 등의 정신건강 문제를 예방하기 위한 노력을 해야 한다. 다음은 긍정적인 결과가 나타날 수 있도록 하는 데 도움이 된다고 주장하는 근거들이다(Raphael, 1993).

- 경험한 고통과 더불어 생존자의 **강점을 인식**하는 것이 중요하다. 생존자들이 재난 상황에서 겪은 고통은 인정받고 이해받아야 하지만, 전문가들은 생존자가 이를 극복할 수 있다는 것을 믿고 지지해야 한다.
- **정보와 교육**은 사람들의 이해를 도울 수 있기 때문에, 지원과 치료 시스템의 필수적인 부분이어야 한다. 재난 발생 전에, 재난 상황 시 일어날 수 있는 상황에 대한 정보, 나타날 수 있는 반응에 대한 교육, 심리적 회복을 도와줄 수 있는 훈련, 재난 피해를 받은 지역사회와 사람들의 회복을 위해 지속적인 정보를 제공한다.
- **경험을 공유**하는 것은, 많은 사람들은 자신의 경험에 대해 이야기하면서 감정을 발산하고, 다른 사람들로부터 이해와 지지를 받을 수 있다. 하지만 이

야기할 준비가 되지 않은 사람, 자신의 경험에 대해 이야기하고 싶지 않다고 선택하는 사람들도 있을 수 있다. 따라서 정신건강전문가들은 이러한 변수들을 알고 있어야 하며, 생존자들이 원하는 것을 지지해야 한다.

- **지지적인 네트워크**는 매우 중요하며, 유지, 강화, 재건되어야 한다. 네트워크는 자원과 실질적인 도움을 제공 및 정서적 지원을 통해 회복 단계에 있는 사람들을 돕는다. 지역사회 내 생성된 집단은 지원을 용이하게 하기 위해 만들 수 있으며, 권장되어야 한다.
- 개인뿐 아니라 **지역사회 프로세스**도 인식하여 지원되어야 한다. 예를 들어, 리더십, 기념 의식, 연극, 예술은 긍정적으로 기여할 수 있다. 재난으로 인한 지역사회 분열, 희생양 및 정치권력 파괴는 회복을 저해할 수 있다. 개입은 지역사회의 강점을 인식하고 지원하고 발전시켜야 하며 지역사회가 겪은 고통을 인식해야 한다.

(2) 준비

위에 제시된 많은 예방 목표를 다루기 위해서는 준비와 훈련이 필요하다. 준비단계에서는 사람들에게 재난으로 인해 나타날 수 있는 다양한 스트레스 반응 등에 대해 교육하고, 생존 및 건강을 위한 정보를 제공할 수 있다. 재난에 대비한 훈련은 예기치 않게 나타나는 재난에 대한 충격을 감소시키고, 재난 상황에 대한 숙달과 희망을 극대화될 수 있다. 따라서 재난 위험 및 빈도가 높은 국가에서는 재난 전문가와 더불어 일반 국민들도 함께 재난에 대비한 준비 및 훈련과정에 참여하기도 한다.

3) 사 정

재난 정신건강 현장에서 실천가들은 개인, 집단, 그리고 피해를 입은 지역사회 전반에 걸쳐 현재 상태를 언제나 지속적으로 관찰하고 사정(assessment)해야 한다. 실천가들은 생존자들의 욕구가 적절하게 다루어지고 있는지, 추가적인 개입과 자원들이 요구되는지를 포함하여 회복환경의 특징에 대한 사정이 진행되어야 한다.

사실 생존자의 대다수는, PTSD 증상을 자주 보이던 이들 조차 자연적으로 회복되므로 조기평가와 개입이 불필요하다. 이러한 회복의 대부분은 초기 몇 주 동안, 그리고 처음 3~4달까지 일어난다(Solomon & Davidson, 1997). 그럼에도 불구하고 위험과 취약 요소들을 인식하고 더 큰 위험이 될 수 있는 집단에 대한 사정을 제공하는 것은 중요하다(Raphael & Newman, 2000). 같은 재난을 겪더라도 개인에 따라 경험한 구체적인 외상 사건은 다를 수 있으며, 의미도 다를 수 있다. 따라서 어떤 종류의 재난이었는지, 개인이 구체적으로 어떤 외상 사건을 겪었는지, 얼마나 끔찍한 일이었는지, 전혀 예측하지 못했던 사건이었는지, 스스로 예방이 가능한 사건이었는지, 외상 사건을 얼마나 자주, 얼마나 오랫동안 겪었는지, 외상 사건을 직접 경험했는지 목격만 한 것인지, 목격을 했다면 얼마나 가깝게 목격했는지, 가해자가 있었는지, 피해자가 어린이나 아는 사람이었는지, 재난에 대해 지역사회가 어떠한 반응을 보이고 있는지도 평가해야 한다(재난정신건강위원회, 2015). 재난 정신건강 실천가는 사정 시기의 중요성, 사정과정이 개인에게 미칠 영향과 같은 문제를 인식하고 있어야 하며, 문서화와 등록 또한 재난대응의 중요한 활동이다(Raphael & Newman, 2000).

(1) 시기의 중요성

최선의 사정시기를 결정하기 위해서는 몇 가지 문제를 고려해야 한다. 첫째, 많은 급성 스트레스 증상들은 외상 후 첫 주 안에 가라앉을 수 있다(Solomon et al, 1996). 둘째, 실천가는 급성 스트레스장애와 같은 장애를 위한 평가를 결정하기 전에 외상사건이 중단되었다고 확정해야 한다. 셋째, 많은 강렬한 외상을 입은 사람들은 사정과정에 적절하게 참여할 수 있을 때까지 외상성 경험의 피해를 통합하기 위한 일정 기간을 필요로 한다. 조기평가와 개입의 장점이 있더라도,

모든 사례에서 조기평가가 필요하다고 믿는 것은 부적절하다. 많은 경우, 더 효과적인 평가는 지연된 후 실시될 수 있다(Bryant & Harvey, 2000).

(2) 사정의 영향

재난 정신건강 실천가는 강렬한 외상을 입은 사람, 유족 또는 피해자에 대한 사정 시, 이들이 받을 사정과정에의 영향에 민감해야 한다. 외상 후 첫 달 동안, 많은 사람들은 극도로 괴로워하며, 혼란스러운 환경 안에서 기능하며, 많은 변화에 대처하려 노력하고 있다. 이런 상황에서 클라이언트는 종종 취약한 상태로 존재하거나, 격동의 환경에 대한 통제력을 유지하기 위해 고전한다.

잘못 실시된 사정은 초기 외상경험이 지속되고 있는 것으로 인식되는 사람에게 추가적인 스트레스를 줄 가능성이 있다. 극단적인 경우, 잘못 실시된 사정은 취약한 개인의 자살 시도에 기여할 수도 있다. 따라서 사정과정에서 다루어지는 자료가 고통스러울 수 있다는 인식으로 사정이 시작되어야 하며, 클라이언트는 사정을 수행하는 사람에게 그런 고통을 이야기하도록 분명하게 요청되어야 한다. '치료적 사정(therapeutic assessment)'의 개념은 이 과정의 기초가 되어야 한다. 다시 말해 사정의 과정은 '해롭지 않다(does no harm)'는 것을 의미하며, 가능한 한 사람에게 도움이 되며, 개인의 반응에 맞추며, 그들의 욕구를 고려한다.

(3) 문서화와 등록

모든 재난 관련 활동의 문서화는 재난 대응의 핵심적인 부분이다. 사용되는 문서 유형은 피해를 입은 사람의 수, 재난 또는 주요 사고의 유형 및 정신건강 반응의 유형에 따라 다를 것이다. 모든 클라이언트와의 접촉, 어떤 평가나 개입의 성격은 간략하게라도 기록되어야 한다. 다음의 |그림 4-3|은 국민안전처 재난구호과에서 배포하여 재난심리회복지원에서 사용하고 있는 실제 매뉴얼의 상담일지이다(국민안전처, 2016).

재난심리회복지원 상담일지

<table>
<tr><td>일 자</td><td colspan="4">년 월 일</td><td>상담활동가</td><td></td></tr>
<tr><td rowspan="2">피상담자</td><td>성 명</td><td></td><td>성 별</td><td></td><td>연 령</td><td></td></tr>
<tr><td>주 소</td><td colspan="3"></td><td>연락처</td><td></td></tr>
<tr><td>재난
피해지역</td><td colspan="6"></td></tr>
<tr><td>조사결과</td><td colspan="6">1)
2)</td></tr>
<tr><td>위험요소
점검사항</td><td colspan="6">□ 신체적 부상 □ 재정적 손실 □ 생계의 위협
□ 가옥 손상 □ 준비 없이 피난한 경우 □ 가족의 실종 · 사망
□ 피난 기간이 1주 또는 그 이상 □ 지역사회 손실 목격
□ 친구의 실종 · 사망 □ 재난으로 인한 실적 □ 구조 활동에 참여
□ 재난 전 신체장애 여부 □ 구조 활동에 참여 □ 죽음 · 부상의 목격
□ 과거 외상 증후군 여부</td></tr>
<tr><td rowspan="4">피상담자
현황</td><td>대인관계의
변화</td><td colspan="5">□ 재난 후 가족과의 관계가 변함(이유 :)
□ 재난 후 친구와의 관계가 변함(이유 :)
□ 재난 후 기타 대인관계가 변함(이유 : 지나친 보상에 대한 관심으로 주민 간의 관계가 서먹해짐)</td></tr>
<tr><td>감정상태의
변화</td><td colspan="5">□ 재난 관련 꿈이나 악몽
□ 재난 목격 장면의 플래시백
□ 불안, 우울 증세 호소
□ 성격이 급해지거나 이전보다 쉽게 흥분함</td></tr>
<tr><td>술, 담배 및
약물 사용
관련 변화</td><td colspan="5">□ 술을 이전보다 더 마심(이유 :)
□ 담배가 늘었음(이유 :)
□ 약물 사용이 증가(이유 :)</td></tr>
<tr><td>실 피해액</td><td colspan="5"></td></tr>
<tr><td rowspan="3">사고 후
병력</td><td>사고 직후
입원 기간</td><td colspan="5"></td></tr>
<tr><td>이후 치료
경과</td><td colspan="5"></td></tr>
<tr><td>기타
입원기간</td><td colspan="5"></td></tr>
<tr><td>비고
(물품사용내역)</td><td colspan="6"></td></tr>
</table>

| 그림 4-3 | 재난심리회복지원 상담일지

(4) 강점확인

많은 사람들은 재난 이후에 레질리언스와 적응을 보인다. 사람들은 다른 사람들을 돕거나, 실질적인 업무에의 참여, 지원 그룹 구성, 지역사회 지원을 위한 결집 등과 같은 활동으로 대처한다. 대처는 사람의 사회적 정서적 자원들과 얽혀있다. 개인의 사회적 지지체계의 성격에 따라 더 쉽게 또는 방해받고 예방된다(Cohen, 1998, Raphael & Newman, 2000 재인용). 이 체계에는 가족, 친구, 이웃, 직장동료 및 소규모단체와의 대인관계가 포함될 수 있다. 이런 사회체계는 지원을 구하거나, 이해 또는 재난 후 도움을 구할 때 개인에게 전형적으로 제일 먼저 작동된다(Raphael & Newman, 2000).

(5) 위험요소 확인

재난 이후 문제가 발전될 위험성이 큰 사람들을 식별하는 것이 중요할 것이다. 위험요소의 몇몇은 생명 위협, 사랑하는 사람의 상실, 재난에 대한 노출의 심각성(죽음의 기괴한 형태 목격, 아이들, 초기 반응의 높은 강도, 해리 등)을 포함한다. 재난 후 고위험군에 대한 평가를 위해 주목해야 하는 요인에는 재난 전 요소, 사건 관련 요소, 재난 후 요소가 있다(Bryant & Harvey, 2000, Raphael & Newman, 2000 재인용). 구체적으로 살펴보면 〈표 4-7〉과 같다.

〈표 4-7〉 재난 후 주목해야 하는 요인

재난 전 요소	사건 관련 요소	재난 후 요소
• 아동기 외상/학대 • 외상사건 이전의 우울증/불안 또는 이러한 증상들에 대한 취약성 • 이전의 상실 또는 형편없게 해결된 외상경험 • 가족 불안정 • 물질 남용 • 행동 장애 • 외상사건을 위한 준비 부족 • 약점(사회적, 경제적, 교육적)	• 생명 위협 수준 • 기괴함, 끔찍한 사건에의 노출 • 사랑하는 대상, 친구들, 동료들의 상실 • 사랑하는 대상, 친구 등의 부상 • 사건의 예측불가, 통제불가 • 스트레스 요인의 근접 • 스트레스 요인의 지속 • 재산손실/재배치 • 구호가능 • 주관적인 반응(공포, 무력함, 해리) • 재난에의 개인적 역할 • 재난의 의미 • 희망에 참(또는 희망의 부족)	• 사회적 지지 • 대처방식 • 지역사회 반응 • 진행 또는 추가적인 스트레스요인들 • 물질남용 • 이차 증상들

(6) 정신병리 검사

다양한 검사 방법들과 평가도구를 이용하여 클라이언트의 정신건강문제 수준을 확인할 수 있다. 재난 직후 혼란한 시기에는 안전 확보, 응급한 신체 질환 치료, 의식주 제공이 선행되어야 하며, 평가 역시 응급상황 위주로 지나치게 자세하지 않도록 심리적 안정감을 우선 제공해야 한다. 검사도구에는 PTSD 체크리스트, 외상후 위기체크리스트, 사건충격척도, 소아용 외상후 스트레스 장애반응 척도, 외상후 성장척도 등이 포함되며, 간이검사과정이 권장된다.

4) 개 입

생존자들은 일반적으로 외상의 여파로 정신건강서비스를 찾는 것을 꺼린다. 재난 희생자들은 어떤 도움이 필요한 개인들이 전형적으로 최후의 수단이 아닌 이상 공식적인 서비스기관과 접촉하지 않는 대신 가능한 가족이나 친구들에게 돌아가는 것을 선호하므로, 생존자들이 임상가를 찾아오도록 기다리는 것보다 임상가들이 직접 생존자들을 찾아가야 한다(Solomon, 1999).

(1) 즉각적인 개입

재난 발생 직후 정신건강 전문가들은 급성평가 및 개입과 더불어 타 전문직과 함께 응급지원 및 기타 역할을 수행할 수 있어야 한다. 안전수립, 식량과 물 공급, 환경으로부터 보호에 초점을 맞춘 초기개입은 심리치료보다 더 유용하고 긍정적인 작용을 한다.

따라서 아래에서는 재난 직후 개입으로 정보제공, 부상자 분류, 지지적 상담에 대해 살펴보겠다.

① 정보제공

정보 제공(provision of information)은 현실적인 정보를 토대로 재해 규모, 가족 안부, 향후 지원 상황이나 의료에 대해 전달한다(재난정신의학위원회, 2004). 정보를 제공함으로써 재난 피해자들이 실질적인 도움을 얻고 스트레스 수준을 줄일 수 있다. 정보는 간단하고, 정확하며, 간결하며, 요점을 간단히 이해할 수 있어야 하며, 주요 지역사회 언어로 쉽게 이해할 수 있어야 한다(Raphael & Newman, 2000). 이는 재난으로 혼란스러운 기간에 틀을 제공할 수 있다. 가족 구성원과 헤어진 사람의 경우, 어떠한 절차를 밟아야 할지 등의 정보를 전달하는 것은 불안감 및 공황상태를 감소시킬 수 있기에 특히 중요하다. 또한 언제 어디서 도움을 받을 수 있는가에 관한 정보의 경우 소식지 형태의 유인물을 나누어 홍보하는 것 또한 도움이 된다.

② 부상자 분류

부상자 분류(triage)는 재난 관리에서 중요한 부분으로, NIMH(2002)는 "피해자들을 평가하고 분류하여 치료의 우선순위를 결정하고 지시하는 과정이다. 이것의 목적은 가장 많은 사람에게 최대의 이익을 주는 것이다"라고 하였다. 이 과정은 현장에서 도움이나 보호가 필요할 정도로 인지장애, 정신착란 등의 문제가 나타날 경우, 심리학적, 정신적 뇌 효과, 패닉, 정신 착란, 인지 장애, 잠재의식, 그리고 잠재적 원인을 고려하여 응급 의료진과 응급 의료시설에 연결할 수 있도록 할 수 있다.

③ 지지적인 상담

지지적인 상담(supportive counselling)은 누구에게나 도움이 될 수 있으며, 이를 통해 자신의 경험을 이야기하고 네트워크 지원 및 후속 서비스가 필요할 수 있다(Raphael & Newman, 2000).

상담은 사람들이 재난을 겪고 있는 것을 돕고 회복 과정에 적극적으로 참여하는 것을 강조함으로써 재난, 손실, 그리고 다른 고통스러운 사건들을 받아들이는 것을 돕는다. 초기 단계에서 심층 상담이 적절하지 않다고 주장하는 증거도 있어, 정신건강 위험성이 높을 경우 이를 고려해야 한다. 전문 상담은 재난이 안정되는 시기인 약 2주 이상이 걸릴 수 있음을 명확하게 알려야 한다.

가. 일반 상담

일반 상담은 개인적인 상해, 해리, 가족 간의 마찰, 퇴행과 같은 스트레스를 다루기 위해 필요하다. 공감적 관계 형성, 문제 파악, 감정 표현, 긍정적인 대처 및 해결책에 대한 일반 원칙 모두 도움이 되며, 지역사회에서 지속적인 지지를 할 수 있는 원천을 확인하는 데 도움이 될 수 있다(Raphael, 1993). 이러한 상담은 가능한 한 목표를 분명히 밝혀야 하며 목표를 달성하기 위한 합의된 단기 계약이 이루어져야 한다. 재난 후 상담은 재난에 대한 장기적인 문제를 다루는 것이 아니라 재난 관련 이슈를 식별하고 처리하는 동안 제공하는 것이 중요하다. 장기적인 문제들은 정상적인 서비스 제공 시스템으로 넘겨야 한다(Raphael & Newman, 2000).

나. 사별에 대한 상담

사별 소식을 들은 사람은 처음에 뉴스와 죽음의 현실을 받아들이기 위해 위안과 도움이 필요하다. 가능하다면 사별을 한 사람은 시신을 보고 마지막 인사를 할 수 있어야 한다. 신체에 심한 훼손이 있거나 시체가 발견될 수 없는 경우에는 죽음의 본질에 대한 두려움과 죽음의 고통을 해결할 수 있는 상담 지원이 필요하다(Raphael & Newman, 2000).

외상과 사별이 함께 나타나면 정신건강 위험성이 높기 때문에, 고위험군에 대한 전문적인 사별 상담을 통해 위험요소들을 감소시켜야 한다.

다. 죽음에 관한 외상을 다루는 상담

죽음에 관한 외상을 다루는 상담은 사람들에게 재난에 대한 특정한 면을 설명하고, 피해자의 이야기를 들려주고, 두려움과 무력감을 포함한 감정들을 다룰 필요가 있다. 이 상담을 통해 많은 감정 발산이 이루어진다. 하지만 이러한 경험은 고통스럽기 때문에, 개인적으로 감당할 수 있는 부분부터 시작하여 점차 확대해 나가야 한다. 만약 재난에 대해 재경험하며 감정을 발산하는 것에 집중한다면 정신적 고통을 줄이기 위해 도움을 줄 수 있고, 반면에 감정이 둔마된 경우에는 그들의 감정을 느끼고 표현할 수 있도록 도움이 필요하다(Raphael & Newman, 2000).

(2) 위기개입

재난 상황 시 피해자들의 PTSD, 우울장애, 스트레스 등의 정신건강문제 발생 예방을 위한 위기개입모델로 CODE-C 재난 정신건강서비스 모델, 위기사건 스트레스관리모델(CISM), 위기사건 스트레스 경험보고모델(CISD), 위기상담 지원훈련 모델(CCP), 경험보고모델, 심리적 응급처치모델(PFA)을 제시할 수 있다. 이 책에서는 CODE-C 재난 정신건강서비스 모델과 위기상담 지원훈련 모델, 경험보고모델에 대해 다룬다. 그 외의 위기사건 스트레스관리모델, 위기사건 스트레스 경험보고모델과 심리적 응급처치모델은 각각의 관련 문헌에서 상세하게 다루고 있으므로 그것을 참고하면 되겠다.[1] 각 모델에 대한 개입목적, 기간, 대상, 특징 등은 한재은 등(2011)의 「재난 피해자들의 정신건강 증진을 위한 위기개입모델 비교 연구」를 참고 및 수정하여 〈표 4-8〉에 제시하였다.

〈표 4-8〉 재난에 대한 위기개입모델

	개입 목적	개입 기간 및 범위	개입 대상	개입내용 및 단계	특징	효과성	강점	한계점
Psychol-ogical First Aid (PFA)	재난 피해자들의 신체적·정서적 안정	재난 직후	개인	• 지지상담 • 스트레스 관리 • 스트레스 대처방법 등의 정보와 서비스제공	비전문가들에 의해 수행	• PFA의 확장된 사용에도 불구하고 재난 시 심리적 영향과 그 예방에 대한 효과성에 대한 평가 없음	• 전문가에 비해 쉬운 라포 형성함으로써 피해자의 욕구를 보다 빠르게 확인할 수 있음 • 비전문가에 의한 수행으로 비용효과적임	• 비전문가 중심의 서비스 제공은 피해자에 대한 심리적 위급상황 파악 및 긴급 대처 부족으로 질적인 제공의 문제 발생
CISM	고통 완화 및 재난 이전기능으로의 회복	재난 이전부터 재난 이후 (최대2년)	집단, 개인, 가족	• 재난 이전 및 이후 교육 • 상담 • 현장지원 서비스 • 동원 • 위기관리브리핑 • 진정시키기 -CISD • 가족상담·개입 • 영적 위기 상담 • follow-up 및 의뢰	• 다양한 세팅에서 활용 가능 • 위기개입에서의 통합적인 다측면적 접근을 제공	• 재난으로 인한 피해자들의 고통 완화 및 PTSD 예방의 긍정적 효과 • 재난 시 CSID와 더불어 가장 활발한 연구가 진행되고 있으며 자주 활용되는 모델	• 개인, 가족, 지역사회를 포괄하는 다요인적 모델로 환경 속의 개인을 통합, 다차원적 접근 가능	• 통합적이며 다요인적인 개입이 온전히 실행되지 못하고 있음 • 각 구성 요인들 간의 구축된 네트워킹이 없을 시 표면적 개입에 그칠 수 있음
CISD	재난으로 인한	재난 직후	집단	• 도입단계 • 사실단계	• 재난 구조대원을 위한 모	• 가장 활발한 효과성에 대	• 대형 재난 시 다수의 희생	• CISM체계 내에서 사용

1) CISM모델, CISD모델, PFA모델은 재난정신건강위원회(2016)의 재난과 정신건강, 대한불안장애학회 재난정신건강의학위원회(2004)의 재난과 정신건강, 권정혜 외(2014)의 재난과 외상의 심리적 응급처치에서 상세히 다루고 있는 것을 참고 바람

	심리적 고통 완화			• 생각단계 • 반응단계 • 증상단계 • 교육단계 • 재정리단계	델로 개발 (현재는 피해자, 구조대원 모두 시행)	한 연구결과가 제시되었으나 효과성의 긍정적 · 부정적 측면에 대한 논란이 많아 효과성평가에 어려움	자들과 응급구조대원들을 가장 효율적으로 도울 수 있는 방법 • 전 세계적으로 가장 활발히 사용되는 모델	되어야 함. • 단독 CISD 사용 시 부정적 효과 발생 가능성 있음
Crisis Counsell-ing & Training Program (CCP)	재난으로 인한 심리적 고통 완화와 긴급한 문제 해결	재난 직후 재난 이후까지 -ISP : 재난 발생 후 60일 -RSP : 재난 후 60일~9개월	집단 및 개인	• 개인상담 · 지지 • 교육 • 집단상담 • 공공교육 • 지역사회 네트워킹 • 평가, 의뢰, 자원연계 • 지역사회 네트워킹과 지지 • 교육자료 개발 · 배급 • 미디어와 공공서비스 발표	• 지역 정신건강복지센터 전문가들에 의해 주로 지역사회 내에서 재난 일차적 피해자들과 직접적인 접촉을 가지며 지지중심적인 서비스 제공	• 오클라호마시티, 9 · 11 테러 사건 등에서 피해자들이 심리적 위기상태 완화에 긍정적 효과 보고	• FEAM에 의한 재정지원과 지역사회 정신건강복지센터의 연계에 의한 전문가 지원으로 안정되고 체계적인 지원 가능 • CCP 모델 평가에 대한 연방정부 지원으로 효과성에 대한 활발한 연구 수행 가능	• 전문가에 의한 상담 교육 중심으로 전문가의 재량에 따른 서비스 제공에 있어 서비스 질과 내용의 차이 발생
CODE-C	재난으로 인한 부정적 스트레스 반응 완화 및 재난이전 기능으로 회복	재난 직후부터 재난 종결까지	집단 및 개인	• 욕구사정 • 자문 • 현장방문 • 경험보고 • 교육 • 위기상담	• 재난정신건강 지원을 위한 기본적인 개입 내용 제시 • FEMA의 재난 구조대원들을 지원하기위한 스트레스 관리 프로그램에서 활용	• 재난정신건강서비스의 기본모델로 여타 재난모델에서 전체 또는 일부가 동일한 구성내용을 갖추고 있어 디브리핑, CCP 모델 등에서의 효과성으로 본 모델의 효과성 평가 가능	• 재난정신건강지원 제공을 위한 필수 요소를 모두 포괄 • 효과적 개입을 위한 기본적인 구조틀을 갖고 있음	• 재난 정신건강 서비스의 기본적인 개입내용의 제공에 있어 구체화되어 제시되지 않음 • 모델 자체에 대한 효과성에 대한 연구 미비
경험보고모델 / Process Debriefing model	심리적 고통완화	재난 직후	집단	• 도입단계 (관계단계) • 사실단계 (관계단계) • 생각단계 • 반응단계 • 증상단계 • 교육단계	• 유럽에서 개발 • CISD의 변형 모델로 덜 지시적이며 집단과정에 강조점을 둠 • 재난 구조대	• 경험보고 (debriefing)의 연구에 대해 지금 현재로서는 효과에 대해 비일관적인 결과가 공존하	• 집단 지도자는 전문가로 행사하지 않으며 집단 구성원의 역동성 촉진	• 집단과정에서 사실상 경험보고 참여자들에 대한 부정적 효과가 있을 수 있음

				• 재정리단계	원보다 일반 피해자 중심으로 제공	고, 부정적이거나 긍정적인 효과에 대해 어느 한쪽으로 결론을 내릴 수 없음		
Multi-ple Stress Debri-efing Model	부정적 사고 완화	재난 직후에서 재난 이후까지	집단	• 사건노출 단계 • 감정과 반응 단계 • 대처전략 단계 • 종결	• 외상(trauma)에 초점이 맞추어져 진행 • 지속적으로 문제가 발생될 경우 후속 조치를 통한 개인 및 가족 상담 실시	• 경험보고(debriefing)의 연구에 대해 지금 현재로서는 효과에 대해 비일관적인 결과가 공존하고, 부정적이거나 긍정적인 효과에 대해 어느 한쪽으로 결론을 내릴 수 없음	• 집단 중심의 개입이나 결과에 따라 개인 및 가족을 포괄하는 서비스를 제공하여 추후 발생된 심리사회적인 문제 해결 지원	• 개입에 있어 구조대원의 감정이 간과된 측면이 많음

출처 : 한재은 · 정순둘 · 김고은(2011).

① CODE-C 재난 정신건강서비스 모델

CODE-C 재난 정신건강서비스 모델(CODE-C A model for disaster mental health service delivery)은 포괄적이고 통합적이며 다차원적으로 재난에 따르는 지역사회 내의 정신건강 욕구의 광범위한 부분을 효과적으로 다루도록 사용되는 서비스 모델이다(Diane Myers & David Wee, 2004). 이 모델은 욕구사정, 자문, 현장방문, 경험보고, 교육, 위기상담으로 구성되며, 현장방문을 원칙으로 한다.

욕구사정은 재난 정신건강 프로그램 시작 전, 재난지역의 다양한 욕구를 확인하기 위해 정보의 체계적인 평가를 하는 것을 말한다(한재은 외, 2011). 욕구사정 시에는 소수 민족, 언어 등 인구 통계와 거주 유형, 거주자 직업, 지역경제 등에 대해 고려한다. 이러한 정보는 종교인, 지역사회 지도자, 정치인으로부터 얻을 수 있다(Diane Myers & David Wee, 2004).

자문은 CODE-C의 첫 번째 핵심요소로, C를 의미한다. 이는 개인, 가족, 조직 및 지역 사회의 대처 능력을 향상시키기 위한 것으로 의사 결정권자, 관리자,

지역사회 지도자, 생존자 등 정신건강 욕구와 문제를 다루는 재난요원의 재난 상황에 대한 평가, 조언 및 협조로 정의될 수 있다. 재난 피해자 및 정신건강 전문가가 협력하여 개인, 가족, 조직, 지역사회의 스트레스를 줄이고 대처능력을 강화하는 것이 중심이 된다. 자문의 목적은 각 영역의 전문가들이 협력하여 제공하여 전문가들이 재난 피해자에게 각각 필요한 자원을 연결 시 능률을 높일 수 있게 하기 위함이다(Diane Myers & David Wee, 2004). 자문은 사례중심 자문과 프로그램 중심 자문으로 나눌 수 있다. 사례중심 자문은 전문가들이 클라이언트, 클라이언트의 욕구, 재난 정신건강 서비스의 종류에 관해 클라이언트 면담과 자문제공을 하는 것이고, 프로그램 중심 자문은 행정적 구조, 프로그램 간의 조정과 연계성을 높이고 서비스 분화를 줄이는 것, 재난 피해자들의 욕구를 반영한 서비스 개발하는 것이다(한재은 외, 2011).

현장방문은 CODE-C의 두 번째 핵심요소로, O를 의미한다. 이는 정신건강전문가를 위한 기본 기술이며 피해자들이 거주하고 있는 환경에서 서비스를 제공하는 것으로, 피해자 확인, 문제 평가, 라포 형성을 포함한다(Diane Myers & David Wee, 2004).

경험보고는 CODE-C의 세 번째 핵심요소로, D를 의미한다. 재난 피해자와 재난요원이 재난 상황에서 스트레스에 대처할 수 있도록 집단을 대상으로 정신의학적 개입이 진행된다. 이는 시간 제한적이며 집단 간의 구조적인 상호작용으로 정의된다. 경험보고의 경우 심리적 지원에 대한 필요성을 스스로 확인하고 느끼는 대상자에게 제공될 수 있다(Diane Myers & David Wee, 2004).

교육은 CODE-C의 네 번째, E를 의미한다. 이는 재난 피해자, 재난요원, 지역사회 지도자 등에게 재난 스트레스관리 전략, 정신건강 관련 문제, 자원 연계에 대해 정보 제공 및 교육을 진행하는 것이다(Diane Myers & David Wee, 2004). 개인, 집단, 지역사회 수준에서 교육 서비스가 제공되며 전단지, 브로슈어, 인터넷, 워크숍 등을 활용한다.

마지막으로 위기상담은 CODE-C의 다섯 번째, C를 의미한다. 이는 개인의 위기를 다룰 수 있도록 도움을 제공하고 개인의 내적 및 외적 자원을 조직하며 운영할 수 있도록 지원하는 것이다. 이를 통해 개인의 문제해결 능력을 강화시키고, 사회적 지지의 강화 및 회복을 통해 위기 이전의 기능으로 회복하고 대처능력을 강화할 수 있도록 도와 성장을 촉진하고 부정적인 결과를 예방하고자 한다(한재은 외, 2011).

② 위기상담 지원훈련 모델

위기상담 지원훈련(Crisis Counselling Assistance and Training Program, CCP로 약칭함) 모델은 자연재난와 인적재난 발생 시 현장방문과 정신건강 서비스 제공을 통해 개인과 지역사회가 회복할 수 있도록 돕는다.[2] 이 모델은 미국의 연방재난관리청(Federal Emergency Management Agency, FEMA로 약칭함)에서 다음의 주요 원칙인 강점관점 기반, 현장방문원칙, 본질적으로 심리적 해결이 아닌 실질적 문제해결 중심, 진단의 배제, 비전통적인 세팅에서 활동, 문화적 개방성, 회복을 위한 지역사회 조직 및 관리, 프로그램 정체성을 유지하여 서비스 제공을 바탕으로 대통령이 선포한 재난지역에 시행하고 있다(FEMA, 2016).

CCP모델은 서비스 제공기간에 따라 재난 발생 후 60일까지 제공되는 즉각적인 서비스 프로그램(Immediate Services Program, ISP)과 60일부터 9개월까지 지원되는 지속적인 서비스 프로그램(Regular Services Program, RSP)으로 구분된다(한재은 외, 2011). 또한 개입 대상 및 내용에 따라 주요 CCP모델(Primary CCP)과 보조 CCP모델(Secondary CCP)로 나눌 수 있다. 주요 CCP모델의 개입 내용은 개별 위기상담, 간략한 교육 및 지지적 개입, 집단 위기상담, 공공교육, 평가 및 의뢰 및 자원연계, 지역사회 네트워킹과 지지로 이루어져 있고, 보조 CCP모델은 교육자료 개발 및 배포, 미디어와 공공서비스를 통한 홍보로 이루어져 있다(FEMA, 2016).

---

2) https://www.samhsa.gov/dtac/ccp

- **개별 위기상담** : 15분 이상 진행되며, 재난 피해자들이 본인의 반응을 이해하고 상황을 개선할 수 있도록 다른 자원과 연결하는 것에 중점을 둔다.
- **간략한 교육 및 지지적 개입** : 15분 미만으로 제공되며 일반적으로 재난 피해자들이 이용할 수 있는 자원과 서비스에 대한 정보를 제공하며, 개별 상담과 같이 깊이 있는 면담을 진행하지 않는다.
- **집단 위기상담** : 유사한 재난에 노출된 피해자들이 모여 15분 이상 진행되며, 주로 훈련된 전문가가 집단을 이끈다. 집단원의 이야기를 할 수 있도록 도움을 주며, 그들의 상황과 반응에 대처할 수 있는 기술을 제공한다.
- **공공교육** : 공공교육은 주로 직원이 대부분의 이야기하는 것이 특징이며 포럼, 연수회, 정부회의 등 대중 연설을 통해 서비스를 제공한다. 주로 재난 피해자들의 전형적인 반응, 대처 전략, 자원의 정보와 교육에 대한 내용을 전달한다.
- **평가 및 의뢰 및 자원연계** : 피해자가 가진 정신건강 관련 욕구 및 치료에 대해 평가하며 피해자의 광범위한 신체적, 구조적 또는 경제적 욕구를 충족시키기 위해 다른 자원에 대해 의뢰하는 것이다. 또한 피해자가 가진 욕구에 대해 적절하게 의뢰하기 위해서는 지역 내 자원에 대해 잘 알고 있어야 하며 관계 구축이 잘 이루어져 있어야 한다.
- **지역사회 네트워킹과 지지** : 전문가들은 지역사회 기관, 종교 기반 단체, 지방자치단체와의 관계를 형성한다. 종종 지역사회 행사에 참석하여 필요시 위기 상담 서비스를 제공하기도 한다.
- **교육자료 개발 및 배포** : 재난 정보, 재난으로 인한 전형적인 반응, 대처 기술, 개인 및 지역사회 복구와 탄력성 등을 주제로 전단지, 브로슈어, 웹 기반 매체로 배포한다. 자료는 위험 인구의 욕구를 다룬 내용을 담고 있어야 하며 다국어로 제작되어야 한다. 이는 공공장소에서 나누어 주거나 지역신문에 게시하거나 재난 피해자들에게 우편으로 보낼 수 있다.
- **대중매체와 공공서비스 안내** : 지역 언론 매체, 주정부 및 지방 정부, 자선단체 또는 기타 지역사회 중개인과 협력하여 미디어 활동 및 공공서비스 안

내를 한다. 이 활동은 CCP에 대한 접근성을 높인다. 이 안내는 CCP 대변인과의 미디어 인터뷰, TV 또는 라디오 공익 광고, 웹 사이트 또는 이메일 사용, 광고 등에 사용될 수 있다.

③ 경험보고모델

가. 과정 경험보고모델

과정 경험보고모델(Process Debriefing Model)은 Mitchell이 개발한 CISD모델의 단계(도입단계, 사실단계, 생각단계, 반응단계, 증상단계, 교육단계, 재정리단계)를 따르면서 집단에서 사용할 수 있도록 만들어졌다(Dyregrov, 1997). 이 모델은 보통 지도자 한 명과 공동지도자 1~2명이 집단 구성원 12~15명을 대상으로 약 3시간 정도 단일 세션으로 실시한다(Dyregrov, 1997, 한재은 외, 2011 재인용). 집단으로 진행되는 모델은 시간에 제약을 받기 때문에(Aveline, 1993), 구조적으로 명확해야 한다. 그 외에 Dyregrov(1997)는 과정 경험보고모델에 영향을 주는 요인으로 리더십, 참여자, 집단, 노출, 집단의 구조와 흐름, 조직, CISD의 환경을 제시하였다(표 4-9).

〈표 4-9〉 과정 경험보고모델

리더십	• 훈련 및 경험 • 준비성 • 지도자와 공동 지도자의 상호작용 및 접근 • 의사소통, 경청, 교육 능력 • 활동성 및 지시적 • 집단에 대한 존중 • 성별	집 단	• 집단의 특성 : 아는 사람들 간의 그룹 vs 낯선 사람들 간의 그룹 • 역사 • 문화 • 성별 • 응집력 • 갈등 • 크기
참여자	• 성격 • 훈련 및 경험 • 이전 외상경험 • 지지체계	노 출	• 감각 인상 • 생명의 위협 • 손해 • 동질성 vs 이질성

프로그램의 구조와 흐름	• 규칙과 규칙의 활용 • 목적 • 진행절차 • 간섭 초점 • 영향 : 촉진 vs 방해 • 장애물	조 직	• 수용 • 역할분배 • CISD 틀
CISD의 환경	• 사건 경과 시간 • 물리적 환경 • 착석 위치 • 방해물 • 프로그램 시간		

출처 : Dyregrov(1997).

나. 다중 스트레스요인 경험보고모델

다중 스트레스요인 경험보고모델(Multiple Stress Debriefing Model)은 사건노출단계, 감정과 반응 단계, 대처전략단계, 종결단계로 구성되어 있다(Armstrong et al., 1995). 사건노출단계에서는 지도자가 집단의 기간과 목적을 포함한 개입 내용과 국가법에 따라 비밀보장의 한계에 대해 설명한다(Armstrong et al., 1995). 또한 집단 구성원들에게 재난 당시 영향을 준 사건들에 대해 토론할 수 있는 시간을 준다(Armstrong et al., 1991). 감정과 반응 단계에서는 지도자는 재난 시 경험한 사건과 느낌 및 반응에 대해 질문하고 집단 구성원들은 경험한 감정과 생각에 대해 칠판에 적도록 한다(Armstrong et al., 1995). 대처전략단계에서 지도자는 스트레스 반응에 대해 교육하고, 집단 구성원들의 스트레스 대처전략에 대해 확인한다. 여전히 스트레스 환경에 있는 동안 그들은 실천적인 대처전략을 확인하게 한다(Armstrong et al., 1995). 또한 집단 구성원들의 잠재적인 부적응적이고 자멸적인 대응행동에 대해 평가한다(Williams et al., 1994). 마지막, 종결단계에서는 참여자들이 재난에서 벗어나 집으로 돌아가는 것에 관한 느낌을 나누고 격려한다(Armstrong et al., 1991). 만약 위의 단계 후에도 문제가 지속적으로 발생될 경우, 사후관리로서 개인 및 가족상담을 실시한다(한재은 외, 2011).

(3) 외상후 스트레스장애를 위한 치료적 개입

재난 생존자들은 외상성 경험 후에 즉각적으로 충격상태에 있을 수 있다. 사건의 현상에 따라 생존자는 음식이나 즉각적이고 장기간의 피난처, 출근을 위한 교통수단, 의료처치 등과 같은 실질적인 요구들에 압도될 수 있다. 이런 즉각적인 대응은 의미 있는 처치로서, 심리적 개입 전에 고려될 필요가 있다. 어떤 경우에는 이러한 기본적인 욕구들이 정신건강을 위한 가장 효과적인 예방적 개입일 수 있다(Solomon, 1999).

그럼에도 불구하고 극도로 고통스러운 경우 추후 특수개입과 연결될 수 있는 일반지지 상담을 제공하는 것이 중요할 수 있다. 약물, 특히 항불안제 또는 다른 적절한 개입이 필요할 수 있다. 외상후 스트레스장애 치료 시 일반적으로 고려해야 할 사항은 다음과 같다(유미숙 · 천혜숙, 2013).

① 외상후 스트레스장애 치료 시 고려사항

- 안전함을 보장한다
- 안정을 목표로 삼는다–증상의 억제와 감소
- 기본 교육의 강조–현재 상황에 적절하게 대처한다.
- 외상과 애도를 허용한다.
- 트라우마에 관해 말하도록 하는 격려–트라우마, 상실 또는 폭력에 관해 탐색함에 있어서 세심함을 갖춘다.
- 정서적인 지지를 보낸다–사람들의 수준에 맞추어서 그들을 만난다(감당할 수 있는 과정을 넘어서서 밀어붙이지 않도록 조심한다)
- 관리와 통제를 위한 선택사항을 만든다. 방어를 없애는 것에 초점을 두지 마라. 방어는 종종 내적 자원이자 대처 전략이 된다.
- 대처 기술의 발달, 성장, 증상을 감당하는 것의 숙달 기술을 강화시켜 나가는 과정 중에 과다한 스트레스 증상을 경험하는 것은 아주 흔한 일이라고

환자들을 안심시킨다.

- 트라우마의 기억, 감정적인 반응, 신체적인 반응의 탈조건화를 목표로 한다.
- 비합리적인 죄책감을 완화시킨다.
- 증상의 발현과 트라우마적 사건이 일어났던 기간에 기초를 둔 극심한 스트레스와 외상후 스트레스에 관한 교육을 제공한다.
- (환자들이 생존방법을 찾아오면서) 뇌 속에서 변화를 야기하는 생물학적인 반응으로 환자들의 경험을 정상화시킨다.
- 트라우마적 또는 개인의 스키마들을 재구조화하는 것을 목표로 한다.
- 정서적인 경험을 치료한다.
- 재활을 재통합한다(모든 중요한 삶의 영역에서 자존감, 자신감, 자기 효능감을 재구축한다).

외상후 스트레스장애 치료 가이드라인은 1999년 Foa 그룹에서 『The Expert Consensus Guideline Series : Treatment of PTSD』를 출간하면서 시작되었다. 이처럼 처음에는 전문가 합의에서 시작되었으나, 이후 근거중심의학(evidence-based medicine)을 지향하면서 다양한 가이드라인 및 알고리즘이 개발되었다(왕순주, 2009).

② 인지행동치료

가. 인지행동치료의 목표

외상후 스트레스증상을 감소시키기 위한 인지행동치료(Cognitive Behavioural Therapy, CBT)의 일반적 목표는 환자가 외상적 사건을 처리하고(기억하며 이해하는 것) 통합시켜서 그것에 대한 실제적 관점을 갖도록 돕고, 회피행동을 축소 또는 제거해서 그 사람이 이전의 삶과 행동으로 복귀하도록 돕는 것이다(김정휘 외, 2012). 구체적인 치료기술 에는 체계적 둔감법, 노출, 스트레스 면역 훈련, 인지치료, 인지처리치료, 자기주장훈련, 복합치료 등이 있다.

나. 인지행동치료의 단계 및 기술

외상후 스트레스장애를 위한 인지행동치료에는 세 단계가 있다. 첫째, 치료자는 환자의 기억과 함께 오는 감정과 긴장을 극복할 수 있는 방법을 가르쳐 준다. 이것은 몸을 이완시키고 고통을 마음에서 떼어내는 방법을 포함한다. 둘째, 치료자는 환자가 기억에 직면하도록 돕는다. 치료자는 환자가 일어났던 일에 대한 이야기를 반복할 수 있도록 안내하며, 환자는 이야기를 많이 할수록 기억이 주는 고통에서 벗어나며, 평화감을 찾을 수 있다. 마지막으로 치료자는 환자가 부정적 사고를 바꾸고, 자신의 인생에서의 문제를 다루는 법을 알려준다. 외상후 스트레스장애를 위한 인지행동적 치료가 얼마 동안 계속되어야 하는가는 환자가 겪은 외상의 수와 심각도, 현재 증상이 얼마나 나쁘고, 인생에서 다른 문제를 얼마나 많이 가지고 있는지에 따라 다르다(Raphael & Newman, 2000). 주로 사용되는 기술은 다음과 같다(표 4-10).

〈표 4-10〉 **외상후 스트레스장애에 주로 사용되는 정신치료적 기술**

불안관리(스트레스 면역 훈련) : 사람들이 스트레스에 도움이 되는 일련의 기술을 가르친다. • **이완훈련** : 주요 근육 그룹들의 체계적 이완을 통해 공포와 불안을 조절하도록 클라이언트를 가르친다. • **호흡 재훈련** : 클라이언트가 종종 불쾌하고 두려운 신체적 감각들로 인해 과호흡하는 것을 피하고 이완하도록 느린 복부 호흡을 가르친다. • **긍정적 사고 및 자기대화** : 스트레스자극에 직면하거나 예상할 때, 부정적인 생각(예 나는 통제력을 잃을 거야)을 긍정적인 생각(예 나는 과거에 했었고, 다시 할 수 있을 거야)들로 대체하는 방법을 가르친다. • **자기주장훈련** : 다른 사람들을 소외감을 느끼게 하지 않고 적절하게 바람, 의견, 감정을 표현하는 방법을 가르친다. • **사고중지** : 내적으로 '그만'이라고 외침으로써 괴로운 생각을 극복하는 집중방해기술이다.
인지치료 : 비현실적인 추측, 신념 및 기능 손상과 감정방해를 가져오는 자동적 사고를 수정하는 데 도움을 준다(예 외상 피해자는 종종 외상에 관한 비현실적인 죄책감을 가진다; 강간 피해자는 강간으로 자신을 비난할 수 있다; 전쟁 참전 용사는 그의 가장 친한 친구가 사망한 것을 자신의 잘못으로 느낄 수 있다). 인지치료의 목적은 클라이언트가 자신의 특정 역기능적 기능을 인식하고 그것과 맞서는 증거를 따지고, 더 안정된 감정이 일어나는 더 현실적인 생각들을 채택하는 것을 가르치기 위한 것이다.
노출 치료 : 스트레스 요인과 관련될 수 있는 특정 상황, 사람들, 대상, 기억 또는 감정에 직면하여 지금 비현실적으로 강한 두려움을 불러일으키도록 돕는다. 이 작업은 두 가지 방법으로 수행될 수 있다 : • **심상적 노출법** : 더 이상 강한 고통을 느끼지 않을 때까지 외상적 기억의 감정적 진술을 반복한다. • **실제적 노출법** : 이제는 안전하지만 강한 두려움을 촉발시키는 외상과 연관될 수 있기 때문에 개인적

으로 피하게 되는 상황에 직면(예 사고와 연관된 후 자동차를 다시 운전하기; 엘리베이터에서 폭행을 당한 후 다시 엘리베이터를 사용하기). 반복된 노출은 오랫동안 상황에서 탈출하기보다 계속 남아 있는 사람의 경우 두려운 상황이 더 이상 위험하지 않고, 그 두려움도 사라질 것이라는 것을 깨닫도록 도와준다.
놀이 치료 : 외상 기억을 효과적이면서 더욱 직접적으로 다룰 수 없는 주제를 소개하도록 허락하고, 노출을 가능하게 하며 재처리하기 위해 쓰여진 아동을 위한 치료이다.
심리 교육 : 환자와 그 가족들에게 외상후 스트레스장애의 증상과 그에 대한 다양한 치료법을 교육. 외상후 스트레스장애 증상은 정상적이며 외상 직후에 예상될 수 있고, 시간과 치료로 극복할 수 있다고 재보증한다. 또한 모든 동반 장애의 증상 및 치료에 대한 교육도 포함된다.

출처 : Raphael & Newman(2000).

다. 인지행동치료 시 주의사항

㉠ 인지적 접근

- 사람들의 과장된 해석을 수정하는 것은 이런 사고들의 대부분이 실제적이고 최근의 경험을 바탕으로 한다는 것을 인식해야 한다. 따라서 이런 경험의 심각성이나 현실성이 축소화되었다는 것을 개인에게 이야기하지 않는 것이 중요하다(Raphael & Newman, 2000).
- 재난 이후 기간에는 종종 부정적인 경험이 계속된다. 따라서 치료자는 인지치료가 실제적이고 미래의 부정적인 경험들의 가능성을 인식할 수 있도록 인지하는 것이 중요하다.
- 치료자는 최근에 일어난 경험에 기반된 믿음을 수정할 수 있다고 생각하는 것이 비현실적이라는 것을 기억하는 것이 유용하다. 인지치료에 대한 기대치는 재난 생존자들에게 다소 차이가 있다. 왜냐하면 촉발사건이 최근에 발생했을 때는 지각적으로 적응하는 것이 대단히 어려운 경우가 많기 때문이다.
- 급성기에는 경험 자체에 대한 신념보다는 미래의 적응에 대한 신념에 집중하는 것이 유용할 수 있다. 예를 들어, 재난 생존자가 재난에 대한 인식을 바꾸는 것보다 그들이 현재 느끼는 방식으로 항상 느낄 수 있는 신념을 수정하도록 노력하는 것이 일반적으로 더 쉽다.

㉡ 노출치료

Bryant와 Harvey(2000)는 PTSD의 노출치료기법에 대해 구체적으로 기술하고 있다.

• 과도한 회피

급성 스트레스장애를 치료하는 데 흔한 장애물은 사람이 자신의 외상 기억이나 두려운 상황에 직면하는 것을 적극적으로 회피하는 것이다. 클라이언트는 노출동안 고통을 최소화하기 위한 회피전략을 명시적 또는 전환적으로 실행할 것이다. 예를 들면, 클라이언트는 자신의 고통을 제한하기 위해 외상의 덜 고통스러운 측면을 생각할 수 있다. 클라이언트는 더 고통스러운 것으로 이동하기 전에 덜 고통스러운 측면의 외상에 노출하는 것을 편하게 느낄 것이다. 참고로 노출은 회피가 부적응적이라는 원칙에 근거한다. 재난 후 급성기에 치료자는 부적응으로 회피를 정의하는 것을 조심해야 한다. 왜냐하면 회피는 종종 유용한 대처기제가 될 수 있기 때문이다. 급성기에 관찰된 많은 회피경향들은 시간이 경과함에 따라 완화될 것이다.

• 해리

해리는 정서적인 참여를 제한시키므로 공포망의 활성화를 지연시키고 습관화되지 못하게 한다. 이것은 접근할 수 있는 감정에 주의를 돌림으로써 극복할 수도 있지만, 클라이언트가 스스로 현재 조절 불가능한 기억들을 피하기 위해 이런 방어를 필요로 하는 것은 경계해야 한다.

• 분노

분노는 외상경험 후에 나타나는 매우 흔한 반응이다. 분노 반응은 특히 폭력범죄의 피해자들에게 일반적이다. 외상 기억에 대한 분노 반응에는 인지치료가 더 효과적이다.

• 사별과 슬픔

급성 외상 단계에서의 노출 사용은 슬픔에 빠져 있는 사람들에게 조심스럽게 시도되어야 한다. 급성 슬픔 반응은 침입 증상, 마비, 그리고 회피 정도에 의해 특징지어질 수 있지만, 이런 현상은 외상성 스트레스 반응과는 다르다. 상실기에 있는 극심하게 비통해하는 클라이언트에게 노출은 부적절할 수 있다. 애도과정을 통해 사람들이 나아질 필요성을 인식하는 것은 종종 급성기에 노출된 클라이언트들에게 과부담을 주지 않는 것과 관련된다.

• 비극적인 신념

자신의 기억을 비극적이거나 지나치게 부정적인 방식으로 해석하는 클라이언트들에게는 반복노출이 효과적이지 않을 수 있다. 이런 경우 죄책감, 책임, 비난의 문제가 특징적으로 나타난다. 인지치료는 노출과 함께 적극적으로 권장되어야 한다.

• 양가감정과 낮은 동기

클라이언트는 이러한 접근에 협력하기 위한 동기가 부진한 이유로 노출에 참여하지 않을 수 있다. 그들은 노출의 근거가 재논의되기를 요구할 수 있으며, 치료를 위한 클라이언트의 동기는 재평가될 수 있다.

• 노출치료가 권장되지 않는 경우

급성 스트레스장애 환자가 다음 문제 중 하나를 가지고 있는 경우 노출치료에 대해 주의 깊게 고려해야 한다 : 극도의 불안, 공황 발작, 현저한 해리, 경계성 인격장애, 정신질환, 일차적 외상 반응으로의 분노, 해결되지 않은 과거 외상(예 난민), 심한 우울증 또는 자살 위험, 복잡한 동반질환, 물질 남용, 현저하게 진행 중인 스트레스요인(예 의료처치), 갑작스러운 사별. 이 경우에는 불안조절, 인지치료, 약물적 개입을 포함한 다른 기술들이 효과적일 수 있다.

③ 안구운동 탈감작 및 재처리요법

가. 안구운동 탈감작 및 재처리요법(EMDR)의 목표

안구운동 탈감작 및 재처리요법(Eye Movement Desensitization and Reprocessing, EMDR)은 인지행동치료(Cognitive Behavior Therapy), 장기노출(Prolonged Exposure), 스트레스접종치료(Stress Inculcation Therapy)와 함께 효과가 실증적으로 입증된 외상후 스트레스장애의 4대 심리치료로 자리를 잡게 되었다(김대호, 2005). 안구운동 탈감작 및 재처리요법은 몇 가지 구성요소로 이루어진 구조화된 치료기법으로, 치료목표는 외상기억과 관련된 불편감을 감소시키고 외상의 숙달과 연관된 긍정적 인지능력을 향상시키는 데 있으며 외상기억과 증상에 대한 자세한 병력조사를 한 후 외상 사건에 대한 부정적 인지(예 나는 아무 힘이 없었다)와 긍정적 인지(예 내가 할 수 있는 최선을 다했다)를 평가하고 환자에게 외상기억에 대한 대응전략을 교육한다. 즉, 환자에게 외상 상황에 대한 기억을 연상하게 하고 외상에 대한 부정적 인지와 긍정적 인지를 떠올리고 그와 연관된 육체적 감각을 밝히고 감정의 불쾌 정도를 스스로 측정하게 하여 스스로 긍정적 인지능력을 증가시킬 수 있도록 훈련한다(송창진, 2004).

안구운동 탈감작 및 재처리요법의 절차상 가장 특징적인 것은 안구운동과 같은 '이중주의 자극(dual attention stimuli)'이다. 대표적인 자극이 안구운동이고 촉각이나 청각의 좌우 양측성 자극도 동일한 효과를 낸다고 알려졌다. 환자는 안구운동과 같은 외부 자극과 동시에 외상적 기억(내부자극)에 집중하게 된다(이중주의). 따라서 반복적인 안구운동을 시켜서 인지적 변화와 불안감소의 효과를 얻게 된다.

나. EMDR의 단계

구체적 방법으로 먼저 환자에게 마음속에 특정한 외상 상황과 그것과 연관된 부정적 인지, 연관된 신체감각, 감정 등을 그대로 떠올린 채로 있도록 한다. 그리고 환자의 얼굴 앞 30cm 정도 되는 위치에 치료자의 손가락을 앞뒤로 움직이고 눈으로 주시하도록 한다. 그러면서 환자에게 깊은 숨을 쉬면서 기억을 점점 희미해지게 하라고 한다. 20회 정도 반복한 후에 외상에 대한 다른 심상이 떠올랐는지 물어보고 새로운 인지에 대해 이야기하게 한다. 환자의 외상기억에 대한 불쾌감이 줄어들 때까지 반복하고 다른 심상에 대해서도 반복한 다음 마지막으로 이완훈련을 실시한다(송창진, 2004). Foa 등(2000)은 EMDR의 단계를 8단계로 구분지어 제시하였다(표 4-11).

〈표 4-11〉 EMDR의 8단계

단계	내용
1. 환자 과거력 및 치료계획	이 시기 동안에는 환자의 준비도와 치료의 방해요소(외상과 관련된 병리를 유지시키는 2차적 이득)들, 역기능적 행동, 증상, 질병 특성들에 대해 철저하게 평가해야 한다. 그런 다음, 치료의 초점이 되는 목표, 즉 적당한 외상기억을 파악해야 한다. EMDR 치료계획은 정신병리로 함축되는 외상의 특정 기억들뿐 아니라 외상적 사건을 상기시키는 데도 적합하다. 또한 환자가 앞으로 사용할 수 있는 치료적인 기술과 행동을 찾는 데도 도움이 된다.
2. 준비	이 단계는 적절한 치료관계의 확립과 외상에 대한 교육, EMDR에 대한 근거를 전달하고, 외상과 관련된 상황을 처리하기 위한 구체적인 대처기술을 교육하며, 외상의 재경험에도 그러한 관점을 유지시킬 수 있도록 원조하는 데 활용된다.
3. 사정	이 단계에서는 환자들에게 구조화된 틀 내에서 외상적 기억의 요소들을 찾기 위한 질문을 한다. 이 과정에는 ① 기억 내 괴로운 심상, ② 관련된 부정적 인지,[3] ③ 대안적인 긍정적 인지,[4] ④ 7점 척도를 사용하여 긍정적 인지의 타당도(VoC)[5] 평가, ⑤ 외상기억과 연관된 감정, ⑥ 10점 척도를 사용하여 주관적인 장애 정도(SUDs)[6]를 평가, ⑦ 외상과 연관된 신체감각이나 신체부위(예 위장장애)에 대해 파악해야 한다.
4. 탈감작 및 재처리	이 단계에서는 먼저 환자에게 외상 기억과 관련된 괴로운 심상이나 부정적 인지, 신체감각을 떠올리도록 한다. 임상가는 환자 얼굴의 12인치 앞에서 손가락을 위아래로 움직이며 환자에게 이를 주시하라고 한다. 대략 20회 정도 위아래로 안구운동을 한 후, 환자에게 기억으로 돌아가, 깊은 호흡을 하게 하고 심상이나 신체감각, 감정, 자기에 대한 사고들에 대해 피드백을 제공해 준다. 그러면 환자들은 새로운 기억이나 감정, 감각, 인지들이 떠오른다고 할 것이다.
5. 긍정적 인지의 주입	SUDs 점수가 가능한 0점에 근접(불쾌감 0)할 만큼 줄어들게 되면, 앞서 4단계에서 설명되었던 긍정적 인지에 대해 VoC 척도를 활용하여 재사정하도록 한다. 환자로 하여금 긍정적인 인지를 재연하면서 심상을 떠올리도록 한다. 다시 안구운동을 하면서 또 다른 긍정적 인지의 타당성을 사정하고 이러한 과정은 VoC 점수가 7에 다다를 때까지 반복한다.

6. 신체 검색	잔류하는 신체적 긴장이나 불편감을 환자에게 체크하도록 한다.[7]
7. 종결	환자가 세션별 종결을 준비하는 단계로, 외상기억의 활성화로 인해 강렬한 감정상태를 일으키게 되면 환자가 종결에 이를 수 있도록 긴장이완이나 시각화기법이 사용된다. 또한 환자가 외상과 관련된 감정, 사고, 꿈에 대해 일기를 쓰고, 자기통제기법을 활용할 수 있도록 격려한다.
8. 재평가	치료목표에 도달하였는가를 사정하는 추후세션으로, 마지막 세션 이후로도 외상과 관련한 문제들이 발생하게 될 시 외상기억이나 최근 기억의 상기, 기술 개발을 위한 추가 세션이 계획되게 된다.

출처 : Foa et al.(2000). Effective treatments for PTSD, pp. 141-142, 최송식(2010) 재인용.

④ 안정화 치료

안정화 치료는 심리교육과 함께 트라우마 치료의 가장 기본적인 단계로 재난 경험자로 하여금 고통스러운 감정 및 불편한 신체반응을 조절하고 안전감을 높이도록 도와준다. 안정화 요법의 목표는 강력한 정동, 충동적 행동, 자기비하적 생각이나 행동을 다양한 기법을 통해 조절하는 것이다. 국립서울병원(2015)에서는 트라우마 회복을 위한 안정화 프로그램을 개발하였다. 거기에는 심리교육(Psychoeducation), 착지 연습(Grounding), 안전지대(Safe Place), 봉쇄연습(Containment), 버리기(Disposal), 거리두기(Distancing), 정서 자유기법(Emotional Freedom Technique,

3) 환자가 현재 가지고 있는 부정적인 자신에 대한 믿음으로, 환자에게 현재 시제인 "나는..."이라는 형식으로 진술을 하게 한다. 예를 들면, "그 장면/사건과 어울리는 지금 당신의 부정적인 모습을 잘 나타내는 말은 무엇인가요?"라고 묻는다(장연집, 2009).

4) EMDR은 낙관적이므로, 치료자는 최악의 이미지를 떠올릴 때 지금은 스스로를 어떻게 떠올려지기를 바라는지 알기 위해 긍정적 인지(Positive Cognition, PC)을 묻게 된다(장연집, 2009).

5) 인지타당도란 이전에는 머리로만 믿었지만, 지금은 마음으로도 완전히 그렇다고 믿는 정도를 점수로 나타낸 것이다. 긍정적인 진술에 대하여 스스로가 부여하는 인지타당도 점수는 최저점인 1점(완전한 거짓)에서부터 최고점은 7점(완전한 진실) 사이로, 5~6점 이상은 되어야 한다(장연집, 2008, 장연집, 2009 재인용).

6) 고통의 정도를 측정하는 주관적 고통점수(SUDs)를 통해 고통이 없어나 불편하지 않으면 0점, 가장 큰 고통은 10점으로, "당신은 지금 얼마나 고통스럽게 느끼십니까?"라고 묻는다(장연집, 2008, 장연집, 2009 재인용).

7) 주입단계에서의 요소들을(목표 기억와 긍정적 인지) 마음속에 유지하도록 하고는 자신의 몸 전체를 마음으로 스캔해 보도록 한다. "어떤 감각이 느껴지는 부분이 있습니까?"라고 물어, "눈을 감고 원래의 기억에 집중하세요. 마음속에 당신의 모든 신체 부위를 머리부터 아래로 점검해 보세요. 만일 있으면 어디에서 그렇게 느껴지는지 말씀해 주세요"라는 지시를 한다(장연집, 2008, 장연집, 2009 재인용).

EFT), 자원 강화(Resource Enhancement), 타임라인(Timeline), 심상시연치료(Imagery Rehearsal Therapy)의 10가지 안정화 기법이 포함되어 있다.

(4) 재난 실천가와 정신건강전문가를 위한 고려사항

재난의 급박한 상황에서 일하는 것은 흥분되고 고통스러울 수 있다. 이 시기에 다른 이들이 반응하는 것처럼 정신건강 실천가는 다른 사람을 돕고 발생한 것을 '바로 만들기' 위해 강하게 열망하고 흥분이 고조되는 것을 경험하기 쉽다. 경험에 대한 강한 집중과 포함된 다른 사람들에 대한 반응이 고조될 수 있다. 또한 피해를 입은 이들과 동일시된 강한 감각을 가질 수 있다. 양측을 '보호하는' 보통의 클라이언트-전문가 관계는 급성 비상사태를 맞닥뜨리면서 경험을 공유하며 변화하고, 사회적 경계선을 낮춘다. 이것은 동정적인 돕기 대응을 가능하게 한다. 하지만 실천가들은 이런 상황에서 자신의 반응의 본질에 적절히 대응해야 하며, 약속과 자발적인 돌봄, 임상적 관찰을 위한 자신의 능력을 계속 유지해야 한다.

정신건강 실천가들은 자신의 경험으로 인해 스트레스를 받을 수도 있다. 이것은 모든 재난실천가가 직면할 수 있는 스트레스요인에의 노출 때문에 발생할 수 있다. 또한 무력감, 활발한 역할을 하지 못하는 거나 빈번하게 하는 것, 다른 사람들의 경험에의 노출과 관련하여 이런 것들이 공유될 때, 즉 '대리외상'의 어떤 형태로 영향을 받을 수 있다. 적절한 훈련, 브리핑, 복무, 임상적 검토 및 감독은 이런 노출의 부정적인 효과로부터 보호해 줄 수 있다(Berah, Jones & Valent, 1984).

5) 의뢰 및 장기추적

(1) 전문 서비스 의뢰

전문적인 의뢰는 어떤 경우에 필요할 수도 있고, 지원적으로 실행해야 한다. 다음의 극도의 흥분, 명백한 정신장애, 장기적인 현실부정, 압도적 불안 발생,

심한 우울증, 자살경향, 만성적 신체불평, 장기적인 대인관계 혼란의 관리 중 어떤 것은 특별한 주의와 전문서비스들에 사후 의뢰를 필요로 할 것이다(Raphael, 1993).

(2) 장기 추적

재난 관련 병리는 초반의 몇 달 동안 지역사회 정신건강서비스와 관련된 특수한 프로그램들로 관리될 수 있다. 진행 중인 문제들은 정신보건관리의 정규체계로 연결될 수 있다. 그럼에도 불구하고 늦게 발병된 외상후 스트레스장애(delayed-onset PTSD) 및 기타 장기간의 병적 상태가 나타날 수 있으므로, 6개월 또는 12개월의 추적관찰이 도움될 수 있으며, 재난 영향에 대한 보다 완전한 이해를 제공할 수 있다. 재난의 효과가 계속해서 충격을 가질 수 있지만, 일반적인 보건체계는 개입을 제공해야 하고 지속적으로 요구된다(Raphael & Newman, 2000).

재난사별가족의 이해와 치유

CHAPTER 05

황보람 · 이연주

이 장에서는 재난을 비롯하여 다양한 유형의 사별을 경험한 가족과 지역사회에 대한 이해를 돕는 데 필요한 개념과 이론을 소개한다. 재난사별가족의 특성에 대하여 다차원적으로 설명하고 이들의 애도에 관한 이론을 소개한다. 다음으로 사회적 재난(세월호 참사와 가습기 살균제 참사)으로 인한 사별가족과 지역사회의 사례를 제시하고 사회복지사가 이들에 대하여 개입하는 데 유용한 진단 방법과 신체돌봄, 자기주도적 돌봄, 비탄 돌봄(집단상담), 내러티브 실천과 같은 치유방법을 몇 가지 소개한다. 마지막으로 내러티브 실천을 통한 사별가족과 지역사회의 치유의 사례 및 개입방법을 소개한다.

1. 사별의 이해

1) 사별, 비탄, 애도

심리치료 전문가인 Roberta Temes에 의하면, 사별(bereavement)은 사랑하는 사람이 떠난 뒤 슬픔을 느끼는 상태로, 비탄(grief)과 애도(mourning)가 포함된다(정미현, 2012). 비탄(grief)은 죽음에 대한 몸과 마음의 경험으로 나타나는 무의식적인 감정적 반응이며, 애도(mourning)는 슬픔에 따르는 심리 · 사회 · 문화적인 모든 행동을 설명해 주는 의식적으로 계획된 하나의 절차로 이해된다. 가령 사별경험 이후 크게 웃지 않거나 기도문을 읊조리는 행동 등이 애도의식을 따르는 것이다. 특히 Anne Ancelin Schutzenberger에 따르면, 애도는 사별을 이겨내는 치유의 과정으로, 중대한 상실이 야기한 스트레스에 개인이 적응해 나가는 과정이다. 때문에 사별을 경험한 사람은 스스로가 슬픔을 이겨내기 위해 노력해야 하며, 각자 자기 나름의 방법으로 애도한다. 또한 Kubler Ross(2005)는 슬픔을 애도하는 것에는 정해진 방식이나 기간이 없기에 사별을 경험한 모든 이들은 슬퍼하고 비탄하는 것에 친숙해질 필요가 있다고 보았다(김소향, 2014).

2) 사별의 특징

비탄(grief)과 애도(mourning)가 포함된 사별의 특징을 몇 가지로 정리해 보면 다음과 같다.

첫째, 사별(bereavement)은 정상적이고 자연스러운 반응으로 반응 자체가 반드시 필요한 것이지 어떠한 반응을 보이는지는 중요하지 않으며, 정해진 바른 방법이 없다(정미현, 2012). 하지만 보통 비통해하는 동안 자신의 감정 반응에 의문을 품기도 한다. 때문에 정상적인 비탄 반응에 대한 사전 정보가 필요한 것이다.

둘째, 사별 반응은 죽음의 방식과 개인적 요인들에 따라 개인차가 존재한다. 죽음의 방식의 경우 예상된 죽음보다 예상하지 못한 죽음에서 더 큰 심리적 고통을 경험한다(장휘숙, 2012; 송길연 외, 2012). 재난이나 사고에 의한 사망이 오랜 시간 알츠하이머를 앓다가 사망한 사람의 경우보다 다루기 어려운 것이다. 비탄과 애도에 영향을 주는 개인적인 요인으로는 성별, 종교, 성격 및 적응 전략, 그리고 고인과의 관계가 있다(안산온마음센터, 2014). 성별의 경우 배우자의 죽음에는 남성이, 자녀의 죽음에는 여성이 더 힘들어하며, 긍정적인 성향이 높은 사람일수록 비탄 증세가 빨리 감소하고 죽음의 의미를 찾는 경향이 있으며, 자존감이 높은 사람일수록 외상 애도에서 빨리 회복하나 신경증적 성향이 높은 사람들은 부정적인 사고로 인해 비탄에 더 오랫동안 빠져 있을 수 있다. 또한 고인과의 관계에서는 다른 어떤 관계보다 자녀가 죽었을 때 그 아픔이 더 고통스럽고 오래가는데, 실제로 자녀를 잃은 부모들은 평소 맺어온 어떤 관계의 사람들 죽음으로 상실한 것보다 더 우울하고, 건강 문제가 많고, 심지어 사망률도 높았다(Li, Precht, Mortensen & Olsen, 2003, 안산온마음센터, 2014 재인용). 이 외에도 사별 경험 이후 적응은 사별 경험 이전 고인과의 친밀도, 고인의 사망원인, 사별 경험 이후 경과 시간, 사별경험 예상 유무 등에 의해 그 정도가 달라진다(Miyabayashi & Yasuda, 2007; Stroebe et al., 2007, 정소연, 2017 재인용).

셋째, 사별은 모든 사람들이 살아가는 동안 한 번 이상 겪게 되는 피할 수 없는 사건으로, 가장 빈번하게 일어나는 외상이면서도 동시에 가장 극심한 스트레스를 안겨주는 외상 중의 하나이다(Clark & Georgellis, 2013, 정소연, 2017 재인용). 즉, 죽음은 심각한 외상으로 인식되며, 그에 따른 비탄과 애도의 반응이 장기화되면 일상생활을 유지하는 데 어려움을 수반하기 때문에 반응 증상에 대해 세심하게 살펴볼 필요가 있다. 다음은 안산온마음센터 애도 기반 사례관리 매뉴얼에서 Rando(2014)가 정리한 외상적 애도에 대한 반응으로, 사별을 하나의 외상으로 인식하고, 이러한 상태를 정서 · 인지 · 지각 · 신체 · 행동 · 사회적 측면으로 구분하여 반응을 살펴본 것이다.

〈표 5-1〉 **외상적 애도 반응**

정서	불안, 공포, 무감각, 고통, 슬픔, 우울, 그리움, 무력함, 외로움, 수치심, 버려짐, 안도감
인지	불신, 부정, 혼란, 집착, 기억력 감소, 집중력 감소, 무의미함, 부정적 사고, 상심중심 사고, 낮은 자존감, 부적절감, 절대자에 대한 의존과 원망, 세계관 변화
지각	무감각, 분열, 해리, 환청, 환상, 환각, 환촉
신체	각성, 놀람, 떨림, 소화장애, 피곤, 통증(두통, 근육통, 흉통), 심계항진, 숨 가쁨, 무감각, 어지러움, 설사, 배뇨장애, 수면장애, 섭식장애, 면역저하, 탈모
행동	고인 찾기, 주변에 대한 경계, 혼란스러운 행동, 산만함, 짜증, 한숨, 울음, 자기 관리 소홀, 자기 파괴적 행동, 생산성 감소, 성욕 감소
사회	철회, 고립, 의존, 사람에 대한 흥미 감소, 사람들에 대해 비판적, 사람들에 대한 질투심

넷째, 사별은 앞서 언급된 부정적인 반응을 나타낼 수 있는 원인임과 동시에 경험해 보지 못한 새로운 상태에 대한 적응기간, 즉 적응을 위한 도움을 얻는 과정이 될 수 있다(정미현, 2012). 사랑했던 사람과 영원한 이별이라는 예상치 못한 경험을 마주하였지만 일상 속에서는 일과 가정을 계속해서 꾸려나가야 할 의무를 가진다. 따라서 사별이라는 적응기간 동안 남은 인생을 살아낼 수 있는 동력을 얻게 되고, 사별 이전의 삶에 가깝게나마 돌아갈 수 있도록 도움을 받게 된다.

3) 사별의 단계

Roberta Temes(2009)는 사별 후에는 크게 세 단계가 찾아온다고 주장한다(정미현, 2012). 실감이 나지 않아 멍해지는 첫 번째 단계, 혼란을 경험하는 분열이라는 두 번째 단계, 그리고 그러한 모든 경험을 추스르고 재조정하는 세 번째 단계가 있다. 이러한 단계들은 정해진 전형적인 사별 기간은 없으며, 개인적인 차이가 존재한다고 보았다.

(1) 충격과 무감각

첫 번째 단계는 죽음을 알게 된 바로 그 순간부터 시작되며, 비현실감을 경험하고 어리둥절한 멍한 상태가 지속된다. 이때 심리적으로 도움을 제공하기 위한 헌신적인 사람들과 적정한 거리를 유지하며, 당장 처리해야 할 일들에 집중할 것을 추천한다. 바쁘게 움직이다 보면 심리적으로 자기 보호 기능이 작동하게 되고, 사별이라는 부정적 경험을 받아들여야 하지만 일정 시간이 흐른 뒤 현실과 마주할 수 있도록 시간을 소비하는 편이 낫다는 것이다. 첫 번째 단계는 1~2주 만에 끝날 수도 있지만 길게는 몇 개월이 걸릴지도 모르며, 사별 두 번째 단계의 조짐은 기분상태가 점점 더 악화됨을 느끼는 순간이다.

(2) 분열

두 번째는 충격으로 인한 멍한 고립감이 차츰 사라지고, 그리움과 혼란스러움, 분노, 죄책감 등으로 분열의 단계가 해당된다. 자기 자신만 빼놓고 세심하게 배려하던 지인과 친인척들은 차츰 자기 자리로 돌아가 사별경험 당사자는 상실감과 공허함을 느끼는데, 사실 헌신적인 사람들과의 친밀함을 십분 활용해야 할 시점은 바로 두 번째 단계임을 명심해야 한다.

이 단계에서는 진폭이 큰 온갖 감정을 느끼는 것이 정상이며, 그런 자신의 모습을 보며 낯설거나 화가 나기도 하지만 고인에 대한 애착이 드러나는 증표로 매우 자연스러운 과정이라는 사실을 알아야 한다. 더없이 고통스러운 이 순간은 사별 이전 고인과의 관계에 따라 다양하게 나타나며, 특히 의존도가 컸던 관계일수록 상실감이 클 것이다.

이러한 과정을 스스로 이겨내기 위해서는 고인과 함께 어떤 삶을 나누었는지 이야기해 보거나 운명하던 날이 어떠했는지 마지막 순간을 되짚어 볼 필요가 있으며, 입맛이 없다 하여도 적당한 영양을 섭취하고 충분한 수면을 취해야 할 것이다. 또한 무엇보다 중요한 것은 이 같은 모든 증상들이 곧 사라질 것이라는 믿음을 가지는 것이다.

(3) 재조정

세 번째 단계는 과거에 대해 생각하는 시간이 줄어들고 점점 미래에 관심을 두는 자신을 감지하며, 하루하루 편안함과 차분한 순간이 많아짐을 느끼게 된다. 이 시기에는 사회적 관계망을 넓히도록 도와줄 지인이나 사회기관을 찾는 노력이 요구되며, 슬픔을 헤치고 다시 삶을 재개하는 방법을 터득하는 길고도 힘든 여정이 포함된다.

〈표 5-2〉 Roberta Temes의 사별 3단계

단 계	1단계 : 충격과 무감각	2단계 : 분열과 혼란	3단계 : 재조정
기 간	몇 주 또는 몇 개월	수개월	몇 주 또는 몇 개월
특 징	멍한 단계, 고립감, 기계적인 활동	수면장애, 식욕부진, 자기연민, 고통스러운 감정, 우울감, 외로움	이따금 평온함을 느낌, 감정의 강도가 덜해짐
필요사항	정서적 거리	친밀감, 감정표현	자기 삶으로 되돌아가게 하는 격려
발달과제	사랑하는 이의 죽음으로 충격을 느끼지 않도록 스스로를 보호하기	사별의 영향 인정하기	사별을 받아들이기
조력자가 할 일	허드렛일 돕기	경청하기	사별한 사람의 사회적 관계망 넓혀주기

2. 재난사별가족의 이해

1) '일반사별가족'과 '재난사별가족'

'사별가족'은 죽음이라는 가족의 상실로 인해 남은 가족 구성원이 경험하는 '사별'을 의미한다. '일반사별가족'의 경우 자연사 및 암과 같은 질병에 의한 사별로 어느 정도의 기간 동안 임종을 지켜볼 수 있고 죽음을 예견할 수 있는 상황인데 반해, '재난사별가족'은 재난이라는 갑작스러운 외상 사건에 의해 사별을 경험해야만 하는 준비기간이 거의 없는 경우를 포함한다.

2) 재난사별가족의 특징

'재난사별가족'의 경우 '일반사별가족'과 구별되는 몇 가지 특징을 가지는데, 이를 심리·사회적, 인지적, 행동적, 관계적, 종교적, 정신적 특성으로 살펴보고자 한다.

(1) 심리 · 사회적 특성

재난과 같은 갑작스러운 사고로 인한 사별은 친척이나 지인보다 가족이나 연인의 경우 더 극심한 심리적 어려움을 경험한다. 특히 죽음을 예상하지 못했을 경우 자기 자신을 극도로 비난하거나 실패했다는 느낌을 많이 받으며 장기화되는 슬픔과 외로움, 죄책감과 수치심 등으로 인해 적절한 애도를 거치지 못하고 지속적으로 심리적 어려움을 경험하는 것으로 나타났다(윤명숙 · 김가득, 2010; Herbert, Dang & Schulz, 2007; Lindqvist, Johansson & Karlsson, 2008; Tzeng, Su, Chiang, Kuan & Lee, 2010, 정소연, 2017 재인용). 가령, 자녀와 사별을 경험한 유가족들은 깊은 상실감에 빠져 자녀를 의도적으로 불러오는 적극적인 상실감(active missing)을 경험하기도(김은미, 2017) 하며, 부모보다 자식이 먼저 죽는 것은 최고의 불효로 여겨 공포스러운 죽음이라는 전통사회 해석으로 유가족 부모들을 더욱더 위축되게 만든다.

(2) 인지적 특성

재난으로 인한 가족사별 경험은 사고 이후 세상에 대한 가치관이 크게 바뀌는 경험을 한다(김은미, 2017). 특히 예방 가능한 사회적 재난에 의한 사별경험 유가족은 가족을 지키지 못한 나약한 존재로 인지하거나 재난에 적절하게 대처하지 못한 정부를 더 이상 믿을 수 없다고 생각한다. 세월호 참사를 겪은 유가족 부모의 경우 자녀를 지켜야 하는 책임을 다하지 못했다는 생각으로 자존감을 잃게 되고, 자녀를 잃은 부모라는 새로운 정체감에 적응해야 하는 과제 앞에 놓이게 되는 것이다(박기목, 2015).

(3) 행동적 특성

일반사별가족과 가장 크게 구별되는 특성 중의 하나로, 재난에 의한 사별경험 가족은 시신을 찾고 확인하는 일에 의미를 두며, 죽음의 원인을 사회적으로 규명하기를 간절히 원한다(김은미, 2017). 시신이 유실되지 않음에 위로를 받거나, 유실된 경우 시신을 찾는 과정 동안 죽음에 천천히 다가갈 수 있는 시간을 가질 수 있으며(이윤수, 2014), 죽음에 대한 진상규명을 통해 해당 책임자들이 정의로운 처벌을 받기를 바라는 것이다. 유가족들은 더 이상 유사한 상황의 발생으로 가슴 아픈 일을 경험하지 않았으면 하는 바람에서 시작되는 것이지, 정부로부터의 보상심리가 작용한 것은 아니다. 오히려 이 같은 행동에 대한 왜곡된 해석은 유가족들이 사회와 단절을 선택하도록 유도하게 된다.

(4) 관계적 특성

자연사로 인한 사별경험에 비해 재난 사별경험 가족의 관계는 기존 역할을 변화시키거나 새로운 역할로 전환할 수 있는 시간이 없기 때문에 역할에 따른 스트레스에 더 취약하다(안산온마음센터, 2014). 뿐만 아니라 서로가 힘들어한다는 사실을 인지하고 자신의 감정을 표현하지 않고 억제하기 때문에 긴장감과 오해가 증폭될 수 있다. 또한 자녀를 상실한 유가족의 경우 자녀의 부재를 미래의 꿈과 희망이 사라져 버림으로 치부해 삶에 대한 즐거움을 포기하기도 한다.

부부관계는 자녀의 사망으로 인해 많은 변화를 경험하게 되는데, 그들이 놓인 사회·경제적인 환경이나 애도표현 방법에 따라 상이한 결과가 보고된다. 부부는 서로의 아픔을 이해하는 사람이 상대방밖에 없다는 생각에 더 친밀해지기도 하며, 상이한 애도 표현 방법 혹은 상실 원인에 대한 비난으로 관계는 점점 황폐해져 끝내 이혼으로 귀결되기도 한다(안산온마음센터, 2014; 김은미, 2017). 예를 들어, 한 파트너는 상실감에 대해 언어적 표현을 하고 싶어 하고 다른 파트너는 혼자 감정을 처리하고 싶을 때 갈등이 발생할 수 있고, 성적으로 한 파트너는 불안이나 소외감을 성관계를 통해 보상받고자 하는데 다른 파트너는 성관계에 대해 거부감을 보일 때 긴장감이 증폭될 수 있다. 또한 자녀가 하나뿐인 유가족보다 돌보아야 할 자녀가 있을 경우 부부관계의 혼란을 덜 겪는다. 한편 부모-

자녀 관계에서는 자녀 죽음으로 상실이 너무 커 남은 자녀들에 대한 양육이 적절하게 이루어지지 않을 경우가 발생한다. 가령, 생존 자녀를 방치하거나 지나친 불안으로 과잉보호 및 과도한 물질적인 보상을 하는 경우도 있는데, 이러한 부적절한 반응들은 아이의 건강한 성장을 저해하게 된다(안산온마음센터, 2014).

직장의 경우, 정상성과 규칙성을 유지할 수 있는 틀을 제공한다(안산온마음센터, 2014). 사별경험에 따른 좋지 못한 기억들은 잠시 잊고, 동료들의 위로와 지지를 받으며 분위기 전환의 기회로 작용할 수 있다. 하지만 세상과 사람에 대한 신뢰를 저버리거나 분노와 같은 부정적 감정의 통제가 제대로 이루어지지 못할 경우 일에 집중하기 어렵고 의사결정을 내리기 힘들어 동료들과의 관계는 물론 업무 처리에 많은 어려움이 따를 수 있다. 즉, 사회적으로 이질감이나 소외감을 크게 느낄수록 직장에서의 적응이 어려워 복귀를 하더라도 그만두는 상황이 발생한다(박기묵, 2015).

끝으로 일반사별가족을 포함하여 사별을 경험한 유가족들은 자발적으로 자조집단을 형성하여 상호 이해를 돕고 위로한다. 특히 재난과 같은 외상으로 인한 사별경험 유가족은 사건 진상 규명을 위해 목소리를 모아 국민들의 지지를 이끌고 정부에 대응한다.

(5) 종교적 특성

재난으로 인한 사별경험 유가족은 사회와 세상에 대한 불신을 시작으로 평소 믿었던 종교에 대한 회의가 일어날 수 있고, 반대로 절대적 존재에 대한 그 믿음이 더 강력해질 수 있다. “좋은 곳으로 갔다”, “절대자의 뜻이다”와 같은 말들은 위안이 될 수도 있지만 종교와 멀어지는 위기가 될 수도 있다(안산온마음센터, 2014).

(6) 정신적 특성

사별을 경험한 유가족들은 보통 우울증과 불안, 외상후 스트레스 장애, 복합애도 등과 같은 정신적 문제를 경험한다. 하지만 재난으로 인해 가족을 잃은 경우 그 같은 정신적 어려움들이 화병으로 전환되기도 한다. 이는 재난이 발생되더라도 예방 가능한 죽음이라는 생각과 재난 발생 이후 정의롭지 못한 정부 및 사회의 대처에 오랜 시간 동안 분노가 쌓인 결과이다. 세월호 참사 진상규명은 2017년 정권교체 이후 2018년 상반기 현재 박차를 가하고 있으며, 여전히 유가족들의 노력은 계속되고 있다. 한편 또 다른 유족들은 지나친 감정 표출이 사회적으로 좋지 못한 이미지를 연출하여 시민들의 공감대 형성에 방해가 될 수 있다는 생각에 감정을 억누르고 있을 것이다.

3. 재난사별가족을 위한 애도 이론

사별을 경험한 사람들은 상실에 따른 슬픔을 이겨내고 남은 삶에 예의(銳意)[1]를 다하기 위해 각자 나름의 방식으로 애도의 과정을 밟아간다. 모든 슬픔에는 끝이 있듯 충격적이고 극심한 스트레스 상황으로부터 벗어나기 위해서는 효과적인 대처전략이 필요하다. 때문에 오래전부터 학자들은 저마다 다양한 관점에서 적응 과정의 이해를 돕도록 많은 이론들을 제시해 왔다. 그중에서도 초창기 애도 연구가인 Bowlby(1980)에 의해 소개된 '애도의 단계 모델', J. William Worden(1991)의 '애도 과업 모델'과 Elisabeth Kubler Ross의 '애도 과정 모델', 그리고 스트레스 대처관점의 '스트레스 적응 모델'이 있으며, 끝으로 이 모든 이론을 통합한 모델로서 '이중과정 모델'이 소개되고 있다. Kubler Ross의 애도 및 비탄을 다루는 '5단계 모델'의 경우 '단계 모델'로 간주하는 연구자도 있으나, 과업 모델과 유사하게 애도의 과정을 순차적인 것이 아니라 반복되거나 변할 수 있는 유동성을 강조하고 있기에 단계 모델과 구별되는 과정 모델로 보는 것이 마땅할 것이다.

1) 예의(銳意) : 어떤 일을 잘하려고 단단히 차리는 마음

1) 단계 모델

단계 모델은 정신분석 이론과 애착 이론을 근거로 사별을 경험한 사람들은 일련의 단계를 거친다고 보았다. 애착 이론에 입각한 Bowlby는 애착유형에 따라 사별에 대한 반응이 좌우되며, 그러한 반응들은 고인과의 애착을 철회하기 위한 것이 아니라 고인을 다시 만나고 싶어 하는 마음에서 나타나는 것이라고 주장하였다. Bowlby의 4단계 애도의 경우, 무감각의 단계-그리워하는 단계-혼란과 절망의 단계-재조정의 단계로, 앞서 언급한 사별 단계와 유사하며 그중 2단계를 2, 3단계로 구분하여 설명하고 있다고 볼 수 있다.

반면 정신분석적 애도의 단계 모델은 고인과의 심리적 애착을 강조하는 측면에서 애착 이론과 유사하나, 고인과 지속적인 관계를 유지하는 것을 부정적으로 평가하여 애착을 철회하거나 회수하는 데 애도의 목표를 두어야 한다는 점에서 차이가 있다.

2) 애도 과업 모델

(1) Worden의 네 가지 애도 과업

과업 모델은 단계 이론이 가지는 단점들을 보완하기 위해 제안되었으며, Worden(1991)은 발달심리학에 근거하여 애도 과정에 네 가지의 과업을 제시하였다. 다음과 같은 네 가지의 과업은 사별에 적응하려는 사람들의 발달단계에 따라 다양한 방법으로 표현되며, 특별한 순서 없이 반복적으로 경험된다. 또한 역동적이고 유동적인 특성을 가진다는 측면에서 단계 모델로도 활용이 가능하다.

① 과업 1 : 상실의 현실 수용하기

사랑하는 사람의 죽음을 인정하기 어려운 순간은 재난과 같은 갑작스러운 죽음이나 시신을 찾지 못할 때 더욱 증가한다. 시간이 지나면서 그들은 이미 세상을 떠나 자신의 곁에 돌아올 수 없음을 현실로 받아들인다. 그러나 비가역성과 같은 추상적 개념을 이해하고 조작적 사고 능력이 어려운 아이들에게 죽음은 이해하기 어려운 과제이며, 때로는 죽음의 원인을 자신의 탓으로 돌리는 경우도 발생한다. 때문에 죽음이라는 현실에 대해 반복적으로 확인시켜 주는 과정이 필요하게 된다. 사별에 대한 현실 수용을 거부하는 경우에 놓인 사별 경험자들은 고인의 소유물에 지나친 애착을 보이거나 추억이나 물품을 완전히 제거해 버리기도 한다.

② 과업 2 : 상실로 인한 고통과 정서적인 면 경험하기

사별 이후 경험되는 정서는 신체적 문제와 비정상적인 행동 유형 등 다양한 양상으로 표현될 수 있으며, 사별을 경험하는 당사자의 능력을 초과하지 않고 점진적으로 이 과업을 수행하는 것이 중요하다. 사별로 인한 고통을 회피할 경우 오히려 비탄의 기간이 연장되기도 한다. 가령 사별 경험의 심각한 수준까지 다룰 정도의 자아 기능과 사회 기술이 부족한 발달단계에 놓인 아이의 경우, 노출의 수준을 조절하지 않는다면 심한 불안 증세가 오랫동안 지속될 우려가 있다. 때문에 조력자는 사별 경험 당사자가 위치한 발달 단계를 이해하고, 죽음 이전에 고인과의 관계를 충분히 검토하여 과업을 수행할 수 있도록 도와야 한다.

③ 과업 3 : 고인이 없는 환경에 적응하기

고인이 없는 환경에 적응하는 것은 생전에 고인이 수행한 역할과 관계에 따라 달라진다. 가령, 한 여성의 첫째 아이 출산 시 지극 정성으로 보살펴 준 어머니의 죽음은 둘째 아이를 출산한 이후 그러한 역할 상실을 경험하게 된다. 이때 애도 과정의 양상은 고인이 된 어머니가 했던 역할의 상실에 적응하는 것을 포함하는 것이며, 시간이 지날수록 적응이 지속되기도 하지만 새로운 사건이 발생할 때 다시 그러한 상실을 경험하기도 한다.

④ 과업 4 : 자신의 삶에서 고인을 재배치하고 고인을 기념하는 방법 발견하기

사별경험 이후 건강한 삶을 유지하기 위해 정신분석 관점에서 프로이트는 고

인과의 관계를 철회해야 한다고 보았지만 최근 고인과의 애착을 단절시키는 것이 최선은 아니라는 것이 일반적이다. 즉, 고인과의 관계를 포기하는 것이 아니라 사별을 경험한 당사자의 삶 속에서 적절한 관계를 유지할 수 있도록 새로운 방법을 발견하는 것이 효과적이라는 주장이다. 가령, 부모의 죽음을 인정하기 어려운 아이들에게 영혼의 불멸에 대해 언급은 위로가 될 수 있다.

(2) Rando의 여섯 가지 애도 과업

Rando는 사별 경험 이후 애도과업을 6R의 개념으로 설명하고 있으며, 여섯 가지 개념은 고인의 죽음에 대한 인식(Recognition), 반응(Reaction), 회상(Recollection), 단념(Relinquishment), 재구성 또는 재조정(Readjustment) 그리고 재투자(Reinvestment)로 구성된다.

첫째, 인식(Recognition)은 고인의 죽음에 대한 인식으로, 자기 자신과 다른 사람에게 사별경험을 말할 수 있어야 한다. 둘째, 반응(Reaction)은 사별 이후 고인과 분리된 상황에 대한 정서적 반응이 가능하며 그러한 정서적 고통을 표현할 수 있어야 한다. 셋째, 회상(Recollection)의 경우, 고인과의 관계를 떠올려 관련된 추억을 이야기 나눌 수 있는 기회를 많이 가져야 한다. 넷째, 단념(Relinquishment)은 기존의 사회적 활동이나 관계를 발전시켜 나가면서 고인과의 애착에 너무 매달리지 않도록 노력해야 한다. 다섯째, 재구성 또는 재조정(Readjustment)으로 사별 경험자는 고인이 없는 새로운 환경에 적응하고 남은 삶을 살아내기 위해 자신의 일상을 새롭게 조정해 나아가야 한다. 끝으로 여섯째, 재투자(Reinvestment)는 고인이 없는 삶에 자신의 에너지를 다시 쏟아내어 사별경험 이전과 같은 생활을 영위할 수 있도록 해야 한다.

3) 애도 과정 모델

과제 모형보다 더 세분화된 과정들은 순차적인 것이 아니며 반복되거나 변할 수 있고, 과정을 강조함으로써 유가족이 현재 일어나고 있는 현상에 집중한다(안산온마음센터, 2014).

Elisabeth Kubler Ross(1969)의 고전 『죽음과 죽어감(ON DEATH AND DYING)』은 죽음을 경험하는 사람들의 슬픔을 5단계로 구분하고 있으며, 그녀의 생애 마지막 저서인 『상실 수업(2005)』에서는 이러한 단계를 좀 더 상세하고 명확하게 설명하고 있다. Kubler Ross(2005)는 슬픔의 다섯 단계가 인간이 사별을 겪게 될 때 보이는 반응을 정리한 것이지만 전형적인 것은 아니라고 하였다. 즉, 이러한 단계들은 사별 경험을 통해 느끼는 감정들을 보다 선명하게 구별지어 주는 하나의 도구이지, 누구나 모든 단계를 똑같이 경험하거나 반드시 정해진 순서대로 겪게 될 것이라는 주장이 아니다. 또한 Kubler Ross(1969; 2005)는 이러한 과정 자체는 인간의 '방어 도구 및 대처 방법'이라고도 볼 수 있기에, 지극히 정상적인 반응이라고 보았다.

첫 번째는 일종의 쇼크상태로, '아니야. 그럴 리가 없어', '그 사람이 죽었다는 게 믿어지지 않아'라는 생각으로 정신이 멍해져 충격에서 헤어나지 못하는 부정(denial)의 단계이다. 이는 사랑하는 사람이 죽었다는 사실을 아예 인정하지 않는 것이 아니라 믿어지지 않는 것으로, 사별로 인한 충격과 부정은 경험하게 될 슬픔의 감정들을 천천히 받아들일 수 있도록 속도를 조절하는 역할을 한다(Kubler Ross & David Kessler, 2005).

두 번째로, 더 이상 이러한 부정에 따른 고립감이 유지될 수 없을 때, 스스로에게 '어떻게' 그리고 '왜'라는 질문을 시작하면서 분노(anger)의 단계로 넘어간다. '왜 하필이면 나에게 이런 일이 일어났을까?'와 같은 질문의 형태로, 부정에 비해 비교적 주변인들이 감당하기 힘든 단계에 속한다. 사랑하는 사람과의 이별이라는 실체를 서서히 현실로 인정하기 시작하면서 본인은 물론 죽음과 관련된 모든 이들에 대한 분노와 같은 다양한 감정들을 경험하게 되는데, 이때 그러한 감정들이 누구나 공감할 수 있는 논리적 타당성을 요구받을 필요는 없다. 분노는 치유 과정의 필수 단계로 끝이 없어 보일지라도 진심으로 느끼면 느낄수록 점점 더 사라지기 시작하기에, 충분히 그러한 시간을 허락하고 존중해 주어야 한다(Kubler Ross&David Kessler, 2005).

광기, 시기, 원한과 같은 부정을 경험한 후 피할 수 없는 일을 조금 미루어 보고 싶은 세 번째 단계로 협상(bargaining)이 해당된다. 아주 짧게 지나가는 것이 특징인 협상의 단계는 '하느님이 분노에 찬 기도를 들어주지 않으셨다면, 좀 더 공손하게 부탁해 보면 들어주시지 않을까?' 하는 생각이 들기도 한다. 지난 과거를 후회하면서 죽음을 돌이킬 수 있는 모든 행동을 전제로 사랑하는 사람이 살아 나타나기를 희망한다.

그러나 결국 모든 것을 포기해야 한다는 것이 확실해지면서 엄청난 상실감들이 네 번째 단계인 우울(depression)을 불러들이는데, 우울의 단계야말로 고인과의 이별을 준비시키는 시간이다. 공허함 및 절망감과 같은 극심한 슬픔에 잠겨 '이대로 살아야 하는가?'라는 생각에 잠겨 남은 생에 대한 의미를 찾는 데 어려움을 겪는다. 하지만 이러한 우울 및 절망감은 우리가 슬픔에 빠져 있는 동안 신경체계를 닫게 만들어 감당할 수 없다고 느끼게 하여 우리를 보호하려는 본능적 의지이다(Kubler Ross&David Kessler, 2005).

마지막, 수용(acceptance)의 단계는 더 이상 우울해하거나 분노하지 않는 상태로, '감정의 공백기'라고 일컫는다. 긴 여행을 끝내고 몸과 마음이 휴식을 취할 시기로 여길 수 있으나, 괜찮은 혹은 행복한 상태라고 볼 수는 없다. 죽음에 이르게 한 사건이나 그 사건의 원인에 대한 실제를 인식하고 분노를 멈추기 시작한다. 따라서 고인과의 관계를 새롭게 정립하거나, 남은 인생을 살아내기 위해 노력한다.

4) 사별 대처의 이중과정 모델

Stroebe와 Schut(2010)에 의하면, 사별에 대처하는 이중과정 모델은(Dual Process Model, DPM) 앞서 언급된 기존의 애도이론들을 통합한 모델로서, 스트레스 요인

과 대처 유형에 따라 세 가지 핵심 개념으로 구분한다. 첫째는 일차적 스트레스 요인 상실에 따른 대처인 '상실중심 대처(Loss-Oriented)'이고, 둘째는 이차적 스트레스 요인 회복과 관련된 대처인 '회복중심 대처(Restoration-Oriented)'이며, 마지막은 상실과 회복을 동시에 또는 교대로 경험하는 '변동(Oscillation)'이다. 상실중심 대처는 슬픔을 겪어내는 과정처럼 상실 그 자체와 관련된 것이며, 회복중심 대처는 사별자가 남은 인생을 위해 새로운 관계를 형성하거나 활동을 전개해 나가는 적응을 의미하는 것이다. 즉, 상실에 대한 성공적인 적응을 위해서는 상실중심뿐만 아니라 회복중심의 과정이 동반되어야 하며 애도 과정은 단계적인 특징이 아니라는 것이다(안산온마음센터, 2014). 이 이론에 따르면 |그림 5-1|에서 보는 바와 같이 '상실중심 대처'와 '회복중심 대처' 두 과정이 역동적이고 순환적으로 이루어지며, 사별자는 이러한 과정을 직면과 회피를 반복하면서 고인이 없는 삶에 적응해 나간다. 시간이 지나면서 어떻게 사별 이후 장기적 슬픔경험과 삶을 살아가려는 욕구 간의 균형을 잡아가는지에 대한 이해를 돕는 것이다(송길연 외, 2012). 가령, 사랑하는 사람과의 긴 이별 이후 극심한 고통에 시달리며 일상생활이 불가능할 지경에 이르면서도 사람들을 만나 식사를 하거나 영화를 보면서 기분전환을 시도하고 일상을 다시 시작하려고 노력한다. 앞서 언급한 두 가지 사별대처를 선택해 나가는 상호작용과정 속에서 어느 쪽의 비중이 더 큰지에 따라 사별 후의 적응을 설명하며, 상실중심 및 회복중심 스트레스 대처를 오고 가는 순환 메커니즘은 자연스러운 현상이며 적응적인 대처를 위해 필요한 과정으로 간주된다(장수지, 2015).

이중과정 모델은 어떻게 사람들이 슬픔을 이겨내는지 혹은 다른 사람들과 상호작용하는 맥락이 어떠한지와 같은 사별적응에 영향을 미치게 되는 요인들을 분석하는 데 유용하다. 하지만 모든 사람들이 사별경험 이후 상실과 회복 과정을 오가며 슬픔을 잘 이겨내는 것은 아니며, 필요 이상 오랜 기간 동안 외로움이나 죄책감 등과 같은 감정들을 경험하기도 한다. 때문에 연장된 비탄 장애(Prolonged Grief Disorder, PGD)에 대한 사전 이해가 요구된다.

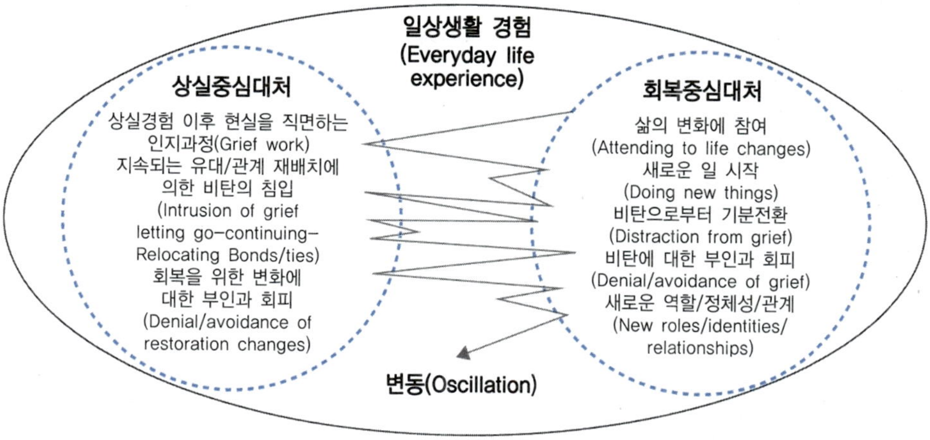

| 그림 5-1 | **사별에 대처하는 이중과정 모델**

출처 : Stroebe & Schut(1999); Stroebe & Schut(2010) 재인용.

[사례] 재난사별 가족과 지역사회의 사례

사례 1 청소년기 형을 사별한 남동생

"엄마는 그깟 직장 일이 뭐라고 애들에게 무심했을까 하면서 형이랑 자주 대화를 나누지 못한 게 다 일을 가졌기 때문이라며 고통스러워하셔. 형에게 미안하단 말도 사랑한단 말도 보고 싶단 말도 못 하겠대. 큰아들이 떠난 걸 지금도 믿을 수 없는 아빠는 아무도 몰래 소리 없이 우셔. 외삼촌은 누구보다 서럽게 우셨고. 외삼촌뿐이겠어. 모두 그랬지……모두가 그랬어(…..)형이 떠난 뒤 한동안 형 방에 들어갈 수 없었어. 형이 있는 것만 같아 무서웠어. 며칠 후엔 형이 그리워서 형의 방으로 갔었지. 형의 자리에서 형의 베개를 안고 누웠는데 인기척이 느껴졌어. 형 같았어. 형이 다가오더니 나를 꼭 안고는 말했지(……)그날 밤 나는 형의 품에서 잠들었어. 며칠 동안 그랬던 것 같아. 이젠 언제라도 형을 느낄 수 있어. 어디에 있어도 형이 느껴져. 나와 함께 있는 것만 같아."(경기도교육청 약전작가단, 2016a : 77-79)

사례 2 청소년기 아들을 사별한 아버지

"(……)영원히 내 아들이야. 가슴 속에 묻은 아들이지. 이놈이 예전에는 꿈속에서도 자주 나타나고 그랬는데, 요즘에는 통 나타나질 않아. 어른들이 망자가 꿈에 나타나면 안 좋은 거라고. 편히 있는 게 아니라고 그러는데……그래도 나타나 줬으면 좋겠어. 보고 싶으니까. 지난번 1주기 때 한 번 나오고 안 나타나는 것 같아. 이제 정리하고 지우라는 얘기인지. 이놈을 계속 끌어안고 살아야 하는 건지. 부모로 무엇을 해야 하나 고민이 많아. 지워야 한다는 건 너무 슬픈 일이야. 나한테."(경기도교육청 약전작가단, 2016b : 102-103)

사례 3 성인기 딸을 사별한 어머니

"오늘도 엄마는 너를 만날 수가 없어서 울어. 이렇게 눈물이 많은지 몰랐어. 끝이 없네(……)인터넷에서 유가족들을 향한 비난의 글들이 나오고 있어. 보상금을 언급하면서. 딸을 잃은 엄마는 이런 세상을 어떻게 해석하고 살아야 할지 혼란스럽다. 죽은 자만 억울하다는 말이 맞나 봐. 보고 싶어. 언제 올 거야? 엄마를 매일 이렇게 울게 만들고(……)세상이 너무 싫다. 이런 세상에서 그동안 살아왔다는 것이 수치스러워. 자식들이 죽었는데도 죄인처럼 살아야 한다. 이렇게 비난받고 휘둘리면서 회의감과 실망감만 커지는구나(…)미안해. 엄마가 못나서. 이렇게 살고 있는 내 자신이 한심스럽다. 정말 싫다. 우리 착한 딸 열심히 착하게 살았는데 그 결과 얻은 것이 죽음과 주위의 조롱이라니(……)나는 딸이 그렸던 것처럼 자신에 대한 마인드맵을 그려보았다. 슬픔이 너무 많은 부분을 차지하고 있었다. 거의 90퍼센트였다. 그 다음은 분노였다. 죽은 딸을 끌어안은 이후 터져 나오기 시작한 감정. 나머지는 또 한 명의 딸을 지켜야 한다는 생각. 그 작은 생각이 마음을 강하게 붙들어 준다."(최숙란, 2016 : 49-134).

사례 4 중년기 남편을 사별한 아내

"당신이 그렇게 되고 저는 사람들을 똑바로 쳐다보기 힘들어요. 올해 돌아가신 친정 아버지는 저를 볼 때마다 몸져 누워 계시면서도 '양서방 찾았냐'고 물었고 저는 가만히 고개를 숙일 뿐이었어요. 그때마다 눈물이 왈칵 쏟아지고 온몸이 쑤셔요. 너무 많이 울다 보니 눈이 붓고 쓰라려 안과 치료를 받았고 제대로 먹지 못해 잇몸이 약해져 치과도 가야 했어요. 정신과 상담은 물론이구요. 제 밥은 영양 주사가 수시로 대신해 주었고. 항상 어딘가 계속 얻어맞는 기분이에요. 9년간 마트에서 하던 반찬 코너 일도 그만뒀어요. 웃는 낯으로 손님들을 대할 수 없었어요. 돈을 받고도 남에게 반찬 하나 줄 수 없는 처지입니다(……)제 곁에 아무도 없어요. 저를 이해해 줄 사람은 아무도 없는 기분입니다. 하루에도 기분이 왔다 갔다 하고 막 얘기하다가도 정신을 놓고 멍하니 앉아 있곤 해요(……)끝나지 않는 고통을 제가 언제까지 감당할 수 있을까요. 그냥 당신 따라 죽으려고도 했어요. 어서 빨리 유가족이 되고 싶다는 기막힌 소원을 가져야 하는 상황, 언제까지 버틸 수 있을까요?"(경기도교육청 약전작가단, 2016c : 237)

사례 5 유아기 이란성 오누이 쌍둥이를 사별한 어머니

"늘 입맞추고 안아주며 애지중지하던 오누이 쌍둥이가 없는 집은 쓸쓸하기만 했다. 아이 엄마는 아이들이 죽자마자 정신과 상담치료를 일주일에 두 차례 받아야 할 정도로 정신건강이 극도로 나빠졌다. 아이들의 죽음만 떠올리면 가슴이 두근거리고 식은땀이 났다. 두려움과 분노, 슬픔과 아이들에 대한 죄책감이 그녀에게 엄습했다. 심지어는 자살까지 생각했다. 자살생각이 하루에도 여러 차례 떠올랐다."(안종주, 2016 : 179)

사례 6 태아와 아내를 사별한 아버지이자 남편

"그에게는 세월이라고 하는, 망각에 가장 뛰어난 도구가 소용이 없었다. 또한 그는 매우 여린 감성을 지녔다(......)그는 아내와 태어나 보지도 못한 자식을 떠(나) 보낸 지 5년이 흘렀지만 여전히 사부곡(思婦曲)을 읊조리고 있다(......)진혼제를 지낸 뒤에도, 그는 마음에서 여전히 아내와 아이를 놓아주지 못하고 있었다. 부인상을 치른 뒤 회사도 사직한 그는 2년간 홀로(...)작은 암자에 파묻혀 살았다(......)요즘도 감정 조절이 잘 되지 않는다고 한다. 화와 슬픔을 잘 조절하지 못한다는 것이다. 트라우마 치료를 받아야 하는데 제대로 받은 적이 없다."(안종주, 2016 : 166, 171).

사례 7 재난 사별을 경험한 지역사회

"생존자는 생존자대로 유가족들은 유가족대로 또 실종자의 가족은 그들대로, 일상이 무너지고 관계들이 파괴되며, 국가와 이웃에 대한 믿음이 와해되었다(......)또한 배를 탄 학생들이 서서히 바다 속으로 침몰해 가는 과정을 TV 뉴스보도를 통해 실시간으로 보아야 했던 일반 국민들에게, 세월호 참사의 고통을 직접적인 피해자들과는 다를지언정 결코 간단치 않은 문제로 나타났다. 이들의 고통은 안산의 분향소나 광화문 집회현장 속에서 시민 참여적 공감으로 경험되기도 하였지만, 적절한 방식으로 대응하지 못하는 국가 관료들과 정치인들의 태도에 대한 분노와 무력감이거나 어른 된 죄책감과 부끄러움으로 나타나기도 했다."(이현정, 2017 : 119 재인용).

4. 사별의 진단

1) Hogan의 비탄 반응 체크리스트(Hogan Grief Reaction Checklist, HGRC)

이 척도는 본래 자녀를 사별한 부모를 상담하면서 그들이 자신의 비탄경험에 대해 표현하는 언어적 데이터를 바탕으로 개발되었는데, 자녀를 사별한 부모 이외에도 배우자를 사별한 성인들, 그리고 임상 환자들을 대상으로 사용된다. 이 척도는 사별 후 경험하는 각종 정서적, 생리학적, 인지적, 영적·실존적 비탄 반응에 대해 의미를 탐색하고 이후의 삶의 대해 대처하고 적응하고자 노력하는 성인들을 대상으로 개발되었다. 이 척도를 읽고 활용하면서 내담자는 자신의 절망감과 무기력감을 타인들도 경험하는 것임을 알게 되면서, 상담가에게 자신들만 특수한 사안에 대해 말할 수 있게 된다(Hogan & Schmidt, 2016 : 39-43).

Hogan의 비탄 반응 체크리스트는 61문항의 5점 리커트 척도이며, 6영역에 대한 진단에 활용된다. 첫째, 자포자기(despair) 영역은 총 13항목인데, 정서적인 반응, 즉 슬픔, 고독감, 절망(hopeless), 비관 등을 진단한다. '나는 충격 속에 있다', '나는 죽었어야 했고 내 배우자가 살았어야 한다고 믿는다', '나는 다시는 행복해질 것 같지 않다', '자주 운다' 등이 대표적인 질문 내용이다.

둘째, 공황적 행위(panic) 영역은 총 14항목인데, 생리학적 반응, 즉 걱정, 공황발작(panic attack), 두통, 위장통, 요통 등의 정신신체 증후 등을 진단한다. '나는 지나치게 걱정한다', '가끔 심장이 지나치게 뛴다', '근육이 당긴다', '쉽게 놀란다', '숨이 가빠진다' 등이 해당 질문 내용이다.

셋째, 개인적 성장 영역은 총 8항목인데, 희망, 즉 이전보다 배려(compassion), 관대함, 용서, 낙관, 미래에 대한 희망을 갖게 되었는지를 진단한다. '이전보다 좋은 사람이 된 것 같다', '인생에 대해 보다 더 잘 대처할 수 있게 되었다', '그 사람을 놓아주게 되는 전환점에 닿았다' 등이 해당 질문 내용이다.

넷째, 비난과 죄책감 영역은 총 7항목인데, 분노(anger), 원한(bitterness), 적개심

(resentment) 등을 진단한다. '복수하고 싶다', '남들을 해치고 싶다', '타인들을 비난한다' 등이 이에 해당하는 질문 내용이다.

다섯째, 냉담(detachment) 영역은 8항목인데, 타인과 자신으로부터의 관계단절 등을 진단한다. '내 자신이 무가치하다는 생각에 사로잡혀 있다', '내가 누군지 모르겠다', '자신감을 잃었다', '감각을 느끼기를 피한다' 등이 해당한다.

여섯째, 혼란(disorganization) 영역은 8항목인데, 인지적 반응, 가령 집중, 학습, 기억하는 데 어려움 등을 진단한다. '기억력이 떨어진다', '새로운 것을 잘 배우지 못한다', '추상적 사고를 하기 힘들다', '과제가 어마어마하게 보인다' 등이 이에 해당한다(Hogan & Schmidt, 2016 : 39-43).

2) 상실 의미 코드북(Meaning of Loss Codebook, MLC)

이 척도는 점차 많은 상담가들이 사별한 사람들의 의미 상실감과 이들의 의미 재구축 과정에 관심을 기울이면서 많이 사용되고 있다. 이 척도에 대한 이론적 바탕은 내러티브 구성주의자, 인지행동주의자, 정신역동학자, 스트레스와 대처 주의자, 체계적 접근자들에 근거하고 있다. 개인, 가족, 집단을 대상으로 이루어진 비탄 상담(grief therapy)의 경험에 의해 그 효과가 입증되고 있다. 실제로 미국의 전문 자격증 상담가들은 퀴블러 로스의 단계 모델과 워든의 과제 모델 다음으로 많이 사용하고 있는 것으로 나타났다. 상실 의미 코드북은 관찰자 관점에서 내담자가 어떤 의미를 구축하는지를 진단하고 치료적 과정을 기록하며 임상적 조언을 제공하는 수단으로 사용될 수 있다(Milman, Neimeyer & Gillies, 2016 : 51-52).

이 척도는 내담자가 자신의 비탄과정을 해석하고 의미를 재구성하는 과정에서 나타나는 주제를 나타내는 30개의 의미 범주로 구성되어 있다. 내담자의 정신분석상담 세션의 녹취록, 내담자의 일기와 같은 문서 자료, 온라인 블로그 등 상실 회고록을 분석하는 데 사용된다. 상담자는 상담 초기에 내담자가 표현한 부정적 의미, 가령 후회, 자기불신(lost innocence)보다는, 내담자가 긍정적 의미, 가령 배려, 새출발(moving on), 개인적 성장을 찾을 수 있도록 재맥락화 하도록 이 척도를 사용할 수 있다. 상담가는 상담 초기에 비해 종결기에 내담자가 긍정적 의미를 훨씬 많이 표현하는 것으로 상담의 효과를 측정할 수 있다(Milman, Neimeyer & Gillies, 2016 : 52-57). 다음은 상실 의미 코드북의 30개 의미들이다(Milman, Neimeyer & Gillies, 2016 : 57-58).

> 삶 중시하기, 삶 최대로 살아내기, 삶의 비영구성, 개인적 성장, 생활양식 변화, 가족 간의 결속, 관계 중시하기, 배려, 대처, 새출발, 더 큰 아량, 수용(acceptance), 사별 후 남겨질 준비, 기억, 함께한 시간, 망자에 대한 긍정적 평가(affirmation of deceased), 고통 놓아주기, 영성, 사별한 자로서의 정체성, 생존자 정체성, 감정표출(emotionality), 부정적 정서(affect), 후회, 망자에 대한 그리움, 이해의 부재(혼돈, 좌절, 후퇴, 사망 의미 탐색 어려움 등), 정체성 상실, 불신, 정체성 변화, 의미 획득, 아무 의미 없음(상담가나 내담자가 어떠한 의미도 부여할 수 없음)

3) 배우자 사별자의 일상 목록(Inventory of Daily Widowed Life, IDWL)

이 척도는 1990년대 말 스트로브와 Schmidt가 제안한 이중과정 모델에 뿌리를 두고 있다. 사별한 자가 상실에 적응하면서 겪는 세 가지 형태의 대처, 즉 상실중심(Loss-Orientation, LO), 회복중심(Restoration-Orientation, RO), 그리고 이 사이의 의식적 의도적 왕복(oscillation)대처를 진단한다. 이중과정 모델은 사별한 자가 상실중심 대처와 회복중심 대처를 적절하게 왕복하면서 회복한다는 전제를 지닌다. 배우자 사별자의 일상 목록은 상실중심 대처와 회복중심 대처를 양적으로 진단하고 그들 사이의 왕복의 정도를 진단하는 데 사용된다(Caserta, Lund & Utz, 2016 : 65)

이 척도는 22개의 항목(11개의 상실중심 대처와 11개의 회복중심 대처)의 4점 리커트 척도이다. 회복중심 대처 항목의 총점에서 상실중심 대처 항목의 총점을 뺀 점수가 왕복균형점수(oscillation balance score)인데, 0점은 완전 균형을, −4에서 +4는 적절한 균형을, −33은 상실중심으로, +33은 회복중심으로 치중된 상태를 의미한다. 주로 사별한 자들은 +10 혹은 −10을 나타내는데 +20 혹은 −20은 한쪽으로의 치중이 시작되는 지점이다. 불균형이 지속될 경우 복합성 비탄 혹은 합병증적 비탄(complicated grief)[2)]을 의심할 수 있다. 이 경우 전문가의 개입이 필요하다(Caserta, Lund & Utz, 2016 : 66-67).

다음은 배우자 상실자의 일상 목록의 일부이다(Caserta, Lund & Utz, 2016 : 69).

> 배우자가 그리운 정도, 배우자의 죽음 당시 상황에 대해 떠올리는 정도, 배우자의 사진이나 유품을 바라보는 정도, 배우자의 죽음에 대해 울거나 슬퍼하는 정도, 내 상황에 골몰하는 정도, 외로움을 다루는 정도, 타인을 방문하거나 함께하는 정도, 가계 재정을 대처하는 정도, 여가에 참가하는 정도, 자신의 건강에 신경 쓰는 정도, 직업 또는 자원봉사에 참여하는 정도, TV 시청이나 라디오 청취 또는 독서하는 정도, 집안 정리와 보수관리에 신경 쓰는 정도, 비탄과정 이외에 집중하는 정도, 새로운 것을 배우는 정도

4) 복합성 비탄 진단 범주(Diagnostic Categories for Complicated Grief, DCCG)

이 척도는 사별한 자들 중 대략 4~11%가 경험하는 것으로 나타나는 복합성 비탄을 진단하는 데 사용된다.[3)] 쉬어 외(2011)에 의하면 복합성 비탄은, 사별후 6개월에서 1년 사이에 나타나는 급성 비탄(acute grief)에 비해 강렬한 정도로 지속적으로 나타나고, 통합 비탄(integrated grief)과 비해 사별 당시 혹은 그 후에 대해 지나친 걱정 혹은 아예 상관없는 걱정을 한다는 점에서 다르다.

급성 비탄은 여섯 가지 특징을 갖는데, 첫째, 사망한 자와 재결합하고 싶다는 강렬한 욕구, 둘째, 점차 간격 있게 (쉼 또는 때로는 긍정적 감정과 교차로) 나타나는

---

2) '복합성 비탄' 혹은 '합병증적 비탄(complicated grief)'의 용어는 의학용어 'complication(합병증)'과 밀접한 관련을 갖는다. 정신분석의인 Katherine M. Shear는 1995년 무렵 불안장애(anxiety disorder)를 상담하면서 우울증, 불안장애, 일반적 비탄과는 구분되는 증상을 가리키는 용어로 '합병증적인 비탄'을 사용하였다. 국내에서는 '복합비애'(장현아, 2009; 정형수 외, 2014), '복잡성 애도'(김 원, 2015; 한혜성 외, 2016)로 사용되기도 한다.

3) '복합성 비탄'은 '연장된 비탄 장애(prolonged grief disorder)'(Prigerson et al., 2009), 혹은 '지속적 복합 사별 장애(persistent complex bereavement disorder)'(DSM-5)와 연관되는데, 이는 진단과 증상, 그리고 효과적 해결에 대해 아직 많은 논쟁이 있음을 말한다(Shear et al., 2011).

슬픔, 울음, 통곡, 셋째, 사망한 자에 대한 생각이나 이미지 떠오름(환시 및 환청 포함), 넷째, 사별 현실의 수용에 대한 거부, 다섯째, 신체적 스트레스 반응(통제 불가능한 한숨, 소화불량, 식욕상실, 침 마름, 공허감, 수면장애, 피로감, 안절부절못함, 목적 없는 행동, 무기력, 감각기능의 변화), 여섯째, 세상과의 단절과 타인에 대한 무관심 또는 분노가 이에 해당된다(Shear et al., 2011).

통합된 비탄은 일곱 가지의 특징을 갖는데, 첫째, 상실에 대한 적응감, 둘째, 관심과 목적감 회복, 일상적 기능수행능력 회복, 기쁨과 만족감의 회복, 셋째, 감정적 고독감의 지속, 넷째, 점차 강도가 적어지는 슬픔과 보고 싶음, 다섯째, 점차 옅어지는 사망한 자에 대한 생각과 기억, 여섯째, 사망한 자에 대한 환상, 일곱째, 기념일에 떠오르는 슬픔이 이에 해당한다(Shear et al., 2011).

쉬어 외(2011)는 복합성 비탄의 진단 범주로 다섯 가지를 제안한다. 첫째, 최소 6개월 이상 사별(bereavement), 즉 비탄과 애도과정에 있는가이다. 둘째, 사별을 한 자의 사회적 문화적 맥락 속에서 지나치게 긴 기간 동안 다음의 네 가지 중 최소 하나가 나타나는가이다 : ① 보고 싶음, ② 공허감 및 고독감, ③ 그리움, 불공평, 무의미, 살아 있다는 것을 감내하기 힘듦, 때로는 사망한 자가 보고 싶고 같이 있고 싶어 따라 죽고 싶음, ④ 사망한 자에 대한 몰입. 셋째, 최소 1개월 이상 다음 중 최소 두 가지 증상이 나타나는가이다 : ① 사망에 대한 이해 불가 및 사망한 자 없이 살아낼 수 없다고 느낌, ② 사망 사실을 인정하기 힘듦, ③ 자주 깜짝 놀라거나 아예 감정적으로 자주 무감한 상태, ④ 타인에 대한 불신 또는 유사한 사별 경험을 하지 않은 타인에 대한 의심, ⑤ 신체적 고통 또는 사망한 자와 유사한 신체적 증상 경험 또는 환청 또는 환시, ⑥ 사망한 자에 대한 기억 또는 유품을 대할 때 갑작스럽고 격렬한 신체적 정서적 반응, ⑦ 사망한 자에 대한 기억 또는 유품에 대한 지나친 기피 또는 지나친 탐닉으로 인한 행동 변화. 넷째, 신체 증상 또는 기능상실이 최소 1개월 이상 지속되는가이다. 다섯째, 신체적 증상이 사회적, 직업적으로 심각하게 부정적 영향을 미치고, 특히 기능상실이 문화적으로 설명하기 힘든가이다(Shear et al., 2011).

5) 복합성 영적 비탄 목록(Inventory of Complicated Spiritual Grief, ICSG)

이 척도는 복합성 비탄에 덧붙여 사별한 자가 오랫동안 지녀온 종교적 신념 또는 영적 세계관이 붕괴되는 정도를 진단하는 데 사용된다. Burke, Neimeyer, McDevitt-Murphy, Ippolito와 Roberts은 사별한 자가 절대자 또는 신앙 공동체와의 관계 의식(sense of relationship)이 붕괴되는 것을 가리켜 복합성 영적 비탄이라 지칭하였다(Burke & Neimeyer, 2016 : 76). 따라서 이 척도는 사별 경험 이후 영적으로 고통받는 자에 대한 심리적 영적 개입(psychospiritual intervention)에 관심있는 상담가, 영적 지도자, 연구자들에게 유용할 수 있다. 이 척도는 현재까지 그 타당도가 검증된 유일한 영적 디스트레스(distress) 측정 도구이다(Burke & Neimeyer, 2016 : 76).

이 척도는 미국 피츠버그시의 한 개신교 목사가 사별한 신도들을 대상으로, 사용하기 쉽고 신념에 기반한 실험적 개입에 도움이 되도록 Shear 연구팀에 요청하여 개발되었다. Shear 연구팀은 복합성 비탄 척도에서 28개의 항목을 도출하였고, 이 밖에 초점집단, 사별상담을 주기적으로 수행하는 교회 목사들과 협력하여 척도를 개발하였다. 이 척도는 개신교 믿음을 가진 이들을 대상으로 개발된 만큼, 다른 종교를 가진 사별한 자들에 대한 적합성은 아직 미지수다. 특히 불교와 힌두교 등 단일신 체계가 아니거나 보다 속세에 중심을 두는 종교를 가진 자들에 대한 척도는 후속적으로 개발될 필요가 있다(Burke & Neimeyer, 2016 : 77).

이 척도는 18개 문항의 5점 리커트 척도로 구성되었는데, 이 중 7문항은 '신과의 불안정성(insecurity)'에 해당되고 11개의 문항은 '종교적 실천의 분절(disrupture)'에 해당된다. '신과의 불안정성' 영역은 상실의 의미가 신에 대한 혼란 및 보호받지 못함으로 해석됨으로써 신에 대한 분노로 표현되는 수준을 진단한다. '종교적 실천의 분절' 영역은 상실이 신앙 공동체와의 우호적 관계(fellowship), 예배 또는 기타 종교적 실천에 방해되는 정도를 진단한다(Burke & Neimeyer, 2016 : 77).

다음은 복합성 영적 비탄 목록의 일부이다(Burke & Neimeyer, 2016 : 80).

왜 신이 나에게 이런 시련을 주었는지 이해가 되지 않는다
나는 다른 신도들과의 관계를 더 이상 유지하지 않는다.
기도, 예배, 성경읽기 등을 더 이상 하지 않는다.
나는 더 이상 신도들과의 관계에서 예전처럼 편안함을 느끼지 못한다
나는 내가 경험한 사별이 불공평하다고 느낀다.
나는 신이 없다고 생각한다.

5. 신체 돌봄을 통한 치유

1) 이완 훈련

이 방법은 생리학적 현상으로 말미암아 사별한 성인과 아동들의 디스트레스가 더 악화된 경우에 활용될 수 있다. 감정적으로 압도됨으로써 자신의 경험을 표현하기 힘들 때 또는 심리적·신체적 고통으로부터 벗어나고자 할 때 도움이 될 수 있다. 1970년대 초반 미국 하버드 의대 심장전문의인 Herbert Benson은 스트레스에 기인한 질병과 증상들이 초월명상(Transcendental Meditation, TM)으로 인해 감소 또는 치료된다는 것을 증명했다. 즉, 심장 박동, 혈압, 호흡 속도를 감소시키거나 근육 긴장을 이완시킴으로써 스트레스로 인한 해로운 영향을 완화시킬 수 있는 능력을 증가시킬 수 있다는 것이다. 최소 8주간 매일 20~25분 동안의 훈련은 긍정적인 유전자 활동은 물론 평온함, 또렷한 정신 집중, 문제해결능력 향상, 감정통제능력 회복 등의 효과가 증명되었다(Stang, 2016 : 135).

Heather Stang(2016)은 4R, 즉 이완(Relax), 반복(Repeat), 회귀(Return), 기억(Remember)를 제안하는데, 약 8~10분의 시간이 걸린다. 마지막으로 스트레칭하고 눈을 뜬 후 몇 분간의 침묵을 가진다. 4R의 내용을 소개하면 다음과 같다(Stang, 2016 : 136-137).

(1) 이완

먼저 편안하게 앉거나 누을 수 있는 자리에 푹신한 담요를 깐다. 눈을 감거나 앞의 한 곳을 바라보면서 숨을 내쉬었다가 3~5분 동안 숨을 들이쉰다. 다시 평상시 호흡으로 돌아온다. 이때 긴장을 풀면서 뼈와 관절 근육 안에 있는 것을 내보낸다고 상상한다. 다음으로 발, 종아리, 허벅지, 엉덩이, 배, 가슴, 허리, 어깨, 팔, 손, 목, 얼굴 순서로 부드럽게 한다.

(2) 반복

본인이 평온하거나 이완하는 데 도움이 되는 단어나 짧은 어구를 선택한다. 종교수행 또는 영적 수행에서 사용하는 어구(가령, 요가의 '옴') 또는 숫자나 색깔도 가능하다. 숨을 내쉴 때마다 그 표현을 반복한다.

(3) 회귀

정신집중이 풀리고 산만해지면 다시 처음으로 돌아간다. 대개 12~15분 후에 단어를 잊어버리고 본래의 호흡에 집중한다.

(4) 기억

건강하고 이완되고 스트레스 없는 상황을 상상한다. 과거의 한 순간 또는 미래에 기대하는 한 장면 모두 가능하다. 비탄으로 고통스러우면 그 부분이 치유된 모습을 상상해도 된다. 해변 또는 파랑 같은 안정된 색상을 상상해도 좋다. 단어와 이 평온한 장면을 교대로 기억할 수 있다.

2) 지 압

중국 전통 침술에서 유래한 지압(Meridian Tapping)은 비탄으로 인한 심리신체 증상과 정서적 고통을 완화시키는 데 도움이 될 수 있다. 감정의 공시(disclosure)

가 요구되지 않고 모든 연령집단에게 적합하며, 특히 사회문화적으로 감정, 정신 사회, 영적 고통을 표출하는 데 어려움을 겪는 이들에게 적합하다. 반면 복합성 비탄을 겪는 이들에게는 반드시 다른 포괄적 개입과 동반하여 활용되어야 한다(Chan & Fong, 2016 : 139).

중국 전통에서는 맥(meridian), 즉 신체 내부에서 기 또는 에너지가 흐르게 하는 역동적 시스템이 있는데, 14가지 주요 에너지 채널을 통해 내부 기관과 외부 환경을 연결시킨다고 한다. 맥 이론에 따르면 비탄이 신체 내의 에너지 흐름을 방해하고, 기 흐름의 평형 파괴(disequilibrium)는 다시 정서적 · 행동적 · 신체적 증상을 악화시킨다. 지압을 통하여 기가 제대로 흐르게 하고 회복할 수 있는데, 특히 슬픔과 비탄을 지배하는 가슴(폐) 부위의 맥을 두드리는 게 효과적이다(Chan & Fong, 2016 : 139).

먼저 자세는 어깨 넓이로 무릎을 위아래로 약간 굽히면서 지압을 진행한다. 양 손바닥으로 숫자 1에서 9를 세면서 지압한다. 워밍업으로 양 손바닥을 모아서 비비고 한 손바닥으로 다른 손등을 비빈 후, 손가락을 20번 겹치면서 예열한다. 본격적으로 지압에 들어가는데, ① 윗머리 양쪽, ② 양 볼, ③ 양 어깨, ④ 가슴, ⑤ 양팔, ⑥ 윗배, ⑦ 아랫배, ⑧ 허리, ⑨ 양 다리 바깥쪽, ⑩ 양 다리 안쪽, ⑪ 양 무릎 앞뒤, ⑫ 아랫배 마사지(시계 반대 방향으로 하다가 시계 방향으로), ⑬ 이 과정을 총 3회 반복한다(Chan & Fong, 2016 : 140-142).

3) 요 가

이 방법은 심리신체 증상이 있는 성인, 가령 근육통, 불면증, 피로, 초조함, 관계단절감이 있으나 해리성 장애(dissociative disorder)는 동반되지 않는 비탄을 경험하는 성인들에게 도움이 될 수 있다. 그러나 복합성 비탄 또는 트라우마성 사별을 경험한 성인들에게는 반드시 다른 개입에 대한 보조수단으로 사용되어야 한다(Stang, 2016 : 144).

요가는 고대 인도에서 유래하는 철학인데, 정신(mind), 신체, 영성을 하나로 묶어 고통을 감소하고 깨달음을 얻고자 하는 데 그 목적이 있다. 여러 가지 중 아사나(Asana) 수행은 호흡을 다스리면서 엎드린 자세, 앉은 자세, 선 자세를 연결하여 취하는 것이다. 요가는 공포, 불안, 슬픔, 불면을 감소시키는 것으로 알려졌다. 그러나 외상후 스트레스장애(PTSD)나 다른 정신건강 진단을 받은 성인과 심장병, 고혈압 또는 저혈압, 녹내장, 척추질환, 두뇌질환 등의 신체건강 진단을 받는 성인은 반드시 요가를 시작하기 전에 정신건강전문가와 상의를 해야 한다(Stang, 2016b : 144).

요가는 개별 혹은 집단으로 시행할 수 있는데, 지지적 집단 상담과 더불어 수행될 때 그 효과는 증폭된다. 첫 집단 세션에서는 참여자들이 서로 상실 경험을 공유하고 개인적 안전감과 경계선을 이야기하되, 서로 간섭하지 않고 언제나 제1원칙인 '아힘사(ahimsa)', 즉 자신과 타인에 대한 비폭력을 수행하도록 안내한다. 8주간의 세션의 순서를 소개하면 다음과 같다(Stang, 2016a : 146).

① 시작(5분간의 호흡 명상 등)

② 공유(10분간 그 전주에 있었던 각종 승리, 함정, 걱정의 공유)

③ 사바사나(savasana)(15분간 누워서 호흡 명상)

④ 요가(55분)

⑤ 명상(20분)

⑥ 일기쓰기(20분간의 의식의 흐름 기록을 통하여 경험을 외재화하고 새로운 해석을 가능하게 할 수 있음)

⑦ 종결(20분간의 요가나 일기쓰기 과정 중 경험한 중요 순간의 공유)

6. 자기주도적 대처 전략을 통한 치유

1) 자기주도적 대처 전략

이 방법은 스스로 자신의 레질리언스를 동원하여 대처 전략을 새로 구성하는

데 활용될 수 있는데, 6학년 이상의 독해 능력이 있는 성인에게만 한정된다. 마이켄바움과 마이어즈(Donald Meichenbaum & Julie Myers, 2016)는 5개 영역의 총 55개 전략을 제시하는데, 내담자가 그동안 활용하였던 전략에 대해 상담가와 1대 1 또는 집단으로 논의하고, 전략이 효과적이지 못하게 하는 방해물을 내담자 스스로 찾아내고 새로운 전략을 스스로 구사하도록 제안한다.

첫째 영역은 '타인으로부터 위안과 도움 구하기' 영역으로, 총 17개 전략이 제시된다. 가령, 남들에게 도움을 구하지 못하게 하는 생각에 대해 고찰해 보거나 억지로 타인을 만나거나 남들에게 내가 얼마나 그들을 사랑하는지 말하거나 동물과 자연과 교감하거나 적극적으로 타인(전문가, 종교집단, 책 등)으로부터 도움을 구하는 전략이 이에 해당된다.

둘째 영역은 '내 자신을 신체적으로 정서적으로 돌보기' 영역으로, 총 13개 전략이 제시된다. 가령, 일상의 관행을 지키거나 운동, 요가, 태극권, 창작활동 등을 실천하거나, 알코올, 담배, 약물, 카페인 등에 의존하는 것을 피하거나, 적극적 감정을 갖도록 내 자신에게 허용하거나 감사를 표현하거나 내 자신에게 편안하고 위로가 되는 물리적 상상적 공간을 허용하는 전략이 이에 해당된다.

셋째 영역은 '사망한 자와 연결되어 있으면서 상실의 현실을 인정하는 동시에 새로운 관계를 설정하기' 영역으로, 총 10개 전략이 제시된다. 가령, 묘지 방문 또는 기념일 행사 또는 기도 또는 공공 추모식에 참석하거나, 사망한 자에 대하여 언어, 그림, 사물 등으로 기념하거나, 사망한 자의 이름으로 나무심기, 장학금 수여, 기부금 증정하거나, 사망한 자와 치유적 대화를 시도하거나, 슬픔이 자연스러운 것임을 인정하고 비탄과 함께 살아가는 방법을 배우거나, 사별을 경험한 타인들을 적극적으로 도와주는 전략이 이에 해단된다.

넷째 영역은 '보호망을 마련하고 자기 강화(self-empowerment) 훈련하기' 영역으로, 총 9개 전략이 제시된다. 가령, 나의 공포, 기피, 다시는 행복해져서는 안 된다는 생각을 하게 하는 요인을 고찰하거나 나를 힘들게 하는 기억, 사람, 장소들로부터 경계선을 긋거나, 내가 '희생자(victim)'가 아니라 '생존자(survivor)'임을 인식하고 나의 강점과 한계 극복 경험을 떠올리거나, 나의 대처 전략을 써서 냉장고, 휴대폰, 컴퓨터에 붙이거나, 감정적 고통도 사망한 사람과 연결되어 있을 수 있는 방법이라는 것을 깨닫거나, 부정적 기억이 떠오를 때면 현재에 집중하고 스스로를 안정시키고 호흡을 늦추고 타인에게 더 관심을 기울이는 등의 전략이 이에 해당된다.

'미래에 대한 밝은 조망과 더 강해진 자아로 나아가기'는 마지막 영역으로, 총 6개 전략이 제시된다. 가령, 내가 나아지는 것이 사망한 자를 배신한다고 생각하게 하는 것에 대해 고찰하거나, 미래에 대한 희망감을 되찾거나, 나의 정체성에 대해 자신감을 갖거나, 타인에게 사망한 사람에 대한 기억을 고취시키고 나의 비탄과 감정적 고통을 의미 구축으로 승화시키거나, 종교적 또는 영적 신념을 바탕으로 나를 위로하는 전략이 이에 해당된다(Meichenbaum & Meyers, 2016 : 120-123).

7. 복합성 비탄 집단 상담

복합성 비탄의 위험요인은 사별의 유발 요인, 죽음의 유형, 사별한 자의 사회인구학적 특성, 성격(personality), 관계적 속성, 상실의 맥락으로 구분될 수 있다(Piper, Ogrodniczuk, Joyce & Weideman, 2011 : 65-106).[4] 이 중 재난사별가족과 지역

4) 죽음의 유발요인으로서 갑작스럽고 예기치 않은 죽음, 트라우마, 특히 예방 가능하고 무차별적인 죽음, 다수의 죽음, 그리고 돌봄제공자의 긴장과 부담이 컸던 만성질환 후의 죽음, 사회적 스티그마가 동반되는 AIDS 후의 죽음은 사별한 자의 복합성 비탄 위험요인이 된다. 죽음의 유형 중 폭력과 범죄의 피해, 제3자 범인에 의한 피해로 인한 비자연적인 죽음, 사고에 의한 죽음, 살인, 자살은 복합성 비탄 위험요인이 된다. 사별한 자의 연령이 어릴수록 잦은 빈도의 비탄을 연령이 높을수록 신체적 · 감정적 문제를 겪을 가능성이 높다. 남성이 사별을 경험할수록 전반적인 문제를, 여성이 사별을 경험할 경우 감정적 · 사회적 · 재정적 문제로 인한 비탄을 겪을 가능성이 있다. 개인적 감정 장애는 비탄의 위험요인이 될 수 있다. 반면 어린 시절의 사별 경험과 종교의 위험요인의 가능성에 대해서는 이견이 있다. 인성의 요인 중 심리조절 수준이 불안정적일수록, 애착 유형 중 불안과 모호한 애착 유형일수록, 대처 양식이 문제중심이 아니라 감정중심일수록 비탄의 위험요인이 될 수 있다. 관계적 속성 중 지지집단의 유무가 입증된 위험요인이 될 수 있고 사망한 자와의 관계에 대해서는 이견이 있다. 상실의 맥락 중 사별 이전의 위기가 있을 때 그리고 사별과 동시적 또는 이후의 위기가 있을 때 위험요인이 될 수 있다(Piper, Ogrodniczuk, Joyce & Weideman, 2011 : 65-106).

사회의 복합성 비탄 위험요인으로 가장 큰 것은 재난사별 그 자체이다. 그러나 이외의 다양한 위험요인에 대해 중재될 수 있음을 고려해야 한다.

1) 지지중심 집단 단기 상담

미국에서는 다양한 비탄지지 집단이 활동하고 있는데 대표적으로 'THEOS (They Help Each Other Out Spiritually)', '살해 피해아동의 부모와 살인 피해자의 유족(survivors)', 'MADD(Mothers Against Drunk Driving)', '배려하는 친구들(Compassionate Friends, 아동을 사별한 성인 모임)', '무지개(비탄을 경험하는 아동 모임)', '비탄공유(Griefshare, 사별한 자들의 모임)'을 들 수 있다(Piper, Ogrodniczuk, Joyce & Weideman, 2011 : 7).

지지중심 집단 단기 상담의 목표는 첫째, 내담자가 그들의 상황에 대하여 단시간에 적응할 수 있도록 하고 문제 해결 능력을 향상시키는 것이다. 둘째, 내담자들 간에 공통된 경험을 교감하고 각자의 노력에 대해 서로 칭찬을 통한 강화(reinforcement)를 제공하는 것이다. 셋째, 따라서 상담자는 ① 내담자들에게 (집단상담 참여에 대하여) 감사함을 표시하고, ② 비해석적 개입을 제공하고, ③ 질문과 대화에 대한 가이드라인을 제공하고, ④ 문제 해결 전략에 대해 개입하고, ⑤ 내담자들이 스스로의 문제에 대한 책임감을 외재화하도록 개입하고, ⑥ 내담자들을 칭찬하고, ⑦ 필요할 경우 정보와 의견과 가치를 표현할 수 있다(Piper, Ogrodniczuk, Joyce & Weideman, 2011 : 221-227).

2) 해석중심 집단 단기 상담

해석중심 집단 단기 상담의 목표는 첫째, 내담자들이 자신의 반복적인 관계 갈등과 트라우마 상황에 대한 통찰력(insight)을 높임으로써 상담이 종료되더라도 통제력과 이해력이 지속될 수 있는 개입을 제공하는 동시에 내담자가 상담에 참여하게 된 문제를 즉시 완화하도록 개입하는 것이다. 둘째, 집단 내에 구성원들이 수용 가능한 만큼의 긴장감과 허식 벗기 분위기를 만들어, '지금 여기(here-and-now)'에서의 경험을 바로 활용하고 각자의 갈등 상황을 고찰할 수 있도록 하는 것이다. 이러한 분위기는 상담가와 내담자의 관계, 그리고 내담자들 간의 관계에 달려 있다. 따라서 상담가는 무의식적 과정에 집중할 필요가 있다. 셋째, 따라서 상담자는 ① 내담자들이 말하도록 유도하고, ② 불편한 감정을 탐색하도록 격려하고, ③ 갈등에 대해 해석을 제공하고, ④ 내담자의 상담가에 대한 주관적 인상에 주의를 기울이고, ⑤ 내담자와 상담자의 관계와 내담자들 간의 관계를 서로 연결시키고 덧붙여 내담자들이 각자의 인생에서의 타인들과의 관계를 연결시키고, ⑥ '지금-여기' 상담상황 안에 있는 내담자와 상담자에 집중하고, ⑦ 내담자들의 상담 밖 상황에 등장하는 타인에 대한 내담자들의 주관적 인상에 주의를 기울이는 기술이 필요하다(Piper, Ogrodniczuk, Joyce & Weideman, 2011 : 203-219).

한편 지지중심 집단 단기상담과 해석중심 집단 단기상담 모두 각 구성원들은 상담가에게 다섯 가지 역할을 요구한다. 먼저 교사의 역할인데, 집단 구성원이 죽음에 대한 이해와 정보를 요구할 때를 의미한다. 상담가는 학술적 정보와 대처 전략을 제공할 수 있다. 이는 구성원의 불편한 감정적 동요에 대한 방어기제에 대한 응답이 될 수 있다. 둘째, 전문적 위로가(nurturer)의 역할은 구성원 중 한 명이 다른 한 명에게 지나치게 성급하게 대응할 때인데, 상담가는 관계를 유화시키고 배려하고 용인하는 분위기를 만들 수 있다. 셋째, 죽은 이의 넋(apparition)의 역할은 구성원 중 상담 세션에 불규칙적으로 참석하거나 출석하더라도 참여하지 않는 경우를 말한다. 이는 내담자가 고통스러운 상실 경험 완화를 목적으로 한 상담이라 할지라도 이에 대한 양가감정이 있음을 보여주는 것이고, 따라서 상담가가 보다 관심을 기울이기를 요구할 수 있다. 넷째, 수도자(monk)의 역할은 집단 구성원이 소위 "침묵 서약(vow of silence)"을 수행하면서 관심을 남에게 돌리기를 원하는 것이다. 이는 역설적으로 상담가의 관심을 더욱더 요구하는 것을 의미할 수 있다. 상담가는 헌신적으로 더 관심을 기울일 수 있는데, 이에 대하여 집단은 감사하게 생각할 수도 있으나 짜증을 낼 수도 있다. 다섯째, 희생양(scapecoat)

의 역할은 집단 구성원 중 한 명이 타인에 대해 불만을 표명하거나 집단 전체가 상담가를 공격하도록 유도함으로써 불승인 또는 비난을 이끌어 낼 때 상담가가 취해야 할 역할이다. 즉, 내담자들이 상실에 대하여 갖는 분노와 공격성을 표출하도록 상담가가 촉진자 역할을 하기를 바랄 때이다(Piper, Ogrodniczuk, Joyce & Weideman, 2011 : 194-195).

8. 내러티브 실천을 통한 치유[5)]

"악에 대한 기억이 악을 막는 방패가 될 수 있다. 그러나 기억은 희망과 연대하지 않으면 안 된다"(Elie Wiesel, 1956, 김 영, 2016 : 21 재인용)라는 문구는 재난사별로 인해 비탄과 고통을 겪는 가족과 지역사회에 대해 내러티브 실천이 갖는 치유의 효과를 함축하고 있다. 2015년 세월호 참사로 사별을 경험한 이들은 제대로 슬픔을 통과하지 못한 채 "몸과 마음을 내려놓고 마음껏 슬퍼하고 눈물 흘리지"(이성아, 2016 : 142) 못한, "추모할 수 없는 슬픔"(이성아, 2016 : 138)을 겪고 있다. 이와 더불어, 2011년부터 본격적으로 신고된 가습기 살균제 참사 사망자와 사별을 경험한 가족과 지역사회는 "사회적 고통(social suffering)"(이현정, 2017)을 겪고 있다. 여타의 사별의 경험과는 달리, 이들은 사회적 재난으로 인한 독특한 슬픔, 비탄, 고통을 겪고 있다.

이현정(2017 : 121-122)에 의하면 사회적 고통은 고통이 갖는 사회적 측면을 강조하는 개념이다. 첫째, 고통의 존재론적 특성에도 불구하고 가족과 지역사회는 자신의 사회적 위치에 따라 고통에 대하여 감각과 경험을 달리한다. 둘째, 고통

5) '내러티브 실천(narrative practice)'은 대개 '이야기치료(narrative therapy)'라는 용어로 사용되었다. 이는 초창기 대표적인 연구자이자 상담가인 마이클 화이트(Michael White)가 1980년대 중반부터 '이야기치료'의 용어를 사용한 데 유래한다. 그러나 화이트와 함께 대표적인 연구자 중 하나인 David Epston이 1990년대 말부터 '치료' 대신 '실천'이라는 용어를 사용하였다. 화이트 역시 2000년대 초부터 '실천'이라는 용어를 사용하였다. 화이트와 엡스턴의 견해가, 내담자를 전문가로 인정하고 기존의 전문가를 탈중심화하는 포스트모더니즘에 근거한다는 점에서, '실천'이라는 용어가 더 적절하다고 보인다. 이 장에서는 '스토리텔링'과 구분하기 위해 '내러티브'라는 용어를 사용한다.

이 사회 속에서 정치적, 문화적, 도덕적으로 해석됨에 따라, 가족과 지역사회는 사회의 지배 담론(dominant discourse)에 의해 자신의 고통을 해석한다. 그 과정에서 고통을 자신의 일부로 일체화하면서 고통과 슬픔이 더 가중될 수 있다. 셋째, 특히 전문가 중심주의에 의해 고통은 관리나 개입의 대상으로 선별되고 정의됨에 따라 가족과 지역사회는 고통의 해석 과정에서 배제되고 소외된다.

이 절에서는 전문가 중심주의에 근거한 접근인 정신건강전문가에 의한 상담 및 치료가 갖는 한계, 즉 정치적, 사회적, 관료적, 기술적 지배담론에 의한 재난사별가족과 지역사회의 배제와 소외에 주목하고, 스스로 자신의 고통을 맥락 속에서 재해석하고 자신의 정체성을 세우는 데 주목하는 내러티브 실천을 소개한다.

내러티브 실천은 내러티브(narrative)를 통하여 인간이 자신의 경험을 해석하는 존재(White, 1995, 고미영, 2016 : 13 재인용)라는 전제에서 출발한다. 인간은 내러티브를 통하여 자신의 인생에 무대와 배경을 설정하고 그 안에서 벌어지는 경험들에 의미를 순서대로 부여한다. 이때 사회적, 정치적, 문화적, 젠더적 지배담론에 의하여 문제(problem)시되는 자신의 경험을 새로운 관점으로 재해석함으로써, 고통과 슬픔으로 느꼈던 경험들을 자신의 정체성의 외부에서 바라볼 수 있게 된다. 자신에게 의미 있는 사람들의 관점을 통합하여 자신의 경험에 대해 총체적으로 의미를 부여하고, 자신이 선호하는 내러티브를 통하여 치유, 즉 새로운 정체성을 형성하게 된다는 것이다. 이때 상담가는 지배담론에 의하여 내담자가 자신의 문제를 일방적 수동적으로 해석해 왔던 과정을 고찰하고 재해석할 수 있도록 질문을 던지는 것을 주 역할로 하고 내담자 스스로 자신의 삶을 해석하는 데 주요 전문가 역할을 할 수 있도록 안내한다는 점에서 다른 접근과 다르다.

1) 내러티브의 개념

Emile Bruner에 하면 내러티브는 스토리(story), 담론(discourse), 말하기(telling)로 구성된다(고미영, 2016:320). 스토리는 “연속된 사건의 개요로서 체계적으로 연결되어 있고 통합된 구조를 갖추고" 있고, "안정적으로 잘 조직"되었다(고미영, 2016 : 321). 담론은 "스토리가 구체적으로 나타나는 본문"으로, "소설, 전설, 강의, 영화, 대화 등의 특정한 매체 안에 담겨 있는 본문"이다(고미영, 2016 : 320). "일상생활에서 구체화되어 발표된 실적물"로서의 담론과 "어떤 사람의 머릿속에 추상적으로 정리되어 있는 형태"로서의 스토리의 관계는, Bruner에 의하면 마치 악보와 연주된 곡의 관계에 가깝다고 한다. 동일한 악보라 할지라도 연주자가 누구냐와 어떤 무대에서 연주되느냐에 따라 곡이 다른 것처럼, 스토리가 완결된 구조라 할지라도 화자와 해석자에 따라 담론은 다르게 구체화될 수 있다. 한편 말하기는 행동 또는 연주에 해당된다. 담론 이전에 스토리가 존재할 수 있으나 완전히 독립될 수 없으며 담론으로부터 스토리를 요약하고 추상화하여 다시 미래의 담론을 위한 하나의 모델이 될 수 있다(고미영, 2016 : 321).

치유는 지배담론 안에 담기지 못한 의미나 경험들을 새로운 담론으로 만들어 가는 데서 나타난다. 지배담론 안에 갇혀 가려졌던 감정, 생각, 경험들을 정확하고 충분히 서술하고 확인하여 새롭게 해석하고 정당화하는 과정인 것이다. 화이트에 의하면 치유는 "경험을 이해 가능한 어떤 것으로 만들어 낼 수 있는 다양한 관점이 존재하는 공간을 열어가는 것"(고미영, 2016 : 330)이다. 따라서 내담자가 스스로 스토리, 담론, 말하기를 총체적으로 그리고 반복적으로 연결하고 구성하고 해체하여 다시 구성하는 과정이 곧 내러티브 실천의 핵심이라 하겠다.

2) 내러티브 실천의 단계

내러티브 실천은 내담자와 상담가가 함께 네 단계를 밟는다. 먼저 문제의 특성과 명명하기 단계이다. 상담가는 내담자에게 자신의 경험을 최대한 풍부하게 진술하도록 도우면서 진술과정에서 내담자가 문제로 여기는 사항을 외현화하여 그 특성에 대하여 이름을 붙이도록 돕는다. 둘째 단계는 문제 활동의 영향력 살펴보기 단계이다. 문제로 인하여 내담자가 생활하는 데 어려움을 겪고 있는 과정을 내담자 스스로 파헤쳐 나가도록 상담가는 다양한 질문을 내담자에게 던진다. 셋째, 문제 활동에 대한 영향력 평가하기 단계이다. 내담자가 더 이상 문제로 인한 일방적 영향력 아래 있는 것이 아니라, 반대로 문제에 대한 주도성을 가질 수 있음을 깨닫도록 상담가는 질문과 경청을 반복한다. 특히 상담가는 내담자의 진술과정에서, 이미 내담자가 문제를 통제하고 있음을 암시하는 몇 가지 순간들(sparkling moments)과 결과(unexpected outcomes)들을 내담자가 발견하도록 돕는다. 넷째, 평가에 대한 정당화 단계이다. 내담자가 앞으로 구체화하고 싶은 내러티브 또는 정체성 구성을 위하여 내담자가 스스로 계획하고 실제 행동에 옮기도록 상담가는 내담자의 중요한 타자들과 협력하여 내담자를 지지하고 안내한다(White & Morgan, 2010).

3) 내러티브 실천의 주요 개념

(1) 외현화 대화

상담가는 내담자와 문제를 외현화시킬 수 있는 대화(externalizing conversation)를 시도하여 내담자가 자신과 문제를 분리하여 말하도록 한다. 내면화되어 있던 문제, 가령 감정, 사람들과의 관계, 문화와 사회적 관습들을 외부로 표출시키고 이에 대하여 더 넓은 맥락에서 충분히 고찰하도록 한다. 죄책감, 두려움, 질투 등의 감정과 싸움, 책망, 갈등, 말다툼 등의 관계적 어려움, 어머니 질책(mother-blaming), 부모 질책(parent-blaming), 여성 질책(women-blaming), 경제적 합리주의, 차별주의 등의 문화와 사회적 관습 등을 내담자와 분리시키는 것이다. 또한 문제가 내담자를 통제하는 힘이 크지 않은 순간을 알아채고 문제에 대항할 수 있는 잠재력을 발견한다. 이를 통하여 앞으로 내담자가 선호하는 내러티브를 구성할 수 있는 공간을 마련한다(Morgan, 2003; Russell & Carey, 2010; White, 2010).

(2) 재진술

상담가는 내담자가 사건을 진술하면서 순서를 부여하면서 조직화하도록 함께 구체적인 내용을 최대한 이끌어 내도록 한다. 시간의 흐름에 따라 다양한 사건들을 배치하면서 내담자가 주의 깊게 여기지 않았던 구체적인 사실들을 최대한 풍부히 진술하도록 한다. 이 과정에서 상담자는 내담자가 주로 진술하는 문제와 상반되는 예외적인 사건들을 파악하고 이에 대한 호기심을 최대한 가져야 한다. 내담자가 선호하는 미래의 정체성의 가능성을 열어주는, "섬광처럼 번쩍이는 순간"들을 찾아내는 것이 상담자의 중요한 역할인 것이다(Russell & Carey, 2010 : 43).

상담가는 내담자가 재진술하는 과정에서 행위 관점의 질문과 정체성 관점의 질문을 할 수 있다. 행위 관점의 질문은, 가령 내담자가 재진술하는 과정에서 문제적 경험과는 상반되는 순간과 사건들이 등장할 때, 상담가는 그 순간에 대하여 내담자가 어디에 있었는지, 내담자 이외에 누가 그 순간에 있었는지 등 내러티브 속에 등장하는 내담자의 행위에 대하여 구체적인 재진술하도록 돕는 질문을 말한다. 정체성 관점의 질문은 내담자의 내러티브에 대해, 내담자가 새롭게 의미를 부여하고 통찰할 수 있도록 돕는 질문을 말한다. 특히 내담자가 그를 둘러싼 사람들과 사건에 대하여 다양한 관점에서 통합적으로 해석할 수 있도록 한다. 이 과정을 통하여 상담가는 내담자와 함께 내담자가 선호하는 미래의 정체성을 구성하게 된다(Russell & Carey, 2010; White, 2010).

(3) 회원 재구성

내담자가 자신의 삶이 여러 관계로 이루어져 있고 이러한 관계 중 자신의 정체성에 중요한 영향을 미치는 회원 또는 자신의 삶의 주요 등장인물들을 통찰할 수 있도록 상담가는 다양한 대화를 시도한다. 회원 재구성 대화(re-membering conversation)이 바로 이에 해당한다. 내담자의 현재와 미래의 인생에 대해 의도적으로 회상하는데, 이 중 내담자에게 긍정적 영향을 미치는 등장인물을 선별할 수 있다. 내담자가 자신의 삶을 "회원을 가진 클럽"(White, 1997, Russell & Carey, 2010 : 82 재인용)으로 간주하고 자신의 인생 클럽에 자격 있는 회원들을 선별하는 결정을 내리는 것이다. 직접 등장하는 인물이 아니더라도, 가령 내담자에게 긍정적인 영향을 미친 책의 저자가 될 수도 있고 영화나 만화의 등장인물일 수도 있고 과거의 인형이나 애완동물이 될 수도 있다(White, 2015 : 165).[6)]

(4) 외부증인

상담가는 내담자의 내러티브 속에 등장하는 인물 중, 내담자가 선호하는 이야기를 진술하는 과정을 지켜보면서 내담자가 통합적으로 선호하는 이야기를 구축할 수 있도록 경청하고 인정할 수 있는 이들을 상담과정에 초대한다. 내담자가 속한 공동체나 전문적인 상담자 팀이 될 수도 있고, 내담자의 동의하에 내담자와 비슷한 문제를 이전에 상담했던 이들 중 참여에 동의한 사람들을 초대할 수 있다. 이들은 반영팀으로 불리기도 하는데, 외부 증인이 많을수록 팀 내에서 내담자의 내러티브에 대한 자신들의 생각을 나누며 반영하는 데 도움이 된다. 내담자는 외부증인이 자신의 내러티브에 대해 논의하는 것을 경청할 수 있다(Russell & Carey, 2010; White, 2010).

(5) 인정의식

내담자는 내담자가 선호하는 내러티브와 정체성에 대하여 내담자와 외부증인들이 함께 풍부하게 발전시키는 장을 마련할 수 있다. 인정의식(definitional ceremony)이 바로 이를 일컫는다. 내담자가 자신이 선별한 외부증인 앞에서 자신의 삶을 이야기하고 외부증인은 내담자의 이야기를 경청한 후 특정 형식에 맞추

6) '회원 재구성' 개념은 뒤에 나오는 '인정의식(definitional ceremony)' 개념과 더불어, '바바라 마이어호프(Barbara Meyerhoff)'가 1982년 발표한, 유대인의 전동적인 의식을 관찰한 연구에서 사용되었다(Russell & Carey, 2010 : 82, 118-119).

어 재진술하게 된다. 이때 외부증인들은 내담자의 내러티브에서 독특한 결과에 대하여 호기심과 관심을 표시한다. 외부청중은 내담자가 자신의 경험을 해체하고 선호하는 정체성을 구성하는 데 도움이 되도록 질문을 하기도 하고 자신의 개인적인 경험을 이야기할 수 있다. 한편 외부청중은 내담자의 내러티브를 경청하면서 영향받은 것과 공명(resonance)을 인정할 수 있다. 상담가는 외부청중들에게 다음의 네 가지 질문을 통하여 그들의 인정의식 참여를 더욱 값지게 할 수 있다 : ① 내담자와 상담가의 대화를 구체적으로 확인하기, ② 내담자의 내러티브에서 발견되는 내담자의 가치, 믿음 확인하기, ③ 공명 파악하기(외부청중의 심금을 울리거나 관심을 끌었던 표현들에 대하여 질문하고 그렇게 된 외부청중의 구체적 경험에 대하여 묻기),[7] ④ 내담자의 내러티브가 구체적으로 실현되는 것이 외부청중에게 갖는 의미와 영향에 대하여 묻기.

4) 사별가족과 지역사회의 내러티브 실천을 통한 치유의 사례

(1) 사별가족과 내러티브 실천

고미영(2016 : 133)에 의하면 회원 재구성 대화(re-membering conversation)는 사별가족의 상실감에 압도된 경우, 특히 자녀를 잃은 부모와 갑작스러운 죽음으로 가족과 친구를 상실한 성인들에게 도움이 될 수 있다. 화이트는 "새로운 안녕"이

---

7) 트라우마에 대한 내담자의 내러티브에 대하여 상담자와 외부청중의 공명반응은 ① 내담자에게 무엇에 가치를 부여할지 질문하고 반응하기, ② 의식의 흐름대로 진술하는 내담자에게 현재의 긍정적 이미지가 공명하는 기억에 어떻게 접촉할지 명료화하는 질문과 반응하기, ③ 파편적 여러 사건들을 내담자의 삶의 주제와 의도상태의 축으로 연결시킬 수 있는 질문과 반응하기, ④ 내담자가 주체적으로 새롭게 자신의 세상을 발달시킬 수 있는 질문과 반응하기, ⑤ 외부청중들에게 내담자의 진술에 대한 공명반응 질문하기, ⑥ 외부청중의 재진술과 피드백이 내담자에게 미친 영향에 대해 질문하고 반응하기(이를 통하여 내담자는 미래 변화에 대한 기대, 과거 사건에 대한 의미 부여의 희망, 동일한 경험을 가진 타인의 삶에 공헌하고 싶은 욕구와 상상, 세상의 부담함을 바로잡는 데 기여하고 싶다는 열정을 갖게 된다), ⑦ 내담자가 자신의 외상경험의 맥락에서 인정되지 못한 부분을 의식의 흐름, 즉 스스로의 감각을 되살리고 활성화하여 외상경험을 총체적으로 재구성하도록 질문하고 반응하기이다(White, 2011 : 201–214).

라는 비유를 사용하여 이들이 깊은 슬픔과 상실로부터 회복되는 데 도움이 되는 사례에 대해 언급한다(White, 1988, 고미영, 2016 : 133 재인용).[8)]

이전에 일반적인 애도 상담은 주로 내담자들이 사망한 자를 잊어버리도록 돕는 방식이었는데, 화이트는 이와는 정반대로 오히려 사망한 자를 기억해 내고 그와의 관계를 강화시키는 상담을 진행하였다. 상담자는 내담자로 하여금 사망한 자와 과거에 가졌던 관계의 의미와 그로 인한 선물 또는 유산을 그의 삶에 위치시키도록 하였다. 이를 통하여 상담자는 사망한 자를 잊으려고 애쓸 필요가 없고 오히려 사망 현실을 수용함과 동시에 그로 인하여 새로운 힘과 활력을 가질 수 있었다는 것이다(고미영, 2016 : 133-134).

가령, 상담자는 다음의 회원 재구성 대화와 질문을 통해 내담자로 하여금 사망한 자의 관점과 내담자의 관점을 통합하여 내담자가 자신의 정체성과 가치를 발견할 뿐만 아니라 미래의 삶에 대한 에너지와 기술들을 얻는 데 도움을 줄 수 있다. 먼저 내담자는 내담자로 하여금 사망한 자의 관점에 대하여 탐색할 수 있도록, 내담자가 사망한 자와 함께했던 기억을 떠올릴 때 그 순간 사망한 자가 내담자에 대해 어떻게 느꼈을지 기억을 떠올리게 한다. 또는 사망한 자가 내담자에 대하여 무엇을 가장 소중하게 여겼을지 질문한다. 또는 사망한 자가 내담자의 가치, 정체성에 대한 관점을 알게 된 것이 내담자에게 어떤 의미가 있는지 질문한다. 한편 상담자는 내담자가 사망한 자의 인생에서 어떤 기여를 하였는지를 질문하거나 사망한 자가 내담자에 대하여 갖는 의미에 대한 확인 질문을 한다.

David Denborough는 갑작스러운 남편의 죽음으로 비탄의 고통에 있는 여성에게 이메일을 통하여 상담을 하면서 치유상담을 수행하였는데, 이때 그가 한 주요 질문은 같다 : ① 위안과 관련된 물리적 장소들, ② 추억들, ③ 내담자만의

---

8) '새로운 안녕'의 개념 역시 마이어호프가 그의 연구에서, "비탄에서의 회복은 잃어버린 것을 복원하고 현실과 통합하여 유지할 수 있다는 것을 추가해야 한다. 완전한 복원과 유지는 기억을 포기하는 것만큼 회복과 행복에 중요할 수 있다"고 언급한 데서 유래한다(Denborough, 2017 : 225-231).

역사, ④ 그리움과 애통함, ⑤ 영성, ⑥ 문화, ⑦ 표현의 다른 방식들, ⑧ 다르게 보이는 삶, ⑨ 유산, ⑩ 현재 공동체 안에서의 본인의 사망한 자와의 상호적인 공헌, ⑪ 사망한 자가 지금 살아 있다면 내담자와 사망한 자가 서로에 대해 가질 생각, 감정.

이 중 내담자는 추억에 대한 대화를 좋아했는데, 사망한 자와의 추억 내러티브 속에 등장하는 중요하고 특별한 냄새, 소리, 노래, 질감, 맛, 춤을 재해석하였다. 내담자는 비탄을 계기로 직업을 바꾸어 팔레스타인 여성의 재정독립을 후원하는 기구에서 일하는 등 강인함을 되찾았다고 Denbourough는 강조한다.[9] 이는 Denbourough가 언급하는 '과도기', 즉 비탄과 상실이 남은 인생에 큰 영향을 미칠 수 있는 전환점과 연관지어 볼 수 있다. 내담자가 내러티브 실천을 통하여 남은 삶에 대하여 적극적으로 개척할 수 있게 한다는 것이다(Denbourough, 2017 : 261).

Denbourough는 이 밖에 비탄을 겪는 사람에 대한 타인의 기대가 가져오는 혼란에 대하여 질문을 한다. 슬픔의 표현 역시 사회적, 정치적, 문화적, 젠더적 지배담론에 의하여 해석되도록 강요되기 때문이다. 이러한 강요는 비탄을 더욱 악화시킬 수 있다는 것에 주목하여 내담자에게 이에 대하여 고찰할 수 있는 질문을 한다(Denbourough, 2017 : 260-261).

(2) 사별 지역사회와 내러티브 실천

지역사회 사회복지사인 덴버로우(2017)는 호주 포트오거스타 원주민 공동체에서 집단적으로 이루어진 폭력으로 인한 죽음에 대하여 내러티브 실천을 수행하였다. 그는 죽음이 부당하거나 잘못된 것이라 여기는 지역주민들에게 '왜 이런 일이 일어났는가', '무엇이 잘못되었기에 젊은이들이 그렇게 되었는가', '우리는

9) 덴버로우의 질문에 대한 내담자의 응답은 편지 형식을 지니고 있는데, 자세한 내용은 Denbourough (2017 : 244-258)를 참고하길 바란다.

살아 있는 젊은이들을 어떻게 도와주어야 하는가' 등의 질문을 함으로써 지역주민들이 죽은 자들에게 경의를 표하고 살아 있는 모든 이에게 경의를 표할 수 있게 도움을 제공하였다. 또한 지역주민들의 꿈에 등장하는 사망한 자들에 대하여 스스로 새로운 의미를 부여하는 데 도움을 줌으로써 위로를 느끼게 하였다. 그리고 지역주민들의 영적 수행과 믿음에 대해 격려하고 지역주민 속에서 함께 울었다. 특히 지역주민들의 슬픔과 기쁨에 대해 재해석하는 것을 도움으로써 그들의 치유를 도왔다(Denborough, 2017).

재난과 지역사회복지

CHAPTER 06

이원익 · 장지현

1. 재난과 지역사회복지

1) 재난과 지역사회 회복탄력성

재난을 대비하고 재난이 발생했을 때 올바로 대응하고 복구할 수 있도록 법적 제도적 시스템을 마련하는 것은 중앙 정부의 역할이다. 그러나 실제로 재난이 발생했을 때 가장 먼저 위기 상황에 개입하고 재난 이전의 상태로 회복하기까지 노력하는 주체는 지역사회 주민, 자원봉사자, 지역 민간단체, 혹은 지방정부이다. 지역사회는 예방, 대비, 대응, 복구 등 재난의 모든 단계에서 문제 해결의 가장 중요한 주체인 것이다.

자연재난이든 사회재난이든 우리 삶과 관련된 모든 영역에서 재난에 대한 예측 불가능성이 커지고 있기 때문에 평소에 지역사회가 재난과 관련하여 갖추어야 할 준비가 어떤 것인지 명확하지 않다. 지역사회의 재난 준비 정도를 일관된 기준으로 평가하는 일도 쉽지 않다. 그러나 막상 재난이 닥치면 지역사회의 재난에 대한 준비 정도가 드러나고, 재난 상황에 대한 대응과 복구 능력이 여실히 드러난다. 이와 같은 지역사회의 역량을 "지역사회 회복탄력성(community resilience)" 개념으로 설명할 수 있다.

회복탄력성이란 원래 "물체가 외부에서 힘을 받았을 때 튀기는 힘이 있는 성질"을 뜻하는 물리학 용어이다. 최근에는 개인이나 조직이 장애, 고난, 역경의 상황 속에서 이를 극복하고 균형을 찾는 과정 혹은 그것을 가능하게 하는 성질을 뜻하는 사회과학적 용어로 널리 쓰이고 있다.

회복탄력성은 지역사회가 재난에 대응하고 재난 이후 회복하는 과정에 적용되기도 한다. Paton 등(2001)은 회복탄력성을 "재난을 겪은 후 이를 극복하기 위하여 물리적 · 경제적 자원을 효과적으로 사용하여 원래의 상태로 되돌아가는 능력"이라고 정의하였다. Ganor와 Ben-Levy(2003)는 개인과 지역사회 모두가 회복탄력성의 주체가 될 수 있음을 강조하면서, 회복탄력성의 여러 가지 측면을 제시하였다. 그들의 정의에 따르면 회복탄력성은 "지속적으로 장기간 계속되는 스트레스 상황을 대처하는 개인과 지역사회의 역량, 효과적으로 역경에 대처하기 위한 내부의 강점과 자원을 발굴하는 능력, 역경에 대처할 수 있는 유연성과 적응력"이다. 지역사회 전체 체계를 강조한 정의도 있다. 예를 들어, Coles 등(2004)은 "재난으로부터 회복하기 위하여 동원 가능한 지역사회의 역량, 기술, 지식의 총합"이라고 회복탄력성을 정의하였다. 회복탄력성에 대한 지금까지의 정의가 지역사회 혹은 지역주민이 보유한 능력, 역량, 기술 등에 초점을 맞춘 것인데 비하여, Ahmed 등(2004)은 회복탄력성을 지역사회가 재난 상황을 극복해 가는 과정에 초점을 맞추어 정의한다. 그들에 따르면 회복탄력성은 "재난적 상황에서 주민의 안전을 보장하고 재난 이전 상태로의 회복을 위하여 물질적, 사회정치적, 사회문화적, 심리적 자원을 발굴하고 발전시키는 과정"으로 정의된다.

이처럼 회복탄력성은 다양하게 정의될 수 있는데 이를 종합하면 다음과 같은 사실을 확인할 수 있다(Norris et al., 2008). 첫째, 결과 혹은 산출이라기보다는 능력 혹은 과정을 의미하는 것으로 회복탄력성을 이해해야 한다는 점이다. 둘째, 회복탄력성은 항상성을 유지하는 능력이라기보다는 변화를 통한 적응능력을 의미한다는 점이다. 항상성을 유지하고자 하는 특성은 때로는 회복탄력성의 부족을 보여주는 지표가 되기도 한다. 회복탄력성이란 사회의 한 시스템이 다른 시스템의 변화에 조응하여 함께 변화하는 능력을 말하는 것인데, 다른 시스템의 변화에도 불구하고 한 시스템이 항상성을 유지하기 위하여 저항하는 상황이 발생한다면 그 사회는 회복탄력성이 매우 낮은 것으로 평가될 수 있다는 것이다.

2) 지역사회 역량으로서의 회복탄력성

앞서 살펴본 것처럼 지역사회 회복탄력성은 재난을 극복하기 위한 지역 역량, 자원과 기술, 이를 발굴하고 동원하는 과정 등 다양한 차원에서 설명될 수 있다. Norris 등(2008)은 경제적 자원, 사회 자본, 정보와 소통, 지역사회 역량의 네 가지 범주로 나누어 지역사회 회복탄력성을 설명하고 있다. 지금부터 지역사회 회복탄력성의 네 가지 범주에 대하여 차례로 살펴보기로 한다.

(1) 경제적 자원

지역사회와 지역사회 주민의 경제적 능력은 재난을 극복하고 개인의 삶과 지역사회 모습을 재난 이전으로 돌려놓기 위한 가장 중요한 자원 중의 하나이다. 지금까지 축적된 많은 재난 극복 과정에 관한 연구는 주민의 사회 경제적 지위가 재난 극복 과정에서 중요한 변인으로 작용함을 보여준다. 재난 극복과 관련한 경제적 자원 부족의 부정적인 측면은 다층적이다. 다시 말하면 개인적 차원에서는 재난 이후 개인이 겪는 심리사회적 고통이 빈곤 계층에서 더 크게 나타나며, 지역사회 차원에서도 경제적 자원이 불균등하게 배분되어 있는 사회가 재난 극복에서 더 어려움을 겪는 것으로 나타난다(Ahern & Galea, 2006). 재난 극복과 관련한 경제적 자원의 문제는 전 지구적 차원에서 더욱 선명하게 드러난다. 우리가 흔히 대중매체를 통하여 접하는 것처럼 대규모 자연 재난은 특히 개발도상국 주민들의 삶에 치명적인 상흔을 남긴다.

회복탄력성과 관련하여 경제적 자원을 이야기할 때, 경제 규모만 아니라 경제 자원의 다양성도 함께 고려되어야 한다. 개발도상국의 경우 농업 자원에 대한 의존성이 매우 높다. 이런 지역에서 가뭄, 홍수, 전염성 질환 등 자연재난이 발생했을 때 특정 자원에 대한 의존은 더욱 높아지게 되고 재난 극복을 위한 역량은 매우 낮을 수밖에 없다. 조사에 따르면 2006년 미국 남부지역을 강타한 태풍 카트리나에 의한 피해가 막대했던 요인 중의 하나는 주민들의 절대 다수가 새우잡이 어업에 종사한 것에서 드러나듯 경제적 자원의 다양성 부족이었다.

사회는 결코 재난 발생 가능성을 균등하게 배분하지 않는다. 경제적 자원이 결핍된 지역사회는 재난 발생 가능성에 상대적으로 더욱 많이 노출되어 있다. 국가 간 비교에서도 상황은 마찬가지이다. 개발도상국은 선진국에 비하여 재난 발생 빈도가 높다. 산업화 단계에 있는 개발도상국은 도시화가 진행되고 사회설비의 노후화를 경험하는데 이 모든 것이 재난 발생 가능성을 높인다. 개발도상국의 주택 구조는 선진국 주택과 비교할 때 재난에 취약하다. 개발도상국에서 태풍, 홍수 등 자연 재난이 발생했을 때 사상자 수가 훨씬 큰 한 가지 이유다. 경제적 자원의 부족은 재난 대응과 관련해서도 부정적인 영향을 미친다. 경제적 자원이 부족할 경우 재난 취약성을 유발하는 근본적인 원인에 대한 대응을 포기하게 만들고 임시적 대응에 그칠 가능성이 높아지기 때문에 악순환은 계속된다.

비슷한 맥락에서 가난한 나라와 경제적 자원이 결핍된 지역사회는 재난 회복 과정에서도 어려움을 겪는다. 당장 회복을 위한 자원 동원과 배분이 쉽지 않다. 회복을 위한 자원 배분의 이상적인 원칙은 가장 필요한 곳에 자원을 투여한다는 것이 되어야 한다. 그러나 이러한 원칙이 잘 지켜지지 않는다. 정치적 영향력, 사회적 지위에 의하여 자원에 대한 접근성과 이용 가능성이 정해지는 경우가 허다하다. 재난 발생 시 지역사회의 자원이 가장 필요한 곳에 배분될 수 있는 시스템을 갖추었는지의 여부가 지역사회 회복탄력성의 주요한 지표 중 하나라고 할 수 있다.

(2) 사회 자본

지역사회 회복탄력성과 사회 자본은 관련성이 매우 높은 개념이다. 사회 자본은 네트워크 속에 자리하고 있는 자원에 대한 개인의 투자, 접근, 이용을 의미한다. 또는 지속적인 사회적 네트워크에 내재된 실질적 혹은 잠재적 자원의 총합으로 정의할 수도 있다.

사회 자본은 학자들에 따라 다양하게 정의되지만 공통된 개념은 사회 자본이 사회적 네트워크에 내재되어 있다는 점이다. 따라서 사회적 네트워크의 구조는 사회 자본의 성격을 규정하는 매우 중요한 요소이다. 결과적으로 호혜적 연결, 지지적 상호작용, 다른 네트워크와의 소통, 새로운 협의체 구성 능력, 협력적 의사결정 과정을 갖춘 네트워크의 존재 여부는 지역사회 회복탄력성의 중요한 지표라 할 수 있다.

가장 바람직한 네트워크 구조는 지역사회 자원동원과 관련하여 협력과 공동과업 수행을 가능케 하는 기관들 사이의 "느슨한" 연합이다(Longstaff, 2005). 네트워크의 구조가 "팽팽하다"는 것은 네트워크의 어느 구성요소의 변화가 네트워크 전체 혹은 다른 구성요소에 곧바로 영향을 미치는 상황을 의미한다. 이러한 네트워크 구조가 반드시 나쁘다고 할 수는 없지만 지역사회 문제 해결에 도움이 되기보다는 미성숙한 의사결정을 초래할 가능성이 있다. 오히려 "느슨한" 연합이 더 효과적으로 지역사회에 문제 해결을 유도할 수 있다. 왜냐하면 한 구성요소의 변화가 반드시 전체 시스템의 변화를 초래하지 않기 때문에 여러 구성 요소들이 충분한 시간을 두고 서로 독립적이면서도 필요에 따라 연합과 협력을 모색할 수 있기 때문이다.

재난 상황을 맞아서 지역사회의 자원을 동원할 때 네트워크 구조의 문제가 드러난다(Gillespie & Murty, 1994). 하나는 네트워크 속에서의 "고립" 문제이다. 고립이란 재난 극복과 관련한 필수적인 자원동원 능력을 지닌 지역사회 기관 혹은 복수의 기관들이 서로 상호작용을 하지 않는 네트워크 구조를 의미한다. 이럴 경우 네트워크 속 어딘가에 존재하는 잠재적 이용자들이 특정한 서비스에 대한 접근권을 보장받을 수 없다. 또 다른 네트워크 구조의 문제는 "주변부화"이다. 주변부화란 네트워크 속 지역사회 기관과 조직들이 서로 길고 간접적인 선으로만 연결되어 있는 구조를 의미한다. 네트워크가 이런 구조를 갖는다면 재난상황을 맞아 자원을 동원함에 있어서 빠른 의사 결정과 행동이 불가능하게 되고 비효율성을 낳게 된다. 한편 네트워크의 구조는 계속 변하는 것이어서 주변부화된 네트워크는 어느 순간 고립된 네트워크로 전환될 수도 있다.

사회적 지지는 개인들 사이에 도움을 주고받는 상호작용을 의미한다. 사회적 지지는 두 가지 차원에서 살펴볼 수 있는데, 첫째는 상호원조를 주고받는 범위와 관련된 것이다. 대체로 개인과 가장 가까운 곳에서부터 가족, 친구, 이웃, 동료, 공공기관, 외부환경 등이 동심원을 이룬다. 둘째 사회적 지지는 유형에 따라 구별되는데 정서적 지지, 정보적 지지, 도구적 지지로 나눌 수 있다.

개인이 재난에 처했을 때 사회적 지지는 매우 큰 역할을 한다. 사회적 지지는 그 관계가 호혜적일 때 가장 강력한 효과를 발휘한다. 즉, 지지를 제공하는 행위와 지지를 받는 행위가 균형을 이룰 때 사회적 지지가 지속가능해진다. 계속해서 지지를 받기만 한다면 자존감에 상처를 받을 수 있고 계속해서 지지를 주기만 한다면 부담과 스트레스가 될 수 있기 때문이다. 재난 상황에서 사회적 지지의 또 다른 역할은 의사결정에 대한 영향력으로 나타난다. 긴급 상황이 발생했을 때 사람들은 자신과 비슷한 처지에 놓인 사람들의 행동을 보고 자신의 행동을 결정하고자 하는 성향을 가진다. 예를 들어, 홍수, 화재, 태풍 등 재난이 발생하여 집을 떠나 대피해야 하는 상황에서 강한 사회적 지지망에 속한 사람은 의사 결정을 더욱 신속하고 적절하게 할 수 있다. 이러한 결정이 때로는 삶과 죽음을 가르기도 한다. 1980년대 미국에서 발생한 두 차례의 강력한 허리케인 발생 당시 주민들의 대피 행동을 연구한 결과에 따르면 많은 사회적 지지를 받는 주민은 그렇지 못한 주민에 비하여 적절한 대피결정을 하고 행동에 옮길 가능성이 훨씬 높았다.

사회적 지지가 대체로 개인과 가족 집단, 친지 집단 속에서 일어나는 상호 원조 형태를 띠는 것이라면 사회 자본은 사실 개인과 그를 둘러싼 이웃과 지역사회까지 그 범위가 확대되는 개념이다. 이때 사회 자본의 중요한 심리 사회적 측면은 공동체 의식, 지역 애착, 주민 참여라고 할 수 있다.

공동체 의식은 개인이 속한 집단 혹은 지역사회의 다른 구성원들과의 신뢰감 혹은 소속감을 의미한다. 공동체 의식은 지역사회 이슈에 대한 관심, 지역사회 주민에 대한 신뢰로 드러나며 지역사회 회복탄력성의 중요한 구성요소가 된다. 재난의 발생은 지역주민들 사이의 공동체 의식을 훼손하기도 하지만, 재난 상황을 극복하는 과정에서 상호의존성을 높여 오히려 공동체 의식을 길러주기도 한다.

지역 애착은 지역사회에 속한 개인이 지역 자체로부터 느끼는 정서적 반응이다. 지역 애착은 지역사회를 유지하고 발전시키기 위한 주민참여의 기반이 된다. 한편 강력한 지역 애착은 재난 발생 시 부정적인 역할을 할 수도 있다. 지역 애착은 지역주민에 대한 애착과는 구별되는 지역 자체에 대한 애착이라 할 수 있는데, 재난이 발생했을 때 그 정도에 따라서는 생활공간을 영구적으로 옮겨야 하는 경우도 생긴다. 이때 지역 애착이 너무 강할 경우 새로운 생활환경에 대한 적응을 더욱 어렵게 만들 수도 있다. 그러나 모든 재난이 영구적인 이주로 이어지지는 않는다는 사실을 감안하면 대체로 지역 애착은 재난 발생 이후 지역사회를 재건설하는 데 있어서 치유와 회복의 매우 중요한 에너지로 작용한다.

사회 자본의 마지막 차원은 주민 참여이다. 주민 참여는 지역사회 주민이 공식적인 조직 혹은 기관, 종교 모임, 학교 또는 교육기관의 협의체, 자조집단 등 지역사회에서 일어나는 다양한 상호작용에 참여하는 것을 의미한다. 주민 참여는 지역사회 회복탄력성의 중요한 지표가 된다. 평소 헌신적인 리더십과 주민들의 자발적 참여로 특징되는 지역사회는 재난이 발생하였을 때 회복이 효과적이고 효율적인 결과를 불러온다.

(3) 정보와 소통

정보는 개인과 조직이 새로운 상황에 적응해야 할 경우 필요한 가장 중요한 자원이다. 소통은 이러한 정보가 지역사회 주민들 사이에 이해되는 방식, 공유되는 방식에 해당한다. 따라서 정보와 소통은 재난 상황과 관련한 지역사회 회복탄력성의 중요한 측면이라고 할 수 있다.

재난이 발생하였을 때 지역주민은 무엇보다 정확한 정보를 필요로 한다. 정보는 위험 정도, 선택 가능한 대응, 행동 방식에 대하여 정확한 내용을 포함하고 있어야 하고 빠르게 전달되어야 한다. 만약 재난 상황에서 주민들이 주어진 정보의 정확성을 믿기 어렵고 선택 가능한 대응 행동이 초래할 결과를 확신할 수 없다면, 재난 대응과 회복에서 큰 어려움을 겪을 수밖에 없다.

재난 상황에서 전달되는 정보는 정확성이 생명이라 할 수 있다. 그러나 재난 상황은 정보에 대한 충분한 검증 시간을 허용하지 않는 경우가 허다하다. 정확한 정보도 적시에 전달되었을 때만 주민들이 대응 행동을 결정하는 데 도움을 줄 수 있다. 이때 중요한 것이 평소 정보제공자와 주민 사이에 신뢰가 구축되어 있는지의 여부이다. 평소 신뢰가 높은 공공기관이나 민간단체로부터 제공되는 정보는 응급 상황에서 주민들의 의사결정에 결정적인 역할을 한다.

이러한 맥락에서 정보 공유와 소통을 위한 공공의 사회기반시설이 평소에 잘 구비되어 있는지가 지역사회 회복탄력성의 중요한 지표라 할 수 있다. 뉴욕시에서 9 · 11테러를 겪은 이후 직접적인 희생자 외에도 수많은 사람들이 심리적 충격을 겪었는데 이를 회복하는 과정에서 정신건강 서비스 기관이 많은 역할을 할 수 있었다. 평소에 사회서비스 체계가 구비되어 있을 경우 재난이 일어났을 때 자원봉사자를 포함한 복구 인력을 적절하게 배치하는 데 매우 효과적임을 많은 연구 결과는 보여준다. 매스미디어는 지역사회 내 주민들에게 재난이 발생했을 때 취해야 할 행동 요령을 교육하고, 평소 재난 관련 정보를 공유할 수 있는 중요한 매체이다.

(4) 지역 역량

재난이 발생하여 위기에 처한 지역사회는 상황에 대하여 정확한 정보를 입수하고 문제 해결을 위하여 유연하면서도 창의적으로 협력하여야 한다. 이를 지역 역량이라 표현할 수 있는데, 재난에 대비하여 아주 상세한 계획표를 마련해 놓는 것보다 실제로는 훨씬 더 큰 위력을 발휘한다. 지역 역량은 협동과 공동의사결정을 포함하는 개념으로 지역사회 회복탄력성의 중요한 구성요소이다. Cottrell(1976)에 따르면 지역 역량은 다음과 같은 네 가지 능력을 포함한다. 첫째, 지역사회의 문제와 욕구를 파악하는 데 있어서 효과적으로 협력할 수 있는 능력, 둘째, 지역사회 문제해결을 통한 목표와 우선순위를 정하기 위하여 합의를 이루어 가는 능력, 셋째, 합의된 목표를 추구하기 위하여 동원할 수단과 방법에 대하여 합의에 이르는 능력, 넷째, 협력적 관계를 형성하여 함께 행동하는 능력이다. 이러한 능력은 지역사회에 존재하는 많은 개인과 집단의 관계에서 길러지는 것이다. 소통, 참여, 토론, 합의 과정, 상호 신뢰, 공동의 의사 결정 과정 등이 이러한 관계 속에서 일어나는 상호작용이라고 할 수 있다. 지역 역량을 이렇게 파악한다면 앞서 설명한 사회 자본과 매우 밀접한 관련이 있다.

재난 상황을 맞아 지역사회 구성원들이 문제 파악에서부터 행동에 이르기까지 함께 협력하는 능력이 지역 역량이라 할 수 있다. 공동의 노력이란 사실 매우 복잡한 과정을 동반한다. 민간기구와 정부기구 사이의 공동의 노력이 필요한 경우도 있다. 때로는 이질적인 조직과 기관 사이의 협력이 상호 신뢰를 바탕으로 입법화, 제도화 과정을 거쳐 최종 결실을 맺기도 하지만 때로는 조직과 기관 사이의 갈등으로 전환되기도 한다. 결국 지역사회 내에서 공동의 노력을 가능케 하는 의사소통의 구조, 권력 구조, 정치적 상호작용의 양상이 협력적 관계의 성패를 좌우하는 요소라고 할 수 있다. ｜그림 6-1｜은 지금까지 설명한 지역사회 회복탄력성의 네 가지 차원을 요약한 것이다.

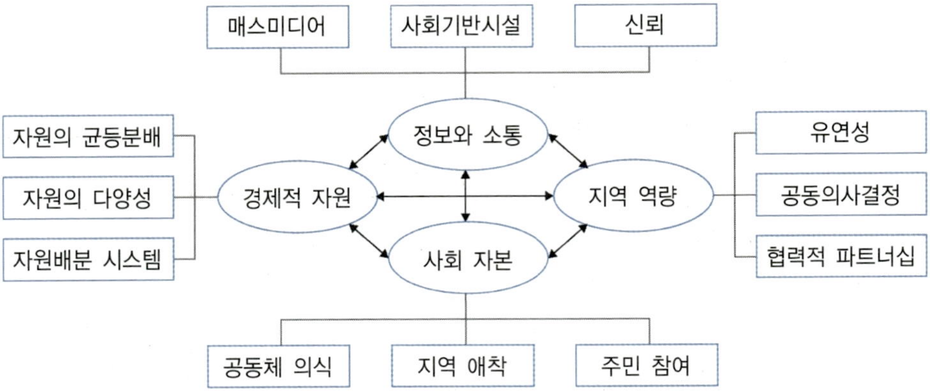

| 그림 6-1 | **지역사회 회복탄력성의 구성요소**

출처 : Norris et al.(2008) 재구성.

3) 지역사회 회복탄력성을 강화하기 위한 전략

지금까지 지역사회 회복탄력성의 여러 가지 측면에 대하여 살펴보았다. 아울러 재난에 대비하고, 재난상황이 발생하였을 때 효과적으로 대응하고, 회복하는 과정에서 지역사회 회복탄력성이 갖는 의미에 대하여도 살펴보았다. 그렇다면 회복탄력성을 높이기 위하여 지역사회는 어떠한 노력을 하여야 할까? 경제적 자원, 사회 자본, 정보와 소통 기제, 공동의 의사결정 등 회복탄력성을 구성하는 이러한 요인들은 결코 단시간에 마련할 수 있는 성질의 것들이 아니다. 그렇다고 지역사회를 구성하고 시간이 흐른다고 하여 자동으로 형성되는 것도 아니다. 지역사회 내의 개인과 기관이 오랜 시간 노력을 거쳐 얻을 수 있다. Norris 등(2008)은 회복탄력성 강화를 위하여 다섯 가지 전략을 제시한다.

첫째, 재난에 대비한 지역사회 회복탄력성을 강화하기 위하여 경제적 자원을 개발하고, 경제자원의 지역 간 불균등을 줄이며, 특히 취약집단에 주목하여야 한다. 재난 위험을 줄이기 위하여 지방정부는 빈곤지역의 안전보장을 위한 자원을 따로 마련할 필요가 있다. 경제적 자원의 다양성을 증진시키는 일도 지역사회가 재난으로부터 받는 피해를 줄이고 회복 과정을 촉진시키는 데 도움이 된다. 재난 이후 회복 단계에서 지역사회 지도자들은 특히 자원의 배분과정에 주의를 기울여야 한다. 많은 경우 가장 자원을 필요로 하는 사람들이 자원에 대한 접근권이 가장 낮은 역설이 존재하고 재난 발생 시 기부를 통한 물질적 자원으로부터 배제되는 집단이 늘 존재한다. 이러한 경우 지역 역량이 발휘되어 지역 자원에 대한 접근권이 재조정되어야 하고 문제해결을 위한 정치 사회적 구조가 올바르게 작동될 수 있어야 한다.

둘째, 지역사회 주민들은 재난 발생 시 이를 회복하는 모든 과정에 참여할 수 있어야 한다. 필요한 경우 전문가의 도움을 받아 지역사회 주민들은 재난에 대한 취약성에 대하여 스스로 진단하고 평가할 수 있어야 한다. 그리고 재난 상황이 발생했을 때 원조 기능과 정보교환 기능을 수행할 네트워크를 평상시에 형성할 수 있어야 한다. 많은 경우 외부 전문가들이 지역사회의 변화를 위한 가장 좋은 조력자가 될 수 있다. 재난으로 인한 트라우마는 지역사회 전체를 무기력에 빠지게 하므로 이때 외부 전문가는 지역사회의 강점에 초점을 맞추어 지역주민들이 자립 전략을 수립할 수 있도록 도와주어야 한다. 회복을 위한 계획에서 지역사회에 남아 있는 자원을 활용하는 일이 매우 중요하다.

셋째, 재난이 발생하였을 때 즉각 긴급하게 자원을 동원하고 지속적인 지지체계가 되어줄 수 있는 지역사회 네트워크를 구성하여야 한다. 개인 기관들 사이의 유연한 관계로 형성된 네트워크는 위기 발생 시 가장 효과적인 관계망으로 작동한다. 재난 회복을 위해서 네트워크 속 주체들 사이에는 상호 신뢰가 형성되어 있어야 한다. 특히 재난이 발생하면 사회서비스 기관, 교육기관, 공공부문, 시민 단체 등 다양한 조직과 기관이 함께 협력하여야 한다. 평소 이들 부문 사이에 협력의 경험이 없고 신뢰가 형성되어 있지 않다면 재난 회복 과정이 효과적일 수 없다.

넷째, 재난에 대비하여 평상시 사회적 지지의 형태와 범위를 파악하고 있어야 한다. 재난이 발생하였을 때 가족, 친지들로부터 받는 정서적 · 도구적 지지는 매우 큰 힘을 발휘한다. 또한 사회적 관계망이 제대로 작동하면 관계망 속의 구성원들의 욕구를 파악하기 용이하고 자원의 편중 현상을 재난 발생 이전부터 줄일 수 있어서 재난 대응과 회복에 도움이 된다. 사회적 지지는 상호성을 띨 때 지속가능하다. 재난 상황에서 가장 효과적인 개입은 개인 스스로가 사회적 지지체계를 회복할 수 있도록 그에 필요한 정보, 지식, 자원을 제공하는 것이다.

다섯째, 예측 불가능한 재난 상황에 대비하기 위하여 지역사회는 유연성을 훈련할 필요가 있다. 최근의 재난은 점점 규모가 커지기도 하고 피해 양상을 예측하기 힘든 방향으로 바뀌고 있다. 그럼에도 불구하고 과거의 경험을 바탕으로 경직된 계획을 작성하고 이를 고집할 경우 오히려 재난 회복 과정에서 비효율성을 낳기 쉽다. 그런 의미에서 때로는 계획 없음이 가장 좋은 계획이 될 수도 있는 것이다. 단, 지역사회가 긴급 상황을 맞아 효율적으로 자원을 동원하고 협력적 의사결정을 유연하게 할 수 있는 준비가 되어 있어야 한다. 지역사회 네트워크에 속하는 개인과 기관 사이의 신뢰도 필수적이다. 위계에 의한 통제 시스템과 달리 문제 해결을 중심으로 하는 네트워크 체계는 유연성을 발휘하기에 가장 적합한 조직 구조이다.

(1) 로스앤젤레스 지역사회 회복탄력성 프로젝트

지역사회 회복탄력성을 강화하기 위한 전략은 지역마다 다를 수밖에 없다. 무엇보다 현재 지역사회가 보유한 자원의 수준이 다를 것이며 현재 지역사회의 역량에 근거하여 회복탄력성을 강화하기 위한 전략을 수립해야 하기 때문이다. 다만, 개별 지역사회가 회복탄력성을 높이기 위하여 보다 효과적인 방안을 찾는데 있어서 다른 지역의 사례를 연구하고 이로부터 시사점을 얻기 위한 노력은 매우 유의미하다 할 것이다. 그런 의미에서 미국 캘리포니아 주 로스앤젤레스에서 최근 시행된 지역사회 회복탄력성 고양 프로젝트를 소개하고자 한다(Eisenman et al., 2014).

미국 캘리포니아 주 로스앤젤레스 카운티의 보건부는 지역사회의 공공기관과 민간부문을 아우르는 회복탄력성 고양 프로그램을 기획하였다. 프로젝트의 공식 명칭은 The Los Angeles County Community Disaster Resilience Project(LACCDR)이었는데, 2010년 기획단계를 거쳐 5년 가까운 시범사업을 마쳤으며 지금까지도 평가와 새로운 단계로의 프로그램 확장이 진행 중이다.

프로젝트에 참여한 집단은 로스앤젤레스 카운티 보건 당국, 지역 내 대학 및 연구단체, 시민단체, 민간언론기관 등이 포함되었다. 이들 집단이 공동으로 구성한 프로젝트 운영위원회가 모든 집행과 평가 과정을 주도하였다. 프로젝트에 소요되는 예산은 주정부 산하기관과 민간재단으로부터 지원을 받았다.

프로젝트 운영위원회는 참여 지역사회를 선정하였는데 인구 5만 명 이하의 중소규모 지역사회 중 다양한 서비스 기관을 보유하고, 문화적 다양성을 지녔다고 판단되는 16개 지역이 참여대상이 되었다. 프로젝트의 효과를 분명하게 검증하기 위하여 16개 지역은 통제집단과 실험집단에 각각 배정되었다.

프로젝트는 교육, 참여, 자립, 파트너십의 네 가지 분야로 구성되었다. 교육은 재난 예방, 대응, 회복과 관련한 상황에 대한 정보와 훈련과 관련된 내용이었고, 참여는 지역사회 주민들이 재난 예방, 대응, 회복 과정 중 의사결정에 참여하는 과정에 관한 것이었으며, 자립은 개인과 지역사회가 재난상황을 맞아 책임감을 가지고 행동할 수 있는 능력을 고양하는 것을 목표로 프로그램이 구성되었다. 마지막으로 파트너십은 공공기관과 민간단체 사이의 협력과 상호 연계 증진을 목표로 설정하였다.

선정된 지역사회에는 프로젝트와 관련하여 특별히 훈련받은 간호사가 파견되었다. 파견된 간호사들은 지역사회의 기존 멤버들과 팀을 형성하여 프로젝트에서 요구하는 과업을 수행하였다.

프로젝트 과업은 재난에 대비하여 지역사회의 예상되는 위험 요인과 지역을 파악하고 자원 동원을 계획하는 일, 재난 상황을 가정하여 위기 상황을 진단하고 가장 취약한 계층을 선정하는 일, 재난에 따른 심리 사회적 트라우마를 파악하고 대응하는 일, 지역사회의 전문인력을 활용하는 일을 포함하였다. 실험집단에 속한 지역사회는 이 모든 과업을 수행하기 위하여 특별히 고안된 컴퓨터 소프트웨어를 제공받았으며 이를 활용하는 방법에 대한 교육을 이수하였다. 컴퓨터 소프트웨어는 지역사회의 동원 가능한 자원을 파악하고 지역사회의 조직과 기관 사이의 관계를 파악하고 이들 조직과 기관 사이의 소통을 돕기 위하여 특별히 제작되었다. 지역사회의 각 프로젝트 팀은 주어진 과업을 수행하기 위하여 매달 정기 회합을 가졌다. 전체 프로젝트 운영위원회에서 파견된 간호사가 팀을 이끌었고 필요한 경우 운영위원회로부터 기술적 도움을 얻을 수 있었다.

아직 프로그램에 대한 평가가 진행 중이기에 프로그램의 효과에 대하여는 결론 내리기 힘들지만 프로그램의 진행과정을 살펴보면서 지역사회 회복탄력성을 높이기 위한 몇 가지 시사점을 찾을 수 있다. 첫째, 회복탄력성을 높이는 과정은 공공기관과 민간단체의 협력적 노력을 통하여 가능하다는 점이다. 로스앤젤레스 프로젝트에서 운영위원회와 지역에 파견된 간호사의 리더십은 재난 상황에서 공공기관의 역할을 상징한다. 공공기관이 교육과 자원 제공의 중심이 되고, 지역사회의 문제해결을 위한 조력자의 역할을 하며, 의사소통의 허브기능을 충실히 수행할 때 그 지역사회는 재난 상황을 맞아 높은 회복탄력성을 보여줄 수 있을 것이다. 둘째, 지역사회 회복탄력성을 하나의 기준으로 평가하기는 매우 어렵다는 점이다. 예를 들어, 똑같은 자원을 지역사회에 제공하여 준다고 하더라도 이러한 자원이 활용되는 방식은 지역사회에 따라 매우 다르다. 이는 지역사회 회복탄력성이 자원의 양적 규모나 질적 수준으로 환원될 수 없음을 보여준다. 나아가서 회복탄력성 자체가 갖는 여러 가지 측면 때문에 단일한 기준을 적용하기 어렵다. 최근 사회관계망 분석 등 통계기법의 발전으로 말미암아 지역사회 기관과 조직 사이의 관계에 대한 양적 분석이 가능하여졌으나 회복탄력성의 여러 차원 중에는 양적으로 환원하기 어려운 부문이 존재한다.

이상 미국 로스앤젤레스 지역에서 시행되고 있는 지역사회 회복탄력성 프로젝트의 개요와 시사점을 알아보았다. 결국 회복탄력성은 지역사회의 공공기관과 민간단체가 상호 협력하여 지역 특성에 맞는 프로그램 개발하고 오랜 기간 이를 시행하는 과정 속에서 강화될 수 있음을 알 수 있다.

2. 재난과 지역사회복지 실천

재난은 지역사회를 파괴하고, 사회 기본시설이나 공공시설 및 서비스에 대한 접근성을 저하시킨다. 뿐만 아니라 지역사회 내 신뢰 감소 등 또 다른 상실이 발생한 경우 개인 문제뿐만 아니라 지역사회 회복에 악영향을 줄 수도 있다(정범석, 2014). 최근 재난 발생 양상은 점점 다양화·대형화되고 있으며, 재난이 도발적이면서 가변적이어서 불확실하다. 또한 재난에 대해 대응해야 하는 시간이 짧아져서 재난관리를 위해 평상시 예방 및 대비가 필요하다(박동균 외, 2009). 재난은 인간의 삶의 질과 즉각적으로 연결되는 부분이기 때문에 개인적 차원에서 재난에 대한 예방뿐만 아니라 더 큰 체계인 지역사회에서 재난에 대한 예방 및 대비, 재난 발생 시 대응 및 복구에 힘을 써야 한다.

지역사회복지실천 활동 범주 다양한 형태로 구성되어 있다. 지역사회행동, 삶의 질 개선활동, 지역사회 구성원 조작화, 전략 및 전술 기획, 진보적 변화 촉진 활동, 사회복지서비스 전달체계 개선, 구성원 및 지역 내외 자원 동원, 의사소통을 통한 문제 인식 및 대변 활동으로 범주를 나누어 볼 수 있다(강철희 외, 2013). 재난 발생 시 이러한 범주에 따라 지역사회복지실천을 행하도록 해야 한다. 특히 지역사회행동, 삶의 질 개선활동, 지역사회 구성원 조직화, 의사소통을 통한 문제 인식 및 대변 활동, 구성원 및 지역 내외 자원 동원 등은 재난 발생 시 필요한 실천 방법이다. 특히 지역사회복지 실천가들은 이러한 개념 정립이 되어 있는 상태에서 재난 예방, 대비, 대응 및 복구에 있어서 효과적으로 실천을 행할 수 있다.

1) 재난과 지역사회 공공영역

지역사회 공공영역이라 함은 쉽게 말해 시 · 도 및 구 · 군, 읍 · 면 · 동을 일컫는다. 이러한 지역사회 공공영역은 지방정부의 자율성 강화로 지역의 특성 및 지역사회수준에 따라 각 지역의 실정에 맞게끔 사회복지서비스를 주도적으로 계획하고 수행한다(지은구 외, 2010).

재난 발생 시 지역사회 공공영역은 어떠한 역할을 할까? 「재난 및 안전관리 기본법」 제18조에 의하면 지역자치단체장에 따라 재난정보의 수집 · 전파, 상황관리, 재난 발생 시 초동조치 및 지휘 등 업무를 수행하기 위하여 재난안전상황실을 설치 · 운영해야 한다고 명시되어 있다(재난 및 안전관리 기본법 제18조). 또한 지역자치단체장은 재난 신고를 받으면 관할 긴급구조기관을 통해 응급대처방안을 마련할 수 있도록 조치하여야 한다고 명시되어 있다(재난 및 안전관리 기본법 제19조). 이러한 법적 근거에 따라 지역사회 공공영역은 재난이 발생한 지역의 컨트롤 타워 역할을 한다고 볼 수 있다. 지역사회보장계획은 각 지역의 지역복지욕구 및 자원조사 결과를 토대로 지역 내 통합적이고 합리적 의사결정에 의하여 지역의 비전과 전략 등 주민중심의 장단기 실천계획을 수립하여 지역복지를 증진시키는 것을 목적으로 한다. 또한 최근 정부에서는 읍면동 복지허브화 사업을 통해 지역사회복지에 있어 공공의 역할을 강조하고 있다. 이렇게 강조되고 있는 공공의 역할과 더불어 재난발생 시 공공은 어떠한 역할을 해야 하며, 공공의 역할은 왜 중요한 것일까?

중앙정부에서는 국가안전관리체계를 만들어 재난관리를 |그림 6-2|와 같이 실시하고 있다.

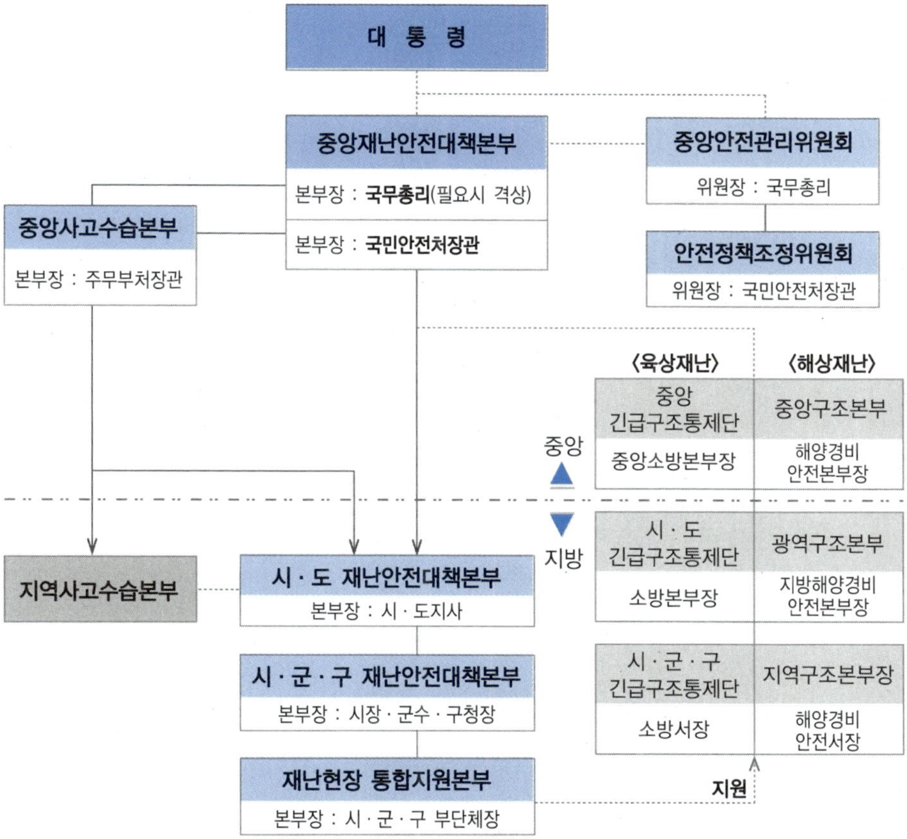

| 그림 6-2 | 국가재난안전관리체계

출처 : 중앙안전관리위원회 국민안전처. 국가안전관리기본계획 2015~2019.

| 그림 6-2 |와 같이 대통령을 중심으로 중앙과 시 · 도 재난안전대책본부부터 재난현장 통합지원본부, 지방으로 나누어져 재난관리를 실시하고 있다. 중앙에서는 주로 재난 대응 및 복구 등에 관한 사항을 총괄 · 조정하거나, 관계 부처 간 협의 및 조정, 재난안전 사업예산 심의 등 안전관리에 관한 중요정책 심의 등의 기능을 하고 있으며, 재난 발생 시 실질적인 지원 업무는 지방에서 실시하고 있다. 지방의 재난안전대책본부 체계는 | 그림 6-3 |과 같다.

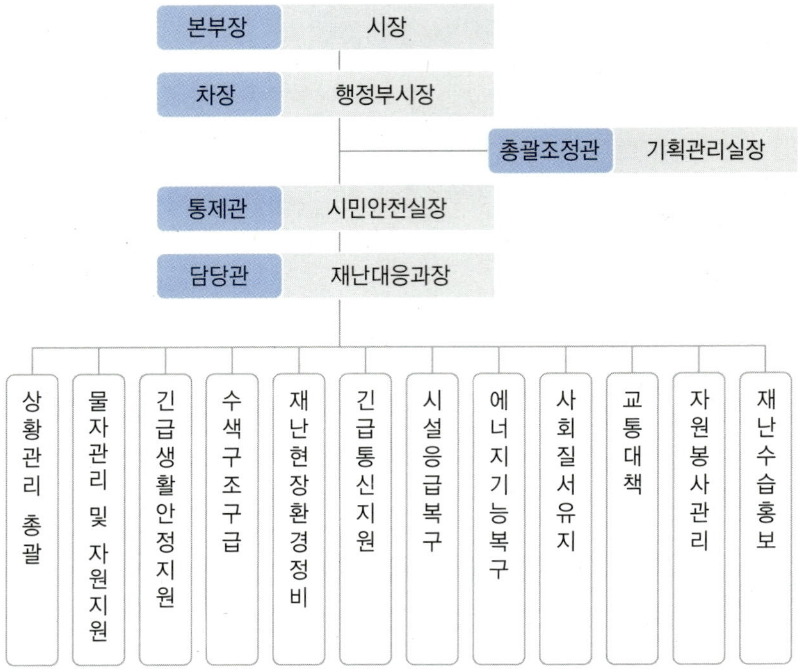

| 그림 6-3 | 부산광역시 재난안전대책본부 구성

출처 : 부산광역시청 홈페이지(2017).

재난안전대책본부에서는 방재체제에 대한 정보 제공을 하고 있다. 또한 지방자치단체에서는 재난으로 인한 피해를 입은 주민들 중 재난지원금을 받을 수 있는 조건에 있는 주민들에게 피해신고를 접수하여 지원금을 지급한다. 피해신고 지원흐름은 | 그림 6-4 |와 같다.

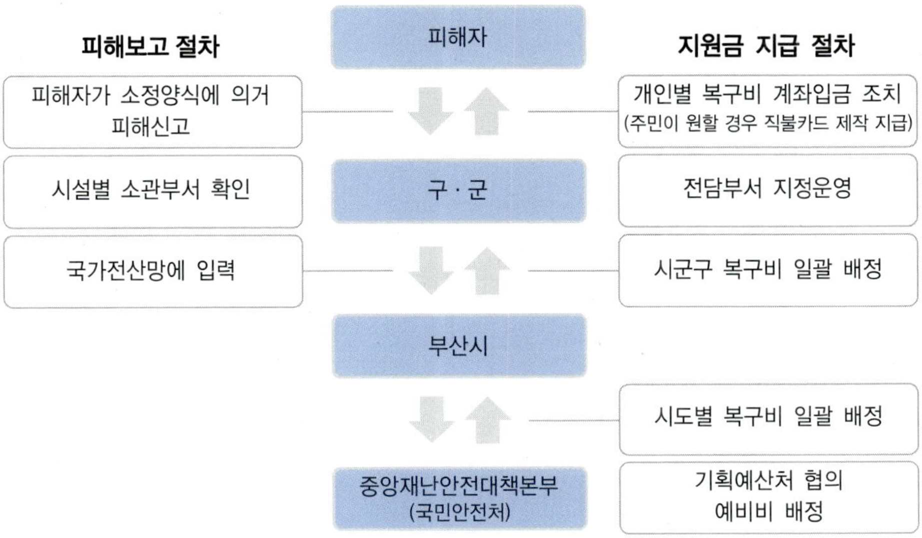

| 그림 6-4 | **부산광역시 피해신고 지원 흐름도**

출처 : 부산광역시청 홈페이지(2017).

재난관리에 있어 지역자치단체의 역할이 중요한 까닭은 지역에서 발생하는 재난현장에 가장 근접하게 위치하는 것이 지역자치단체의 행정조직이기 때문이다. 지역자치단체는 재난 발생 시 재난현장의 최일선에서 가장 먼저 주민들을 대피시키고, 재난을 수습하는 기능과 역할을 수행한다(박동균 외, 2009). 이러한 재난 발생 시 지역자치단체 역할은 첫째, 지역자치단체가 재난활동의 전 과정에서 주체적이고 주도적인 역할을 해야 한다. 지역자치단체는 재난의 발생을 억제하거나 예방하고, 재난 발생 시를 대비하여 지역안전관리계획을 수립하거나 재난정보시스템을 구축 · 운영하고, 더 나아가 재난 발생 시 피해를 최소화하기 위하여 각종 인적 · 물적 자원을 동원하여 재난을 수습하는 대응기능과 재난피해지역에 대하여 정상적인 생활을 할 수 있도록 하는 복구기능 등 재난관리 전반에 대하여 관리주체로서의 역할을 수행하여야 한다. 둘째, 지역자치단체는 재난관리에 있어서 조정(coordination) 역할을 수행하여야 한다. 재난관리 예방, 대비, 대응, 복구과정에 있어서 다양한 기관 및 단체가 참여하게 되는데, 이때 지역자치단체는 이러한 기관 및 단체들의 다양한 의견 수렴 및 합리적으로 재난관리를 할 수 있도록 조정 역할을 수행하여야 한다(권건주, 2005).

미국의 재난관리 체계 같은 경우 핵심은 지방정부이다. 연방재난관리청(Federal Emergency Management Agency, FEMA)이 있으나, 각 지역에서 대규모 재난이 발생하여 그 지역에서 해결이 어렵다고 판단되는 경우 지원을 요청하고, 소규모 재난이라 판단되는 경우는 각 지역에서 해결하도록 한다. 뉴욕시를 예로 들면, 뉴욕시에는 비상관리본부(NEW YORK CITY OFFICE OF EMERGENCY MANAGEMENT, OEM)가 설립되어 있다. 1996년에 설립되었으며 긴급 사태를 계획하고 예방하며, 비상사태 발생 시 대응 및 복구를 한다. 또한 이 기관에서는 긴급한 상황 발생 전 계획 및 준비에 있어 지역사회의 민간기관 및 여러 단체들을 참여시키도록 준비한다. NYC Community Emergency Response Teams(NYC CERT)을 만들어 재난대비 및 비상 대응 훈련을 받은 지역사회 기반 자원봉사자 그룹을 조직하며, 자원봉사 프로그램, 지역사회 및 비영리단체, 민 · 관 책임자와 함께 지역 차원에 있어 재난에 대한 준비를 촉진한다. 또한 홈페이지를 통해 시민들에게 자연재난에 있어 대응방법 및 자연재난 희생자들을 돕는 방법 등을 개시하여 재난에 대한 정보 제공뿐만 아니라 지역사회 주민들이 어떠한 역할을 해야 할지 가이드라인을 제시하기도 한다(NYC Emergency Management 홈페이지, 2017).

대한민국에서 재난 예방 및 대응을 위한 지역 공공에서는 어떠한 역할을 하고 있을까? 최근 대한민국은 2014년 세월호, 2016년 9월 경주 지진 등 재난에 대한 시민들의 불안감과 더불어 재난대응에 있어 정부의 역할을 강조하고 있다. 특히 지진과 같은 재난에 대한 훈련이 일본에 비해 잘 이루어지지 않았다. 2016년 9월 12일 경주에서 규모 5.1, 5.8의 지진과 약 600차례의 여진이 일어났다. 이러한 지진으로 인해 우리 사회 전반적으로 안전에 대한 문제가 제기되었고 지진과 같은 재난에 대한 충격과 공포가 전 국민에게 덮쳤다. 하나의 지역에서 있었던 재난이었으나 이는 전국적으로 지방자치단체에서 재난에 대한 경각심으로 각종 훈련들이 실시되었다. 특히 지진이 일어났던 경주에서는 지진안전주간(9. 11~9. 15)

을 만들어 안전의식 고취를 위한 지진대피훈련을 실시하였다. 이러한 훈련을 통해 학생 및 주민들이 재난에 대한 경각심 고취 및 안전의식이 함양될 수 있도록 시에서 주관하여 실시하고 있다(경주시청 홈페이지). 또한 2017년 10월 30일부터 11월 3일까지 재난대응 안전한국 훈련을 행정안전부에서 주관하여 실시하였다. 총 526개 기관 및 일반국민들이 화재, 지진, 유해화학물질 유출사고, 방사능 방재, 산사태 등과 관련한 훈련을 실시하였다(행정안전부, 2017).

재난은 예측해서 발생하는 것이 아닌 예기치 못한 상황에서 발생한다. 그렇기 때문에 무엇보다 예방과 대비에 힘을 써야 하며, 재난 발생 시 빠르게 대응 및 복구를 할 수 있도록 하여야 한다. 그러기 위해서는 우선적으로 공공 영역의 발빠른 움직임이 필요하다. 이러한 발빠른 움직임을 위해서는 공공 영역의 초동 시스템 확립이 중요하다. 법령에 근거하여 재난안전상황실을 설치 및 운영은 하고 있으나 갑작스러운 재난 발생으로 인한 예산, 민관협력, 담당 공무원의 재난에 대한 인식 등은 초동 대응시스템에 영향을 주는 요소이다. 그러므로 재난 발생 전 예방의 차원에서 이러한 요소들이 재난 발생 시 적절한 대응 및 복구를 할 수 있도록 확립되어야 할 것이다. 우선 지역사회 공공영역에서는 재난관리에 있어 예산의 확보가 이루어져야 한다. (재)희망제작소 재난관리연구소의 학술세미나 및 재난관리 현장근무 공무원들의 발표 및 면담내용에 있어 지방자치단체의 재난관리 예산 부족을 심각한 문제로 지적하고 있으며, 예방에 대한 예산의 중요성을 지속적으로 제기하고 있다(박동균 외, 2009). 이러한 주장에 따라 재난관리 예산에 있어 대응 및 복구도 중요하지만 예방 및 대비에 대한 예산 확충이 필요하다. 두 번째, 재난관리에 있어 조직이 일원화될 필요가 있다. 소방, 안전관리, 방재, 민방위를 통합하여 재난 발생 시 효과적으로 공공이 역할을 할 수 있게끔 미리 각 전문분야를 통합하여 업무를 추진할 수 있도록 해야 할 것이다. 마지막으로 재난관리에 있어 지역자치단체장을 중심으로 지역사회 네트워크를 구축해야 한다. 재난이 발생하였을 경우 공공영역으로만 대응 및 복구를 하기는 어렵다. 이에 각 지역의 민간기관 및 자원봉사, 주민들의 연계 구축이 필요하다.

2) 재난과 지역사회복지 네트워크

지역사회복지 네트워크는 무엇을 위한 것인지, 어떤 활동을 하는지, 네트워크 활동을 왜 하는지에 따라 다르게 개념화된다. 궁극적으로 네트워크를 하는 이유는 새로운 지역사회 문제가 계속 발생하고 있으며 이러한 문제해결 방법으로 기존 경험이 있는 조직을 활용하여 할 수는 있으나 기존 조직에서의 업무 가중과 기존 문제 해결을 위한 서비스에도 부정적 영향을 미칠 수 있다. 따라서 다양한 기관들의 연계를 통하여 새로운 문제에 대한 해결 방안을 도출하는 것이 효율적일 수 있다(류기형 외, 2015).

새로운 문제 중 하나인 재난은 지역사회에 부정적 영향을 미친다. 재난으로 인해 근린시설 손상, 지역사회 내 신뢰 감소, 지역 경제 감소, 지역주민 트라우마 등 다양한 부정적 형태가 나타난다. 이러한 부정적 형태는 지역사회에 있는 하나의 기관, 조직만이 해결할 수 없다. 특히 재난 발생 시 공공기관을 중심으로 대응 및 복구를 하고자 노력하지만 공공 부문에서 행하고 있는 노력들은 예산 및 인력, 실질적으로 재난으로 인해 발생되는 피해자들에게 직접적 서비스를 행하기에는 부족한 실정이다. 또한 재난은 단순 하나의 재난이 아닌 다양한 형태로 복잡하게 발생하기 때문에 행정기관에서 단순 재해구호만 하는 것에 있어서는 전문성이 떨어질 수 있다(한동우, 2006).

실제 재난이 발생하면 공공영역뿐만 아니라 민간 기관 및 자원봉사단체 등에서 서비스를 지원하고 있다. 2014년 세월호 사고 당시 정부가 주도적으로 하고자 함에 따라 민간 기관들과의 소통 부족이 문제가 되었다. 해난구조대(SSU), 특수전전단(UDT) 대원들이 도착했으나 해경 측에서 민간업체보다 공공영역에서 우선 수색해야 한다는 이유로 구조에 있어 엇박자가 나타났으며 이는 공공의 주도권 다툼 및 의사소통 부족의 문제로 인하여 희생자가 더 늘어난 것으로 볼 수 있다(한겨레21, 2017). 재난이 발생하고 난 뒤 대응 및 복구를 위한 기관들이 재난 대응을 위한 활동에 있어 주도권 다툼이 주가 된다면 재난의 규모는 점점 더 커질 수밖에 없다. 이는 기관들이 재난 현장에서 판단을 해야 하는 주체와 어떻게, 무엇을 실행해야 하는지에 대한 준비가 부족하면 재난의 규모도 커지는 것이다.

그렇다면 재난 현장에 있어 재난 발생 후 판단을 할 수 있는 기관은 어디인 것일까? 판단을 하는 것은 재난 발생 후 재난을 컨트롤하는 기관을 이야기한다. 이러한 컨트롤을 할 수 있는 기관은 공공영역이 더 유리하다. 「재난 및 안전관리 기본법」에 의거하여 재난안전상황실을 설치 · 운영할 수 있기 때문에 공공영역에서 컨트롤 타워 역할을 하기가 용이하다. 공공영역에서 컨트롤 타워 역할을 하기에 앞서 우선적으로 공공영역에서 앞서 설명한 재난관리를 위한 예산 확보 및 조직의 일원화, 지방자치단체장의 인식이 확립되어 있어야 컨트롤 타워 역할도 잘 수행할 것이다.

현재 대한민국은 한국재난안전네트워크가 16개 시 · 도에 구성되어 활동 중에 있다. 재난 현장에서 자원봉사 자원의 불균형 공급, 활동의 중복성, 기관 간 활동의 비연계성, 구호활동의 비체계성 등의 문제가 대두되고 뉴거버넌스 형태의 민 · 관 · 산 · 학 네트워크 구축이 필요함을 인식하여 2004년 12월 20일에 창립하였다. 재난관리에 있어서 각 기관 간의 원활한 의사소통, 조정, 협력 등을 통한 효율적 재난안전 활동을 수행하여 안전한국(Safe Korea)을 실현하는 데 그 목적을 둔다(국민재난안전포털, 2017). 각 지역마다 재난안전네트워크 홈페이지가 있으며 이러한 홈페이지를 통해 시민들에게 재난정보에 대한 서비스 및 사고별 대응요령 등 정보를 제공한다. 한국재난안전네트워크는 대한간호협회, 전국의용소방대연합회, 대한적십자, 대한의사협회, 한국자원봉사센터협회 등 여러 민간단체가 구성되어 있으나 각 지역별 설치되어 있는 재난안전네트워크는 각 지역마다 명칭도 달리 되어 있으며, 공공영역 중심의 형태로 서비스를 지원하게끔 되어 있다. 재난안전네트워크는 평상시 재난 예방 및 대비를 위한 능력과 여건을 구비하기 위해 필요한 구성단체이다. 이러한 필요단체가 공공영역으로만 구성되어 있다면 실제 재난이 발생하였을 때는 적절한 대응 및 복구를 하기에는 공공영역의 한계가 발생한다. 각 지역의 민간기관이 해당 시 · 도 재난안전네트워크의 구성 단체가 되어 평소 지역사회 재난 대비 및 예방에 초점을 맞추어 지속적인 안전구축 활동을 하며, 재난이 발생한 지역의 재난 대응 및 복구활동을 할 때 균형 있는 자원분배, 중복되지 않는 활동과 기관 간 활동의 연계성, 체계적 구호 활동을 할 수 있도록 조직되어야 한다.

재난 발생 시 관련 조직들의 네트워크 구축은 필수적이다. 이러한 네트워크 구축을 위해서는 재해구호조직 협의체가 필요하다. 협의체는 |그림 6-5|와 같다. 재난은 단순 하나의 형태가 아닌 다양한 형태로 발생한다. 재난발생 시 다양한 문제 해결을 위해서는 그림과 같은 기관 간의 연계가 중요하다. 언제, 어떻게 발생할지 모르는 재난에 대한 대비 및 재난 발생 시 대응 및 복구를 위해서 재난 네트워크가 체계화되어야 하는 것은 필수적인 부분이다(한동우, 2006).

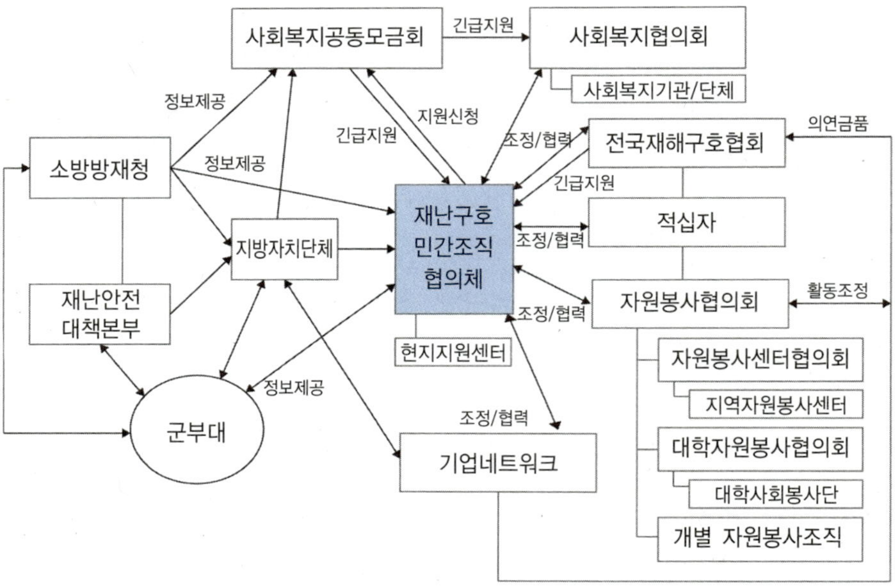

|그림 6-5| 재해구호조직 네트워크

출처 : 한동우(2006). 우리나라 재해구호체계의 문제점과 해결 과제 : 재난 피해자들에 대한 실질적 지원과 민간 부문의 구호체계 네트워킹.

재난 주기에 민간기관을 네트워크에 포함시키는 것은 중요하다. 지역사회복지 차원에서 사회복지기관이 네트워크에 참여하는 것은 매우 중요하다. Weil과 Gamble(1995)에 따르면 지역사회복지실천은 약해져 있는 사람들과 지역사회를 위한 삶의 질을 개선시키는 것이라 하였다(지은구 외, 2012 재인용). 지역사회복지라 함은 지역주민이나 집단의 문제와 욕구를 해결함으로써 지역주민의 삶을 증진시키는 모든 노력을 포함하는 사회복지 한 분야이다(지은구 외, 2012). 재난은 개개인에게도 영향을 주지만 재난이 발생한 지역사회 전체에도 문제가 발생한다. 이러한 문제 해결 및 지역사회 복구를 위해 적합하게 실천할 수 있는 기관은 사회복지기관이다. 사회복지기관은 재난으로 인해 피폐해진 지역주민들의 욕구 파악 및 지역주민들에게 적절한 자원탐색 및 자원분배, 특히 그중 취약계층에게 적절한 서비스를 지원하는 데 특화되어 있는 기관이다. 사회복지기관 중 사회복지공동모금회와 사회복지협의회에서 이러한 네트워크에 참여하여 긴급지원사업으로 재난 발생 시 피해를 입은 지역주민에게 전문적이고 효과적으로 지원할 수 있으며, 사회복지 프로그램을 통해 지역주민들의 트라우마 회복과 관련한 심리적 개입들을 실시하여, 재난이 발생한 지역의 사회문제를 사회복지적 개입으로 문제를 완화할 수 있다(한동우, 2006).

재난 예방, 대비, 대응 및 복구에 있어 지역사회 네트워크는 중요하다. 민관이 협력하여 지역사회가 빠르게 회복할 수 있도록 서비스 지원이 되어야 하며, 재난이 발생 시 공공기관에서 컨트롤 타워 역할을 하고, 재난 발생 후 나타날 수 있는 지역사회의 여러 복합적인 문제를 해결하기 위해 각 문제 특성에 부합하는 기관 서비스가 지원될 수 있도록 지역사회 내 여러 다양한 기관들이 네트워크에 포함되어야 할 것이다. 네트워크를 통해 각 기관이 할 수 있는 역할을 분담하고, 지원하는 서비스 연계 및 조정이 필요하다. 네트워크의 기능은 자원봉사조직과 개인 자원봉사자들의 활동 조정 및 연계이며, 구호품과 관련한 자원 배분이다. 또한 지역주민들의 필요 요구를 조사하여 자원을 연결하며, 데이터베이스를 구축하고 재난과 관련한 정보제공이 필요하다(한동우, 2006). 이러한 기능들이 잘 수행되기 위해서 각 기관의 특성에 맞게끔 업무 분담이 이루어질 수 있도록 해야 한다. 중복지원이 되지 않고 효과적으로 서비스가 지원될 수 있도록 기관 간 소통이 잘 이루어져야 한다. 2013년 4월 15일, 2만 5천여 명이 몰린 미국 보스턴 마라톤 대회장에서 폭탄테러가 일어났을 때 현장에서 사망한 3명을 제외한 부상자 260여 명이 살아남았다. 이때 테러현장에서 활동하였던 활동가들의 인터뷰를 통해 밝혀진 것이, 수년간 보스턴 지역에서 여러 기관이 지역행사를 함께하면서 쌓은 경험과 소통으로 인해 피해자들이 적절하게 의료 서비스를 지원받았으며, 재난 상황에서 긴급 지휘본부가 현장에 즉시 설치되어 각 기관의 역할을 조정함에 따라 효과적으로 대응할 수 있었다는 점이다(한겨레21, 2017). 이러한 재난 대응이 효과적이기 위해서는 장기간에 걸쳐 탄탄한 네트워크가 구성되어야 한다. 충분한 예산 지원과 기관 간 소통을 할 수 있는 연습 기간이 마련되어야지만 재난 발생 시 효과적인 대응을 할 수 있다. 아울러 재난으로 인해 발생되는 피해자들의 문제와 욕구를 기반으로 하는 서비스 체계 구축이 필요하며 이러한 서비스 체계 구축은 각 지역사회의 민·관 기관 및 자원봉사조직, 지역주민들이 활동을 조정하고 연계할 수 있는 기능이 확보되어야 한다.

지역사회 네트워크 강화를 위해서는 어느 한 기관만의 희생이 아닌 다양한 기관들이 서로 협업하고 다양한 기관들 안에서 중심이 되어 컨트롤하는 기관이 필요하다. 또한 지역사회 네트워크가 통합적인 협력체계를 갖추기 위해서는 정기적으로 재난 예방 및 대비를 위한 활동들을 함으로써 네트워크 강화 및 지역사회 재난이 감소할 수 있을 것이다.

3) 재난과 자원봉사

재난이 발생하고 난 뒤 지역사회 회복 및 복구를 위해서는 다양한 지원이 필요하다. 1995년 일본 고베시를 강타한 지진으로 폐허가 된 도시를 다시 복구한 것은 드러나지 않은 시민들의 자발적인 힘이 있었다(재난안전 자원봉사 운영매뉴얼,

2016). 대한민국 태안반도 허베이 스피릿 호 유출사고에서도 대략 200만여 명의 자원봉사자들이 태안반도를 방문하여 기름 제거 작업을 하여 세계적으로도 유례없는 자원봉사 기록에 남게 되었다.

재난 시 자원봉사는 매우 중요한 영역이다. 재난이 발생하면 공공영역 및 민간기관에서 재난 대응 및 복구를 위해 지원을 하지만, 가장 먼저 재난이 발생한 지역에 개입하는 사람은 지역사회 주민조직 혹은 특수 기능 집단의 자원봉사자일 경우가 많다(성기환 외, 2009). 재난 시 자원봉사 영역은 일반 자원봉사와 달리 특수한 상황에서 신속하고 효율적으로 구호 및 복구 중심으로 활동을 한다.

2014년 4월 세월호 사고 수습과 관련하여 자원봉사활동 상황은 해양수산부에 기록되어 있다. 팽목항과 진도 실내체육관에 3,507개의 단체와 36,176명[1]의 사람들이 봉사활동을 하였다. 당시 봉사활동 상황을 살펴보면 〈표 6-1〉과 같다.

〈표 6-1〉 **세월호 사고 수습 관련 자원봉사활동 상황** (단위 : 단체/명)

구 분	합 계	무료급식	물품정리	환경미화	세탁지원	의약품지원	종교활동	기 타
단 체	3,507	840	534	307	268	168	135	1,255
참여인원	36,176	14,336	6,344	4,827	1,465	1,147	748	7,309

출처 : 해양수산부 홈페이지(2017).

세월호 사고로 인해 전국 각지에서 몰린 봉사자들을 전라남도자원봉사센터에서 관리하였으며, 한꺼번에 많은 봉사자들이 몰려 자원봉사자 수칙을 만들어 봉사자 교육 후 활동을 하게끔 하였다. 또한 전라남도자원봉사센터에서는 '팽목항 자원봉사 리포트-219일간의 잊을 수 없는 기록'을 발간하여 세월호 자원봉사 현장을 생생히 느낄 수 있는 사진 및 운영 매뉴얼, 세월호 현장 관련 네트워크 내용을 담았다.

1) 2014년 6월 21일 기준, 누계 전남 1,614개 단체, 17,538명/타 시·도 1,893개 단체, 18,638명으로 기록됨

또한 삼풍백화점 붕괴, 대구 지하철 참사, 일본 한신 대지진의 경우 많은 봉사자가 투입되었고, 자원봉사 관리에 있어 문제점 등이 〈표 6-2〉와 같이 나타났다.

〈표 6-2〉 국내 · 외 자원봉사 사례 비교

		대구지하철	삼풍백화점	한신대지진
기 간		2003. 2. 18.~ 2003. 4. 23.(67일간)	1995. 6. 29.~ 1995. 7. 31.(31일간)	1995. 1. 17.~ 1995. 2. 15.(주활동기간)
장 소		대책본부, 중앙역사, 병원	현장주변, 교대, 사법연수원	한신 전 지역
봉사분야	전문	의료, 심리상담, 통신업체, 산소공급(15개 단체)	의료, 중장비(7개 단체)	의료, 중장비, 통역
	일반	시민, 종교, 민간, 정당, 봉사단체 외 기타 (총 57개 단체)	시민, 종교, 민간, 봉사단체 외 기타 (총 80개 단체)	-
투입인원		27,055명	28,073명	수십만 명
문제점		• 몇 명의 고무원이 통제 • 후원물품관리 및 배분에 있어서 자원봉사과와 사고대책본부의 역할 혼선 • 자유로운 봉사활동참여로 공급과 수요의 불균형	• 재난현장에 지위관리체계가 없어 자원봉사자들이 우왕좌왕하였음 • 소수의 자원봉사자들은 소방본부의 지위통제를 따르지 않고 임의대로 활동 • 부정확한 제보와 유가물품을 훔침	• 행정측은 자원봉사자 이용의 경험 부족 • 행정측과의 연계 미흡 • 각 자원봉사자 간의 연락과 조정 미흡 • 센터기능 결핍

출처 : 여명길 외(2003). 대구 지하철 화재 조사 분석-재난 복구를 위한 자원봉사활동 및 지원체계의 특성.

대구지하철 참사 당시 〈표 6-3〉과 같이 여러 분야에서 자원봉사자들은 개인 및 단체로 활동하였다. 재난이 발생하면 다양한 분야에서 지원이 필요하며 공공 및 민간기관의 인력 및 재정으로는 턱없이 어려운 실정이다. 이러한 부분에 있어 자원봉사자들의 활동이 재난 발생 시 매우 중요하다.

〈표 6-3〉 **대구지하철 참사 자원봉사자 분야별 현황**

활동분야	참여인원(단체수)	소요경비(천 원)	활동장소	수혜인원
급 식	11,894(6)	940,000	사고대책본부, 사고현장	204,000명
간식, 음료수, 생필품 등 제공	10,260(29)	531,000	사고대책본부, 사고현장, 월배차량기지	642,000명
진료 및 투약, 건강검진	1,269(8)	192,000	사고대책본부	11,600명
유가족 고충처리, 심리상담	1,095(4)	14,000	사고대책본부, 사고현장	1,350명
통신서비스	533(4)	30,000	사고대책본부, 사고현장, 월배차량기지	• 무료전화 70대 설치(KT), 이용인원 49,000여 명 • 휴대폰 위치확인 239명
분향실 관리 및 조문객 국화꽃 제공	494(4)	4,000	사고대책본부	90,000명
유가족 산소공급	374(3)	8,000	사고현장	830명
종교활동(천도재, 49재, 예배 등)	240(5)	–	사고대책본부, 사고현장	1,440명
청소, 물품운반 및 관리 등 단순 봉사	350(4)	–	사고대책본부, 사고현장, 병원	–
	546(개인)	–		–

출처 : 여명길 외(2003). 대구 지하철 화재 조사 분석-재난 복구를 위한 자원봉사활동 및 지원체계의 특성.

특수 상황에서 활동하는 자원봉사 단체 중 대표적인 것은 대한적십자에서 운영하는 자원봉사단체이다. 대한적십자는 기관 자체가 「재난 및 안전관리 기본법」과 「재난구호법」에 의거한 재난관리 책임기관 및 긴급구조 지원기관으로, 재난자원봉사 리더 양성 교육을 실시한다. 재난을 대비하여 평소 재난 예방 및 대비 능력을 강화할 수 있도록 재난구호교육을 실시하고, 재난 발생 시 현장에 즉시 투입할 수 있도록 전문 구호요원을 양성하고 있다(대한적십자사 홈페이지, 2017).

또한 재난 발생 시 자원봉사의 중요성에 대한 인식이 높아짐에 따라 국민안전처에서는 재난 발생 시 재난현장에 투입되는 민간기관 및 단체 자원봉사자와 일반자원봉사자들에 대한 조직 구성 및 인력, 자원 등에 대해 기관 간 상호협력을 통해 효율적으로 자원봉사활동이 실행되도록 합동대응계획을 수립하였다. 「재난 및 안전관리 기본법」 제44조, 제47조 및 「자원봉사활동 기본법」 제7조, 제19조에 따라 재난 발생 시 통합자원봉사센터를 설치하여 자원봉사활동 업무를 총괄 · 조정한다. | 그림 6-6 | 과 같이 모든 재난에 적용할 수 있게끔 통합자원봉사지원센터가 어떻게 편제되어야 할지 안을 제시하고 있다. 재난 발생 시 해당 지역 자원봉사 인력 수요 파악 및 조정 · 지원이 필요하며 현장의 자원봉사 활동 지원 사항을 파악하는 것이 중요하다. 또한 자원봉사 기관 및 단체를 확인하여 협력체계를 구축하고 자원봉사자 및 지도자를 위한 교육 및 훈련 등을 실시하여 재난이 발생한 지역에 투입하여야 한다(국민안전처, 2016).

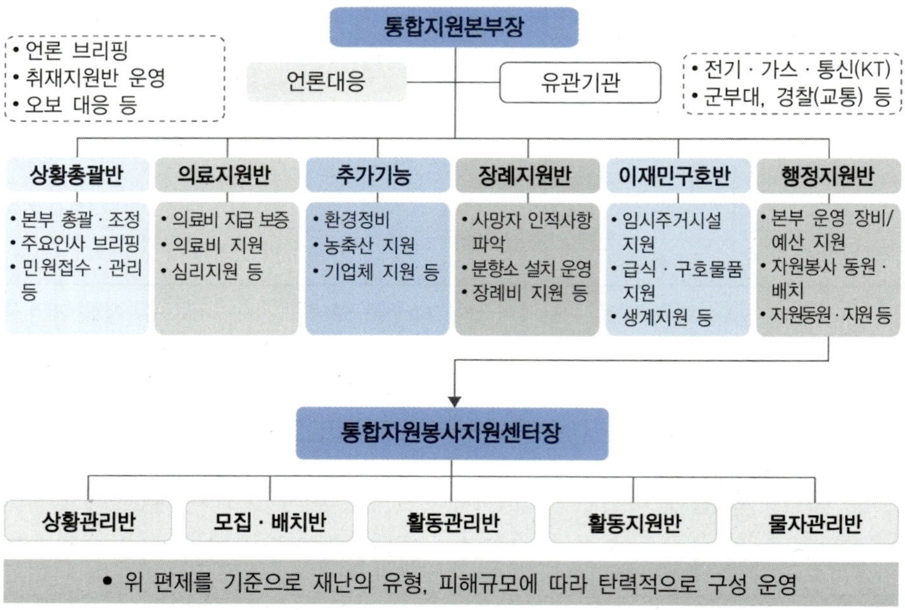

| 그림 6-6 | 모든 재난에 적용 가능한 통합자원봉사지원센터 표준편제(안)

출처 : 국민안전처(2016). 재난 시 자원봉사 협업 가이드북.

재난 대응 및 복구를 위해 활동하는 자원봉사를 확대 발전시키기 위해서는 첫째, 지역의 재난 연구를 위해 전문 인력(대학 및 연구소 등)이 자발적으로 참여하고 재난 발생 시 어떠한 활동으로 나아갈지에 대한 방향을 제시해 주어야 한다. 둘째, 대한적십자에서 재난 발생 시 대응을 위한 자원봉사자 양성을 하고 있으나, 정부 차원에서 자원봉사 활동 전문가를 양성하는 훈련 프로그램이 마련되고 지원될 필요가 있다(성기환 외, 2009). 셋째, 활동하는 자원봉사자들에게 적절한 보상이 마련되어야 한다. 자원봉사는 자발성이 강한 활동이지만 재난이라는 특수한 상황에서 봉사하는 기관 및 개인들의 노력에 대한 적절한 보상이 이루어진다면 자원봉사가 좀 더 활성화될 수 있을 것이다.

재난과 사회복지법

CHAPTER 07

유영미

1. 재난과 법

2013년 7월 안면도 해병대 캠프 훈련 도중 고교생이 5명이 익사한 사고 직후 체험학습을 실시하려는 학교장은 안전 대책을 마련하고, 수탁 업체의 인증 여부, 안전관리 실태를 미리 점검하도록 의무화하는 내용의 학교안전사고 예방 및 보상법 개정안 2건이 발의되었다. 국회가 여야정쟁에 파묻혀 이를 방치하고 있는 사이에 경주 마우나리조트 붕괴사고로 대학생 11명이 희생된데 이어, 세월호 참사가 발생하기에 이르자 국회는 뒤늦게 2014년 4월 29일에 8개월간 방치했던 법안을 통과시켰다. 이는 국가적 재난에 효과적으로 대처하기 위해서는 행정부의 노력뿐 아니라 입법부의 유기적이고 신속한 협력이 절실함을 보여주는 사례가 되었다(법률신문 2014. 5. 8. "국민의 생명, 안전과 직결된 규제는 강화해야 한다" 편 참조.).

헌법 제10조에서 "모든 국민은 인간으로서의 존엄과 가치를 가지며, 행복을 추구할 권리를 가진다. 국가는 개인이 가지는 불가침의 기본적 인권을 확인하고 이를 보장할 의무를 진다"고 규정하고 있다. 이는 국가 위기로 인하여 침해될 수 있는 인간의 존엄, 가치, 행복을 국가가 적극적으로 보호하고 예방해야 함을 밝히는 근거 규정이라고 할 수 있다. 특히 헌법 제24조 제6항은 "국가는 재해를 예방하고 그 위험으로부터 국민을 보호하기 위하여 노력하여야 한다"고 규정함으로써 재난으로부터 국가가 국민을 보호할 책무가 있음을 밝히고 있다.

재난법은 공동체들이 심각한 물리적 손해를 입은 경우에만 작동하게 되는 여러 가지 종류의 법규의 집합에 불과한 것으로 보인다. 그러나 심층적인 차원에서 재난법은 재난의 위험에 대응하기 위한 법규의 최적의 포트폴리오를 조합하는 것으로서, 이는 완화, 긴급 대응, 보상 및 보험과 복구 전략을 포함한다(Daniel Farber, Jim Chen, Robert R. M. Verchick & Lisa Grow Sun, 2009 : 11). 따라서 재난법을 파악함에 있어 염두에 두어야 할 것은 재난법이 다루고자 하는 영역은 법학의 규범적인 요소만이 아닌 과학, 사회학, 정치학 등의 다양한 학문적 관점이 통합적으로 고려되어야 한다는 것이다. 특히 사회적 취약계층에게 더 민감성을 가질 수 있기에 규범적인 접근만으로는 효율적인 위험관리라는 목적을 달성할 수 없기에 재난은 복합적인 맥락으로 고려되어야 하는 영역이다.

2. 우리나라 주요 현행법

현행 재난 및 안전관리 기본법은 재난을 자연재난과 사회재난으로 구분하고 있다. 그러나 재난의 유형과 재난개념을 전제로 한 재난패러다임에 대한 논의는 구별된다고 본다. 실제로 양자의 구분은 결국 그 원인이 인재(人災)냐 천재(天災)냐 하는 점이라고 본다. 비록 후자에 해당한다고 하더라도 결국 법제도의 대상으로 들어 온 재난은 이미 사회적 요소(적절하지 못한 예측, 위험상황의 부적절한 대처, 재해 상황의 회복과 보상 등)가 되었기 때문에 일도양단 식의 구분은 어렵다고 보는 설이 대부분이다.

1) 재난 및 안전관리 기본법

재난 및 안전관리 기본법은 각종 재난으로부터 국토를 보존하고 국민의 생명 · 신체 및 재산을 보호하기 위하여 국가와 지방자치단체의 재난 및 안전관리 체제를 확립하고, 재난의 예방 · 대비 · 대응 · 복구와 안전문화활동, 그 밖에 재난 및 안전관리에 필요한 사항을 규정하는 것을 목적으로, 재난 중심의 국가위기관리를 위한 기본법의 성질을 가지고 있다. 따라서 이 법은 재난을 예방하고 재난이 발생한 경우 그 피해를 최소화하는 것이 국가와 지방자치단체의 기본적 의무임을 확인하고, 모든 국민과 국가 · 지방자치단체가 국민의 생명 및 신체의 안전과 재산보호에 관련된 행위를 할 때에는 안전을 우선적으로 고려함으로써 국민이 재난으로부터 안전한 사회에서 생활할 수 있도록 함을 기본 이념으로 한다.

재난 및 안전관리 기본법의 적용대상은 재난으로부터 국민의 생명 · 신체 · 재산과 국가에 피해를 주거나 줄 수 있는 것을 말하고, 이는 첫째, 자연재해로서 태풍, 홍수, 호우(豪雨), 강풍, 풍랑, 해일(海溢), 대설, 낙뢰, 가뭄, 지진, 황사(黃砂), 조류(藻類) 대발생, 조수(潮水), 화산활동, 소행성 · 유성체 등 자연우주물체의 추락 · 충돌, 그 밖에 이에 준하는 자연현상으로 인하여 발생하는 재해, 둘째, 사회재난으로서 화재 · 붕괴 · 폭발 · 교통사고(항공사고 및 해상사고를 포함한다) · 화생방사고 · 환경오염사고 등으로 인하여 발생하는 대통령령으로 정하는 규모 이상의 피해와 에너지 · 통신 · 교통 · 금융 · 의료 · 수도 등 국가기반체계(이하 "국가기반체계"라 한다)의 마비, 「감염병의 예방 및 관리에 관한 법률」에 따른 감염병 또는 「가축전염병예방법」에 따른 가축전염병의 확산 등으로 인한 피해를 말한다.

이 법은 제 4조에서 "국가와 지방자치단체는 재난이나 그 밖의 각종 사고로부터 국민의 생명 · 신체 및 재산을 보호할 책무를 지고, 재난이나 그 밖의 각종 사고를 예방하고 피해를 줄이기 위하여 노력하여야 하며, 발생한 피해를 신속히 대응 · 복구하기 위한 계획을 수립 · 시행하여야 한다"고 재난관리를 위한 국가 등의 책무를 규정하고 있으며, 제5조에서 "국민은 국가와 지방자치단체가 재난 및 안전관리업무를 수행할 때 최대한 협조하여야 하고, 자기가 소유하거나 사용하는 건물 · 시설 등으로부터 재난이나 그 밖의 각종 사고가 발생하지 아니하도록 노력하여야 한다"고 하여 국민의 책무를 규정하고 있다.

재난 및 안전관리 기본법의 제 · 개정 과정을 살펴보면 2003년 2월 발생한 대구지하철 화재사고를 계기로 참여정부는 재난관리체계에 대한 대대적인 정비에 나섰다. 기존에 재난관리에 관한 포괄적이고 종합적인 기본법이 부재하다는 문제의식에서 위기관리에 관한 기본법으로 「재난 및 안전관리 기본법」이 2004년 3월 제정되었다.

제정 재난 및 안전관리기본법은 각종 재난으로부터 국민의 생명 · 신체 및 재산을 보호하기 위하여 기존에 재해 및 재난으로 혼용하던 것을 '재난'으로 통일하고 인위재난과 자연재해로 이원화된 재난개념을 통합하는 등 재해 및 재난 등으로 다원화되어 있는 재난 관련 법령의 주요 내용을 통합함으로써 국가 및 지방단체의 재난에 대한 대응관리체계를 확립하고, 각 부처에 분산되어 있는 안전관리업무에 대한 총괄조정 기능을 보강하는 등 현행 제도의 문제점을 개선 · 보완하여 재난의 예방 · 수습 · 복구 및 긴급구조 등에 관하여 필요한 사항을 정리하고자 하였다.

이후 국가재난관리체계 개선을 국정과제로 채택하고, 행정자치부에 2003년 3월 17일부터 14개 부처 7개 연구기관 60명의 파견 인원으로 국가재난관리시스템 기획단을 구성하였다. 기존의 민방위재난통제본부가 확대 개편되어 소방방재청이 신설되었고, 「재난 및 안전관리기본법」은 위기관리의 대상으로서 재난의 개념에 인위재난, 자연재해, 민방위사태의 3원적으로 구분하여 운영했던 것을 자연재해와 에너지 · 통신 등 국가기반체계의 마비 등 새로운 형태의 재난을 포함하여 국민의 생명, 신체 및 재산과 국가에 피해를 주거나 줄 수 있는 것으로 정의하여 일원화된 재난을 대상으로 하였다(김근세, 2009). 국가기반 분야를 재난 영역에 포함하여 체계적으로 관리하게 된 배경은 2003년 5월 발생한 화물연대의 파업에 기인한다. 특히 국가기반 재난은 테러, 대규모 시위 · 파업, 폭동, 재난, 해킹 또는 컴퓨터 바이러스 등의 원인에 의해 국가경제 및 국민생활, 정부기능 유지에 중대한 영향을 미칠 수 있는 인적 · 물적 · 기능체계 등이 마비되는 상황으로서, 동 분야로는 에너지, 식용수, 보건의료, 정보통신, 금융전산, 교통, 수송,

원자력, 주요 산업단지 및 정부중요시설 등이 있다. 당시 정부가 관리할 유형으로 선정하여 매뉴얼 체계를 통해 관리에 나선 유형은 사이버, 전력, 원유 수급, 원전 안전, 금융전산, 정보통신, 식용수, 육상화물운송, 보건의료 등 9개 분야였다. 이러한 배경 하에, 우리나라는 기본법인 「재난 및 안전관리기본법」 제3조 1항에 의거 "국민의 생명 · 신체 및 재산과 국가에 피해를 주거나 줄 수 있는 것"을 위기관리의 대상으로서 재난으로 정의하게 되었다.

「재난 및 안전관리 기본법」 제정 이후 종전의 방재계획과 재난관리계획을 '안전관리계획'으로 통합하여 중앙부처의 기본계획과 집행계획, 시 · 도 및 시 · 군 · 구 안전관리계획, 재난관리책임기관의 세부집행계획으로 구분하여 수립하게 되었다. 국무총리는 중앙행정기관의 장이 제출한 안전관리업무에 관한 기본계획을 종합하여 국가안전관리기본계획을 수립하고, 중앙행정기관의 장은 소관사항에 관한 집행계획을 수립하며, 시 · 도지사 및 시장 · 군수 · 구청장은 해당 시 · 도 및 시 · 군 · 구의 안전관리업무에 관한 계획을 수립하도록 하였다(법 제22조 내지 제25조). '국가안전관리기본계획'은 2005년부터 2009년까지 1차 계획이 수립되어 유지되었고, 이명박 정부 들어서 2010년부터 2014년까지의 2차 계획이 운영되었다. 국가안전관리기본계획은 5년을 주기로 중앙안전관리위원회에 의해 마련되는 우리나라 재난안전관리 분야의 법정계획으로서 각 중앙부처 및 지방자치단체의 각종 안전계획의 기본이 되는 최상위계획이다. 이 기본계획에 따라 관계 중앙행정기관의 장은 기본계획과 집행계획을 수립하게 되며, 지방자치단체들은 시 · 도 및 시 · 군 · 구 안전관리계획을 수립하게 된다. 우리나라의 최초의 기본계획인 제1차 국가안전관리기본계획은 참여정부 때인 2004년도에 작성되었으며, 당시의 계획은 '국민이 편안하고 안전한 사회 구현'을 위하여 예방–대비–대응–복구의 단계를 뚜렷하게 정립했다는데 의의가 있다. 1차 계획에서는 국가안전관리계획의 기본 방향을 '종합적 예방대책 수립', '통합적 대비대책 구축', '신속한 대응대책 강화', '항구적 복구대책 강구'로 정했다.

2007년 1월 개정안에서 국가기반체계의 보호를 위하여 계속적으로 관리가 필요한 시설을 국가기반시설로 지정하고, 재난상황이 긴급한 경우에는 신속히 재난사태를 선포하여 주민대피가 가능하도록 하며, 전기통신사업자로 하여금 재난에 관한 예보 또는 경보 등에 필요한 정보를 문자 또는 음성 송신 등의 방법으로 전달하도록 하는 등 각종 재난에 효율적으로 대응할 수 있도록 하려는 것이다. 또한 2008년 11월 말에 새로운 기상재난의 중심에 있는 낙뢰에 대한 국가적 위기관리 능력을 고취할 필요성이 절실한 상황을 고려하여 급격한 기상환경의 변화에 능동적으로 대처하기 위해 낙뢰를 자연재해의 범위에 포함시켰다.

이후 2010년 구제역 대란을 겪으면서 가축 전염병의 중요성이 부각되었고(김병세 · 정익재 · 정지범, 2011), 천안함 · 연평도 사태를 겪고, 우면산 산사태, 대정전 사태를 겪으면서 언론과 전문가들이 지속적으로 비판한 사항은 바로 대상으로서 인적 · 자연재난과 사회적 재난, 그리고 안보의 분리 문제였다. 그중에서도 특히 많은 공감대를 얻었고, 대부분의 실무자와 전문가들이 동의하는 것은 대상으로서 인적 · 자연 · 사회적 재난을 분리하는 것은 문제가 있으며, 이를 총괄하여 관리할 필요가 있다는 것이었다.

2010년 태안 기름유출 사고 등과 같이 다수 기관이 관련되는 대형재난 발생 시 기관 간 협조 등 대응 과정상의 문제점이 반복적으로 발생하는 문제가 있을 뿐 아니라 각종 재난이 대형화되고 빈번해짐에 따라 개별법에 의하여 산발적으로 운영되는 현행 재난관리체계는 많은 문제점을 가지고 있었다. 따라서 예방 · 대응 · 대비 · 복구 등 재난관리체계 전반에 걸쳐 총괄 · 조정기능을 강화하며, 잠재적 위험요소를 발굴하고 신종 · 복합적 재난에 대비하기 위하여 정부 차원에서 재난 및 안전관리를 강화하며, 모든 유형의 재난에 공통적으로 적용할 수 있는 '국가재난관리기준'의 제정, 체계적인 홍보계획의 수립, 상황보고체계 개선 등을 통하여 재난대비활동의 안전성과 책임성을 제고하고자 하였다.

또한 현행 법제도 하에서는 새로운 형태의 신종재난에도 효과적으로 대응하기 힘들다는 견해가 널리 공유되면서 결국 현행 「재난 및 안전관리 기본법」에서 규정하고 있는 재난 정의에 대한 재고가 필요하다는 것으로 귀결된다. 그리하여 현행법에서는 재난을 '국민의 생명 · 신체 및 재산과 국가에 피해를 주거나 줄 수 있는 것'으로 정의하기에 이르렀다. 이는 피해를 주는 위해(hazard) 원인(cause) 및 피해의 결과(result)를 모두 포괄하고 있는 정의로 볼 수 있다. 그리고 피해를 줄 수 있는 위해 원인의 경우 나열식으로 제시하는 방법을 사용하고 있다. 또한 이 정의에 따르면 재난의 근본 원인인 사회적 취약성 및 국민들이 경험하는 정신적 피해에 대한 고려도 부족하다. 따라서 앞에서 제시한 다양한 재난 정의의 국제적, 학문적 정의를 참고하고, 미래 재난 양상을 고려한 새로운 재난 정의를 고민할 필요가 있다(김병세 · 정익재 · 정지범, 2011).

2014년 5월 29일 안전행정부는 재난관리 및 대응체계를 전면적으로 수정하기 위하여 정부조직법과 재난 및 안전관리 기본법의 일부개정안을 입법예고하였다. 공고된 이 법률안들에 의하면 기존의 안전행정부가 관할하던 재난 및 안전관리 기능은 신설되는 국가안전처로 이관하게 되며, 안전행정부는 행정자치부로 이름을 변경하게 된다. 미국의 연방재난관리청(Federal Emergency Management Agency)을 모델로 한 것으로 보이는 국가안전처는 국무총리 소속하에 설치되게 되며 추후 재난 및 안전관리의 컨트롤타워 역할을 할 것으로 예상되었다.

재난 및 안전관리기본법 개정법률안에 의하면 국가안전처는 국가 및 지방자치단체가 수행하는 재난 및 안전관리 업무를 총괄하고(재난 및 안전관리 기본법 개정법률안 제6조), 재난 및 안전관리 사업을 평가 · 관리 · 심의하는(안 제10조의 2, 10조의 3) 기관이다. 개정 법률안은 대형 재난 발생시 설치되는 중앙대책본부장의 권한을 국무총리가 행사하도록 하고(안 제14조), 재난현장에서 긴급구조 활동을 위해 참여하는 경찰, 군부대, 긴급구조지원기관 등은 소방서장의 지휘를 따르도록 하여 재난현장 지휘권을 명확화하고(안 제17조의2), 안전점검업무 수행공무원에게 특별사법경찰직무를 수행할 수 있도록 하며(안 제32조의2), 세월호 침몰사고를 추모하고 국민 안전의식을 제고하기 위하여 매년 4월 16일을 국민안전의 날로 지정하고(안 제66조의 3), 지방자치단체에 재난 및 안전관리 전담 부서를 두고 재난 및 안전관리 담당공무원을 우대하도록 하는(안 제76조의3)것을 주요한 내용으로 하고 있다.

위와 같은 개정안은 국가의 재난 및 안전관리 기능을 국가안전처로 통합하여 격상하고 현장에서 실질적이고 효율적인 재난의 대응이 이루어지도록 하려는 데에 그 목표가 있는 것으로 보인다. 그러나 재난 및 안전관리 기능이 격상된 기관으로 이관되더라도 조직내에서 효율적인 통합과 기능간의 조율이 이루어지지 않는다면 실질적인 재난관리 능력의 향상은 기대하기 어려울 것이다. 또한 예고되었던 해양경찰청 조직의 해체 이외에 소방방재의 기능까지 흡수되어 국가안전처로 통합될 것이 예고되었는데 이는 기능의 통합에 의해 조직적이고 유기적인 재난대응이 이루어질 수 있다는 점에서 일부 순기능이 예상된다. 그러나 독립된 '청'으로 존재하던 조직이 소방본부로 격하될 것으로 예상되면서 현장에서 직접 재난대응업무를 수행하여야 할 일선 소방관들의 사기가 저하될 것이라는 우려가 높아지고 있는바, 개정안이 제시하고 있는 재난 및 안전관리 담당공무원 우대 규정의 취지에 비추어 볼 때 최일선의 재난 및 안전관리 담당공무원인 소방관에 대한 고려가 충분하였는지 재차 검토하여야 할 필요가 있다고 생각된다.

2) 재난적의료비 지원에 관한 법률

현행 건강보험제도의 제한적 의료보장체계(저부담 · 저급여)에 따른 문제점을 해소하기 위하여, 2017년 8월 발표된 건강보험 보장성 강화대책에서는 모든 비급여 항목에 건강보험을 적용할 것을 발표하였다. 그러나 보장성 강화대책 시행 후에도 예비급여와 같은 제한적 급여가 적용되는 진료 항목의 경우, 일반적인 요양급여의 경우보다 높은 본인부담비율이 적용되어 중증 · 만성질환자들의 의료비 지출에 따른 경제적 부담을 덜어주기에는 부족한 실정이다.

이를 막기 위하여 도의 법률 제정을 통하여 건강보험이 보장하지 않는 부분에 대한 의료비를 지원함으로써, 모든 국민의 의료접근성을 보장하고 건강 보호에 이바지하려는 것이다.

이 법은 소득수준에 비하여 과도한 의료비 지출로 경제적 어려움을 겪는 국민들에게 의료비의 일부를 지원하여 의료이용의 접근성을 높임으로써 사회보장을 증진하고 국민건강 보호에 이바지함을 목적으로 한다.

이 법의 제3조에서는 "국가는 재난적 의료상황에 처한 사람에게 적절한 지원을 하도록 노력하여야 하며, 재난적 의료비의 지원 대상, 소득 · 재산 기준, 지원 내용 · 절차 및 그 밖에 필요한 사항 등 재난적 의료비의 일부를 지원하는 사업(이하 "재난적 의료비 지원사업"이라 한다)에 관하여 적극적으로 안내하여야 한다"와 "「의료법」에 따른 의료인 및 의료기관의 장 등은 재난적 의료비 지원사업에 적극 협조하여야 한다"며 국가 등의 책무에 대하여 규정하고 있다.

3) 기타 관련 법

재난 및 안전관리 기본법은 "재난 및 안전관리에 관하여 다른 법률을 제정하거나 개정하는 경우에는 이 법의 목적과 기본 이념에 맞도록 하여야 한다"고 하여 이 법이 가진 재난관리를 위한 기본법의 성격을 제시하고 있다. 재난 및 안전관리의 경우 재난 및 안전관리 기본법이 있고 분야별로는 소방과 관련하여 소방기본법이, 자연재해와 관련하여 명칭은 기본법이 아니지만 자연재해대책법이 기본법의 역할을 수행하고 있다고 할 수 있다. 각 위기관리 유형별로 제정된 기본법을 구체화하는 과정에서 개별 법령들이 제정되는데, 이러한 개별 법령들은 재난 유형에 따라 구분될 수 있다. 개별 법령을 구분하는 재난 유형은 자연재난, 인적재난, 사회적 재난으로 구분할 수 있으며, 그 외에도 재난 관련 법으로 자연재해대책법, 민방위기본법, 위험물안전관리법, 시설물의 안전 및 유지관리에 관한 특별법, 소방기본법, 지진 · 화산재해대책법, 풍수해보험법 등이 있다.

그중 사회복지와 관련성이 높은 재해구호법은 비상재해가 발생하였을 때에 재해를 긴급복구하고 이재민을 보호하여 사회질서를 유지하고자 1962년에 제정되었다. 이후 개정과정을 거쳐 오늘날 이재민(罹災民)의 구호와 의연금품(義捐金品)의 모집절차 및 사용방법 등에 관하여 필요한 사항을 규정함으로써 이재민 보호와 그 생활안정에 이바지함을 목적으로 규정하고 있다.

수없이 많은 위험 요인을 전부 관리한다는 것은 국가적으로 곤란한데다 자원의 효율적 배분과 사용이란 측면에서도 한계가 있다. 따라서 수많은 위험 요인 중에서 이미 발생하였거나 자주 발생하는 유형 중 피해규모가 큰 유형(예: 강력한 태풍으로 인한 피해), 아직 발생은 하지 않았지만 발생하면 대규모 피해가 우려되는 유형(예: 대규모 방사능 누출사고), 환경변화로 인한 위기의 대비가 필요한 유형(예: 고속철도 개통에 따른 대형사고) 등의 기준을 통해 국가적으로 관리할 위기유형을 선정했다.

우리나라는 2004년 소방방재청 설립 이전, 자연재난에 대응하는 '방재', 인적재난에 대응하는 '안전관리', 그리고 외적의 침입 등에 대응하는 '민방위' 분야에 대하여 각 개별 부처가 위기관리의 주체 역할을 담당했다. 대표적 자연재난인 풍수해 대응을 위해, 1967년에는 「풍수해대책법」이 제정되면서 방재기본계획제도가 확립되었다. 이에 따라 중앙 단위의 방재업무계획이 수립되었고, 건설부가 주무부처 역할을 담당했다(이종열, 2008). 그 이후 1990년 정부조직법을 개정하여 재해대책업무를 건설부에서 내무부로 이관하게 되었는데, 이는 방재업무의 효율성을 위해서는 지방자치단체의 효과적 통제가 필요하다는 인식에 기인한다. 이에 따라 1994년 내무부 방재국산하에 방재계획과 · 재해대책과 · 재해복구과를 신설하였다. 인적재난의 경우 1995년 「재난관리법」이 제정되고 내무부 민방위본부에 재난관리국이 신설, '민방위재난통제본부'로 확대 개편되면서 체계적 관리를 시도하게 되었다. 「재난관리법」은 국가재난관리에 대한 조직상의 체계 및 재난의 예방과 복구, 긴급구조재난에 대한 종합적이고 체계적인 운영의 기틀을 마련한 법률이라고 볼 수 있다. 결국 소방방재청 설립 이전, 우리나라의 재난안전관리 체계는 「재난관리법」, 「자연재해대책법」, 「민방위기본법」의 3개의 주요 법률하에 재난유형별로 개별법에 따라 행정자치부의 민방위통제본부를 중심으로 관리체계를 갖추었다고 볼 수 있다. 민방위재난통제본부는 자연재난 관리에 대한 총괄적인 업무를 담당하는 방재국, 인위재난에 대한 기능을 담당하는 재난관리국, 민방위사태에 대한 총괄적인 업무를 수행하는 민방위국, 소방업무를 담당하는 소방국으로 편성되었다. 특히 기타 관련 법 중「자연재해대책법」은 재해를 "재난 및 안전관리 기본법 제3조 제1호에 따른 재난으로 인하여 발생하는 피해"로 정의하여(자연재해대책법 제2조) 자연재난과 사회재난을 포함하고 있다[1]. 이 외에 자연재해는 "자연재해"란 제1호에 따른 재해 중 기본법 제3조 제1호 가목에 따른 자연현상으로 인하여 발생하는 재해, "풍수해(風水害)란" 태풍, 홍수, 호우, 강풍, 풍랑, 해일, 조수, 대설, 그 밖에 이에 준하는 자연현상으로 인하여 발생하는 재해로 정의하고 있다.

참여정부는 자연재난 및 인적재난 분야의 재난관리업무를 총괄적으로 수행하는 전담기관으로 소방방재청을 개청(2004. 6)하였다. 이는 우리나라 재난관리의 주체들이 분야별로 분산되어 효과적 재난관리가 이루어지지 못했다는 비판에(소방방재청, 2007) 근거하여 통합적 재난관리 체계를 구축하려는 시도로 볼 수 있다. 이와 함께 기존에 자연재난 분야의 중앙재해대책위원회 및 중앙재해대책본부(이상 자연재해대책법)와 인적재난 분야의 중앙안전대책위원회 및 중앙사고대책본부(이상 재난관리법)로 분리되어 있던 분야별 최고의사결정기구 및 비상대책기구를 국무총리가 위원장인 중앙안전관리위원회와 행정자치부장관이 본부장인 중앙재난안전대책본부로 일원화하였다. 그리고 주무부처에는 중앙사고수습본부를 두도록 하였으며, 소방방재청장을 단장으로 하는 중앙긴급구조통제단을 중앙재난안전대책본

1) 자연재난의 경우 태풍, 홍수, 호우(豪雨), 강풍, 풍랑, 해일(海溢), 대설, 낙뢰, 가뭄, 지진, 황사(黃砂), 조류(藻類) 대발생, 조수(潮水), 화산활동, 소행성 · 유성체 등 자연우주물체의 추락 · 충돌, 그 밖에 이에 준하는 자연현상으로 인하여 발생하는 재해를 말하며, 사회재난의 경우 화재 · 붕괴 · 폭발 · 교통사고(항공사고 및 해상사고를 포함한다) · 화생방사고 · 환경오염사고 등으로 인하여 발생하는 대통령령으로 정하는 규모 이상의 피해와 에너지 · 통신 · 교통 · 금융 · 의료 · 수도 등 국가기반체계의 마비,「감염병의 예방 및 관리에 관한 법률」에 따른 감염병 또는「가축전염병예방법」에 따른 가축전염병의 확산 등으로 인한 피해를 포함한다(「재난 및 안전관리 기본법」 제3조).

부 산하에 설치하여 범정부 차원의 재난대처 능력을 강화하였다. 이러한 재난관리 주체의 변화는 「재난 및 안전관리 기본법」 제정을 통해 이루어졌다.

이와 함께 사회적 재난으로서 국가기반 및 보건재난 분야는 각각의 주무부처를 주관기관으로, 관련되는 유관기관 및 실무기관으로 유형별 재난관리 체계를 구축하는 한편, 자연재난 및 인적재난의 경우와 마찬가지로 중앙안전관리위원회(위원장 : 국무총리) – 중앙재난안전대책본부(본부장 : 행정자치부장관) – 중앙사고수습본부(본부장 : 주무부처 장관)의 최고의사결정 및 비상대책기구 체계를 구축하였으며, 행정자치부장관은 동 분야 재난관리업무의 총괄 및 조정, 통합지원 기능을 수행토록 하였다.

3. 해외의 재난 관련 법

1) 미국의 재난구호 및 긴급구제법과 대응

미국의 재난 대응 체계에서 중심축이 되는 법률은 스태포드 재난구호 및 긴급구제법(Stafford Disaster Relief and Emergency Assistant Act)이다. 스태포드법은 재난을 당한 주의 주지사의 요청이 있고 재난의 규모와 피해에 비추어 볼 때 주정부 또는 지역정부의 역량으로는 한계가 있다고 판단될 때 대통령의 선언에 의해 연방정부 차원의 지원을 제공하는 법률로서 연방정부의 지원은 연방군자원의 파병까지 포함된다(Daniel A. Farber & Jim Chen, Disasters and the Law, 2006 : 25) 재난이 발생한 주의 주지사로부터의 요청이 있을 때 대통령은 이를 검토하여야 하며, 상황의 심각성과 규모로 볼 때 효율적인 대응이 주정부나 지역정부의 능력의 범위를 넘어선다고 판단될 때 긴급사태(emergency) 또는 주요재난사태(major disaster)임을 선언할 수 있고, 이에 의해 미국 국토안보부(Department of Homeland Security) 산하의 연방재난관리청(Federal Emergency Management Agency)[2]의 주도하에 스태

2) 연방재난관리청은 1979년 카터 대통령에 의해 창설된 기관으로서 테러행위를 포함하여 자연재난과 인

포드법에 따른 연방정부의 지원이 제공된다(스태포드법 제501조). 스태포드법에 의하면 "긴급사태(emergency)" 또는 "주요재난사태(major disaster)"가 선언될 경우, 대통령은 이러한 재난상황을 직접 통괄하고 지시할 권한과 책임을 부여받는다.[3)]

스태포드법은 주요 재난 시 개인에 대한 연방정부의 지원에 대해서도 매우 자세하고 구체적으로 규정하고 있다. 예컨대 연방정부는 재난으로 주거를 상실한 개인 또는 가구에게 임시 주택의 임차를 위한 비용을 지원하거나 만일 지역 내에 임차할 만한 주거용 건물이 부족한 경우 직접 임시 주택을 구입하거나 임차하여 주거를 상실한 개인 또는 가구에게 제공할 수 있고, 주거의 수리 및 교체 비용을 지원할 수 있다(스태포드법 제408조). 연방정부에서 직접 주택을 제공할 경우 원칙적으로 주요재난사태 선언으로부터 18개월까지의 기간까지만 제공이 가능하다. 또한 주요재난사태로 인하여 실직한 개인에게 주정부 및 연방정부 차원의 재취업 지원이 제공될 수 있다(스태포드법 제415, 416조). 식량의 지원과 관련하여 저소득 가구의 경우 급식 쿠폰 등이 제공될 수 있고, 재난이 발생한 지역에 식량이 부족할 경우 연방예산으로 식권을 구매하여 배급할 수 있음이 규정되어 있다(스태포드법 제412, 413조). 또한 저소득층에게는 법률지원이 제공될 수 있고, 정신건강에 문제가 생긴 피해자들을 위하여 전문적인 상담 서비스도 제공될 수 있다(스태포드법 제411조).

이 외에도 2000재난피해저감법, 국토안보법, 애국법, 2006 카트리나 이후 위기관리개선법 등의 5개 법률이 기본법적 성격을 가지고 재난 및 안전관리에 적용되고 있다.

공적 재난의 대비, 예방, 재난의 영향의 완화와 대응 및 재난으로부터의 복구에 있어 연방정부의 역할을 조율하는 기능을 수행한다.

3) 우리 「재난 및 안전관리 기본법」 개정법률안은 대규모 재난 시에 국무총리가 본부장이 될 수 있고 신설되는 국가안전처장이 차장이 되도록 하고 있으나 대통령에게는 직접적인 권한과 책임을 부과하지 않고 있는 것에 비해 미국의 스태포드법은 재난사태 시 대통령에게 직접 권한과 책임을 부과하고 있다는 점에서 차이를 보인다.

2) 일본의 재해대책기본법과 대응

일본은 재난의 예방과 대응에 관하여 재해대책기본법을 제정하여 시행하고 있다. 일본의 재해대책기본법은 우리의 재난 및 안전 관리기본법과 유사하게 총칙 및 재해 관련 조직, 재해계획, 재해예방, 재해긴급대책, 재해복구, 피해자의 원호를 도모하기 위한 조치, 재정금융조치, 재해비상사태 등과 부칙 및 벌칙의 11장으로 이루어진 재난의 대응에 관한 기본법이다. 일본의 재해대책기본법은 우리의 「재난 및 안전관리 기본법」과 유사한 구조로 이루어져 있지만 각각의 장의 구체적인 내용을 보면 재난의 대응체계 및 대응조치, 구호 등에 있어 더욱 상세한 규정을 두고 있는 것이 특징이다.

일본의 재해대책기본법은 재난을 "폭풍, 폭우, 폭설, 홍수, 만조, 지진, 쓰나미 기타 통상적이지 않은 자연 재해, 화재, 폭발 등"으로 규정하고 있어(재해대책기본법 제2조 제1항), 자연재해로 야기된 재난에 초점을 맞추고 있는 것이 특징이다. 또한 일본에는 미국의 연방재난관리청과 같은 재난을 관리하는 독립된 기관은 없으나 재해의 예방과 재해의 대응 및 복구에 있어 중앙정부와 현(縣) 및 시정촌(市町村)의 각급 지방자치단체별로 각각의 권한과 책임이 구체적으로 기술되어 있어 각급 정부 차원의 유기적인 협력이 이루어지도록 하고 있다(제2조 제9항).

일본의 재해대책기본법상 국가의 책무는 재해예방과 응급대책 및 재해 복구의 기본계획을 수립하고, 법령을 제정하며, 자치단체, 국가 및 지역 공공기관에 의해 수행되는 재난 예방과 관련된 사업 수행을 조정하는 데에 있다(제3조 제2항). 현은 다른 기관과 지방자치단체와 협력하여 지역적 재난예방계획을 제정하고 시행하며, 현 내의 시정촌과 현내 행정기구의 재난 예방과 관련된 사업 또는 영업의 수행을 지원하고 조율할 책임을 진다(제4조). 기초자치단체인 시정촌은 관련기구 기타 자치단체들과 협력하여 시정촌 내의 재난예방계획을 수립하고 이를 시행할 책임을 진다(제5조). 일본의 재해대책기본법은 우리 재난 및 안전관리 기본법과 달리 국가 및 지방자치단체뿐 아니라 법에서 지정하고 있는 전국적 공공기관(제2조 제5항)과 지역적 공공기관(제2조 제6항)에도 재난과 관련한 책임을 직접 부과하고 있는 것이 특징이다.[4] 즉, 이러한 공공기관들은 재해대책기본법에 따라 각각의 사업과 관련된 재난 예방 계획을 수립하고 이를 시행할 책임이 있으며 각각의 사업과 관련하여 현과 시정촌에 협력하여야 할 책임이 있다.

일본의 경우 내각부에 설치되어 총리가 회장이 되는 중앙방재회의가 재난예방과 재난대응에 있어 중추적인 역할을 담당하게 되는바(제11조), 이는 우리 「재난 및 안전관리 기본법」의 중앙안전관리위원회에 상응하는 기관이라 할 수 있다. 이러한 중앙방재회의를 중추로 각 지역별로 각 현 및 시정촌에 각급 지방자치단체의 장을 의장으로 하는 자치단체별 방재회의가 설치되게 되는데, 중앙방재회의는 물론 각급 자치단체별 방재회의의 구성원의 자격(제15조 제5항)[5]에 대하여 법에서 상세하게 규정하고 있으며 전문 지식이 필요한 경우 전문위원을 임명하여 참여시킬 수 있음을 명문으로 규정하고 있다(제12조).[6] 또한 필요한 경우 수개의 현 또는 시정구가 공동으로 지역방재회의협의회를 설치하도록 근거를 마련하고 있다(제17조).

재난 발생 시의 긴급구조와 관련하여 우리 「재난 및 안전관리 기본법」은 중앙 및 지역의 긴급구조통제단의 조직 및 긴급구조의 지휘 및 평가에 관한 원칙만을 규정하고 실제 긴급구조가 이루어지는 절차 등에 대해서는 시행령에 많은 부분을 위임하고 있으나 일본의 재해대책기본법은 정보의 수집 및 전달, 경보의 전달, 대피의 지시, 대피소의 지정 및 재해 응급대책, 필요 물자의 운송에

---

4) 재해대책기본법 제2조 제5항에 따라 전국적 공공기관은 일본전신전화공사, 일본은행, 일본적십자, NHK 및 총리가 지정한 전력, 가스, 교통, 통신 기타 공공시설과 관련된 기업, 그리고 제2조 제6항에 따라 지역적 공공기관으로는 항무국, 토지개량구, 각 현의 지사가 지정한 전력, 가스, 교통, 통신 기타 공익적 사업을 영위하는 법인으로서 내각 총리대신이 지정한 기업이 포함된다.

5) 예컨대 현의 방재회의의 경우 현내 자위대 본부 사령관 또는 사령관이 지정하는 기구의 장, 현의 교육감, 경찰청장, 기타 공무원과 시정청의 장 및 현내 소방서장 중 지사가 지정한 자, 현내 공기업 임직원 중 지사가 지정한 자 등으로 구체적으로 열거되어 있다.

6) 우리나라의 「재난 및 안전관리 기본법」은 시행령을 통해 중앙위원회의 구성에 대하여만 규정하고 있을 뿐 지역위원회의 구성에 대하여는 자세한 규정을 두고 있지 않다.

이르기까지 매우 세부적인 사항까지 법률에서 규정하고 있는 것이 특징이다. 재해의 복구와 피해자의 구호와 관련하여서도 일본 재해대책기본법은 우리 법에 비해 구체적인 조치를 규정하고 있는데, 예컨대 재해대책기본법은 피해자의 구호를 위하여 재해의 피해자의 신청에 의해 이재증명서를 작성하고(제90조), 시읍면 장으로 하여금 이재민대장을 작성케 하여 이를 피해자의 구호에 활용하도록 하는 조치(제92조)를 법에서 직접 규정하는 등 세부적인 사항까지 법에서 직접 규정하고 있다.

3) 시사점

스태포드법상의 재난의 복구를 위한 개인에 대한 연방정부의 지원과 우리 「재난 및 안전관리 기본법」 제66조에서 규정하고 있는 특별재난지역으로 선포된 지역의 피해주민에 대한 지원과 비교하여 본다면, 우리 법은 특별재난지역의 선포 및 지원에 관하여 단 7개 조문을 두고 있으며, 법률에서 구체적인 내용을 규정하지 않은 채 많은 부분을 시행령에 위임하고 있어 스태포드법에서 주택의 직접지원이나 재취업의 지원, 법률적 지원에 이르기까지 제공되는 지원의 내용에 대해 구체적으로 특정하고 있는 것과는 많은 차이를 보인다. 이는 최근 공고된 「재난 및 안전관리 기본법」에서도 크게 달라진 바 없어 아직 우리 법에서는 구체적인 구호의 노력보다는 피상적인 원칙의 나열에 그치고 있다는 느낌을 지울 수 없다.

미국의 스태포드법과 일본의 재해대책기본법에 대하여 살핀 후 우리의 「재난 및 안전관리 기본법」 및 입법예고된 일부개정법률안을 비교하여 보았다. 앞에서 분석한 바와 같이 스태포드법과 재해대책기본법은 응급대응이 이루어지는 절차가 우리 법에 비해 상세한 것은 물론 재난 후의 지원 및 복구에 대해서도 구체적이고 세밀한 규정을 두고 있다. 이에 비해 우리 법은 이와 관련하여 9개의 조문만을 두고 있으며 그중에서도 피해자에 대한 지원은 단 2개의 조문만을 두고 있으며 또한 구체적인 내용도 대부분 시행령에 위임하고 있다. 개정안의 주요 내용도 재난관리 기능의 이전과 재난 관련 조직과 관련된 것이 대부분이며 피해자의 실질적인 지원과 구호에 관하여는 진전된 조치가 보이지 않는다. 재난 및 안전관리제도에 있어 대대적인 개혁이 예고되고 있는 현 시점에서 「재난 및 안전관리 기본법」 개정안의 주된 관심은 재난의 대응 기능의 이관 및 통합이라는 조직적인 개선에만 국한되어 있는 것으로 보인다. 그러나 재난의 주기에 있어 피해자에 대한 보상과 재난으로부터의 복구는 재난에 대한 대응만큼이나 중요한 의미를 지니며, 미래에 발생할 수 있는 재난의 영향을 완화시킬 수 있는 재난예방으로서의 의미도 지닌다는 점에서 매우 중요하다. 「재난 및 안전관리 기본법」의 개정논의 및 앞으로의 개정 방향에 있어 피해자에 대한 보상과 복구 시스템에 관한 전반적인 개선 노력이 있어야 할 것으로 사료된다.

4. 재난 관련 법과 사회복지

재난법과 관련된 여러 가지 논점 중 사회복지에서 제기할 수 있는 논점 중의 하나는 재난과 빈곤의 문제이다. 특히 최근 재난에 대한 취약성과 재난으로부터의 회복력(resilience)(수용할 만한 수준의 기능과 구조에 도달하고 이를 유지하고자 저항하거나 변형함에 의해 위험에 잠재적으로 노출된 시스템, 공동체, 사회 등의 적응 능력을 의미한다)이 재난의 대응 및 극복에 있어 중요한 논점으로 부상하면서 빈곤층이 재난의 위험에 상대적으로 취약하고, 또한 재난으로부터의 복원력 역시 다른 경제적 계층에 비해 비대칭적으로 취약함이 지적되고 있다. 이와 관련하여 2005년 일본 효고현에서 개최되었던 재난 감소를 위한 국제회의(the World Conference on Disaster Reduction)에서 채택된 2005-2015년도 행동 프레임워크(Framework for Action 2005-2015 : Building the Resilience of Nations and Communities to Disaster)에서의 접근은 참고할 만한 가치가 있다. 이른바 효고 체제(Hyogo Framework)로 불리는 이 계획은 앞서 살핀 바와 같이 재난을 물리적, 사회적, 경제적, 환경적 취약성과 위험이 결합할 때 발생하는 것으로 파악하면서, 재난 위험의 감소를 위한 노력은 지속가능한 발전과 빈곤감소를 위한 정책 및 계획과 제도적으로 밀접하게 관련되어 있음을 인식하고 있다. 이를 전제로 효고 체제는 지속가능한 개발, 빈곤의 감소, 바람직한 거버넌스와 재난 위험의 감소는 호혜적인 목표임을 인식하고 있다. 이와 함께 재난 관련 법과 관련하여 필요한 노력들을 살펴보겠다.

해외 사례의 경우 안전 관련 법령들의 다양성과 중복성을 인정하고, 대신 우리나라의 '안전관리계획' 같은 계획이 다양한 이해당사자들을 네트워크로 묶고 효과적 조정 작업을 하고 있다는 점은 향후 우리나라 안전관리 부문에 매우 큰 시사점을 주고 있다. 첫째, 재난 분류를 통합할 필요가 있다. 현행과 같은 자연, 인적, 사회적 재난의 구분은 최근 증가하고 있는 다양한 복합재난과 신종재난을 정의하는 데 한계가 있을 수밖에 없고, 불필요한 관리 주체의 혼선을 일으키고 있다. 여러 부처에서 다양한 법들을 통하여 중복 규제를 하는 경우도 많기 때문에 안전 규제의 효율성 및 체계성도 떨어지는 실정이다. 문제의 근원은 기본법 자체에서 안전 및 안전관리에 대한 내용이 매우 부실하며, 타 법과의 체계적 연계를 고려하지 못하고 설계되었다는 데 있다. 실제로 기본법상에서도 '안전관리'에 대한 정의(「재난 및 안전관리 기본법」 제3조 제4항 "안전관리"란 사람의 생명 · 신체 및 재산의 안전을 확보하기 위하여 하는 모든 활동을 말한다)는 있지만 '안전'에 대한 정의는 없다. 또한 기본법 제정 당시에도 이미 다양한 부처에서 수행하고 있었던 안전관리 업무를 총괄하겠다는 의도는 있었으나 타법과의 연계 체계를 구축하지 못한 채 서둘러 제정되었다는 태생적 한계가 있었다. 따라서 향후 기본법 개정을 통하여 재난의 정의를 통합하는 것이 바람직할 것이다. 새로운 법령과 기구를 신설하는 것이 아니라 이미 법에 존재하는 제도와 기구를 실효화하는 것일 수 있다.

둘째, 국가 안전관리를 총괄하고 부처 간 조정 기능을 강화하기 위해서 계층적 네트워크(hierarchical network)의 구성과 같은 형태도 모색해 볼 필요가 있다. 일선 현장에서는 '부처 간 대응체계의 중복 · 혼선' 문제를 지적하고 있는 실정이다. 따라서 다양한 기관 간의 총괄 · 조정 기능은 무엇보다도 중요하다고 볼 수 있다.

이는 계층적 '명령과 통제'의 문제라기보다는 네트워크를 강화하는 '협력'의 문제일 수 있다. 이 과정에서 중앙안전관리위원회 및 관련 기구는 다양한 네트워크 구성원의 조정과 협력을 촉진하는 상위기구의 역할을 수행할 것이다. 구체적으로 법령 위주의 통합작업보다는 계획 위주의 통합작업에 노력한다. 즉, 전문성을 가지고 있는 각 부처의 소관 법률과 충돌 가능성이 있는 무리한 법 개정 작업보다는 '국가안전관리 기본계획'과 그에 따른 부처별 '집행계획'이 보다 실효성을 가지도록 개선작업을 추진해야 할 것이다. 관련 법체계 및 업무의 분장, 총괄조정기능이 미흡하다 보니 타 법 규정과의 법적인 권한 및 범위 그리고 책임의 명확한 개념정리가 부족한 것이 사실이다. 또한 안전관리책임기관 간의 통합 또는 적절한 활용을 위한 컨트롤 타워의 부재로 인한 재난은 다시는 없어야 할 것이다. 재난안전분야를 강화시켜 법적인 기능의 개선과 진화로 대형사고 등에 대한 무분별한 대처를 감당하기 위한 특별한 대안이 필요한 이유가 여기에 있다.

셋째, 안전불감증에 대비하는 우리의 자세에 대해서도 고민해 볼 필요가 있다. 불필요한 규제의 혁파는 국민 편의 증진, 삶의 다양성 확대와 창의력 향상, 사회와 경제의 건전한 발전, 국가경쟁력 강화, 부정부패의 감소에 기여한다는 데 이견이 없다. 그러나 국민의 생명, 안전과 직결되는 분야에 있어서는 문제가 다르다. 사고가 잦다고 수학여행을 법령으로 전면 금지하거나, 허가제로 바꾸는 것은 과도한 규제로서 허용될 수 없는 것이지만, 학교와 학부모 대표가 수학여행의 목적지, 체류장소와 이동수단의 안전성, 일정과 프로그램의 적절성 등을 사전 점검하도록 의무화하는 것은 최소한의 필요 조치라 할 수 있다. 대체로 현존하는 우리나라의 법과 규정 자체는 거의 선진국 수준인데, 그 규정들이 무시되고 지켜지지 않을 때 따르는 불이익은 너무나 약하다. 그래서 지금 우리에게 가장 필요하고 중요한 것은 모든 공무원과 관련기관 임직원은 물론이고, 우리 국민 각자가 자기 직업과 자기 업무와 자기 일에 전문성과 자부심을 가지고 어떤 조그마한 일이라도 철저히 해야 한다는 것이다. 안전에 관련된 공무원이나 관련기관 담당자들은 정확한 기준을 토대로 점검 및 평가를 실시하여 국민들로부터 신뢰를 받아야 한다. 국가가 건강하고 튼튼하려면 유비무환이 되어야 하고 위급한 상황에 처했을 때 신속하고 정확하게 작동하여 국가의 소중한 자산을 지켜내야 한다. 그것이 건강한 국가다. 헌법 제1장 총칙 제7조 제1항에 "공무원은 국민 전체에 대한 봉사자이며, 국민에 대하여 책임을 진다"라고 규정되어 있다. 세월호 참사와 관련하여 관련된 공무원들은 국민들에게 무슨 책임을 다했는지 묻지 않을 수 없다. 국가적인 차원에서는 모든 법과 규정을 다시 한 번 점검하고, 결과에 따른 엄중한 평가 및 조치가 뒤따라야 한다. 또한 각 분야에 최선을 다한 사람들이 마땅히 존중받는 사회가 될 때, 이러한 참사가 되풀이되지 않을 것이라 생각된다. 무엇보다 국민 한 사람 한 사람이 법과 규정 및 매뉴얼에 따라 이를 철저히 지켜 나가도록 훈련하고, 지키고자 하는 시민 정신도 길러야 한다. 미리 매뉴얼에 따라 훈련하고 대응했다면, 우왕좌왕하는 시간을 줄일 수 있었을 것이다. 당장 우리 주변을 살펴보면 곳곳에 위험이 도사리고 있지만, 이러한 매뉴얼에 따른 변변한 연습조차 부족한 것이 현실이다. 즉, 위기상황에서 나타날 수 있는 다양한 상황을 예측하고 연습과 훈련을 통해 위급상황에서 매뉴얼이 정상적으로 작동할 수 있도록 해야 한다는 것이다. 전문가들은 안전을 위한 규제도 중요하지만 더 선행되어야 하는 것은 결국 서랍 속에 잠자고 있는 매뉴얼을 꺼내 실생활에서 체화하도록 하는 것이라 주장한다. "재난대응시스템"보다 더 중요한 것은 결국 '예방'이라며 안전을 관리하고 재난을 관리하는 사람들조차 안전 관련 매뉴얼을 숙지하지 않으려는 현실부터 고쳐야 하는 것이다(머니투데이뉴스 2014. 7. 23. '열차추돌 · 소방헬기 추락…세월호 참사 벌써 잊었나' 기사 참조).

마지막으로 사회적 취약계층에 대한 재난의 법제화가 구체적으로 마련될 필요가 있다. 미국의 스태포드법이나 일본의 재해대책기본법이 상당한 분량을 재난의 복구와 피해자의 지원에 할애하고 있음에 비교해 볼 때 한국의 「재난 및 안전관리 기본법」은 내용이 매우 미흡하며 구체적인 지원책이 되기에는 매우 부족하다. 따라서 재난의 피해자들에게 실질적인 지원이 이루어질 수 있도록 지원의 각 항목별로 상세한 규정을 둘 필요가 있을 것이다. 또한 그 피해의 규모나 영향이 심대한 재난에 있어서는 각 재난별로 피해자들에 대한 맞춤형 지원 및 복구 대책이 될 수 있도록 특별법에 의한 지원이 고려되어야 할 것이다. 효율적인 재난대응시스템을 유지하고 개선하기 위해서는 앞으로 재난은 예측 가능하고 줄어들 것이라는 '이성주의자들의 환상(The rationalist fantasy)'에 빠져들어서는 안 된다(J. N. Shklar, 1990 : 56). 제출법안의 홍수 속에서 정작 품질은 저하되는 현재의 우리 입법현실에 비추어 재난 관련 특별법 제정에 참여하는 당사자에게 재난입법의 가이드라인을 제공할 것으로 본다. 마지막으로, 정책결정자들은 재난관리를 어떻게 가장 잘 할 것인가에 대한 것뿐만 아니라 누가 종국적인 책임을 질 것이며 이러한 대답에 대한 부담을 가질 것인가에 대해 고려해야만 한다는 점인데, 과연 입법적 바로미터를 제시할 수 있을 것인가는 각국의 법문화에 따라 매우 다양할 것이다. 그동안 공학적 마인드와 정책집행 효율성에 우선가치를 둔 우리의 재난 관련 법제의 경우도 이제는 "재난"학(science)에 대한 고민뿐 아니라 사회적 취약계층에 대한 고려도 같이 해야 할 때가 되었다.

PART 3

재난복지 대상별 대응방안

재난 취약 관련 개념 및 이론

CHAPTER 08

김진현

재난 발생 시 왜 특정 집단에게 더 많은 피해가 발생하는가에 대한 답변은 재난을 물리적 측면에서 접근하는 기존의 관점에서는 명확히 설명되기 어렵다. 가령, 재난이 발생했을 때 가난하거나 소수인종에 속하는 경우, 혹은 빈곤한 지역사회 환경에 거주하는 경우 재난에 대한 대비, 복구, 그리고 회복에 이르는 전 과정에서 유의미한 영향을 미친다는 것을 알 수 있다. 이 장에서는 재난 시 왜 특정 집단의 사람들이 취약할 수밖에 없는지를 취약성의 관점에서 소개하고자 한다.

1. 재난취약성 개념

재난(disaster)은 단순히 자연적인 요인만이 아닌 인위적인 요인에 의해 차별적으로 작용한다는 점에서 위난(hazard)과 구별되는 개념이다. 지진, 태풍, 홍수 등과 같은 위난이 발생했을 때 지역별로 차이가 나거나 혹은 인구사회학적 특성에 따라 차이가 나는 것은 위난이 인간적인 요인들과 결합하여 나타나기 때문에 재난이 된다(허라금, 2012).

United Nations International Strategy for Disaster Reduction에 따르면 취약성은 위험에 대한 지역사회의 민감성(susceptibility)을 증가시키는 물리적, 사회적,

경제적 그리고 환경적 요인들 혹은 과정으로 정의된다. 여기에 위험을 예측하고, 대처하고, 회복하는 과정을 포함시켜 취약성(vulnerability)으로 정의하기도 한다(Wisner, Blaikie, Cannon & Davis, 2004). 여기서 민감성을 어떠한 변화에 영향을 쉽게 받을 수 있는 것으로 해석할 경우 민감성이 취약성이 될 수 있는데, 재난과 같은 위험에 민감하다는 것은 그 위험에 의해 쉽게 영향을 받아 취약해질 가능성이 높다는 것이다.

취약성은 복잡한 사회적 관계와 과정들 속에 내포되어 있고(Hilhorst & Bankoof, 2004), 다양한 기관, 조직들에 따라 상이한 의미를 가지고 사용되어 왔다. 가령, 미국 지질학조사에서는 해수면 상승에 따른 해안지역의 취약성에 초점을 두는 반면, 미국국토안전부(Homeland security)는 취약성을 테러리스트들의 정치적 의도에 의해 만들어지는 것으로 인식한다. 하지만 지역수준에서 재난관리를 논할 때는 물리적 그리고 사회적 차원들을 동시에 고려하게 된다. 이러한 측면에서 취약성은 사회적 취약성(Social Vulnerability)을 의미한다(Thomas, Philllips, Lovekamp & Fothergill, 2013). 특히 사회시스템은 특정 집단의 사람들이 재난에 불평등하게 노출될 위험을 증가시키는데, 이러한 불평등은 대개는 권력관계의 결과로 나타난다(Bankoff, 2004).

사회적 취약성은 자연재해의 영향을 예측하고, 대처하고, 저항하며 회복하는 사람 혹은 집단의 성격으로 정의된다(Blaikie, Cannon, Davis & Wisner, 1994). 이러한 차원에서 취약성은 재해 자체보다는 특정 인구집단의 사회경제적 특성에 따라 자연재해 영향의 예측, 대응, 저항 및 복구역량을 제약하는 것으로 정의될 수 있다(양기근, 2016 재인용). 다시 말해, 사회적 취약성의 관점에서 보면 사회경제적 불평등, 억압 등을 경험하는 인구집단은 그렇지 않은 집단에 비해 재난에 대한 대처역량에 있어서 제약을 받을 수 있다.

사회적 취약성 관점이 가지는 특성을 이해하기 위해서는 재난을 바라보는 기존의 지배적인 관점과의 비교를 통해서 살펴볼 필요가 있다. 우선 재난에 대한 기존의 지배적인 관점은 위험의 물리적 과정에 초점을 두고, 목적은 물리적 피해의 최소화에 있다. 가령, 허리케인, 태풍, 홍수 등과 같은 재난 시에 침수 및 붕괴

피해를 입은 가구는 몇 채이고 재산상의 피해는 어떠한지 그리고 물적 피해를 줄이기 위해서 어떠한 대책이 필요한지에 초점을 맞춘다. 관리유형에 있어서는 위에서 아래로의 위계적 방식을 통한 문제해결을 강조하고 위험을 대처하기 위한 과학기술을 사용하는 것을 강조한다(Blanchard, 2000).

이러한 지배적 관점은 몇 가지 측면에서 단점을 가지는데, 첫째, 재난의 다양한 원인들을 고려하지 못한다는 것이다. 둘째, 사회적 힘보다는 물리적 과정에 대한 이해에만 비중을 많이 둔다는 것이다. 셋째, 재난의 영향에 대한 다양한 측면을 고려하지 못한다는 것이다. 넷째, 완화와 적응을 통해 위험을 줄여나가는 방법에 대한 이해보다는 준비와 대응에만 초점을 두고 있다. 다섯째, 위험을 다루기 위한 다양한 방법과 측정방법을 고려하지 못한다(Thomas, Philllips, Lovekamp & Fothergill, 2013 재인용).

반면에 사회적 취약성 관점은 재난의 물리적 영향력뿐만 아니라 재난이 사람들의 민감성과 취약성을 증가시키는 사회경제적 그리고 정치적 영향력을 고려한다. 따라서 사회적 취약성 관점의 목적은 사람들의 사회적 취약성을 파악하여 그것을 줄이는 것이다. 관리유형에 있어서는 아래에서 위로의 방식을 선호하고, 지역사회에 기반한 문제해결을 포함한 비집중화된 접근방법을 강조한다(Blanchard, 2000). 사회적 취약성 관점은 재난취약성이 사회경제적 그리고 정치적인 원인과 더불어 건강, 소득, 장애, 연령, 문맹률 혹은 이주상태 등 다양한 조건과 상황들의 결과로 나타나므로 이를 다차원적으로 살펴보아야 한다고 설명한다(Wisner et al., 2004).

보편적으로 사용되는 사회적 취약성 요인들로는 가구구조, 사회경제적 지위, 성별, 인종, 연령, 주거, 도시와 농촌, 특별한 욕구집단, 고용상태 등이 있다. 첫째, 가구구조는 대가족 여부, 부양가족의 수, 한부모가족 등의 형태를 포함한다. 가구구조에 따라 재난 시 대처능력에는 차이가 발생할 수 있는데, 가령 노인을 부양하는 가족의 경우 재난 시 특별한 이송장치와 응급의료지원 등의 특별한 도움을 필요로 할 수 있다. 둘째, 사회경제적 지위는 자산, 소득, 특권, 정치적 권력을 포함하는데, 이는 실제 재난 시 대처능력과 밀접한 관련이 있기 때문이다. 가령, 고소득가구는 재난 후 회복에 필요한 보험과 저축 등 보다 많은 준비를 하고 있다. 셋째, 성별의 경우 사회구조적 이슈와 연결될 수 있는데 여성의 경우 남성에 비해 제한된 고용기회, 저임금, 자녀부양부담 등으로 인해 재난회복과정에서 더 많은 어려움을 경험할 수 있다. 넷째, 다양한 인종의 언어, 문화, 차별경험 등이 사회적 취약성에 영향을 미친다. 이질적인 언어를 사용하는 소수인종의 경우 재난 시 그리고 재난 후 다양한 사회적 서비스 이용의 접근성에 있어 한계를 가진다. 다섯째, 어린아이 혹은 노인들과 같은 취약한 연령집단은 제한된 이동성, 경제 및 법적 제약 등으로 높은 위험군에 속한다. 여섯째, 주거상태의 경우 집주인보다 세입자가 주거환경을 개선할 수 있는 자원이 부족하다. 일곱째, 도시와 농촌과 같이 거주지역의 특성이 취약성의 요인이 될 수 있는데, 농촌 거주자들은 지역적 고립, 고용기회의 부족, 빈곤 등으로 인해 도시 거주자들에 비해 취약성이 높다. 여덟째, 특수한 욕구를 가진 환자, 허약자, 장애인 등도 사회적 취약성을 가진다. 마지막으로, 실직 혹은 열악한 환경에 근무하는 경우 가용한 자원의 부족으로 인해 취약성을 가진다(Masterson, Peacock, Van Zandt, Grover, Schwarz & Cooper, 2014).

2. 재난취약성 관련 이론들

왜 특정 사람들이 재난에 좀 더 취약한지를 설명하기 위하여 사회과학자들은 두 개의 주요한 이론적 관점, 즉, 갈등이론(conflict theory)과 체계이론(system theory)을 제시한다.

1) 갈등이론

Karl Marx의 갈등이론은 기본적으로 갈등과 대립은 인간 사회에 내재되어 있고, 이러한 갈등은 때로는 폭력과 혁명을 포함하여 역사적 변화를 만들어 왔다고 전제한다. 자본주의 정치경제에서 갈등과 대립은 생산수단의 통제에서 나타나는데, 생산수단을 소유하거나 통제하는 자본가 계층은 생산수단을 소유하지 못하고 노동력을 제공해서 자신과 가족을 돌보아야 하는 노동자 계층과 항시 갈등관계에 놓이게 된다(Scandlyn, Thomas & Brett, 2013). 그리고 이러한 갈등은 필연적으로 불평등, 착취, 그리고 억압의 기제를 만들어 내고, 인적, 사회적, 제도적, 경제적, 그리고 정치적 자본을 포함한 다양한 형태의 자본들을 통해서 제도화된다(Scandlyn, Thomas & Brett, 2013).

갈등이론에서는 사회적 불평등을 재난에 대한 취약성의 원인으로 이해하게 하고, 재난을 정의할 때는 지진, 화산폭발과 같은 극단적인 자연재해 상황뿐만 아니라 사람들이 매일 경험하는 상황들, 가령 오염된 물, 위생시설의 부족, 불안전한 도로, 그리고 부적절한 음식과 영양상태 모두를 재난의 영역에 포함시킨다(Scandlyn, Thomas & Brett, 2013). 특히 후자의 경우는 재난이 사회적 불평등의 결과로 인해 나타나는 현상들과 밀접한 관련이 있음을 보여준다.

이러한 갈등이론을 토대로 재난의 취약성을 바라보면 모든 사람들이 경제, 인적, 사회적 자본과 같은 다양한 자원들을 평등하게 갈지는 못하기 때문에 다양한 유형의 자본들이 재난과 같은 위험과 위기 시에 모든 사람들에게 동일한 형태로 제공되지는 못한다는 것을 알 수 있다(Scandlyn, Thomas & Brett, 2013). 예를 들어, 부유한 사람들의 경우 해안가에 부동산(경제자본)이 있고, 동시에 홍수와 태풍과 같은 자연재난의 위험에 노출되어 있지만, 그들은 보통 상황이 좋지 않을 때 떠날 수 있는 다양한 수단을 가지고 있다. 부유한 사람들은 자신들의 재산을 보호할 수 있는 보험을 구입할 수 있고, 그들의 보험청구가 신속히 그리고 성공적으로 이루어질 수 있게 하는 사회적 기술(인적자본)과 네트워크(사회적 자본)를 확보하고 있다(Wisner, Blaikie & Cannon, 2004). 하지만 빈곤한 사람들의 경우 재난 시에 그들이 살 수 있는 곳을 선택할 수 있는 기회가 적고, 자신들의 재산을 보호할 수 있는 보험을 살 여력이 되지 않는다. 뿐만 아니라 제한된 인적 그리고 사회적 자본으로 인해 재난 시 더욱 고립될 위험성이 높다.

2) 체계 및 생태체계 이론

생물학자 Bertalanffy(1950)는 과학적 분절주의와 축소주의(reductionism)에 반발하여 보다 수평적이고 체계적인 접근의 필요성을 강조하는 체계이론을 주장하였다. 체계이론에서 체계란 상호의존적이고 상호작용하는 부분으로 구성된 전체, 즉 부분 간에 관계를 맺고 있는 일련의 단위로 정의되는데, 전체는 부분의 단순한 총합 그 이상임을 전제하고 체계 내 부분들 간의 역동적인 상호작용에 대한 분석을 강조하였다(조흥식 외, 2010).

재난과 같은 위험한 사건에 대하여 축소주의적 접근은 피해, 부상, 죽음의 위험을 감소시킬 수 있는 주요 요인들과 과정들을 고려하지 못한다는 한계를 가진다. 가령, 허리케인 카트리나 당시 물리적 환경인 제방, 허리케인, 그리고 홍수와의 역동성을 이해하는 것이 물리적 피해를 막는 데는 도움이 될 수 있지만 이것만으로 재난이 사회 전체 체계에 미치는 영향을 파악하고 대책을 마련하는 데는 충분하지 않다. 보다 포괄적으로 위험을 감소시키기 위해서는 개인과 지역사회 수준에서 전체적인 체계를 이해하고 단순히 물리적 영향뿐만 아니라 경제적, 정치적, 역사적 그리고 사회적 요인들을 고려할 필요가 있다. 실제 허리케인 당시 빈곤한 거주자들이 응급상황에서 제대로 작동하지 못한 대중교통시스템에 의존한 결과 많이 사망하게 되었다(Wolfshon, 2006). 이것만 보더라도 재난 시에 교통시스템을 비롯한 사회구조적 체계들이 취약한 인구집단인 빈곤한 거주자들의 특성과 결합하여 취약성이 더욱 악화된다는 것을 알 수 있다.

일반체계이론은 1970년대 출현한 생태학의 영향을 받아 Brofenbrenner의 생태체계이론(Ecological system)으로 발전하였는데, 생태환경과의 상호작용을 통하여 체계를 미시, 중간, 거시, 외부, 그리고 시간체계로 구분하여 인간의 발달을 설명하였다(조흥식 외, 2010). 이러한 생태체계 관점을 적용하면 재난 시 가족, 친구, 학교와 같은 미시체계의 상호작용이 재난의 대비 및 회복에 어떠한 영향을 미치는지를 살펴볼 수 있고, 개인이 속한 환경의 정치, 경제, 사회, 법, 문화, 관습 등의 거시체계의 영역이 재난 시에 어떠한 영향을 미치는가도 살펴볼 수 있다. 실제 재난취약성은 자연적인 위난에 대해서 정치, 경제, 문화 등의 요소들이 어떻게 민감하게 반응하느냐에 따라 차이가 발생할 수 있다.

다차원적인 관점을 바탕으로 한 생태체계적 관점은 갈등이론을 포함한 정치경제관점과도 통합되어 새로운 관점으로 발달하였다. 통합된 관점은 자원의 배분에 있어서 권력, 불평등, 그리고 불공평성을 이해하고 지역, 지방, 그리고 세계적 수준에서 세계자본주의가 생태학에 미치는 영향을 이해하는 데 중요한 틀을 제공해 준다(Walker, 2005).

3. 재난취약성의 기본 전제 및 구성

재난취약성은 다양한 수준에서의 상호작용으로 발생하는데, 가령 개인, 지역사회, 국가, 그리고 보다 거시적으로 세계적 수준에서 발생할 수 있고, 물리적 그리고 성별, 인종, 연령, 사회계급 등의 사회적 요소들의 상호작용에 의해 정의될 수 있다(Scandlyn, Thomas & Brett, 2013). 특히 재난취약성은 사회경제적 불평등과 사회계층화의 관점에서 이해될 수 있는데, 몇몇 예외사항을 제외하고는 빈곤하고 소외된 계층의 사람들이 재난에 가장 취약하고 권력과 자원의 분배에서의 불평등으로 인해 위험에 대한 지식과 정보의 취약성으로 적절히 대처하지 못하기 때문이다(Scandlyn, Thomas & Brett, 2013). 이러한 측면에서 재난취약성은 사회정의의 차원에서 불평등과 취약성을 어떻게 극복하는가에 초점을 맞출 필요가 있다.

재난취약성에 대한 보다 구체적인 이해를 위해서는 취약성 이론의 기본적인 전제들과 구성요소에 대해서 살펴볼 필요가 있다. 우선 취약성의 기본적인 전제들을 살펴보면 다음과 같다. 첫째, 취약성은 환경변화에 적응하는 체계의 감소된 역량을 나타낸다. 이 전제에 따르면 지역사회의 발전 및 성공 정도가 재난취약성과 회복에 있어서 중요한 작용을 한다는 것이다(Cardona, 2004; Zakour, 2010).

둘째, 취약성은 동등하게 분배되지 않는다. 다시 말해 취약성은 지역, 국가, 대륙별로 상이하게 나타나는데, 환경적 취약성이 높은 지역사회일수록 재난으로 인한 피해가 극대화된다(Gillespie, 2010).

셋째, 취약성은 다차원적이다. 다양한 체계와 체계 간의 상호작용이 재난에 의해 영향을 받기 때문에 지역사회의 취약성을 이해하기 위해서는 사회체계들 사이의 관계와 지역사회의 기능을 부분이 아닌 전체로 살펴보아야 한다(Zakour & Gillespie, 2013 재인용).

넷째, 지역사회에서 가용하고 공정한 자원들의 배분은 재난취약성을 감소시킨다(Cutter, 2006). 독점, 억압, 그리고 빈곤으로 인한 자원배분에서의 불평등은 재난에 대한 취약성을 증가시킨다(Renfrew, 2012).

다섯째, 취약성은 환경적 요인들과 원인들로 인해 출현한다. 여기서 환경은 사회적 · 물리적 환경을 포괄하는 개념으로 이러한 환경에서 위험한 요인들을 통제하지 못했을 때 취약성은 증가한다(Oliver-Smith, 2004).

여섯째, 생물학적, 인구학적, 심리학적, 그리고 사회적 변수들은 그 자체보다는 상호작용에 의해서 취약성을 야기한다. 가령, 사회적 지지가 낮은 특정 연령 집단, 가령 어린이들이 재난에 취약하다. 이처럼 연령과 소득수준은 지역사회의 사회적 그리고 물리적 환경의 역량의 차이에 따라서 상이한 수준의 취약성과 연결된다(Zakour & Gillespie, 2013 재인용).

일곱째, 사람들이 거주하고 일하는 곳의 불안전한 상황들이 가장 즉각적인 재난의 사회적 원인이다. 지역사회 내에서의 불안전성은 위험한 지역, 취약한 사회구조적 기반, 낮은 발달수준, 그리고 재난에 대한 준비의 부족이다(Wisner et al., 2004). 불안전한 상황은 낮은 수준의 인적 네트워크, 즉 사회적 자본과도 밀접한 관련이 있다(Zakour & Gillespie, 2013 재인용).

여덟째, 지역사회 혹은 사회 내의 사회문화적 차원에서 내재해 있는 원천적인 원인들은 재난의 심각한 원인이 된다. 원천적 원인들은 사회적, 정치적, 경제적, 환경적 요인들을 포함한다(Zakour & Gillespie, 2013).

아홉째, 재난은 단순히 하나의 원인에 의해서 발생하는 것이 아니라 원천적 요인들과 불안전한 상황을 만드는 구조적 압력이 상호작용할 때 발생하게 된다. 가령, 빈곤과 사회적 배제는 정치적 혼란, 경제위기, 환경파괴 등과 같은 다양한 원천적 요인들과의 상호작용을 통해서 나타나고 이는 사회적 취약성을 증가시킨다(Zakour & Gillespie, 2013 재인용).

열째, 문화, 이데올로기, 그리고 공유된 가치가 재난취약성의 과정에 매우 중요하다. 가령, 자본주의 사회에서 개발중심의 이데올로기는 자연환경에 대한 정복의 형태로 나타났다(Bankoff, 2004). 파괴된 환경은 재난취약성을 증가시키는 형태로 나타난다.

열한째, 환경적 역량, 취약성, 그리고 민감성은 지역사회의 취약성 수준을 만드는 데 있어 복잡한 형태로 얽혀 있다(Zakour & Gillespie, 2013). 마지막으로 지역사회가 속해 있는 환경과 사회체계가 점점 더 국제화됨으로써 인구성장, 도시화, 환경오염, 온난화, 기후변화, 그리고 정치적 갈등은 재난취약성을 증진시키는 사회적 원인들에 역동적으로 압력을 가한다(Pulwarty, Broad & Finan, 2004).

다음으로 재난취약성을 구성하는 주요 차원은 크게 네 가지 측면으로 구분될 수 있다(Birkmann, 2013 재인용). 첫째, 취약성의 사회적 차원(social dimension)이다. 여기서 사회적 차원은 사회정의, 차별, 사회조직 등을 포함하는데, 많은 연구에서 빈곤, 사회적 고립, 무력감, 사회적 관계망, 교육, 건강, 안녕감 등과 관련된 이슈들을 다루고 있다. 사회적 취약성은 위험의 형태에 의해서만 결정되는 것이 아니라 불안정한 생계, 자기 및 사회적 보호의 정도, 제도적 형태, 그리고 지배구조 등 재난 시 개인과 지역사회가 경험하는 다양한 상황들을 포괄하고 있다.

둘째는 취약성의 경제적 차원(economic dimension)이다. 경제적 취약성은 한편으로는 구체적인 직업과 생계유형, 그리고 위험 시 가구의 경제적 자산을 가리키고, 또 다른 한편으로는 보다 거시적으로 경제체계의 민감성 혹은 취약성을 다룬다. 가령, 전자의 차원에서 재난 시 직업군의 영향을 살펴보면 농업 혹은 어업에만 의존하는 가구 혹은 지역사회는 생계보존을 위한 다양한 직업군을 가진 가구 혹은 지역사회에 비하여 재난과 같은 위험상황에서 보다 많은 피해를 입고 회복에도 많은 어려움을 경험할 가능성이 높다. 그리고 거시경제 차원에서 재난이 가져다줄 수 있는 경제적 영향, 가령, 국내총생산(GDP), 소비 등에 미치는 영향을 분석해 볼 수 있다.

셋째는 취약성의 환경적 차원(environmental dimension)이다. 환경적 차원에서는 생태체계의 중요성을 강조하는데, 크게 지구온난화로 북극의 빙하가 녹는 것과 같은 물리적 환경변화의 영향에 초점을 두거나 혹은 그러한 물리적 환경의 변화로 인해 사람들의 생계에 미치는 부정적 영향과 같은 사회적 과정에 초점을 두는 방향으로 살펴볼 수 있다. 이러한 측면에서 환경적 취약성의 측정은 사람들이 의존하고 있는 생태체계의 민감성과 취약성을 확인하는 것에 주안점을 둔다.

넷째는 취약성의 제도적 차원(institutional dimension)이다. 여기서 제도적 차원은 사회가 운영되는 규칙과 규범에 내재되어 있는 지배원리와 구조를 의미하고, 더불어 위험에 대처하는 공식적 조직들의 역량을 포함한다. 그리고 제도적 차원은 앞서 이론에서 살펴본 정치경제의 중요성을 강조하는데, 여기에는 생산과 경제규제, 공식적 · 비공식적 제도들 사이의 상호작용에 대한 제약 등도 포함한다.

4. 재난취약성의 사정(Assessment)

사회적 취약성 관점은 위험에 대한 상이한 경향을 포괄적으로 이해함으로써 취약성을 다차원적으로 사정하는 것을 안내한다. 여기서 취약성 사정은 재난에 대하여 체계적으로 준비, 반응, 회복, 그리고 경감하는 모든 측면에서 사회적 취약성을 통합하여 분석하고 감시하는 도구라 할 수 있다(Thomas, Hyde & Meyer, 2013).

취약성 사정은 아주 단순하고 기본적인 형태에서부터 복잡하고 포괄적인 형태로 분류될 수 있는데, 가장 기본적인 형태는 단일 위험에 대한 사정으로 최소한의 자원들, 가령 시간, 재정, 그리고 인적자원 등을 고려하여 측정한다. 하지만 재난과 관련된 사회경제적 상황, 재난으로 인한 이차적 피해, 그리고 환경적 영향 등을 다 포괄하지 못하는 한계를 가진다. 이에 반해 지역사회에 기반한 참여형 취약성 사정은 지역사회의 사회경제적 상황과 가용한 자원들을 모두 포함하여 다차원적인 접근을 시도하는 방법이다. 특히 토착적 지역주민 및 이해당사자들의 적극적인 참여를 통해서 필요한 정보를 수집한다(Thomas, Hyde & Meyer, 2013).

지역사회 취약성은 재난의 위험한 영향에 대해 지역사회 혹은 그 구성체계들의 민감성으로 묘사될 수 있는데(Masterson, Peacock, Van Zandt, Grover, Schwarz & Cooper, 2014), 이를 측정하기 위하여 지역사회 취약성 사정(Community Vulnerability Assessment, CVA)을 활용할 수 있다. 지역사회 취약성 사정은 사회적 상황, 구축된 환경, 지역사회발전 그리고 정치경제 체계들이 지역사회에서의 재난 위험에 어떻게 기여하는지를 측정하는 데 있어서 중요한 도구이다(Turner et al., 2003). CVA의 세부적인 내용을 살펴보면 다음과 같다. 첫째, 위험의 확인과 사정이다. 여기에는 지역사회에서 발생할 수 있는 자연재해부터 인재까지 포괄한다. 둘째, 지역사회의 기본적인 사회적 기반(infrastructure)에 대한 사정이다. 사회적 기반으로는 재난 시 가장 필요한 소방서, 경찰서, 병원, 응급쉼터, 통신서비스, 교통체계 등이 포함된다. 셋째, 사회적 사정으로 취약성의 여러 차원들, 가령 빈곤상태, 소수인종, 연령분포, 성별, 교육수준, 공공부조, 장애상태 등을 고려하여 욕구와 취약성의 정도를 분류하여 사정한다. 넷째, 경제적 사정은 소득불평등 정도와 같은 지역사회 경제사정을 분석한다. 다섯째, 환경사정은 재난 시 환경적으로 취약한 지역에 대한 사정을 포함하는데, 가령 지진 발생 시 가스폭발 위험지역을 평가하는 것이 여기에 해당한다. 여섯째, 능력에 대한 사정으로 취약성을 효과적으로 사정하고 회복력을 증진시킬 수 있는 사람, 조직, 계획, 정책 혹은 프로그램을 포함한다(Thomas, Hyde & Meyer, 2013).

이처럼 지역사회 취약성에 기반한 사정은 정부 혹은 과학적 통계가 아닌 다양한 접근방법을 통해서 지역사회에 관한 정보를 직접적으로 수집한다는 측면에서 취약성에 대한 가장 세밀화된 접근방법이라 할 수 있다(Thomas, Hyde & Meyer,

2013). 실제 Participatory Rural Appraisal or Assessment(PRA)와 지역사회 기반 참여연구(Community Based Participatory Research, CBPR)는 물리적 · 사회적 환경에 대한 지역의 지식과 정보에 가치를 두고 지역사회 토착민들과의 협조를 통해 보다 지속가능한 형태로 나타날 수 있다(Israel, 2005; Zaman, 1999). 지역사회 참여형 연구는 지역 수준에서 의미 있고 풍부한 정보를 찾기 위해서는 기본적으로 질적인 접근방법을 통해 가능하다. 특히 대중의 참여를 전제로 한다는 측면에서 재난에 관한 지역사회 참여 연구들은 고위험 지역사회 거주자들의 역량강화(empower)를 위한 과정이 될 수 있다.

질적인 접근방법과 더불어 양적인 접근방법을 통한 취약성 사정도 보완적으로 사용될 수 있다. 양적인 접근은 시간의 흐름에 따라 취약성을 측정하고, 비교하고, 모니터링하는 데 활용될 수 있다. 예를 들어, 취약성을 사정하기 위한 양적인 지표로 사용될 수 있는 내용들은 인구학적 자료(가령, 소수인종, 노인인구, 여성가장 비율 등), 교육수준(고등학교 학위자 비율), 건강(사망률, 건강서비스 이용률, 요양원 이용률), 경제수준(빈곤율, 복지수급자 비율) 등의 자료들을 다양한 이차 자료를 통해서 확보할 수 있다(Thomas, Hyde & Meyer, 2013). 이러한 양적인 자료를 종단적으로 수집한다면 시간의 흐름에 따른 재난취약성의 변화를 살펴볼 수 있다. Fatemi 등(2017)은 시스템 분석을 통하여 사회적 취약성의 지표로 성별, 사회경제적 지위, 공공보건상태, 공적 인프라, 그리고 장애 및 특수 욕구로 살펴보았다. 성별의 경우 대부분의 사회, 특히 개발도상국에서 여성에 대한 차별로 인해 여성들의 자원에 대한 제한된 접근을 하게 만든다. 사회경제적 지위에서는 빈민, 실업자가 재난에 보다 취약한 것으로 나타났다. 공중보건에 있어서는 의료서비스 자원에 대한 접근성이 재난 시 건강과 유의미한 상관관계가 있는 것으로 나타났다. 공적 인프라로 학교, 소방서, 대중교통, 그리고 수력자원 체계 등이 재난 시 사람들의 취약성에 영향을 미칠 수 있다. 장애가 있거나 특수한 욕구를 가지는 경우 재난에 더 취약하다. 가령, 정신병원, 요양원 등에 거주하는 사람들은 재난 시 대피하는 계획이 부족할 수 있다.

또 다른 양적인 접근으로 활용할 수 있는 방법은 사회적 취약성 맵핑(social vulnerability mapping) 방법이다. 이 방법은 다양한 유형의 재난 발생 시 지역사회 주민들의 재난에 대한 반응과 회복을 위한 자원을 지리적인 위치정보와 함께 파악할 수 있다는 장점이 있다. 예를 들어, 미국 멕시코만 지역의 도시에 허리케인이 왔을 때 사회적 취약성이 가장 높은 집단은 어느 위치에 분포하고 있고, 재난 시 활용할 수 있는 자원들, 가령 소방서, 병원, 응급쉼터 등은 어디에 위치하는지 등을 사회적 취약성 맵핑을 통해서 확인해 볼 수 있다(Masterson, Peacock, Van Zandt, Grover, Schwarz & Cooper, 2014).

5. 재난취약성의 극복 : 지역사회 회복력(Community Resilience)

재난취약성에 대한 논의는 회복력(resilience)과 밀접하게 연결된다. 취약성에 대한 극복을 통해서 회복력을 증가시킬 수 있고, 반대로 취약성을 극복하기 위해서 회복력이 활용되기도 하기 때문이다.

여기서 회복력이란 위기적 사건을 받아들이고 이에 빠르게 대응할 수 있는 능력으로서 자연재난과 같은 경우 재난을 준비하고, 반응하고, 특히 지속가능한 원 상태로 복귀할 수 있는 역량을 의미한다(Masterson, Peacock, Van Zandt, Grover, Schwarz & Cooper, 2014). 회복력은 재난 후 지역사회 상황들과 자원동원을 포함한 과정으로 보통 인식되는데, 여기서 지역사회에 가용한 자원들은 사회자본, 지역사회 경쟁력, 정보, 소통, 그리고 경제발달 등의 연합된 능력을 의미하고, 회복력이 높은 지역사회일수록 이러한 다양한 자원들이 보다 풍부하고 신속하게 제공된다(Zakour & Gillespie, 2013).

취약성과 마찬가지로 회복력도 사회체계 내에서 골고루 분배되어 있지 못하다. 많은 사회체계들이 사회경제적 지위, 사회자본, 그리고 사회자원들의 측면에서 고도로 계층화되어 있고, 재난으로부터 회복력을 촉진시키는 자원들 또한 전세계 대다수 지역에서 매우 계층화되어 있다(Oliver-Smith, 2014). 즉, 덜 발달된 국가들에서 사는 사람들, 특히 소수인종들은 재난으로부터 느리고 비효과적인 회복을 경험하게 된다(Bankoff, Frerks & Hilhorst, 2004).

취약성 이론과 회복력 이론은 상호보완적으로 사용될 수 있다. 취약성 이론이 재난 전 상황에 초점을 둔다면 회복력 이론은 재난 이후 자원들에 대한 접근성과 사용에 보다 초점을 둔다. 하지만 두 이론 모두 사회 환경 내에서 인간의 행동을 이해하는 틀을 제공하기 때문에 이 둘을 통합적으로 사용하는 것은 보다 포괄적인 관점을 제공해 준다(Zakour & Gillespie, 2013).

두 이론 모두에서 환경적 역량들은 재난 이후의 회복에 있어서 긍정적으로 연결된다는 것을 보여준다. 다시 말해, 외부의 사회적 지지와 자원들, 건강 · 교육 · 복지 · 보장 서비스에 대한 접근성, 종교조직과의 연합 등은 중요한 역할을 한다(Greene & Conrad, 2002). 이에 반해 빈곤과 사회적 고립과 같은 요소들은 재난 회복에 있어 부정적인 영향을 미친다.

두 이론의 통합은 취약성 이론에서 주장하는 취약성의 감소와 안정의 증진과정에 있어서 회복력을 추가하면 된다. 회복력 이론은 회복력을 증진시키는 추가적인 변수들을 재난 이후의 회복과정에 추가하게 되는데, 그것은 사회자본, 정보, 그리고 소통능력과 같은 변수들이다(Zakour & Gillespie, 2013). 더불어 회복력은 취약성 이론에서 상대적으로 소홀히 다루어졌던 안녕감(wellness)에 초점을 두고 있다. 안녕감은 회복력에 있어서 매우 중요한 결과물로서, 이는 일반화된 스트레스 수준의 경감, 높은 수준의 개인적 그리고 지역사회 기능, 그리고 지역사회 구성원의 보편적으로 높은 삶의 질을 의미한다(Zakour & Gillespie, 2013).

재난은 개인뿐만 아니라 지역사회 전체의 취약성을 증가시키기 때문에 회복탄력성의 증진은 개인뿐만 아니라 지역사회 차원에서 이해되어야 한다. 이러한 차원에서 지역사회 재난회복력(community disaster resilience)은 재난을 가능한 한 사전에 예방 대비하고 재난 발생 시 신속하게 대응, 복구하여 피해를 최소화하면서 더 발전된 환경으로 변화시키고 적응하는 지역사회 재난관리 시스템의 작동과정과 능력으로 정의된다. 이를 취약성의 개념과 연결시켜서 살펴보면 취약성은 재난의 사전적 · 사후적 회복력 개념과 연결될 수 있다. 특히 취약성에 강조하는 위난에 대한 민감성을 재난 전과 후로 어떻게 경감시키는지가 재난회복력과 밀접한 관련을 가진다(하현상 외, 2013).

지역사회 재난회복력의 다섯 가지 구성요소를 살펴보면 다음과 같다(하현상 외, 2013). 첫째, 내구성(robustness)은 재난으로 인한 충격을 흡수하고 견디어 낼 수 있는 능력으로 정의되는데, 지역사회의 내구성이 높을수록 취약성은 낮아지고 리질리언스는 높아진다. 특히 높은 내구성은 재난으로 인한 피해규모를 줄이고 빠른 복구가 가능하도록 도와준다. 둘째, 가외성(redundancy)은 핵심 인프라와 제도의 다양화 또는 추가를 통하여 재난 발생에 대비한 여분의 역량을 갖추는 것으로 주로 예방과 대비단계에서 중요하다. 이런 점에서 지역사회 재난시스템의 다양화를 위한 여분의 자원 확보가 필요하다. 셋째, 신속성(rapidity)은 재난 발생 직전의 대비단계에서부터 재난 발생 이후 신속한 대응을 통해 피해규모를 최소화하여 보다 빠른 복구 및 회복을 가능케 한다. 넷째, 자원부존성(resourcefulness)은 재난의 위험이 존재하거나 충격이 발생했을 때 유용한 정보를 찾아내고 필요한 자원을 동원할 수 있는 능력으로 재난에 대한 대응과 복구단계에서 매우 중요한 요소이다. 마지막으로 적응성(reflection)은 재난으로 인한 변화를 인지하고 그 변화에 대처하면서 변화된 조건에 최적화된 시스템을 개발하는 것이다. 여기에는 사회적 · 제도적 혁신이 필요하다.

이와 더불어 지역사회 재난 레질리언스에서 자발적 참여를 높이기 위해서는 사회적 자본의 축적이 중요하다. 사회 자본은 개인 간, 조직 간, 개인-조직 간에 신뢰, 상호호혜, 규범, 강한 소속감으로 지역사회 재난 레질리언스에 관련된 주체들을 함께 협력하도록 묶어주는 역할을 할 수 있다(Chaskin, 2008).

재난에 대한 대비와 복원과 관련해서 양기근(2016)은 재난취약성과 복원력을 상호보완적으로 통합하여 이해하는 것이 중요하다고 강조하였다. 그리고 재난 취약성을 극복하고 복원력을 향상하기 위한 방안을 다음의 네 가지 차원으로 설명하고 있다. 우선, 인적자본 차원에서 사회 전반의 안전불감증을 해소하는 것이 중요한데 이를 위해서 초·중·고등학교를 포함한 학교 현장에서 보다 구체적이고 내실 있는 재난안전교육이 이루어져야 한다. 더불어 재난취약자를 위한 생활안전 전반에 대한 체계적 검토와 이들을 보호하기 위한 구체적인 법·제도의 정비가 필요하다. 둘째, 경제적 자본 차원에서 재난취약성을 극복하기 위해서는 재난상황을 대비할 수 있는 재난보험과 비상자원의 확보가 필요하다. 보다 거시적으로 재난안전 예산의 증액도 필요하다. 셋째, 사회적 자본 차원에서 살펴보면 재난에 대한 사회안전망의 역할이 중요함을 알 수 있다. 우리나라의 경우 연금, 건강보험, 고용보험 등 사회보장시스템의 소득보전율이 낮은 수준이라 재난 시 개인의 부담이 증가하게 된다. 따라서 공적인 시스템에 대한 신뢰를 회복함으로써 재난 시 사회보장체계가 좀 더 원활히 작동할 수 있도록 적극적인 투자가 필요하다. 마지막으로 제도적 자본의 차원에서 재난취약성을 살펴볼 수 있다. 국가마다 재난에 대비한 법과 제도적 장치를 마련하고 있다. 가령, 미국의 경우 9·11테러를 계기로 국토안보법(Homeland Security Act)이 제정되었고, 한국의 경우 2003년 대구지하철 화재 사고를 계기로 「재난 및 안전관리 기본법」이 제정되었다. 이러한 법의 제정은 재난 시 발동하는 행정체계의 근거로서 역할을 한다. 따라서 이러한 제도적 장치를 잘 마련하는 것도 중요하고, 실제로 적용되고 있는지도 검토할 필요가 있다.

재난에 대한 회복에 있어서 지역사회 차원의 역량강화가 중요하다. 양기근(2009)은 2007년 태안에서 발생한 허베이 스피리트호 기름유출사고로 인한 연구에서 재난에 강한 지역공동체 형성 전략으로 세 가지를 제시하였는데, 우선 지역맥락 접근 전략으로 지역사회에 대한 이해와 지역주민의 자발적 참여를 바탕으로 한 상향식 접근이 필요하다. 다음으로 중앙정부, 지방정부, 기업, 민간 간의 긴밀하고 효율적인 네트워크 거버넌스에 기반한 재난관리가 필요하다. 마지막으로 지역사회 중심 접근 전략으로 사회적 자본의 역할이 중요하며 사회적 응집력, 상호작용 및 연대와 같은 사회적 자본의 효율적 활용은 재난지역 공동체의 재난대비역량을 강화할 수 있다(양기근, 2009). 코스타리카 남부지역의 Meas Sur

사례에서 회복력에 대한 네 가지 주요한 요인들을 발견했는데, ① 강한 토착적 리더십, ② 결과뿐만 아니라 과정을 강조, ③ 지역사회의 다양한 섹터들의 협력, ④ 지역사회와 정부와의 파트너십이었다(Samantha, 2015).

마지막으로 심리적 · 인적 환경 취약성에 따라 사회위험에 대한 인식의 차이가 있을 수 있는데, 자연재해와 사회재난에 대한 불안감이라는 심리적 취약성과 정부의 대응역량과 같은 인적환경의 취약성이 높을수록 사회위험인식이 높게 나타났다(이동규 · 민연경, 2016). 사회위험인식을 줄이기 위해서는 재난에 대한 개인의 심리적 불안감의 감소뿐만 아니라 보다 거시적인 차원의 대응전략을 동시에 고려할 필요가 있다.

이상의 내용들을 취약성과 회복력의 관점에서 정리하면 다음 |그림 8-1|과 같다. 우선 취약성은 인적, 사회적, 경제적, 제도적 영역에서 살펴볼 수 있는데, 각각의 영역은 매우 밀접하게 상호작용하여 재난취약성에 영향을 미친다. 가령, 제도적 억압과 차별은 빈곤층을 포함한 사회취약계층이 경험하는 사회적 고립, 사회적 관계의 약화, 경제적 차별 등을 증폭시키는 역할을 하는데, 이는 재난의 대비와 대응에 많은 제약을 가져온다. 하지만 이러한 취약성은 개인적 그리고 지역사회 차원의 회복력에 따라서 차이가 발생할 수 있다. 지역사회 회복력은 네 가지 측면에서 살펴볼 수 있는데, 인적자본 측면에서는 개인의 효능감, 심리적 대처기제, 지역사회의 사회적 인프라에 대한 접근성 등이 회복력에 영향을 미치고, 경제 자본 측면에서는 가구소득, 저축, 지역사회 소득, 실업률 등이 영향을 준다. 사회 자본으로는 개인을 둘러싼 가족, 친구, 동료들의 사회적 지지와 사회적 연결망과 유대 정도가 중요한 역할을 한다. 마지막으로 제도적 자본으로 참정권, 자원의 공정한 배분 등이 회복력에 중요한 속성이 될 수 있다. 취약성은 이러한 회복력의 속성에 따라 재난 이후의 적응과 기능에 있어서 차이를 보일 수 있다.

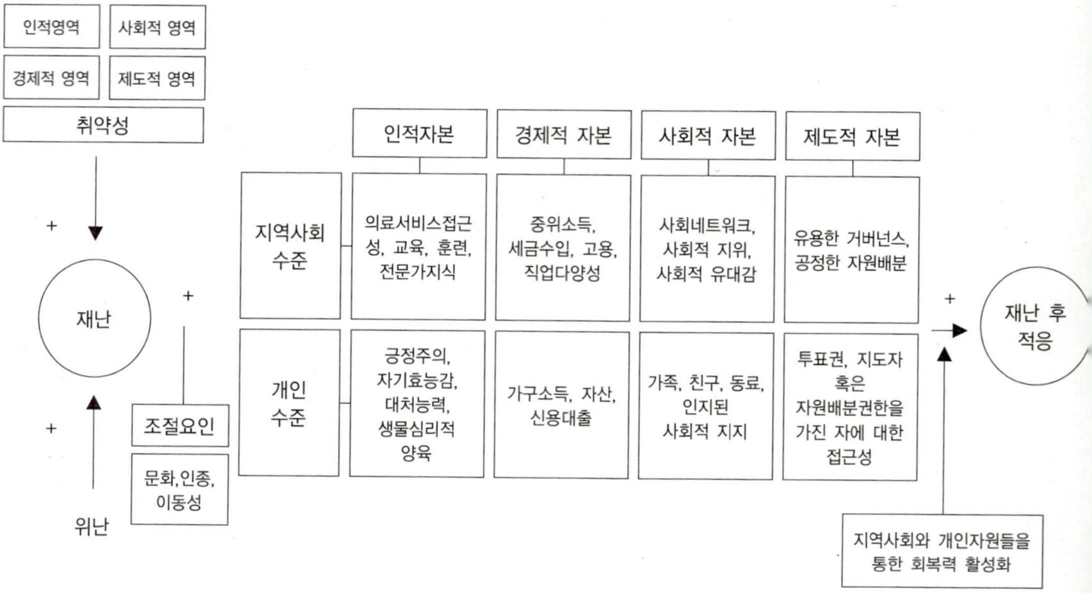

| 그림 8-1 | **재난취약성과 회복력의 경로**

출처 : 양기근(2016) 재인용.

6. 재난에 취약한 사람들

지금까지 재난취약성과 관련해서 무엇이 사람들을 차별적으로 취약하게 만드는가? 불평등한 사회, 경제, 그리고 정치관계들이 위험과 취약성에 어떻게 영향을 미치고, 새로운 위험을 어떻게 창조하며, 취약성을 어떻게 악화 혹은 감소시키는가? 그리고 재난의 취약성과 회복력과는 어떠한 관계를 가지는가에 대해서 기존의 이론들과 선행연구들을 통해서 살펴보았다. 이제 마지막으로 취약성으로 인해 실제 재난에 취약한 사람들은 어떠한 특징을 가지고 있고 그 안에 어떠한 사회적 이슈들이 제기될 수 있는지를 기존의 국내외 논문들을 통해서 살펴보기로 한다.

재난에 취약한 인구집단에 관한 연구에서 소수인종이 재난에 취약한가에 대한 연구는 다양한 형태로 나타나고 있다. 자연재난들이 우울과 외상 후 장애를 유발하는데, 소수인종이 백인들보다 열악한 심리적 상태를 보인다(Norris et al., 2002)는 연구도 있는 반면에 재난 후 우울 정도에 있어서 인종 간의 차이가 없다는 연구도 있다(Tracy, Norris & Galea, 2011). 실제 허리케인 카트리나를 경험한 흑인과 백인 사이에 우울상태에 차이가 있는지를 살펴보면 흑인들이 보다 우울할 확률이 높게 나타났다. 하지만 교육수준, 재난 전·후의 사회적 지지, 재난 피해 정도 등의 사회적 취약성 관련 요인들이 같이 고려되었을 때는 유의확률이 낮아지는 것으로 나타나 다양한 사회적 요인들이 고려되어야 함을 보여주었다(Ali, Farrell & Forde, 2017). 재난 시 거동이 불편한 노인들은 재난에 가장 취약한 계층 중의 하나이다. 허리케인 카트리나 당시 요양원에 거주하는 노인들을 대상으로 대피과정을 살펴본 결과 생리학적 취약성, 심리학적 스트레스, 인지손상, 그리고 제한된 사회적 지지체계가 상호작용하여 사회심리생물학적 취약성(biopsychosocial vulnerabilities)을 유발한다는 것을 알 수 있었다. 가령, 인지손상이 가장 큰 거주자가 가장 약한 사회적 지지체계를 가지고 있었다(Claver et al., 2013).

노인 이외에도 장애인과 아동이 허리케인 카트리나 당시 탈출에 어려움을 겪었다. 이들은 공통적으로 개인적인 이동수단에 대한 접근성에 제약이 있었고, 전적으로 대중교통에 대한 의존도가 컸다는 것이다(Bian & Wilmot, 2017). 뉴올리언즈에서는 카트리나 이후 도시에 탈출계획을 세우고 스스로 탈출할 수 없는 사람들을 위한 교통서비스를 마련하였다. 하지만 이들은 17군데 픽업장소(EvacuSpots)로 와야 하는데 이들 중 일부는 픽업장소로 이동하는 데도 제약이 있었다(Bian & Wilmot, 2017). 따라서 지역 내의 취약계층의 분포자료를 토대로 최적의 픽업장소를 정할 수 있다면 이들이 재난 시 필요한 서비스를 받는 데 큰 도움이 될 수 있다. 아이들의 경우도 재난에 취약한데 이 가운데서 특히 장애를 가지고 있는 아이들의 경우 취약성이 매우 높다. 장애를 가지고 있는 아이들의 경우 높은 빈곤율, 위험에 대한 노출의 증가, 가족부양자와의 단절, 부모의 제약 등 다양한 측면에서 열악한 환경에 처해 있는데, 이는 신체적, 심리적, 그리고 교육적 취약성을 증가시켜 재난 이후의 취약성을 높일 수 있다(Peek & Stough, 2010).

재난취약성과 관련된 국내연구들은 재난취약계층인 노인, 여성 등을 중심으로 재난취약성을 살펴보고 있다. 우선 전라북도 임실군의 노인계층을 중심으로 재난취약성을 살펴본 김명구, 양기근, 정기성(2014)의 연구에서 전라북도 노인인구 점유율은 2012년 기준 16.2%로 전국 평균인 11.7%보다 높고, 특히 임실군은 노인인구 점유율이 30.39%에 육박하는 초고령 지역임을 알 수 있다. 이는 재난 발생 시 위험에 노출될 수 있는 대상자가 그만큼 많음을 의미한다. 이들 대다수는 경제활동을 하지 않는 독거노인들로 소득이 없거나 매우 낮은 수준으로 나타났다. 이 외에도 30년 이상의 노후주택에 거주하는 비율이 높고 기초소방시설이 부족하며 난방시설 등 에너지 지원 대책이 필요한 가구들이 많았다. 마지막으로 재난에 대비한 교육 및 훈련서비스를 받은 경험이 없어 이에 대한 대책도 필요하다.

다음으로 사회적 취약성과 젠더 취약성을 통합하여 살펴본 연구들이 있었다. 재난을 사회적인 관점에서 살펴본다면 젠더가 중요한 부분을 차지할 수 있다. 사회적 구성물로서 재난을 보는 것은 재난을 만들어 내는 사회 내부적 원인에 초점을 두는 것으로, 가령 빈곤한 계층의 사람들이 왜 재난에 더 취약한가를 분석하는 것을 들 수 있다. 하지만 재난에 대한 사회적 취약성은 빈곤만으로 설명될 수 없다. 구체적으로 1991년 방글라데시의 사이클론으로 인한 사망자 가운데 90%가 여성이었는데 왜 여성의 피해가 크게 나타났는지를 빈곤관점만으로 정확히 설명하기는 어렵다. 따라서 젠더관점에서 왜 재난과 빈곤이 여성에게 더 큰 영향을 미치는가를 경제적, 사회적, 정치적, 문화적 요인들의 상호작용을 고려하여 평가하여야 한다(허라금, 2012). 특히 아시아 여성의 젠더취약성은 가부장적 사회에서 사회적, 경제적, 정치적 최소 수혜자인 여성이 재난 시에도 수혜의 혜택에서 배제될 가능성이 높다는 것이다. 여성들의 경제적 취약성은 그들의 열악한 영양상태, 사회적 구호접근성에 대한 제약, 그리고 빈약한 사회적 자본과도 밀접한 관련을 가진다(허라금, 2012). 황은정(2015) 역시 젠더 관점에서 재난취약자에 대한 분석을 실시하였는데, 우리나라의 「재난 및 안전관리 기본법」이나 재난관리정책의 내용에 재난취약자에 대한 개념이 명확히 반영되어 있지 않고, 특히 성별분리통계나 성인지적 관점에서 재난취약성을 파악하기보다는 젠더 중립적 관점에서 시행되어 옴으로써 여성의 재난취약성에 대한 적절한 이해와 대책이 부족했다고 지적한다.

노인, 여성 이외에 다양한 인구집단을 포함하여 지역별로 재난취약성을 살펴본 조 성(2017)의 연구를 보면 태풍, 대설, 강풍 등 자연재난 유형에 따라 지역별 피해 발생 정도에 차이가 나타나는데, 가령 충남 해안지역 시군과 남부지역 시군을 중심으로 호우 피해가 가장 크게 나타난다(조 성, 2017). 따라서 재난 시 지역의 물리적 취약성을 정확히 분석하고, 이에 맞는 적절한 재난대응관리체계가 필요하다. 특히 지역별로 인구학적 특성에서 차이가 나타나는데, 가령 충남 천안 등 도심지역에서 독거노인이 집중 분포되어 있고, 천안, 아산 등의 지역에는 외국인 유학생 및 근로자의 분포 비율이 높게 나타난다(조 성, 2017). 따라서 독거노인과 외국인 등과 같은 특수한 욕구를 가진 재난취약계층의 지역별 분포를 고려한 적절한 안전관리 대책을 세우는 것도 필요하다.

이상의 내용을 통해서 살펴보았듯이 재난취약성은 아동, 노인, 여성, 소수인종 등 사회적으로 취약한 계층들에게 보다 차별적으로 작용함을 알 수 있다. 재난에 취약한 사람들은 다양한 사회구조적 차별, 불평등, 불이익을 경험하고, 이는 재난취약성의 기제로 작용한다는 점에서 사회적 취약성과 재난취약성은 악순환의 고리로 연결되어 움직인다. 이러한 악순환의 고리를 차단하고 사회취약계층의 역량강화를 통한 재난취약성의 극복을 위해서는 보다 다차원적인 접근이 필요함을 알 수 있다. 앞으로 각론에서는 재난취약성 이론에 기반하여 재난에 취약한 집단을 분류하고, 이들이 경험하는 재난취약성을 감소시키기 위한 구체적인 전략과 방법을 논의하고자 한다.

노인에 대한 재난복지 개입

CHAPTER 09

이성은

1. 재난에 있어 노인의 취약성

재난 발생과 관련해 노인은 재난에 대한 대비, 재난에 대한 반응, 그리고 재난으로부터의 회복에 있어 다양한 측면에서 취약한 집단에 속한다고 할 수 있다. 노인에게 나타나는 신체적 이동능력의 감소, 감각적 인식능력의 저하, 기존에 존재하는 건강문제, 그리고 사회적 · 경제적 제한점들은 노인의 재난에 대한 충분한 대비와 재난이 발생했을 때 적응력을 방해한다(Fernandez, Byard, Lin, Benson & Barbera, 2002).

먼저 신체적 노화와 관련된 다양한 현상들로 인해 재난 발생 시 노인은 더욱 위험에 처할 수 있다. 노화로 인한 가장 뚜렷한 증상 중의 하나는 신체적 능력의 약화이며 많은 노인들이 운동능력의 저하, 균형감각의 손상, 운동 내구력의 감소, 그리고 일상생활 수행능력에 있어 제한을 보인다(Fernandez, Byard, Lin, Benson & Barbera, 2002). 근육과 뼈, 관절의 기능 역시 나이가 들수록 퇴화되며 움직임이 어려워지고 효율성도 저하된다(Nordhus, VandenBos, Berg & Fromholt, 2010). 이러한 신체적 능력의 감퇴로 인해 재난 발생 시 대피, 다른 지역으로의 이동, 재난과 관련된 다양한 서비스의 이용, 재난으로 인한 물리적 피해 복구 등 광범위한 영역에 있어 노인은 취약한 상태에 놓일 수 있다.

또한 노화로 인한 자율신경계 기능의 변화는 노인의 체온조절 기능을 약화시켜 일상생활에 많은 영향을 미치게 되는데, 65세 이상 노인의 경우 고온이나 저온과 같은 외부 기온에 적응하는 능력이 감퇴하는 것으로 알려져 있다(Nordhus, VandenBos, Berg & Fromholt, 2010). 이는 재난 발생 시 거주하던 집에서 대피해야 할 필요가 있을 경우 노인이 외부환경에 장기간 노출될 수 있으며 이로 인해 저체온증이나 일사병 등 응급상황에 처하게 될 가능성이 높을 수 있음을 의미한다.

다음으로 시력저하도 노인의 재난에 대한 대응에 어려움을 초래할 수 있다. 2014년 노인실태조사에 의하면 전체 노인의 40% 정도가 시력에 불편함을 경험하고 있는 것으로 나타나고 있으며, 61.2%의 노인이 시력보조기를 사용하고 있는 것으로 나타나고 있다(정경희 외, 2014). 이러한 노인의 시력문제는 재난으로 인해 정전이 발생하거나 혼란스러운 상황에서 신속히 대피해야 할 필요가 있을 때 노인의 적절한 대응을 어렵게 할 수 있다. 또한 대피에 필요한 안내표시를 인식하거나 재난 발생 시 행동 요령 등 문서화된 자료를 숙지하고 따르는 것에 어려움을 겪을 수 있다.

청력의 경우도 연령의 증가와 함께 점진적으로, 그리고 진행적으로 저하된다(Gordon-Salant, 2005). 65세 이상 노인 가운데 심각한 청력손상을 가진 노인의 비율은 약 40~45%로 추정되며, 70세 이상 노인 가운데서는 83%를 넘는 것으로 나타난다(Cruickshanks et al., 1998, Gordon-Salant, 2005 재인용). 우리나라의 경우 노인의 약 25%가 청력으로 인해 일상생활에 있어 불편함을 경험하고 있는 것으로 나타나고 있다(정경희 외, 2014). 청력저하는 재난 발생 시 노인이 대피 필요를 알리는 경보음이나 긴급한 안내음성을 인식하는 것을 어렵게 할 수 있다. 또한 재난으로 인해 대피소에 체류하는 동안 등 구호물품이나 적절한 서비스에의 접근성을 크게 약화시킬 수 있다.

한편 신체적 능력뿐 아니라 인지기능도 노화에 의한 영향을 받는 영역으로, 연령이 증가함에 따라 새로운 문제의 해결능력이나 사고의 유연성이 저하되는 경향을 보인다(Nordhus, VandenBos, Berg & Fromholt, 2010). 인지저하는 재난 발생 시 신속한 판단을 내리거나 다양한 정보를 취득하고 해석함으로써 재난에 적절히 대응하는 데 있어 큰 장애물로 작용할 수 있다. 2014년 노인실태조사에 의하면 전체 노인 중 31.5%가 인지저하자인 것으로 나타나고 있으며 연령이 증가할수록 인지저하자의 비율이 높아지는 경향을 보이고 있다(정경희 외, 2014). 또한 85세 이상 연령집단에서는 52.5%가 인지저하자로 과반수를 넘는 비율을 보이고 있다(정경희 외, 2014). 이러한 점은 상당수의 노인이 재난 발생 시 인지기능으로 인해 위험에 처할 가능성이 높으며, 특히 초고령 노인집단은 고위험 집단으로 특별한 지원과 관리가 필요함을 보여준다.

경제적 측면에 있어서도 노인은 재난 발생 시 취약집단으로 간주될 수 있다. 특히 한국노인의 빈곤율은 2015년 기준으로 약 45.7%로 나타나고 있으며 이는 OECD(Organization for Economic Cooperation and Development) 국가 중 가장 높은 수준인 것으로 보고되고 있다(OECD, 2017). 또한 2014년 노인실태조사에 의하면 현재 일을 하고 있는 노인의 경우 단순노무직의 비율이 종사 직종 가운데 가장 높은 것으로 나타나고 있어(정경희 외, 2014) 일을 하고 있는 노인의 경우도 경제적 취약성을 크게 벗어나지 못하고 있는 것으로 보인다. 경제적 취약성은 재난 기간 동안 필요한 서비스에의 접근을 어렵게 할 뿐 아니라 재난 이후 신체적, 정신적, 물리적 피해 복구를 지연시킬 수 있다.

2. 재난 발생 시 노인의 욕구

재난 발생 시 노인은 먼저 신체적 취약성으로 인한 의료적 욕구가 부각될 수 있다. 노인의 만성질환은 노화로 인한 생리적, 감각적, 인지적 변화와 동반하여 응급상황에서 노인들에게 고려되어야 할 특수한 욕구들을 발생시킨다(Aldrich & Benson, 2008). 만성질환을 가지고 있는 경우 재난이 발생했을 때 심각한 위험에 처할 수 있는데, 예를 들어 정전상태가 지속될 경우 산소공급기와 같은 생명유지 장치나 전동 휠체어같이 건전지의 충전으로 움직이는 기기에 영향을 미칠 수 있고, 급수 펌프에도 영향을 미침으로써 먹을 수 있는 물을 얻는 데 문제를 발생시킬 수 있다(Fernandez, Byard, Lin, Benson & Barbera, 2002). 이와 같이 정기적으로 약을 복용하고 있거나, 치료를 받고 있거나, 요양서비스 등을 받고 있는 사람들은 재난 발생 시 재난에 대한 반응과 회복에 있어 취약하다(Fernandez, Byard, Lin, Benson & Barbera, 2002).

2014년 노인실태조사에 의하면 본인이 인지한 만성질환의 경우 전체 노인의 90.4%가 만성질환을 가지고 있는 것으로 나타나 거의 대부분의 노인이 1개 이상의 만성질환을 가지고 있는 것으로 보고되고 있다(정경희 외, 2014). 의사의 진단을 받은 만성질환 역시 전체 노인의 89.2%가 가지고 있는 것으로 나타나고 있다(정경희 외, 2014). 또한 만성질환을 2개 이상 지니고 있는 경우도 72.2%에 이르고 있어(정경희 외, 2014) 노인의 의료적 욕구의 수준이 매우 높음과 동시에 복합적임을 보여준다.

특히 관절염, 고혈압, 심장질환, 당뇨병, 호흡기 질환은 65세 이상 노인의 활동제한의 주요 원인 가운데 하나이며(He, Sengupta, Velkoff & DeBarros, 2005, Aldrich & Benson, 2008 재인용) 이는 재난에 대한 준비, 반응, 회복을 어렵게 하는 요인으로 간주될 수 있다(Aldrich & Benson, 2008). 우리나라의 경우 역시 노인들이 가진 만성질환 중 고혈압의 유병률이 56.7%, 당뇨병이 22.6%로 높은 비율로 나타나고 있다(정경희 외, 2014). 이러한 질환들은 일반적으로 지속적인 약물관리가 필요한 질환들이므로 재난으로 인한 대피 기간 중 이들에 대한 의료적 욕구가 적절히 충족될 수 있도록 지원이 필요하다. 2014년 노인실태조사에 의하면 현재 3개월 이상 의사처방약을 복용하고 있는 노인의 비율이 82.0%로 매우 높게 나타나고 있는데(정경희 외, 2014), 재난 발생 시 이들이 대피 후 적절한 분량의 처방약을 소지하고 있는지, 약을 소지하고 있지 않다면 의료서비스는 어떠한 방식으로 지원되어야 할지 구체적으로 고려되어야 한다.

Claver 등(2013)의 연구는 미국 허리케인 카트리나와 리타로 인한 대피와 이동 중 요양시설 행정가와 서비스 제공자가 인식한 요양시설 입소노인들의 포괄적인 욕구를 살펴보며 다음과 같은 결과를 제시하고 있다. 먼저 재난으로 인해 타 시설로부터 입소한 많은 노인들은 탈수, 허기, 극심한 피로, 대화를 할 수 없을 정도의 혼란된 상태로 이주된 장소에 도착했음을 보고하고 있다(Claver et al., 2013). 또한 본인들의 의료기록이나 필요한 약에 대한 정보가 없는 상태로 도착했으며 이들에 대한 신원파악조차 어려운 경우도 존재했음을 밝히고 있다(Claver et al., 2013). 더욱이 시설 입소노인의 경우 방 또는 시설을 옮기는 것과 같은 환경의 변화는 이전에 인지기능의 손상이 없었던 노인일지라도 일시적인 혼란 상태를 겪게 할 수 있으며, 이전에 인지기능 손상으로 진단받았던 노인의 경우 그 증상이 악화될 수 있음을 주장하고 있다(Claver et al., 2013).

이러한 연구결과를 고려할 때 신체적, 인지적으로 보다 심각한 질환을 가진 시설 입소노인의 경우 재난으로 인한 타 시설로의 이주 시 시설 간의 긴밀한 네트워크를 통하여 노인의 특성, 질병, 복용하고 있는 약, 필요한 치료 등 적절한 서비스 제공을 위해 필요한 노인에 대한 구체적 정보를 공유할 수 있는 기반이 마련되어야 할 것이다.

한편 재난으로 인해 다수의 대피자들과 함께 대피소에 체류하게 될 경우 노인들의 특수한 욕구가 고려될 필요가 있다. 인지적 문제를 가진 노인의 경우 재난 발생시 혼란스러운 상황에서 불안함을 경험하거나 군중, 소음, 대피소에서의 개인적 공간의 부족 등으로 인해 감정적으로 압도당할 수 있다(Aldrich & Benson, 2008). 따라서 이러한 노인들의 불안, 혼란, 두려움 등 심리적 · 정서적 문제에 대한 지원도 제공될 필요가 있다.

또한 대피소에서 충분한 영양공급이 이루어지지 않거나 일반적으로 제공되는 즉석 식품들에 포함된 과다한 나트륨, 지방, 고열량으로 인해 건강상태에 위험을 초래할 수도 있다(Aldrich & Benson, 2008). 특히 식이관리가 필요한 만성질환을 가진 노인의 경우 대피소에서의 장기간의 식사는 이들의 건강에 심각한 영향을 미칠 수 있으므로 보다 특별한 관리가 요구된다. 재난기간 중과 재난 직후 노인 대상의 음식 및 영양관리에 대한 가이드라인을 팬 아메리칸 보건기구는 다음과 같이 제시하고 있다(Pan American Health Organization, 2012 : 54).

- 구호식품 배분에 있어 노인이 우선순위 집단에 포함될 수 있도록 조정이 필요하다. 배분 장소는 노인이 쉽게 접근할 수 있는 곳이어야 한다. 가능하다면 특별 배분 목록을 고려하고 대피소에서 생활하지 않는 노인들에게 물과 같이 무거운 물품들은 배달될 수 있도록 한다.
- 노인들은 종종 가구 내 다른 구성원들의 중요한 돌봄 제공자이므로 가능하다면 음식 배분 프로그램에 노인들을 참여시키도록 한다.
- 음식과 복용하는 약과의 상호작용을 고려하여 노인들의 특수한 영양관리적 욕구들을 사정한다.
- 가능하다면 노인들은 가족이나 친구들과 함께 식사할 수 있도록 한다.

또한 재난으로 인한 대피 또는 타 지역으로의 이주 시 노인은 이동에 있어 어려움을 겪을 수 있다. 2014년 노인실태조사에 의하면 전체 노인 중 16.1%가 현재 운전을 하고 있는 것으로 나타나(정경희 외, 2014) 운전을 하는 노인의 비율이 매우 낮은 것을 알 수 있다. 특히 전체 노인의 75.0%는 평생 운전을 한 경험이 없는 것으로 나타나고 있으며, 자동차 소유에 있어서도 노인 가구 중 비영업용 자동차를 소유한 비율은 32.7%로 보고되고 있다(정경희 외, 2014). 이러한 점들은 재난 발생으로 긴급한 상황에서 이동해야 할 필요가 발생했을 때 노인 스스로 이동할 수 있는 방법이 매우 제한적임을 보여준다. 더욱이 걷기나 일어서기 등 움직임에 어려움을 겪는 노인의 경우 일반적인 교통수단으로는 원활한 이동이 어려울 수 있다. 따라서 재난 발생 시 이러한 노인들의 이동의 욕구가 구체적으로 반영된 적절한 이동수단이 신속히 제공됨으로써 재난 발생으로 인한 이차적 피해를 예방할 수 있는 노력이 필요하다.

한편 Dyer 등(2008)은 재난 발생 시 노인집단의 긴급한 그리고 장기적인 욕구를 측정하기 위한 긴급욕구사정도구인 SWiFT(Seniors Without Families Team) 도구를 실험한 연구를 수행하였다. 이들은 노인을 의료적, 정신건강적, 재정적, 사회적 욕구 등에 따라 우선순위별로 분류하기 위해 SWiFT 팀에 의해 개발된 도구를 허리케인 카트리나로 인해 대피한 노인들을 대상으로 하여 그 활용성을 점검하였다(Dyer et al., 2008). 연구 결과 SWiFT 도구가 재난 발생 시 노인의 욕구의 수준과 필요한 지원에 대한 긴급한 결정을 내리는 데 유용한 도구로 활용될 수 있음을 제시하고 있다(Dyer et al., 2008). 이러한 도구는 재난 발생 시 노인의 욕구를 파악하고 적절한 수준의 개입이 제공되도록 하는 데 도움이 될 수 있다.

〈표 9-1〉 SWiFT 도구

일시 :		담당 사회복지사 이름 :		
이름 :		생년월일 :		
가족이나 친구와 함께 있습니까? □예 □아니요			확인 □예 □아니요	
수준 1 : 건강/정신건강 우선순위	A. 다음의 건강문제 중 해당되는 사항이 있습니까?		C. 다음 중 다른 사람의 도움이 필요한 항목이 있습니까?	
	□예 □아니요	당뇨병	□예 □아니요	걷기
	□예 □아니요	심장질환	□예 □아니요	식사하기
	□예 □아니요	고혈압	□예 □아니요	목욕하기
	□예 □아니요	기억력	□예 □아니요	옷입기
의료부서의 사회복지사에게 연계	□기타		□예 □아니요	화장실가기
	주의사항 :		□예 □아니요	복용약 관리
			한 항목이라도 체크될 경우, 수준 1로 간주	
	B. 약을 복용하고 계십니까?		다음 항목 중 사용하시는 것이 있습니까?	
	□예 □아니요		□보조기	
	복용하는 약을 가지고 계십니까?		□보행보조기	
	□예 □아니요		□휠체어	
	'아니요'로 답할 경우 수준 1로 간주		□목욕의자	

D. 지금 여기는 어디입니까?	E. 일상적인 물품 3개의 이름을 말해보고 반복하도록 한다.	F. 지금은 몇 년도입니까?	G. 이전에 말했던 3개의 물품을 다시 반복해서 말하도록 한다.	
	예 사과, 테이블, 동전			
노인이 응답을 할 수 없거나 적절히 응답하지 못할 경우 수준 1로 간주		노인이 응답을 할 수 없거나 적절히 응답하지 못할 경우 수준 1로 간주	한 개 이상의 물품을 답하지 못했을 경우 수준 1로 간주	
수준 2 :	A. 지금 당장 주요한 필요가 무엇인지 묻는다.	B. 이곳을 떠나면 머물 곳이 있습니까?	C. 수입/재정 지원	
사례관리 욕구			다음 사항 중 해당되는 것에 체크	
			□예 □아니요	메디케어
사례관리자에게 의뢰			□예 □아니요	메디케이드
			□예 □아니요	보충적 소득보장
			□예 □아니요	사회보장
			□예 □아니요	식료품지원
			□예 □아니요	보훈지원
			□예 □아니요	주거지원
			관련 서류를 지금 가지고 있습니까?	
			□예 □아니요	
수준 3 : 가족 및 친구에게 연계될 필요만 존재	A. 가족	B. 이름 :	노인이 위치한 곳은 어디입니까?	
적십자 자원봉사자에게 연계	가족이나 친구를 찾는 데 도움이 필요하십니까?	관계 :		
	□예 □아니요	위치 :		

출처 : Dyer et al.(2008). SWiFT : A rapid triage tool for vulnerable older adults in disaster situations. Disaster medicine and public health preparedness, 2(Suppl 1) : S45-S50.

3. 재난이 노인에게 미치는 영향

재난이 노인에게 미치는 영향은 연구에 따라 다양한 결과를 보이고 있다. 재난에 대한 노인의 반응은 몇 가지 관점으로 설명될 수 있는데, 먼저 '노출관점

(exposure perspective)'은 노인들이 재난에 있어 더 취약하다는 관점으로, 그 이유는 노인들이 재난에 대한 경고 신호를 받을 가능성이 낮고, 대피를 주저하는 경향이 높으며, 익숙한 삶의 패턴에 더 큰 방해를 받을 뿐 아니라, 상실에 대해 더 큰 박탈감을 느끼기 때문이라고 설명한다(Friedsam, 1960; 1962, Thompson, Norris & Hanacek, 1993, 재인용). 이와 유사하게 '자원관점(resource perspective)'은 연령이 증가함에 따라 대처능력이 감소한다고 보는 관점으로, 노인이 재난 이후 고통을 더 크게 경험한다고 보는 관점이다(Thompson, Norris & Hanacek, 1993). 반면에 '접종가설(inoculation hypothesis)'은 스트레스에의 노출이 이후의 개인의 스트레스에 대한 저항력을 증가시키고 궁극적으로 스트레스로 인한 위해로부터 보호한다고 보는 관점이다(Eysenck, 1983, Thompson, Norris & Hanacek, 1993, 재인용).

그동안 선행연구들은 재난이 노인에게 어떠한 영향을 미치는지 다양한 측면에서 살펴보고 있다. 신체적 측면에 있어서 Glaesmer 등(2011)의 연구는 고령자의 트라우마에 노출된 경험이 고혈압이나 암과 같은 신체적 질환과 유의미한 관련성을 가지는 것으로 보고하고 있다. 그러나 Bei 등(2013)의 연구에 의하면 자연재난으로 인해 개인적으로 영향을 받은 노인들의 주관적 건강상태가 개인적 영향을 받지 않은 노인들과 비교할 때 유의미하게 다르지 않은 것으로 보고되고 있어(Bei et al. 2013) 신체적 측면에 대한 재난의 영향은 일관된 결과를 보이지는 않고 있다.

정신적 측면의 경우 Jia 등(2010)의 연구는 2008년 중국 쓰촨 대지진 이후 지진의 영향을 받은 지역의 성인 생존자들을 대상으로 노인 생존자가 PTSD(Post-traumatic Stress Disorder) 발생에 더 취약한 집단인지 검증하는 연구를 수행하였다. 연구 결과 젊은 생존자 가운데 PTSD가 발생한 집단은 8%였던 반면, 노인 생존자의 PTSD 발생률은 22.5%에 이르러 노인이 재난 발생 시 더 심각한 정신적 피해를 경험하고 있음을 보여주고 있다. 또한 일반적인 정신질환의 발생률도 노인 생존자의 경우 42.0%였으나 젊은 생존자의 경우 25.4%로 대비되는 결과를 보여주고 있다.

반면 재난에서 노인의 취약성을 강조하지 않는 연구결과들도 제시되고 있다. 먼저 Rafiey 등(2016)의 연구는 지진 발생 3년 후 생존자들을 연령에 따라 구분하여 60세 이상의 노인 생존자와 18~30세의 젊은 연령층의 생존자의 정신건강 상태를 비교하였다. 즉, 재난의 장기적 영향이 노인에게 더 심각한지를 살펴보고 있는데, 연구 결과 노인 생존자들은 젊은 연령층에 비해 감정적 웰빙, 사회적 웰빙, 심리적 웰빙을 통합한 긍정적 정신건강에 있어 유의미하게 높은 수준을 나타내고 있어 노인이 재난에 있어 정서적으로 덜 취약할 수 있음을 보여준다.

또한 Chung 등(2004)의 연구는 비행기 추락 사고와 열차 충돌 사고와 같은 기술적 재난에 있어 외상후장애성 반응이 연령별로 다르게 나타나는지 살펴보고 있다. 이 연구는 비행기 추락사고와 열차 충돌사고에 노출되었던 사람들을 18~39세의 청년집단, 40~64세의 중년집단, 65세 이상의 노인집단으로 나누어 트라우마적 사건과 관련된 침입적 사고 및 이에 따른 회피적 행동, 불안이나 우울과 같은 정신건강, 그리고 대처양식과 같은 재난으로 인한 영향을 비교하였다. 연구 결과 이들은 연령 간에 유사한 외상성 반응과 대처양식을 보여주는 것으로 나타나고 있어 세 연령별 집단이 재난으로 인한 전반적 건강상태에 있어 유의미한 차이를 보이지는 않는 것으로 보고하고 있다.

Kohn 등(2005)의 연구 역시 노인들의 자연재해에 대한 반응과 그 위험요인들을 다른 연령대의 집단과 비교하여 파악하고 있다. 즉, 15~24세, 25~59세, 그리고 60세 이상 노인들을 비교한 결과 노인의 경우 허리케인 이후 PTSD가 나타난 비율이 13.6%, 우울증이 있는 비율이 18.8%로 나타났으나, 다른 연령대의 집단들과 비교해 노인들이 특별히 더 취약하다는 증거는 발견되지 않은 것으로 보고하고 있다. 그러나 노인의 경우 허리케인을 경험하기 이전에 가지고 있던 심리적 문제와 노출의 강도가 재난 이후 결과에 위험요인으로 작용함을 제시하고 있다. 따라서 재난으로 인한 서비스 개입 시 기존에 심리적 취약성을 가진 노인들의 경우 보다 주의 깊은 관찰이 요구되며 이들을 고위험 집단으로 분류하여 집중적인 심리적 케어가 제공될 필요가 있다. 한편 자연재난으로부터 생존한 노인들을 대상으로 한 연구에서 재난으로 인한 주택 피해가 인지기능 저하와 유의미한 관련이 있는 것으로 나타나고 있어(Hikichi et al., 2016) 재난경험과 인지기능의 관련성에 대해서도 제시되고 있다.

이와 같이 재난이 노인에게 미치는 영향은 다양하게 나타나고 있는데, Parker 등(2016)은 메타분석을 활용하여 체계적 문헌고찰을 통해 자연재난이 노인의 정신건강과 심리적 상태에 미친 영향에 관한 기존의 연구결과들을 비교적 종합적으로 제시하고 있다. 연구결과 노인은 자연재해에 노출되었을 때 그보다 젊은 연령층에 비해 PTSD 증상을 경험할 확률이 2.11배 높았으며, 적응장애를 나타낼 확률이 1.73배 높은 것으로 보고하고 있어 노인이 젊은 연령층에 비해 재난으로 인한 정신적 피해에 있어 취약한 것으로 제시하고 있다(Parker et al., 2016).

4. 노인에 대한 재난복지 개입

1) 재난 발생 전 대비

노인들의 재난에 대한 정확한 인식과 준비는 재난 발생 시 생명 및 건강에 대한 위협을 최소화시킬 수 있을 것이다(Loke et al., 2012). 그러나 노인들의 재난에 대한 대비상태 또는 대비상태에 대한 인식을 살펴본 연구결과들은 재난과 관련해 아직 충분한 대비가 이루어지지 않고 있는 것으로 나타나고 있다. Loke 등(2012)의 연구는 홍콩 노인들의 재난 대비상태와 그 예측요인을 파악하고 있다. 연구 결과 많은 노인들이 재난에 대한 대비를 함에 있어서 생존배낭을 쉽게 접근할 수 있는 곳에 갖추고 있고, 수도나 가스, 전기를 차단하는 방법을 알고 있는 것으로 응답하였으나, 대피 출구를 알고 있거나 재난 발생 시 집 근처의 지정 집합장소를 아는 노인들은 비교적 적은 것으로 나타났다(Loke et al., 2012). 또한 재난 발생 시 지녀야 물품으로 과반수의 노인이 신분증을 언급한 반면, 복용하는 약이나 음식, 물을 언급한 노인들은 비교적 소수에 불과하였다(Loke et al., 2012).

국내 노인을 대상으로 한 연구로 Kang(2014)의 연구는 전반적인 건강상태와 만성질환이 노인들의 재난대비와 어떠한 관련이 있는지를 살펴보고 있는데, 다양한 요인들에 근거해 노인들의 재난대비 상태를 측정하고 있다. 첫 번째 요인은 3일치 분량의 물, 3일치 분량의 보존식품, 충전상태인 건전지 라디오, 충전상태인 건전지 손전등이라는 네 가지 항목에 대해 네 가지 물품을 모두 가지고 있는지와 그렇지 않은지로 구분하고 있다(Kang, 2014). 두 번째 요인은 대피를 요하는 대형 재난 또는 응급상황 발생 시 가구 내에 문서화된 응급 대피 계획을 가지고 있는지 여부이며, 세 번째는 가구 내에 처방약을 복용하고 있는 각 구성원의 처방 약 3일치 분량을 가지고 있는지를 측정하고 있다(Kang, 2014). 연구 결과 재난대비 물품들, 응급 대피 계획, 3일치의 약을 가지고 있는 노인은 비교적 소수에 불과한 것으로 나타났는데, 10.9%의 가구가 재난대비 물품을 완전히 가지고 있는 것으로 나타났으며, 15.2%가 응급 대피 계획을 가지고 있었고, 59.4%가 가족 구성원 모두의 3일치 약을 가지고 있는 것으로 나타났다(Kang, 2014). 한편 다중의 만성질환을 가진 노인의 경우 보다 건강한 집단에 비해 3일치 분량의 약을 가지고 있는 확률이 높은 것으로 나타났다(Kang, 2014).

한편 김명구 등(2014)의 연구에 의하면 조사대상 노인의 68%가 자연재난 발생 시 행동요령이나 대피처를 잘 모른다고 응답하였으며 자연재난 대응 및 응급조치요령에 관한 교육서비스의 경우 94%가 받지 않은 것으로 응답해 노인의 재난에 대한 사전준비 정도가 낮은 수준에 있음을 알 수 있다. 그러나 Yoo 등(2016)의 질적 연구에 의하면 노인들은 재난에 대해 어떻게 준비해야 하고 어떻게 반응해야 하는지 실질적인 방법에 대한 교육이 필요하다고 느끼며 정기적으로 반복된 대피훈련이 필요하다고 느끼는 것으로 제시되고 있다. 이상과 같은 연구결과들을 살펴볼 때 노인들의 재난에 대한 준비가 강화될 필요가 있으며 지역사회 내 조직 등 다양한 통로를 통하여 재난준비에 대한 교육과 훈련이 체계적으로 마련될 필요가 있다.

다음은 미국 적십자사에서 제시하는 재난대비를 위한 구체적인 물품들로, 재난 발생 전 개입계획에 활용될 수 있다(Red Cross, 2017).

① 최소한으로 준비해야 할 기본적 물품들

- 물 : 1인당 하루에 1갤런(대피할 경우 3일치 분량, 집에 머물 경우 2주치 분량)
- 음식 : 잘 부패하지 않는, 준비하기 쉬운 음식들(대피할 경우 3일치 분량, 집에 머물 경우 2주치 분량)
- 손전등
- 건전지로 작동되는 라디오 또는 수동 라디오, 여분의 건전지
- 구급상자
- 약(일주일치)과 의료용품
- 다목적 공구
- 개인위생 용품
- 개인적 서류 복사본(복용약 목록, 특정 상황과 관련된 건강에 관한 정보, 주소 증명서, 집 문서, 여권, 출생증명서, 보험증)
- 충전기와 핸드폰
- 가족 연락처 및 비상연락망
- 여분의 현금
- 비상 담요
- 지역의 지도

② 거주지역에 자주 발생하는 재난의 유형에 기반한 추가적 생존키트 또는 집에 마련되어야 할 용품들

- 호루라기
- 수술용 마스크

- 성냥
- 우비
- 수건
- 작업용 장갑
- 집을 안전하게 하는 데 필요한 도구 또는 물품
- 여분의 옷, 모자, 튼튼한 신발
- 플라스틱 시트
- 덕테이프
- 가위
- 가정용 액상 표백제
- 오락 용품
- 담요 또는 침낭

한편 보다 거시적인 측면에서 노인의 재난 준비도를 살펴보면 2015년 HelpAge International은 '재난위기와 연령지표(Disaster Risk and Age Index)'를 발표한 바 있는데, 이 지표는 재난 발생 시 노인을 지원하기 위한 각국의 상태를 측정하는 지표로서 위험과 노출(hazard and exposure), 취약성(vulnerability), 대처역량 부족(lack of coping capacity)의 세 부분을 고려해 점수화하고 있다(HelpAge International, 2015). 재난위기와 연령지표는 순위가 뒤로 갈수록 재난에 있어 노인에게 긍정적 환경이 조성되어 있음을 의미하는데 한국은 전체 190개국 중 128위를 차지하고 있다(HelpAge International, 2015). 따라서 사회 전체적으로 재난 발생 시 노인인구의 특성을 고려한 준비가 보다 충실히 마련되어야 할 필요성이 있다. WHO(World Health Organization)의 지역사무소인 팬 아메리칸 보건기구는 지역사회의 재난을 대비한 계획수립에 노인의 욕구를 반영하기 위해 고려되어야 할 내용들을 다음과 같이 제시하고 있다(Pan American Health Organization, 2012 : 66-68).

〈표 9-2〉 지역사회 재난계획에 노인의 욕구를 통합하기 위한 고려사항들

계획 요소	노인집단을 위한 고려사항	재난관리에 도움이 되는 측면
1. 상황 분석 : 계획을 위한 정보		
(a) 지역사회 건강 개요		
• 기본적인 인구학적 정보	지역사회 취약성 및 역량 사정(VCA : Vulnerability and Capacity Assessment)은 기존에 존재하는 국가적 데이터(예 전국 센서스)와 노인인구를 포함한 지역사회의 개요를 확인하는 역할을 담당한다.	지역사회의 취약한 노인집단 구성을 파악하고 확인할 수 있게 한다(예 가족 구성원, 거주지, 생계수단, 문화적 활동 등). 정보가 자세할수록 계획에 노인의 욕구를 포함시키는 것이 더 용이해진다.
• 노인집단의 건강 프로파일	지역사회 노인집단의 건강개요를 이해하기 위해 건강정보는 연령, 성별, 건강상태(질병)에 따라 분류한다.	지역사회 노인집단의 건강상태에 대한 지식은 지역사회가 자원을 배분하는 계획을 수립하는 데 도움을 준다.
• 이용 가능한 시스템과 자원	지역사회에 현재 어떠한 의료서비스와 자원들이 존재하는지, 어떠한 조직 또는 집단이 노인을 위해 일하는지 파악한다.	계획을 수립하는 과정에 있어 반드시 포함되어야 할 지역사회 기반의 관계자 리스트를 제공한다.
(b) 위험 분석		
• 지역사회에 영향을 미쳤던 재난들에 관한 역사적 분석	VCA는 과거의 재난과 재난이 지역사회에 미친 구체적 영향, 특히 노인집단에 대한 이해를 돕는다. 지역사회의 노인들이 이러한 정보의 가장 유용한 출처일 수 있다.	계획자로 하여금 미래의 유형을 예측하기 위해 과거 재난에 있어 노인들의 경험을 활용하고(이는 지난 몇 년간 기후변화가 지역사회에 미친 영향을 포함한다) 지역사회 계획의 대비 부분을 강화할 수 있게 한다.
• 고위험 지역 및 취약지역의 위험 지도 포함	위험지도를 만들고 노인들의 위치와 관련해 이를 분석한다.	지역사회의 인구분포와 관련해 위험도를 보여주는 공간적 지도는 노인, 특히 농촌이나 외진 지역에 사는 노인을 포함해 더 위험에 처한 집단을 파악하게 도와준다.
(c) 취약성 분석		

	VCA는 지역사회 계획을 수립하는 데 있어 기초이다. 철저하게 수행되었을 때 이는 노인을 포함해 지역사회의 가장 취약한 구성원을 파악할 수 있게 한다.	지역사회 노인의 취약성의 수준 및 위험을 완화시키고 감소시키기 위해 재난 이전에 취해져야 할 행동을 파악한다.
• 위험상황에 놓인 요인들(전력, 물, 위생, 통신선 포함)	잠재적 위협과 관련해 지역사회 노인들의 구체적 취약성을 파악한다. 특수한 욕구가 있는 사람들이 더 큰 위험에 있으며 더 많은 지원이 필요한 집단이다.	서비스가 중단될 경우 가장 지원이 필요한 사람들의 우선순위 목록을 만들 수 있게 도와준다(예 특수욕구를 지닌 독거노인이 목록의 상위에 있을 수 있다)
(d) 운영 & 자원 분석		
• 인적자원(지역사회 간호사, 지역사회 의료인, 지역사회 재난 대응팀, 응급처치 자원봉사자 등)	지역사회 수준에서 건강 관련 훈련을 받은 사람이나 필요시 노인들에게 제공될 수 있는 사적 이동수단을 가진 사람 등 대안을 개발하는 데 도움을 준다.	
• 지역사회 인프라구조(예 민간 및 공공 지역병원, 클리닉, 지역사회 앰뷸런스)	노인, 특히 교통수단 마련이 필요한 특수욕구가 있는 노인을 위한 가장 가까운 의료시설을 파악하는 데 도움을 준다.	
2. 계획의 목적과 목표	노인을 고려한 지역사회 계획의 목적과 목표가 전국적 재난 계획과 긴밀히 연결되도록, 또한 전국적 계획에 통합되도록 한다.	지역사회 계획에 제시된 완화활동은 지역사회의 가장 취약한 집단 중 하나에 대해 언급하며 재난 발생 전 위험을 감소시키는 데 기여한다.
3. 조정		
(a) 지휘권 (b) 응급운영센터 - 표준화된 운영 절차 (c) 역할과 책임	노인의 욕구를 다루고, 조정하고 반응하는 중심기관 또는 위원회를 파악한다.	개인적 그리고 위원회 수준에서 노인과 관련된 역할과 책임을 공식적으로 배정한다. 이는 노인의 욕구가 충족되는지 여부를 확실하게 하기 위한 더 많은 조정과 협력을 가능하게 한다.
4. 외부적 조정	지역사회 수준에서 노인에게 서비스를 제공하는 모든 유형의 개체들은 각 개체의 기대, 역할, 책임을 파악하는 계획에 참여하고 계획에 대해 알고 있어야 한다.	중복된 노력을 방지하고 자원을 최대한 활용하기 위해 각 개체의 기대, 역할, 책임을 명확히 한다.

5. 모니터링과 평가	모니터링과 평가에 노인의 경험을 포함시킨다.	노인의 경험은 계획에 영향을 미치며 노인을 위한 재난 관리를 향상시킨다.
6. 훈련과 교육	구체적으로 노인의 욕구를 고려하는 역량을 증진시키는 재난훈련, 모듈을 포함시킨다.	재난 팀 구성원들은 계획을 세우고 노인의 욕구를 반영하는 데 필요한 기술을 갖추게 된다.

출처 : Pan American Health Organization(2012) pp. 66-68.

또한 재난에 대한 사회적 · 개인적 대비계획을 수립할 때 노인의 욕구가 구체적으로 반영되기 위해서는 노인도 계획수립에 중요한 주체로 포함될 필요가 있다. 노인들은 노인을 위한 재난 대책의 필수적인 요소들에 대해 알려줄 수 있으며 이는 정부가 노인을 위해 특화된 정책들을 개발하는 데 도움을 줄 수 있다(Yoo et al., 2016). 이와 관련해 Rafiey 등(2016)은 재난에 대한 대처전략을 수립할 때 노인들의 지식과 경험들을 활용해야 하며, 재난 예방, 대비 및 관리 프로그램 개발에 노인을 포함시킬 것을 권고하고 있다.

2) 재난 발생 시 개입

재난 발생 시 노인뿐 아니라 지역사회의 모든 구성원에게 재난에 대한 정확한 정보전달이 우선되어야 할 것이다. 잠재적 위험으로부터 사회 구성원들을 보호하고 재난에 직면했을 때 적절한 행동을 취하도록 경고하기 위해서는 다양한 집단의 욕구, 한계, 능력에 주의를 기울여야 한다(Mayhorn, 2005). Mayhorn(2005)은 미래에 재난을 초래할 수 있는 위험으로부터 대중을 보호하기 위한 위험 커뮤니케이션의 두 가지 유형으로 일반적 위험정보와 경고를 들고 있다. 일반적 위험정보는 일반적으로 위험 및 응급상황 대비에 대한 인식을 증가시키기 위한 목적으로 응급상황이 아닌 시기에 주로 공공정보원에 의해 전달되는 정보이다(Mayhorn, 2005). 우리나라의 국민재난안전포털 웹사이트상에서 확인할 수 있는 다양한 유형의 재난 발생 시 행동요령 등을 예로 들 수 있다(국민재난안전포털,

2017). 반면에 경고는 위협이 감지되고 재난 발생이 임박했을 때 기상청과 같은 정부 기관에서 사용되는 상황 특화적인 경고라고 할 수 있으며 경고의 내용들은 보통 위험에 처한 사람들을 보호하기 위해 취해져야 할 보호적 행동 권고 등이 포함된다(Mayhorn, 2005). Mayhorn(2005)은 노인의 경우 노화로 인한 여러 가지 인지적 변화로 인해 이러한 위험 커뮤니케이션에 취약할 수 있음을 제시하고 있다.

따라서 재난 발생 시 노인들이 정보를 신속하고 용이하게 접할 수 있도록 노인의 신체적 · 인지적 특성을 고려한 정보제공 방안들이 마련되어야 할 것이다. 또한 일상적인 재난대비 교육에 있어서도 인터넷을 통해 제공되는 정보는 노인들의 접근성이 비교적 낮다는 점을 고려하여 노인복지관이나 경로당 등의 조직을 바탕으로 방문교육 등 보다 현실성 있는 방안들이 마련되어야 한다고 본다.

한편 재난 발생 시 노인들은 신체적 상태, 정서적 상태, 대피 및 이동, 대피소 체류 등 다양한 영역에서 지원이 요구된다. 먼저 의료적 욕구의 수준이 높은 시설입소 노인의 경우 재난 발생 시 시설 간의 긴밀한 상호협력 관계를 통해 적절한 지원이 제공될 필요가 있다. Saliba 등(2004)의 연구는 로스앤젤레스 지진 당시 재난계획을 수행한 87개의 요양시설 가운데 상당수인 56개의 시설이 재난에 대한 대책이 적절하게 작동하지 못했다고 응답하였음을 밝히고 있다. 즉, 이들은 재난 발생 시 직원의 부재, 의사소통의 문제, 물과 발전기 연료의 부족과 같은 문제를 경험하였음을 언급하고 있다(Saliba et al., 2004). 또한 병원이나 다른 요양시설, 지역사회 주거시설 등에서 옮겨진 입원환자를 입소시켜야 했던 시설들이 재난 이후 충분한 지원을 받지 못했음을 제시하고 있다(Saliba et al., 2004). 따라서 의료욕구의 수준이 높고 보다 집중적인 케어가 필요한 시설노인의 경우 재난 발생 시 요양시설을 비롯한 지역사회의 다양한 시설들이 상호 간에 정보를 교환하고 필요한 및 치료 및 서비스를 제공할 수 있는 개입체계가 마련되어야 할 것이다.

또한 시설입소 필요 수준은 아니나 다양한 만성질환 등 의료적 욕구를 가진 노인들을 대상으로 한 개입도 필요하다. Bei 등(2013)의 연구에 의하면 홍수라는 재난이 노인들의 일상생활에 미친 영향에 대해 많은 노인들이 교통수단에 있어 문제를 경험했음을 밝히고 있다. 특히 노인들은 집에 머물며 병원에 오고 가는 것에 많은 영향을 받았다고 보고하고 있다(Bei et al., 2013). 따라서 재난 기간 동안 의료서비스 이용이 필요한 노인들의 경우 지속적인 치료 및 서비스를 받을 수 있도록 적절한 이동수단이 마련되어 체계적으로 제공될 필요가 있다. Yoo 등(2016)의 질적 연구 역시 노인들의 경우 재난 발생 시 움직임이 어려운 사람들을 위한 교통수단 지원에 대한 욕구를 가지고 있음을 밝히고 있다. 노인의 경우 일상생활 수행능력이 낮을수록 자연재해시 대처행동의 수준이 낮은 것으로 나타나고 있으므로(정순둘 외, 2008), 신체적 기능으로 인해 이동성이 불리한 노인들을 고려한 교통 서비스 제공이 구체화될 필요가 있다.

또한 재난으로 인해 대피소에 체류할 경우 만성질환, 수면패턴 등 노인들의 특수한 욕구가 반영될 수 있는 배치와 공간이 마련될 필요가 있다. 재난 발생 시 비교적 건강상태가 좋은 노인들은 신체적으로 보다 건강하지 못한 노인들에게 실질적이고 정서적인 지지원이 될 수 있다(Yoo et al., 2016)는 점에서 노인들로 구성된 지지망을 통해 대피소 생활로 인해 경험할 수 있는 다양한 어려움들을 완화시키는 방안들이 활용될 수 있다. 재난 발생 이전에도 지역사회의 자원들을 바탕으로 노인들 간의 자조집단 형성을 지원함으로써 재난 발생 시에 상호 간에 정서적 · 물질적 지원을 교환할 수 있는 효과적인 지원체계로 활용될 수 있도록 할 필요가 있다.

3) 재난 발생 후 개입

재난이 노인들에게 미칠 수 있는 다양한 영향을 고려할 때 노인들의 효과적인 회복을 위해 재난 발생 이후 지속적인 지원이 제공될 필요가 있다. 특히 이들의 심리적 · 정서적 손상에 대한 충분한 서비스 제공을 통해 보다 원활한 회복을 도모할 수 있다. Wang 등(2007)은 허리케인 카트리나 재난 발생 8개월 후 18세 이상 생존자들을 대상으로 이들의 정신건강 서비스 이용에 대해 살펴보고 있다.

연구 결과 약 31%의 응답자들이 인터뷰 당시 감정장애 또는 불안장애를 가지고 있는 것으로 나타났으나 이 가운데 단지 32%만이 재난 이후 정신건강 서비스를 이용한 것으로 나타났다(Wang et al., 2007). 치료가 필요하다고 인식하는 사람들 중 약 64%가 서비스 부재, 재정적 요인, 교통수단 등이 서비스를 받지 않은 이유라고 응답하고 있다(Wang et al., 2007). 더욱이 연령은 정신건강 서비스 이용과 관련이 있는 요인으로 나타났는데, 60세 이상 노년의 생존자들은 40~59세의 중년 생존자들에 비해 치료 이용 가능성이 낮은 것으로 나타났다(Wang et al., 2007). 따라서 재난 발생 후 노인들이 정신건강 서비스에 보다 용이하게 접근할 수 있도록 다양한 통로를 통한 서비스 제공이 필요할 것이다.

정서적 부분 외에 노인의 경제적 측면도 재난 발생 이후 고려되어야 할 요인이다. Sugano(2016)는 일본 동부 지진 6개월 후 재난이 노인에게 미친 정서적·경제적 측면을 살펴보고 있는데, 연구 결과 생존자들은 전체적인 월 생활비가 줄어들었음에도 불구하고 음식과 내구재에 더 많은 소비를 하는 것으로 나타났다. 즉, 재난기간 동안 식료품 가격의 상승과 지진으로 인한 내구재의 손상으로 인해 이 부문에 대한 노인 생존자들의 지출이 증가한 것으로 보인다(Sugano, 2016). 또한 지진 피해지역인 센다이 지역의 남성들의 경우 재난 이후 주당 근로시간이나 임금이 감소하지 않았는데, 이로 인해 자신들의 지출을 유지하거나 증가시킬 수 있었고 이러한 점이 생존자들의 삶의 만족도가 저하되지 않은 데 기여한 것으로 보인다고 밝히고 있다(Sugano, 2016). 이러한 연구결과는 재난 발생 이후 노인들의 경제적 회복이 중요한 이슈로 고려되어야 함을 보여준다. 특히 한국 노인의 높은 빈곤율(OECD, 2017)을 고려할 때 노인들이 재난으로 인해 발생한 물질적·정서적 피해로부터 보다 신속히 회복할 수 있도록 정책 및 서비스에 경제적 지원이 반영되어야 할 것이다.

한편 재난 이후 사회적 지지는 노인들의 회복에 긍정적인 영향을 미치는 것으로 보고되고 있다. 조명현 등(2015)의 연구는 재난의 간접 경험 후 노인들의 정서 변화 양상을 살펴보며 세월호 침몰사고 직후와 2개월 후 노인들의 정서적 변화

상태를 비교하고 있다. 연구결과 사고 직후에는 전반적으로 노인들의 긍정적 정서 수준이 낮아진 반면 부정적 정서 수준은 높아지는 것으로 나타났다(조명현 외, 2015). 그런데 사회적 지지와 활동적 노년 점수가 높은 노인들은 그렇지 않는 노인들에 비해 사건 직후 정서변화의 폭이 크지 않았음을 보고하여 사회적 지지가 간접적 재난 경험으로 인한 노인들의 정서에 보호요인으로 작용하였음을 제시하고 있다(조명현 외, 2015).

Bei 등(2013)의 연구 역시 홍수 재난 이후 정부 또는 지역사회와 사적 관계에 의한 지지를 동시에 받은 노인들에 비해 사적 지지 없이 정부나 지역사회로부터의 지원만 받은 노인들의 경우 재난 이후 신체적 건강과 삶의 만족도가 더 크게 악화된 것으로 보고하고 있다. 따라서 사회적 지지망이 부족한 독거노인 등 취약계층 노인들을 대상으로 보다 집중적으로 재난 이후 관리 및 지지 서비스가 제공될 수 있는 체계가 마련될 필요가 있다.

아동에 대한 재난복지 개입

CHAPTER 10

송영지

최근들어 한국 사회에서 심각한 재난들이 연달아 발생하였고, 그 유형도 다양해지면서 국민들의 재난에 대한 불안감이 높아지고 있다. 2017년에는 경주, 포항에서 지진이 발생하면서 수많은 피해를 남겼으며, 더 이상 우리나라도 지진의 안전지대가 아니라는 것을 인식시켜 주었다. 이러한 지진, 태풍과 같은 자연재해뿐만 아니라 세월호 사건, 가습기살균제 참사와 같은 사회적 재난도 지속적으로 발생하였다. 더욱이 사회적 재난으로 인한 직접적 피해자가 유·아동, 청소년이라는 점에서 우리 사회를 더욱 큰 슬픔에 빠지게 하였다. 재난이 어떠한 형태로 나타나든지 상관없이 가장 큰 피해자 그룹은 아동[1)](청소년)이 포함된다. 이에 이 장에서는 재난의 취약 계층으로서 아동과 관련하여 살펴보고자 한다. 구체적으로는 재난에 있어서 아동의 취약성, 재난 발생 시 아동의 욕구, 재난이 아동에게 미치는 영향, 아동에 대한 재난복지 개입으로 제시하고자 한다.

1. 재난에 있어 아동의 취약성

오늘날 각종 재난과 안전사고로 국민의 생명과 안전이 위협받고 있다. 유엔재

1) 이 책에서는 아동의 연령을 「아동복지법」에 따라 만 18세 이하로 지칭

해기구(UNDP)와 유엔발전계획(UNCRD)에서는 다음과 같이 재난에 대한 정의를 내리고 있다. "재난이란 갑작스럽게 발생하여 지역사회의 기본 조직과 정상 기능을 와해시키는 큰 규모의 사건으로서 그 영향을 받은 지역사회가 외부의 도움이 없이는 극복할 수 없고 생명과 재산, 사회 간접시설과 생활 수단에 대해 일상적인 능력으로 처리할 수 없는 피해를 일으키는 단일 또는 일련의 사건"이라고 하였다. 이러한 재난은 그 특성상 모든 사람에게 동일한 피해를 입히는 것이 아니라 사회적으로 취약한 집단에게 피해를 입힐 가능성이 더 높다. 어린이, 노인, 장애인 등 재난안전약자는 재난에 대한 취약성은 높은 반면, 위험으로부터 벗어날 수 있는 위기대처 능력은 떨어진다(장미혜 외, 2014). 재난이 발생했을 때, 가난하거나, 아프거나, 의존적인 상태이거나, 사회적으로 고립되어 있는 사람들은 직·간접적으로 물리적 재해와 더불어 사회, 경제, 정치, 심리적인 영향에 더 많이 노출될 수밖에 없다. 즉, 사회적 취약계층은 재난에서도 더욱 취약한 집단이 되는데, 아동의 경우도 여기에 속한다. 국민안전처의 2015년 안전혁신 마스터플랜에 의하면, 총 인구 5천만 명 중 재난취약계층은 약 36%로 구성되어 있으며, 그중 아동이 930만 명(18%)으로 높은 비율을 차지하고 있다. 이러한 재난취약계층을 위해 정부는 어린이·노인·여성 등 안전취약계층 보호, 재난보험 확대, 재난 피해자 지원 확대 등 안전복지정책 강화 계획을 국가안전관리기본계획(2015-2019)에 포함시켰다(국민안전처, 2014). 국외의 경우에도 재난 시 아동의 취약성은 확연히 나타났다. 세계재난리포트(World Disaster Report, 2001)에 따르면 1990년대까지 매년 6,550만 명의 아동이 재난으로 인해 피해를 받았으며, 2000년 이후에는 매년 1억 7,500만 명의 아동이 피해를 입을 것으로 예상하였다. 또한 2011년 UNISDR(유엔국제재해경감전략기구)의 발표에 의하면 매년 1억 명 이상의 아동이 재난에 의해 영향을 받는다고 하였다. UNICEF에서도 재난의 50~60%의 피해자는 아동임을 강조하였으며(UNICEF, 2011), UNICEF 네팔 지진 리포트(2015)에 따르면, 최근 2015년 4월에 발생한 네팔 지진으로 인해 총 280만 명의 피해 중 약 110만 명의 아동이 피해를 입었다고 한다(2015년 6월 24일 기준). 네팔 지진으로 인한 총 피해 인구의 약 40%가 아동으로, 사회 구성원 중 아동의 피해가 가장 컸다. 이처럼 아동은 안전약자에 해당되는 대상이다. 안전약자란 사회를 구성하는 평균 능력의 사람 또는 계층보다 안전을 위협하는 위험으로부터 스스로를 보호하고 위험인자를 제거하는 능력이 떨어지거나 재난 및 사고로부터 피해입기 쉽거나 또는 받은 피해로부터 복구행위가 어려운 사람 또는 계층을 의미한다(오금호 외, 2013). 이 개념에 따라 아동은 육체적, 심리적, 사회적, 인지적, 정신적 측면에서뿐만 아니라 욕구, 두려움, 습관 등에서도 성인과 확연한 차이가 있는 존재로서 재난에 매우 취약함을 알 수 있다. 그러므로 국가는 전 사회 구성원의 안전을 확보함에 있어서 특히 안전약자인 아동에게 적합한 국가적 차원의 서비스 마련에 대해 고민해야 한다.

지금부터는 아동은 왜 재난에 더 취약할까라는 질문에 대한 답변을 여기서 찾아보고자 한다. 재난으로 인한 아동의 피해가 성인보다 상대적으로 큰 것은 아동의 특성에 따른 취약성으로 설명될 수 있다. 아동은 성인보다 신체적으로 작고 약하며 삶의 경험도 적다. 또한 사회 구조적으로 약자에 위치하고 있어 스스로 자신의 권리를 보호하기 힘들다. 아동은 돌봄과 보호를 필요로 하기 때문에 사회구조와 환경에 지배적인 영향을 받게 되며, 재난과 같은 사회혼란의 상황이 아동에게 미치는 직접적인 피해와 그에 따른 간접적 파급력은 클 수밖에 없다. 아동은 재난 시 신체적 상해, 영양부족, 질병 등 직접적인 피해에 취약할 뿐만 아니라 재난 이후의 상황에서 가족을 잃거나, 교육을 받지 못하게 되거나 적절한 보호 아래 있지 못하게 되어 인신매매, 학대 등의 또 다른 위험에 노출될 수 있다. 더욱이 재난으로 입게 된 피해는 경우에 따라 아동의 성장과 발달에 영향을 주어 아동기 이후의 삶에도 그 피해가 지속될 수 있다(굿네이버스, 2015).

우선 재난 발생 시 아동은 신체적으로 더 취약하다. 아동의 취약성에 기여하는 가장 중요한 신체적 특징의 하나는 신체 크기가 작다는 점이다. 예를 들어, 생물학적 · 화학적 재난의 경우 아동은 신체 크기가 작아서 유독물질을 흡수할 가능성이 크며, 피부가 얇아서 피부 표면의 질량비(surface-to-mass ratio)가 더 커지고 호흡이 빨라진다. 신체 크기가 작은 아동의 경우 떨어지는 물체에 맞거나 둔기에 의해 외상이 가해지면 전체 체질량으로 인해 신체에 더 큰 압력이 가해진다(성미영 · 김영희, 2017). 아동은 신체발달이나 위험 감지 및 운동능력, 자기 조절 및 집중력, 생존에 필요한 안전지식의 양적 · 질적 수준이 일반 성인에 비해 미숙하여 부적절한 상황 판단 및 대처로 치명적 위험 상황에 쉽게 노출될 수 있다. 더욱이 현재까지 우리나라의 안전시스템은 일반 성인을 중심으로 이루어져 있어 아동 등 안전약자를 고려한 시스템의 구축이 절실한 상황이다(국민안전처, 2017).

한편 재난 발생 시 아동은 심리적으로 성인보다 더 취약하다. 2006년 타이완 지진 이후, 큰 피해를 입은 진앙지 근처 마을의 4학년부터 9학년 학생들을 추적 조사한 연구에서는 다니던 학교가 심각한 피해를 입었거나 2년이 지난 뒤에도 아직 학교가 완전히 복원되지 않았던 학생들은 다른 아이들에 비해 심각한 수준의 PTSD 징후, 즉 불쑥 떠오르는 장면이나 생각, 재경험 및 회피 행동, 심리적 · 육체적 고통, 짜증과 분노, 기억 상실, 집중력 저하 등을 보였다고 보고하고 있다(Chen & Wu, 2006). 또한 재난 발생 시 아동은 인지적으로도 취약하여 그 피해가 더욱 클 수 있다. 아직 인지발달 수준이 낮은 아동은 경고 및 지시를 이해하여 따르는 데 어려움이 있고, 자신이 위험에 처해 있음을 인지하고 대피할 능력이 부족하다. 대부분의 아동은 자신의 기본적인 욕구, 즉 의식주, 의료처치, 심리적 안정 등에 대한 필요성을 완벽하게 주장하지 못한다. 또한 재난 발생 이전과 이후 상황에서 아동 스스로 대피할 능력도 없다(성미영 · 김영희, 2017). 이는 아동의 안전 및 안정의 취약성과도 연결된다. 재난 피해 아동은 자신의 신체적 안전과 안정 측면에서 매우 취약할 수 있다. 재난 발생 상황에서는 산만해진 경찰력과 관리감독의 소홀함으로 인해 나약한 재난피해 아동을 착취하려는 범죄자들이 평상시보다 더 쉽게 피해자에게 접근할 수 있다. 또한 재난 발생 후 부모가 자신의 상황을 감당하기 어려워 가정폭력이 급증한다는 연구결과가 보고되었다(성미영 · 김영희, 2017).

이처럼 아동의 경우 아직 신체, 성격, 인지 발달 과정에 있는 시기이며 환경에도 민감하게 반응하는 시기이므로 재난 발생 시 세심한 개입이 필요하다. 그리고 아동 재난 개입 전문가들은 아동의 취약성을 취약한 부분에만 그치는 것이 아니라 그들이 재난에서도 건강히 성장할 수 있도록 회복탄력성(resilience) 측면에서 관심을 가져야 한다. 흔히 아동은 수동적이고 의존적인 존재로 묘사되지만, 본래 가정과 지역사회에서 적극적인 참여자이기도 하다. 상당수의 아동이 재난·위기 발생 전부터 가족부양의 의무를 지고, 스스로 결정을 내리기도 하며 학교와 또래집단에서 리더 역할을 한다. 위기가 지속되는 동안 아동은 위기를 불러온 응급상황을 해결하려고 하거나, 가족 구성원, 또래 친구, 종교지도자 등의 주변인으로부터 지지를 얻음으로써 추가적인 위험과 심리적 압박으로부터 벗어나려는 노력을 하게 된다. 아동이 얼마나 성공적으로 자신의 상황을 해결하고 대처하는지는 위험의 유형과 사회적 환경의 보호요인(부모와의 동거 여부, 친한 친구, 도움을 구하는 능력 등) 그리고 아동의 내적 강점과 역량에 달려 있다. 취약성은 아동이 복합적인 위험에 직면했을 때 혹은 보호요인이 적을 때 발생한다. 이에 반해 위험요인보다 보호요인이 더 많을 때는 회복탄력성(resilience)이 생긴다. 뛰어난 문제해결능력 등 여러 장점을 갖춘 아동은 보다 효율적으로 위기 환경을 헤쳐 나갈 수 있으며 자신과 가족의 복지를 뒷받침할 수 있는 결정을 내릴 수 있다(세이브더칠드런, 2013). 즉, 재난에서 아동의 취약성은 이후 그들의 회복탄력성과 연결되어 재난복지의 개입이 이루어져야 한다. 그들이 재난 시에 가질 수 있는 취약성을 정확히 알고 재난 상황에서 개입한다면 그들의 취약성에 대한 적절한 지원을 할 수 있을 것이며, 이를 통해 아동이 역경을 극복하고 그들의 역량이나 회복탄력성을 증진시킬 수 있다. 이를 위해서 재난에 개입하는 사회복지사는 아동의 재난에서의 취약성, 욕구, 재난이 그들에게 미치는 영향을 정확히 이해해야 한다.

2. 재난 발생 시 아동의 욕구

재난이 발생했을 때 제공되는 사회적 지원은 성인중심으로 이루어져 있기 때문에 아동은 재난 후 개입 시 사각지대에 놓여 있다. 이에 재난 발생 시 아동의 특수한 욕구를 정확히 이해하고 재난에 대한 개입이 이루어져야 한다.

일반적으로 우리가 아동기라고 할 때, 아동의 존재는 사회와 성인으로부터 보호받아야 할 존재로 인식한다. 실질적으로 인간발달단계의 측면에서 아동기는 다른 발달단계와 비교했을 때 더 상처받기 쉬우며, 활동에 참여할 수 있는 역량도 제한적이다. 그렇기에 아동은 자신의 역량과는 상관없이 아동이 경험할 수 있는 어떤 종류의 위험에 대해서도 보호받을 수 있어야 한다(이재연 외, 2013). 즉, 아동보호란 모든 종류의 아동권리에 대한 보호를 의미한다기보다 그 자체가 아동권리 중 하나라고 할 수 있다(세이브더칠드런, 2013). 아동은 생존권, 보호권, 발달권, 참여권의 네 가지 유형의 기본적 권리를 가지는데, 재난 현장에서 아동이 보호받고, 자신들을 지킬 수 있도록 사회가 지원해야 하는 것도 이러한 아동의 기본 권리와도 연결되는 부분이다. 모든 재난 · 위기 사태 시에는 아동의 안전과 복지에 대한 위협이 존재한다. 따라서 아동보호는 모든 인도적 활동에서 중요한 고려사항으로 여겨지고 있으며, 아동보호 목표는 인도적 대비 · 대응에서 명확하게 제시되고 있다(세이브더칠드런, 2013).

재난 상황에서 아동의 요구는 아동을 둘러싼 환경에 따라, 아동 각 개별적 상황에 따라 매우 다양하게 나타날 수 있다. 또한 재난 자체로 인해, 재난 이후 아동을 둘러싼 환경의 변화로 인해 더욱 수많은 요인들이 증가할 수 있다. 국가아동재난위원회의에서 제시한 국가재난복구전략 보고서에서는 재난 피해 아동에게 반드시 제공해야 할 서비스 원칙을 명시하였다. 그것은 안전하고 안정된 주거 환경 제공, 보건의료, 정신건강 및 구강건강, 지속적인 학업과 방과 후 보육 서비스, 아동보육, 재난사례관리 등이다(National Commission on Children and Disaster, 2009). 또한 유엔(UN)에서 정의한 아동의 요구는 신체적 보호, 심리사회적 보호, 인지적 보호, 이렇게 세 가지 범주로 구분된다. 신체적 보호에는 아동의 안정과 신체적 안전에 관한 요구가 포함된다. 아동은 착취나 약탈에 대한 전통적인 보호체계가 무너지거나 약해지는 재난 상황에서 더 나약해진다. 재난으로 인한 부상이나 건강 문제가 추가로 수반되면서 기존의 건강문제가 더 악화된다. 주거, 영양, 위생, 수면, 휴식처럼 모든 사람에게 기본적으로 필요한 신체적 욕구는 아동의 경우 탄력적으로 조절되지 못한다. 심리사회적 보호의 목표는 재난피해 아동의 심리적 · 사회적 발달에 성인보다 훨씬 더 과도하게 나타나는 피해 및 발육부진이 없도록 하는 데 있다. 재난 상황에서 아동의 삶과 일상이 붕괴되면 아동의 심리적 · 사회적 발달은 방해받을 수 있다. 인지적 보호는 아동이 정보를 인식 · 처리 · 보유하는 능력에 관한 처리 과정을 말한다. 아동기는 학교, 부모, 사회관계망, 경험에 의해 인지발달이 집중적으로 진행되는 시기이다. 재난으로 인해 이러한 과정은 몇 주 또는 몇 달, 심지어 몇 년 동안 중단될 수 있다. 재난으로 인해 인지발달에 부정적 영향을 받은 아동은 또래에 비해 인지능력이 뒤떨어지고, 이후 삶에서 학습장애로 어려움을 겪게 된다. 대부분 아동의 개별 욕구는 이러한 영역 중 둘 또는 셋에 해당한다. 아동의 개별 욕구는 아동의 연령에 따라 그 정도와 세부사항이 변하며, 특수한 신체적 · 사회적 · 심리적 상황에 따라서도 아동의 욕구는 변한다(성미영 · 김영희, 2017).

재난이 발생했을 때 아동이 가지는 또 다른 욕구 중 하나는 장소에 대한 안전성과 성인에 의한 보호일 것이다. 주거지(shelter)는 아동보호에 많은 영향을 미치는 복합적인 영역이다. 재난상황과 그 이후에 아동은 수가 줄거나 구성원에 변화가 생긴 새로운 가족구조에 적응해야 하고, 심지어 혼자 생활하게 될 수도 있어 이 시기에 아동의 취약성은 증가하게 된다(세이브더칠드런, 2013). 어린이를 규정하는 가장 중요한 특징은 '장소의존성(location dependence)'이라 할 수 있는데, 대다수의 어린이들은 그들이 깨어 있는 동안 학교나 어린이집, 유치원 등 보육기관에서 80% 이상의 시간을 보낸다. 스포츠 시설, 캠프, 극장 등 다른 오락시설에 있을 수도 있다. 학교에 있을 때는 어린이들이 재난피해 취약성을 줄일 수 있지만 많은 어린이들이 방과후 부모님은 귀가하지 않은 상황에 놓일 수도 있다(박동균, 2014). 특히 방학 기간 동안에는 이러한 기간이 더 연장될 수도 있어 재난취약성이 더욱 높아질 수 있다.

아동은 재난 시 정확한 정보에 대한 욕구도 가지게 된다. 피해를 입은 대규모 재난에서 살아남은 사람들은 당장의 위험으로부터 벗어났다고 느끼게 되고 음식, 의복, 간단한 치료, 피난처 등을 제공받고 나면, 대부분 "대답"을 원한다. 이는 아동도 마찬가지이다. 사고와 관련된 정확한 정보의 부족은 잠재적 외상이 될 수 있다. 따라서 가능한 한 빨리 재난지역 공동체에서 의사소통망을 재확립하는 것이 중요하다. 신문, 공공게시판, 텔레비전, 인터넷, 휴대전화, 그리고 특히 라디오는 정신적인 지원뿐만 아니라 실질적인 정보를 제공할 수 있다. 근거 없는 소문이 유포되지 않도록 관리하는 일은 공동체의 지도자가 맡아야 할 중요한 위기관리 업무이며, 심리적 조력을 담당한 요원들이 도와줄 수 있는 영역이다(이윤주, 2004). 또한 공중위생과 의료적인 돌봄에 관한 기초적인 정보도 반드시 제공되어야 한다(Ursano, Fullerton & Norwood, 1995). 특히 아동의 경우 언어발달이 완전히 이루어지지 않았기에 재난 발생 시 정보전달이 정확히 이루어지지 않아 더욱 큰 피해를 입을 수 있으며, 다문화가정의 아동인 경우에는 언어 취약성이 더욱 영향을 줄 수 있기에 정확한 정보 전달이 이루어져야 한다. 그렇기에 아동의 경우에는 인지발달 수준, 현재 처해진 상황을 고려하여 그들이 재난에서 두려움에 빠지지 않도록 세심하게 지금 현재의 상황, 그리고 앞으로 재난에 대응해야 하는 상황 등을 전달해 주어야 한다. 이와 더불어 재난이 발생하면 가족은 집과 일상에서 떠나 있어야 할 수도 있는데, 이러한 상황 속에서 아동은 불안, 혼란 또는 두려움을 경험한다. 아동의 두려움을 감소시키기 위해 아동에게 지침을 안내하는 것도 매우 중요하다(성미영 · 김영희, 2017).

학령기 아동의 경우에는 지속적으로 교육을 받을 수 있도록 지원할 필요가 있다. 2008년 쓰촨성 대지진, 2010년 아이티 지진 등 자연재난 이후 지역사회의 학교가 붕괴되면서 아동의 교육에 대한 권리가 위협을 받기도 하였다. 재난 이후에도 아동들이 교육을 지속할 수 있는 시스템을 재난 이전에 미리 구축할 필요가 있다.

| 그림 10-1 | 2008년 쓰촨성 지진으로 붕괴된 학교

| 그림 10-2 | 아이티 지진 이후, 임시로 운영되는 학교 모습

출처 : UNESCO(2014). A Teacher's Guide to Disaster Risk Reduction : Stay Safe And Be Prepared.

한편 태아와 임산부의 경우 또 다른 욕구를 가질 수 있다. 2017년 포항 지진 당시에도 한 명의 산모가 지진 이후에 출산을 하였는데, 지진이나 재난이 장기화될 경우에는 산모와 태아를 위한 서비스도 제공되어야 하며, 재난 시에 안전하게 보호받을 수 있어야 한다. 태아는 산모의 건강상태와 영양섭취 등과 직접적인 관련성이 있기 때문에(박동균, 2014), 충분한 영양섭취와 휴식을 위한 별도의 공간 제공에 대한 욕구에 대한 지원이 필요하다.

세이브더칠드런(2007)에서는 재난피해 아동의 12개 요구사항 영역을 제시하였는데, 다음과 같다. 아동 안전 및 보안, 영양섭취, 의류 및 대피소, 위생, 대피 및 수송, 보건 및 의료서비스, 응급의료 및 응급상황 대응, 보육 및 교육시설, 교육, 심리적 의료서비스, 아동 · 부모 · 양육자를 위한 재난관리교육, 기타 필요조치이다. 기타 필요조치에는 임산부 및 수유모에 대한 지원, 다문화가정에 대한 통역서비스 등이 포함된다. 재난의 상황에 따라, 그 지역의 재난 대비, 대응의 상황에 따라, 아동의 연령 및 발달 수준 등에 따라서 재난에 대한 아동의 욕구는 매우 다양할 수 있기에 재난에 개입하는 사회복지사는 이러한 욕구를 정확하게 이해하고 있어야 적절한 개입을 할 수 있다.

3. 재난이 아동에게 미치는 영향

모든 재난은 개인, 특히 아동의 안전, 안정, 정서적 안녕에 영향을 미친다. 아동과 성인의 차이점은 육체적, 심리적, 사회적, 인지적, 정신적 측면에서 다양하게 나타나며, 음식, 취침습관, 욕구, 두려움 등에서도 차이점이 확연하게 나타난다(박동균, 2014). 더욱이 아동은 위협의 신호를 인지할 수 없거나 신체적으로 미성숙하기에 대피에 더욱 위험하기에 더욱 심한 부상을 당하거나 외상에 노출될 가능성이 더 많다(Halpern & Vermeulen, 2017). 발달 중인 아동은 재난으로 인해 발생한 전염병과 질병에 취약하다. 주택이 부서지고, 가족과 헤어지고, 양육자의 트라우마를 목격하고, 아동보육의 일과가 방해받음으로써 생긴 심리적 불안과 함께 신체적 취약성은 재난 발생과 안정성 회복 사이의 기간 동안 아동을 특별한 위기상황에 처하게 만든다. 이 기간 동안의 스트레스, 혼란, 불안은 학업성취, 신체발달, 자존감, 또래관계 등에 영향을 미친다(성미영 · 김영희, 2017). 기존의 연구에서는 재난 시, 아동기와 청소년기 발달에 가장 큰 영향을 미치는 것은 일상생활의 붕괴와 환경에 대한 예측 및 통제 능력의 상실임을 공통적으로 지적하고 있다(Gaffney, 2006; Murray, 2006).

아동은 성인에 비해 몸집이 작아 사소한 외부의 침입으로부터 생물학적, 화학적 재난에 취약한데, 아동은 재난에 있어 신체적으로 다음과 같은 영향을 받을 수 있다(박동균, 2014).

- 빌딩붕괴로부터 부상
- 교통사고로부터의 부상
- 잔해로부터의 부상
- 화학물질과 오염원으로부터 발생하는 물 전염병
- 오염된 식품과 물의 섭취로 인한 문제
- 장기간의 적절한 영양섭취의 전무
- 적절한 건강보호, 약, 의료기기로부터의 접근 결여
- 동물로부터의 공격

어른들은 재난의 위험 상황이 닥쳤을 때 반사적으로 “헤쳐 나가거나 도망치는” 반응을 하지만, 어린 아이들의 경우에는 어떻게 해야 할지에 대한 지식이 없거나, 자신을 보호할 수 있을 만큼 민첩하지 못하고, 신체적으로도 약하다. 그렇기에 아이들은 종종 그 자리에서 얼어버리거나 때로는 위험한 상황에서 대피하려고 시도하기보다는 숨어버리려고 한다. 아이들은 어른에 비해 신체적으로 더욱 취약하기에 유독 물질이나 유해 화학물품, 전염성 질병에 더욱 취약할 수밖에 없다(Halpern & Vermeulen, 2017). 아동의 성별에 따라서도 재난이 미치는 영향은 차이가 나타나기도 한다. 재난에 관한 선행 연구들에 의하면 소녀들이 소년들에 비해 보다 전반적인 심리적 장애 증상을 보고하였다(Shannon, Lonigan, Finch & Taylor, 1994). 연령에 따른 차이도 보이는데, 재난에 대한 영향은 아동의 연령이 어릴수록 더욱 심각하게 받으며, 이를 신체화하는 경향이 나타난다(Vogel & Vernberg, 1993). 아동들은 자신이 이행중인 발달단계에 따라 재난 사건에 대한 종합적 이해 능력, 대처전략의 목록, 가족 밖의 지역사회 시스템의 관여(involvement) 등에 있어 차이를 나타낼 것이라는 점에서 볼 때 재난에 따른 심리적 영향에 있어서 연령별 차이를 이해할 수 있다(이윤주, 2004). 또한 재난 · 위기는 아동의 삶에 파괴적인 영향을 미치기도 한다. 재난 · 위기 동안 많은 아동은 사망하거나 손상을 당하기도 하고, 고아가 되거나 가족과 분리되고, 군대나 무장단체에 강제로 징집되기도 한다. 장애를 얻기도 하고, 성적 착취나 인신매매 대상이 되기도 하며 심한 경우 이 모든 상황을 한꺼번에 겪게 된다(세이브더칠드런, 2013).

모든 재난 피해자들이 심리적 스트레스와 트라우마의 위기에 직면한다. 전반적인 재난과 관련한 정신건강에 대한 접근은 이 책의 4장 '재난과 정신건강'에서 더욱 구체적으로 제시하였다. 여기서는 재난이 아동의 정신건강에 미치는 영향에 대한 부분만 다루고자 한다. 재난은 모든 피해 대상들에게 심각한 영향을 미치지만 성인에 비해 인지적, 정서적, 사회적 발달에서 비교적 미숙한 아이들의 경우 성인들에 비해 이러한 재난을 회복하기 위한 내적 자원이 더욱 부족한 편이다. 따라서 재난이 가져오는 심리적인 손상은 아동들에게 있어 더욱 피해가 심각하다고 할 수 있다(이윤주, 2004). 아동들이 재난을 경험하게 되면 성인들도 흔히 경험하게 되는 외상후 스트레스증상(PTSD)뿐 아니라 두통이나 위통 등의 신체적 증상, 꿈에 놀랄 만한 구체적 내용이 없는데도 자다가 깜짝 놀라는 현상, 불길한 일이 일어날 것만 같은 근거 없는 예상을 갖게 되는 전조 형성(omen formation), 나로 인해 내 주변의 소중한 이들에게 그러한 비극이 일어났다고 생각하게 되는 죄책감을 갖게 되기도 한다(Kronik et al., 1999, 이윤주, 2004 재인용). 재난 이후 진행된 연구에서도 재난이 아동의 심리 · 정서에 부정적 영향을 미친다는 것이 지적되었다. 2006년 타이완 지진 이후, 큰 피해를 입은 진앙지 근처 마을의

4학년부터 9학년 학생들을 추적 조사한 연구에서는 다니던 학교가 심각한 피해를 입었거나 2년이 지난 뒤에도 아직 학교가 완전히 복원되지 않았던 학생들은 다른 아이들에 비해 심각한 수준의 PTSD 징후, 즉 불쑥 떠오르는 장면이나 생각, 재경험 및 회피 행동, 심리적 · 육체적 고통, 짜증과 분노, 기억 상실, 집중력 저하 등을 보였다고 보고하고 있다(Chen & Wu, 2006). 그리고 2005년 미국 뉴올리언스에 허리케인 카트리나가 발생했을 때, 아이들은 이러한 재난으로 인해 이별, 이주, 불확실한 미래의 충격과 새 학교에 적응해야만 하는 어려움을 겪었다(Picou & Marshall, 2007). 전학 온 학생들은 교통수단이 없어서 곤란을 겪었고, 집은 너무 허름하고 낡아서 자주 이사를 가야 했다. 그로 인해 아이들은 결석이 잦아졌고, 성적이 하락하였으나 학교에서는 심리적 조치 없이 오히려 처벌, 제적 등을 가하였다(Picou & Marshall, 2007). Picou와 Marshall(2007)은 이들이 "충분히 지원받지" 못했다는 사실과 학교가 교사를 지원하고 정신건강서비스를 제공하였다면 안정화와 치료에 효과적이었을 것이라고 지적했다.

세이브더칠드런은 2004년 쓰나미가 발생한 이후 인도네시아 아체 지역(Arche Province)의 부모 및 양육자에게 자녀의 태도와 행동이 쓰나미로 인해 어떻게 변했는지를 조사하였는데, 공통적으로 제시된 답변은 다음과 같다(Save the Children, 2005).

- 잠들기 힘들어하고, 밤에 눈을 감으면 무섭다고 한다.
- 바닷가 근처에 가고 싶어 하지 않는다.
- 파괴된 학교로 다시 돌아가는 것을 두려워한다.
- 많은 아이들이 자신감을 상실했다.
- 어떤 아이들은 커다란 소리가 나면 놀라거나 운다.
- 악몽을 꾸는 아이들이 많다.

특히 주목해야 할 부분은 자녀들이 가장 두려워하는 것은 쓰나미가 다시 발생해서 부모와 헤어지는 것이라고 부모들은 응답하였다(Save the Children, 2005). 아동은 자신의 보호자에게 신체적 · 심리적으로 의존하고 있기에 그들의 보호자가 신체적, 심리적으로 그들을 돌볼 수 없을 때 더욱 큰 고통을 겪게 될 가능성이 있다(Halpern & Vermeulen, 2017). 재난 상황에서 특히 부모의 반응은 아동에게 위험요인이 될 수도 있으며, 여기에는 부모가 아이들을 얼마나 많이 보호하려고 시도했는지, 재난 시 아이들이 얼마나 안전하다고 느끼도록 해주었는지, 보호자들이 즉각적 대응이 얼마나 잘 이루어졌는지 등이 포함된다(Halpern & Vermeulen, 2017). 가족, 학교, 아동보육 제공자와 양육자, 중요한 지역사회 기반시설, 사회복지서비스, 학급 친구와 또래친구 등은 아동의 일상생활에서 중요한 역할을 담당한다. 재난은 이러한 아동의 지원체계를 파괴하고, 아동의 신체적 · 정서적 안녕에 부정적인 영향을 미친다. 그렇기에 재난 이후 아동의 심리적 안정을 위해서 부모가 아동을 잘 돌볼 수 있도록 지원해 주고, 가족이 일상생활을 유지하고 통합될 수 있도록 지원하는 것은 매우 중요하다.

재난은 어린이와 청소년들에게 특히 더 충격적인 외상사건으로 다가올 수 있다. 홍수와 태풍, 지진은 어른들에게도 무서운 경험이다. 가정이나 지역사회와 같은 익숙한 환경이 크게 파손된 경우 아이들의 안전감과 정상상태(normalcy)도 크게 악화될 수 있다(Lazarus, Jimerson & Brock, 2002). 아동의 심리적 영향을 더욱 눈 여겨 보아야 하는 이유로서 성인의 경우, 재난의 영향이 심각하고 지속적일 수 있지만, 그 영향은 이미 형성된 성격 위에 나타나지만, 아동의 경우에는 성격발달이 진행 중에 있으므로 그 영향이 더욱 크다. 아동은 재난으로 인한 심리적 피해 구조 안에서 자신의 정체성을 형성해 나가야 한다. 만약 재난에 의해 발현된 증상을 치료하지 않거나 파괴된 구조물로 인해 계속해서 재난이 이어질 경우(예 지진에 의해), 또는 외상의 원인 자체가 만성인 경우(예 전쟁이나 난민 캠프로 이전할 경우) 그 결과는 더 처참하다. 아동은 파괴 또는 학대 및 폭력을 경험하고, 집과 가족으로부터 분리됨으로써 두려움과 불안 속에 성장한다. 평범한 놀이, 사랑과 애정의 모습으로 특징지어지는 아동기는 더 이상 찾을 수 없다. 만성적인 외상을 입은 아동의 장기적인 반응에는 방어적 둔감화가 포함된다. 이러한 아동은 일상생활에서 차가운 모습을 보이거나 무감각하고 정서적으로 결핍된 모습을 보인다(Ehrenreich, 2001).

아동도 재난 이후 성인처럼 다양한 증상을 보일 수 있으며, 이들의 증상은 성인과 대체로 비슷하다. 그러나 아동의 경우에는 좀 더 직접적이거나 외현적인 형태로 나타난다.

1~5세 영유아는 분리에 대한 두려움, 낯선 이에 대한 두려움, 괴물 또는 동물에 대한 두려움, 수면장애 같은 일반적인 형태로 불안 증상이 나타나게 된다. 아동은 재난과 직접적인 관련이 있을 수도 있고 그렇지 않을 수도 있지만, 어떤 특정한 상황이나 환경을 회피하는 반응을 보일 수도 있다. 그리고 재난과 직접적으로 관련된 또는 그렇지 않은 단어나 상징에 몰두하거나 강박적 반복 놀이를 할 수도 있다. 제한된 감정 표현 또는 억제된 놀이 유형이 나타나기도 한다. 사회적으로 위축되거나 기존에 획득된 발달 능력을 상실할 수도 있다.

6~11세 아동은 재난 발생을 재연하는 반복 놀이를 하거나 재난에 대한 이야기를 반복해서 할 수도 있다. 아동은(공개적으로 또는 은연중에) 안전과 위험에 대한 강박적인 감정을 표현할 수 있다. 수면장애, 신경과민, 공격적 행동, 분노 폭발 등이 나타날 수 있다. 아동은 부모의 걱정에 대해 예민하게 관심을 보이거나 가족과 친구를 지나치게 걱정하는 모습을 보일 수도 있다. 등교 거부(아마도 신체적 증상의 형태로)를 할 수도 있다. 아동은 주양육자와 분리되는 것에 대해서 분리불안을 보일 수 있다. 자신이 이해되지 않는 부분들은 상상을 동원하여 해석하거나 매우 어린 아동에게서 나타나는 일반적 특징과 같은 행동을 하기도 한다. 행동, 기분, 성격의 변화, 외현적 불안과 두려움, 위축, 활동에 대한 흥미 상실, 어리석은 혹은 산만한 행동이 나타나기도 한다.

사춘기에 근접한 아동일수록 성인과 유사한 반응이 나타난다. 공격적인 행동, 부모에 대한 적대감, 비행, 약물 남용 및 위험 추구 행동 등의 강한 반응이 나타난다. 또한 학업성취도가 저하될 수 있으며, 복수심을 표출할 수도 있다. 청소년의 경우 상담에 참여할 가능성이 특히 낮은 연령층이다.

모든 연령의 아동은 부모 또는 다른 양육자가 재난에 대해 보이는 반응에 의해 영향을 받는다. 아동은 부모와 분리되거나 부모를 잃었을 때 버려진 것과 같은 느낌을 받는다. 따라서 아동을 '보호'하기 위해 재난의 현장으로부터 멀리 보내는 것은 사랑하는 사람과 분리시키는 것이므로 재난으로 인한 외상에 분리로 인한 외상을 추가하게 된다(Ehrenreich, 2001).

다음은 재난정신건강 정보센터에서 아동의 연령별 재난으로 인한 심리사회적 반응을 정리한 것이다.

▶ 아동 연령별 재난으로 인한 심리사회적 반응[2)]

① 신생아(2세)

- 사고나 감정을 설명할 수 있는 말을 못하며 특정한 소리, 음향 또는 냄새를 기억
- 영아는 짜증을 내거나 평소보다 더 울거나 안아달라고 보챔
- 이 연령의 아이에게는 부모의 대처 방법이 가장 큰 영향을 미침
- 성장함에 따라 몇 년 전에 발생한 정신적 충격의 요소를 놀이에 반영할 수 있으나 마치 잊고 있는 것처럼 보이기도 함

② 유치원(3~6세)

- 큰 사건 앞에서 무력함을 느끼고 감당하지 못하는 경우가 종종 발생
- 보호자와 분리되는 것에 대한 극심한 공포와 불안을 느낌
- 영구적인 상실의 개념을 이해할 수 없어서 결과를 되돌릴 수 있거나 영원하다고 생각하기도 함
- 충격적인 사건을 겪고 몇 주가 지난 후 놀이 활동에서 사고나 재난을 재현하기도 함

2) 출처 : 재난정신건강 정보센터(www.traumainfo.org).

③ 학령(7~10세)

- 상실의 영구성을 이해할 수 있는 능력을 가지고 있음
- 어떤 아동은 충격적인 사건의 세부적인 측면에 완전히 압도되며 계속 이 내용에 대해서 이야기함
- 이러한 집착으로 공부에 집중하지 못하고 학업 성취 능력이 떨어지기도 함
- 슬픔, 일반화된 두려움 또는 재난이 다시 일어날 것이라는 특정한 두려움이 있음
- 재난 발생 중에 자신이 한 행동이나 하지 않는 행동으로 인한 죄책감
- 사건이 미리 방지되지 못한 것에 대한 분노를 보이기도 함
- 재난 구조자 역할에 대한 환상 등 다양한 반응 보임

④ 사춘기 이전~청소년(11~18세)

- 재난 사고에 대해 보다 정교한 이해력을 가지고 있고 성인과 유사 반응 보임
- 10대들은 무모한 운전 또는 술이나 약물 사용 등 위험하거나 위험을 수반하는 행동을 하기도 함
- 어떤 아이들은 집을 나서는 것에 두려움을 느끼고 이전 수준의 활동을 피하기도 함
- 외상 후에는 세상에 대한 시각이 다소 위험하거나 불안함
- 강한 감정에 사로잡혀 있음에도 이에 대하여 다른 사람과 이야기할 수 없다고 느끼기도 함

아동의 연령에 따른 반응들도 있지만 공통적으로 나타나는 반응들도 있기에 재난 전문가들은 부모들에게 다음과 같은 공통된 아동의 반응을 알려줄 필요가 있다(Halpern & Vermeulen, 2017).

- 외상을 입은 아동들은 종종 퇴행하기도 하는데, 그들의 나이보다 어린 행동을 하거나 발달적 과업을 잃어버리기도 한다.

- 아동은 보채거나 딱 붙어 있으려고 하며, 부모와 떨어지지 않으려고 한다.
- 어린 아동의 경우에는 짜증내기, 발로 차기, 깨물기 등의 행동을 하기도 하며, 청소년의 경우에는 반항적인 행동을 하거나 위험한 행동을 하기도 한다.
- 수면 장애가 나타나기도 한다. 아동은 잠을 잘 자지 못하거나 반대로 계속해서 자려고 한다. 혹은 악몽을 꾸기도 한다.

하지만 재난 개입 전문가는 재난이 아동에게 미치는 심리적 영향은 한결같거나 공통적인 특성을 보이지 않는 경우도 많다는 것을 인식해야 한다. 재난이 아동에게 미치는 심리적 영향의 주요 요인은 재난 자체의 속성, 재난에 노출된 정도, 아동과 주위 사람이 입은 피해 정도, 개별 아동의 특성 등이다. 아동은 재난 발생 시에도 여전히 심리적인 발달이 진행되고 있다. 아동의 발달단계는 그들의 대응방식을 특징짓고, 외상 사건에 적응하는 다양성의 수준을 결정한다(성미영 · 김영희, 2017). 이에 재난 개입 전문가는 각 개별 아동의 특수한 상황을 고려하여 심리적 개입을 실시하여야 한다.

재난은 이러한 심리적 영향과 더불어 교육적으로도 영향을 미치는데, 재난 발생으로 모든 가족 구성원이 피해를 입은 아동은 학업성취도가 떨어질 가능성이 높다. 이러한 부정적 영향력의 주된 원인 중 하나는 주의집중력의 감소다. 의식주와 일과의 변화는 경각심 저하와 피로를 가져오고, 이는 낮은 수준의 학업성취도로 이어진다. 아동은 계속해서 재난현장을 방문하거나 심리적 외상으로 고통스러워하게 되는데, 이는 아동이 정보를 처리하고 학습하는 능력에 영향을 미친다(성미영 · 김영희, 2017).

재난이 발생했을 때, 아동에게 미치는 영향은 한 가지로 국한되는 것이 아니라 위에 서술한 것들이 복합적으로 나타난다. 이는 아동의 나이, 발달수준, 지적인 능력, 개인과 가족의 지지 정도, 친구의 지지, 아동의 성격, 대중매체, 지역사회의 대응 등에 따라 재난이 아동에게 미치는 영향이 달라질 수 있다(Madrid et al.,

2006; Mercuri & Angelique, 2004). 그렇기에 재난 전문 사회복지사는 재난이 아동에게 미치는 영향을 포괄적으로 사정하여 개입하여야 한다.

4. 아동에 대한 재난복지 개입

1) 재난 발생 전 대비

재난이 일어났을 때 아동은 재난에 대비해 적절한 훈련이나 교육을 받지 않은 경우에 더 큰 위험에 처할 수 있다. 2008년 중국 쓰촨성에서 발생한 대지진의 경우에 6,500개 이상의 학교 건물이 붕괴되었으며, 1만여 명의 아동이 목숨을 잃었다. 그리고 2010년 아이티 지진 때에는 4,000명 이상의 아동과 7,000명 이상의 선생님들이 학교 건물 안에서 목숨을 잃었다(UNESCO, 2014). 이와는 달리 2011년 3월 동일본 대지진 이후 쓰나미가 덮쳤을 당시 이와테현 가마이시 시에서는 '가마이시 시의 기적'이라 불리는 일이 일어났다. 이는 재난에 대한 계획 및 사전 대비가 얼마나 중요한지를 일깨워 주는데, 쓰나미가 일어난 후 이곳의 초·중등학생 3천여 명은 대부분 무사하였다. 대피 당시 중학생들이 초등학생 손을 잡고 침착하게 대피하는 모습을 보고 사람들은 '가마이시 시의 기적'으로 여겼지만, 이는 기적이 아니라 평소 구체적인 대피 지침을 만들어 놓고 반복 훈련한 결과라 할 수 있다(연합뉴스, 2017).[3] 실질적으로 가마이시 시의 초·중학교에서는 시 교육위원회가 만든 '지진해일 방재교육을 위한 안내서'에 따라 평상시에 방재교육을 진행해 왔는데, 이것이 위기 시에 효력을 발휘한 것이다.

3) 연합뉴스(2017. 11. 19). "일본 학교 지진대비 지침 보니...사전준비부터 PTSD관리까지 빼곡". http://www.yonhapnews.co.kr/bulletin/2017/11/18/0200000000AKR20171118048800004.HTML?input=1195m

가마이시(Kamaishi) 시의 기적[4)]

2011년 3월 11일 리히터 규모 9.0의 강진이 일본 동북 지역을 강타했다. 일본 관측 사상 최대 규모였고 세계적으로 발생한 지진 중 네 번째로 큰 규모의 지진이었다. 이 지진의 여파로 쓰나미는 연안 도시를 강타했고 2만여 명이 넘는 사상자와 실종자가 넘쳐났으며 33만여 명이 넘는 이재민이 발생했다. 이 자연재해로 원자력 발전소가 파괴되었고 방사능이 유출되는 등 현재까지도 공포와 피해가 계속되고 있다.

하지만 바닷가에서 고작 400~500미터 정도 떨어진 곳에 있었던 가마이시 시 바닷가 어느 마을의 초등학교와 중학교 아이들은 쓰나미에서 도망쳐 무사히 살아남았다. 이 마을뿐만 아니라 가마이시 시 전체에서 학교의 관리하에 있었던 3천 명 가까운 학생들 역시 대부분 무사했다.

가마이시 시는 2004년부터 지진과 쓰나미 피해를 줄이기 위해 여러 가지 활동을 다방면에서 펼쳐왔다. 아이들은 학교 수업이나 방재 훈련을 통해 평소 지진과 쓰나미에 대해 배우고 목숨을 지키는 방법을 훈련했다. 덕분에 학교에 있었던 가마이시 아이들 대부분이 큰 피해 없이 살아남을 수 있었던 것이다. 가마이시 히가시 중학교와 우노스마이 초등학교는 해안에서 불과 400~500미터밖에 떨어져 있지 않았다. 두 학교는 함께 훈련을 했고, 중학생이 초등학생을 도우며 피난하도록 하였다.

쓰나미가 일어난 당시, 학교 건물이 금방 무너질 듯 흔들려 서 있기조차 힘들었고, 평소 20초를 넘기지 않던 지진이 5분가량 계속되자 학교 건물에서 학생들과 교사들이 모두 뛰어나왔다. “1차 대피지로 피하라!”. 누구라 할 것 없이 모두 그렇게 외쳤다. 이웃 우노스마이 초등학교 어린이들이 3층에서 중학교 선배들이 운동장에 모이는 것을 보고 뛰어 내려왔다. 평소 학교에서 실시한 방재교육에서 연습했던 대로 중학생들은 각자 초등학생 한 명씩의 손을 잡고 약 1km 떨어진 고지대의 1차 대피지인 양로원으로 뛰었다. 양로원에서 쓰나미가 마을을 통째로 집어삼키고도 멈추지 않는 것을 목격한 뒤 교사의 지시로 다시 2차 대피지로 이동했다. 중학생들은 초등학생과 양로원에 있던 할머니들의 손을 잡고 산으로 뛰어갔다. 이들이 떠난 지 3분 뒤 쓰나미가 양로원을 덮쳤다. 침착하고 질서정연한 대피 덕분에 중학생 212명과 초등학생 350명은 한 사람도 쓰나미에 휩쓸려 가지 않고 목숨을 건졌다. 가마이시 시내의 초·중학생 2,924명 가운데 사망 및 실종자는 5명에 불과하다.

---

4) 사시다 가즈 글. 김소연 옮김(2013). ‘높은 곳으로 달려! 쓰나미에서 살아남은 아이들’. https://mnj.gov-online.go.jp/kamaishi.html

위의 사례처럼 재난에 취약한 아동이 재난 발생 시 피해를 최소화하기 위해서 평상시에 지속적이고 반복적인 안전교육을 통해 재난에 대한 대비가 되어야 한다. 즉, 재난이 아동에게 미치는 영향을 감소시키는 핵심 요인은 가정과 지역사회가 재난에 대해 더욱 유연하게 적응하도록 예방 대책을 마련하고 실행하는 것이다.

일반적으로 아동을 위한 재난대비 단계에서는 다음과 같은 요건들이 반드시 포함되어야 한다(박동균, 2014).

- 어린이 안전
- 영양(비상사태 시 아동을 위한 음식, 물, 영양제 등의 준비)
- 의복과 대피소
- 위생
- 대피와 교통
- 건강과 병원 간호
- 의료지원과 위기 대응
- 감독, 간호, 교육시설
- 교육
- 심리적 지원
- 아동, 부모, 아동보육시설, 학교 관계자에 대한 교육

우선적으로 아동을 보호하고 있는 가정에서도 아동이 재난 발생 시 즉각적으로 대비할 수 있도록 평상시에 지속적인 재난 교육을 하여야 한다. 재난 발생 시에 행동요령에 대해서 미리 숙지하고 있는 경우와 아닌 경우는 재난 발생 이후 대처함에 있어서 많은 차이가 난다. 특히 아동의 경우는 보호자인 부모의 대처 행동에 따라 그 피해가 달라질 수 있다. 가정에서 재난에 대한 대비는 사고가 일어날 수 있는 위험요인을 파악하여 발생 가능성을 최소화하고, 발생하였을 경우에는 피해를 가능한 한 최소화해야 한다. 가정에서 이러한 위험관리는 정기적

으로 점검 형태로 이루어지는 것이 바람직하며, 가족들의 참여를 높이기 위해서 가족 구성원들이 순서를 정해서 하는 것도 좋은 방법이다. 가정의 비상 대비 계획을 유네스코(UNESCO, 2014)에서는 크게 4단계로 제시하고 있으며 다음과 같다.[5)]

재난 위험을 경감하기 위해 가정에서 할 수 있는 4단계 대비 계획 활동

1단계 : 모든 가족이 함께 하기

- 가정의 비상대비 계획은 모든 가족 구성원의 참여가 무엇보다 중요하다. 가족 구성원들이 모두 모여서 함께 해야 하며, 모든 구성원들이 이야기할 수 있어야 한다.
- 가족 구성원들의 개별적인 일상이 어떠한지에 대해 서로 알 수 있어야 한다.

2단계 : 위험 유형과 경보 방법을 알아보기

- 우리 가족이 일상 생활 속에서 겪을 수 있는 위험 유형에 대해서 생각해 본다.
- 재해가 닥치기 전에 우리 가족 구성원들이 적절한 경보를 받을 수 있는지에 대해 생각해 본다.
- 장소, 시간, 위험 유형, 경보방법, 필요한 조치 등에 대한 정보를 표로 작성해 본다.

3단계 : 우리 집의 안전 확인하기

- 우리 집의 위험 지도를 그려본다(risk mapping). 매우 구체적인 것들이 포함되어야 하는데, 예를 들어 주 전원은 어디에 있는지, 가스와 수도 라인은 어디에서 잠글 수 있는지 등등을 그려보도록 한다.
  내부나 외부의 재난으로부터 가정을 보호하기 위해서는 다음 사항들을 고려할 수 있다.
- 재난이 발생했을 때, 우리 집 안에서 위험한 것들이 무엇이 있는지에 대해 각 방마다 체크해 본다. 예를 들어, 화재를 일으킬 수 있는 것, 탈출구를 막아버릴 수 있는 것, 당신에게 떨어질 수 있는 것들을 체크해 본다.
- 재난이 일어났을 때 영향을 받을 수 있는 집 주변의 상황도 파악해 본다. 내가 재난 시에 대피할 때 위험 요인이 될 수 있는 것과 보호 요인이 될 수 있는 것을 확인해 본다.

5) UNESCO(2014). A Parent s Guide to Disaster Risk Reduction : Stay Safe And Be Prepared 발췌.

- 재난 유형별로 우리 집의 안전을 확보할 수 있는 방법을 생각해 본다.
- 우리 집의 각 방마다 안전하게 대피할 수 있는 경로와 집 밖에서 안전한 미팅 장소를 의논해 본다.
- 가족 구성원이 모두 볼 수 있는 장소에 당신이 만든 지도를(대피 경로가 포함된) 게시하도록 한다.
- 우리 집의 안전을 위해 필요한 조치를 취한다.

4단계 : 대비계획(Prepare)

- 재난 시 긴급 대피할 경우를 대비하여 필요한 비상 물품 목록을 미리 정하고 이를 비치해 두도록 한다. 이렇게 비치하는 비상가방을 '서바이벌 툴킷(survival tool kit)'[6] 이라고도 한다.
- 앰뷸런스 서비스, 소방서, 경찰, 친척, 이웃집, 의사 등 중요한 전화번호 목록을 작성한다.
- 우리 지역에 대피소가 어디에 있는지를 확인해 둔다.

학령기의 아동의 경우에는 가정뿐만 아니라 아동이 가장 오랜 시간 머무르는 학교에서도 재난 대비 교육이 이루어져야 한다. 이는 재난 전문 사회복지사가 학교와 협력하여 프로그램을 운영하는 방식으로 진행될 수 있으며, 아동의 연령을 고려한 재난교육 프로그램이 체계적으로 만들어져야 한다. 특히 아동을 위한 재난교육 프로그램의 경우에는 아동의 신체적 · 정신적 특성을 고려하여야 하며, 특히 아동이 주입식으로 교육받는 것이 아닌 자발적으로 호기심을 가지고 참여할 수 있는 형태가 되어야 한다. 이를 위해서는 강의식 교육보다는 체험형 교육 프로그램이 적합하며, 이러한 과정을 통해서 아동이 안전지식을 생활에 적용할 수 있도록 하며, 습관화할 수 있도록 지속성, 반복성을 가진 교육 프로그램이 필요하다. 사회복지 현장에서는 클라이언트를 위한 다양한 교육, 체험 프로그램

6) 서바이벌 툴킷(survival tool kit) : 이는 재난 상황에서 꼭 필요한 생존 물품으로서 국제적십자사와 유네스코에서는 상하지 않는 비상식량, 물, 라디오, 구급상자, 분진마스크, 물 정수 키트, 장기복용 약, 손전등, 비닐봉투, 휴대용 다용도 칼, 성냥, 호루라기, 여분의 휴대전화 배터리, 옷, 담요, 비상연락처 등을 제시하고 있다.

을 개발 · 실행하고 있는데, 아동에게 적합한 재난 안전 교육 프로그램을 개발하고 이를 실행해 보는 것이 필요하다. 또한 여기서 그치는 것이 아니라 아동이 살고 있는 지역사회와 그들이 가장 오랜 시간을 보내는 학교에 그 프로그램을 배포하고 지속적으로 실시할 필요가 있다. 이를 위해서는 지역사회, 지역사회 내 복지기관, 학교 관계자, 학교사회복지사 등의 관심과 협업이 매우 중요하다. 이러한 아동을 위한 다양한 재난 대비 활동을 통해서 아동이 재난에 잘 대처할 수 있도록 아동의 재난에 대한 적응유연성을 길러주어야 한다. 재난이 아동의 삶에 어떠한 영향을 미치는지, 가족이 다음 재난에 대처하는 데 아동이 어떤 역할을 할 수 있는지 인식하는 것은 아동에 대한 신뢰를 키우고, 아동이 다음 재난에 더 잘 대비하도록 만든다.

더불어 재난복지적 관점에서 저소득층 가정에 대한 재난 대비에 대한 계획도 마련되어야 한다. 재난은 모든 사람에게 위험하지만, 특히 저소득층 가정의 경우에는 재난에 대한 대비와 복구 과정 모두에서 어려움이 더욱 클 수 있기에 재난에 개입하는 사회복지사는 저소득층 가정의 재난 대비 계획을 함께하여야 한다. 예를 들어, 재난 발생 시 저소득층 가정이 며칠 동안 지낼 식품, 식수, 다양한 비상물품이 포함된 가족재난키트(family disaster kit)를 제작할 수 있도록 지원할 수 있다. 그리고 저소득층 및 차상위층 가족과 아동은 지속적으로 정보를 제공받지 못할 수 있는데, 특히 한국어를 사용하는 가족이 없는 경우, 다문화 가정에 대한 재난 대비책도 마련하여야 한다.

다음은 우리가 가정, 학교, 일상생활에서 아동과 함께 할 수 있는 재난 대비를 위한 활동의 예시이다. 아동이 재난과 위험에 대해 일상생활에서 이해하고, 이를 스스로 대비할 수 있도록 해주는 데 도움을 줄 수 있다. 이 외에도 아동이 적극적으로 참여할 수 있는 놀이 형태의 재난 대비 프로그램을 개발하고 실행하는 것이 필요하다.

아이들과 함께 활동해 봅시다

1. 내가 살고 있는 지역에서 발생 가능한 재난에는 어떠한 것이 있을지 그림을 그리고, 함께 이야기 나누어 봅시다.
2. 우리 지역에는 어떤 안전/위험 요소가 있는지 목록화해 보세요. 그리고 우리 지역의 안전/위험 지도를 그려봅니다. 지역을 학교로 변경하여 적용하여도 됩니다.
3. 가족이 모두 모여 아이와 함께 방재지도를 만들어 봅시다. 직접 우리 지역을 꼼꼼히 다니면서 만들어도 되고, 시청, 구청, 생활안전지도 홈페이지 등의 자료를 검색하여 만들어도 됩니다. 다양한 방법을 활용하여 우리 가족의 방재지도를 만들어 봅시다.

2) 재난 발생 시 개입

넓은 의미에서 재난 · 위기는 긴급조치를 요하는 위협상황으로 정의된다. 효과적인 긴급조치는 일련의 상황이 지역사회나 사회 기능의 붕괴를 가져오는 재난으로 확대되는 것을 막을 수 있다. 재난은 광범위한 인적, 물적, 경제적, 환경적 손실을 야기하고 지역사회 및 사회의 고유한 자원으로 대처할 수 있는 범위를 넘어선 영향을 미치기 때문에 결국 긴급조치를 필요로 하게 된다(세이브더칠드런, 2013). 사회복지에서는 이러한 위기상황에 대비하여 위기개입모델을 적용하여 개입하고 있다. 재난 상황에서 이러한 위기개입모델은 유용하게 활용될 수 있다. Caplan(1964)은 극심한 불균형이 발생한 후 안정화되는 데 걸리는 시간이 보통 4~6주이며 이 기간에 이루어지는 심리적 처치를 위기개입이라고 보았다. 재난은 예고 없이 급작스럽게 발생하고 정서적 혼란을 야기하며 즉시적 개입을 필요로 한다는 점에서 위기상담적 접근이 필요한 측면이 있다(Jonathan, 2001). 개인적 위기상담과 달리 지역사회 대규모 재난상담에서의 초점은 짧은 기간에 강도 높은 스트레스와 충격을 겪은 내담자에게 필요한 안전과 필요와 우려를 지원하는 관계를 형성하는 것이 바람직하다(Allen et al., 2010, 오혜영 외, 2011 재인용).

특히 사회복지사는 일차적으로 재난복지 개입 시 고위험군 아동이 있는지 확인해서 긴급 지원을 하여야 한다. 고위험군 아동에는 동반자가 없거나 분리된 아동, 소년소녀가장, 자녀가 많은 한부모 가정, 조손 가정, 장애가 있거나 부상당한 아동 혹은 보호자가 원조물품을 수령을 해야 하는 경우 등이다. 고위험군 아동은 아동보호 · 배분 기관 간의 연계된 노력을 통해 파악해야 한다(세이브더칠드런, 2013). 재난이 발생하였을 때 일반 집단에서 가장 취약한 집단으로 전환되게 되는 시점이 바로 재난 복구 단계이다. 일부 집단은 재난이 닥쳐도 그리 큰 피해를 입지 않고 지나가는 반면에 아동은 신체적 · 정서적 취약성으로 인해 집중적인 어려움을 장기적으로 겪는다. 그렇기에 재난 복구 단계는 재난 피해 아동의 삶에 있어서 매우 결정적 시기에 해당하므로 아동의 욕구가 즉각적이고 적절하게 해결되어야 한다.

아동에 대한 개입은 가족 체계 내에서 이루어지는 것이 가장 효과적이다(Halpern & Vermeulen, 2017). 이를 위해서는 우선적으로 재난 시 아동이 가족과 함께 있을 수 있도록 해야 하는데, 미국에서는 재난 시 미성년 아동들의 관리를 위해 국립아동위치센터(Child Locator Center)를 운영하고 있다. 이 센터를 통해서 아동에 대한 빠른 신원확인과 가족과 다시 만날 수 있도록 지원하고 있다. 구체적으로 국립아동위치센터에서는 무료 전화를 설치하고, 이탈된 아동에 관한 정보를 제공하기 위한 웹사이트를 개설하여 운영한다. 그리고 이탈된 아동에 관한 정보를 수집하기 위해 재난 발생 장소에 직원들을 파견하여 아동과 가족 간의 상봉을 돕고 있다. 동 센터는 아동이 보호자를 찾을 수 있도록 재난 지원을 제공하고 있는 정부 기관들 및 비정부 조직들과 함께 이탈된 아동과 보호자에 대한 정보를 공유한다. 이러한 시스템을 통해 아동이 보호자와 함께 할 수 있는 환경이 조성된 후에 부모는 재난 반응에 대하여 아이들과의 대화를 할 필요가 있는데 자녀가 이야기할 준비가 되어 있는지 혹은 들어주기만을 원하는 것인지 등을 살펴볼 수 있다(Vickerman & Margolin, 2007). 부모들은 또한 회복을 위한 일상적인 삶이나 활동들을 하도록 중요한 역할을 해줄 수 있다(Prinstein, La Greca, Vernberg & Silverman, 1996). 또한 학교는 안정적이고 익숙한 환경을 제공함으로써 청소년의 적응과정을 돕는 중요한 역할을 할 수도 있다(Lazarus et al., 2002). 교직원들은 보살핌과 지지를 통해 아이들이 일상생활로 돌아오도록 돕고, 무서운 재난을 성장경험으로 전환시킬 기회를 제공할 수도 있다(오혜영 외, 2011).

큰 재난을 당했을 때 가장 시급한 의식주와 관련된 지원과 더불어서 아이들의 마음에 입은 상처가 회복될 수 있도록 지원해야 한다. 다음은 재난정신건강 정보센터(www.traumainfo.org)에서 제공하는 '재난에서 아이들의 마음 건강 지키기' 의 내용이다.

재난에서 아이들의 마음 건강 지키기[7]

재난은 어른들에게도 힘든 상황이며, 아이들에게는 견디기 힘든 사건이다. 아이들은 불안에 압도당하고 부모 곁을 떠나지 않으려고 한다. 청소년의 경우 이해할 수 없는 말이나 행동을 하기도 한다. 아이들의 지나친 불안에 대처하기 위해 다음의 사항을 유의하도록 한다.

- 부드럽게 아이의 옆에 함께 있어 주도록 한다
  : 가능한 한 아이를 혼자 두지 말고, 아이가 불안해할 때는 안아주는 등 스킨십을 하는 것도 좋다.
- 아이가 하는 말을 잘 들어주고, 아이가 이해할 수 있는 말로 설명해 준다
  : 아이가 무서운 경험과 걱정을 이야기하고 궁금한 것을 물어볼 때는 아이의 눈높이에 맞추어 상황과 피해를 간단하게 설명해 준다. 그러나 아이에게 너무 꼬치꼬치 물어보거나 너무 자세하게 설명하는 것은 좋지 않다.
- 아이가 몸의 병이 없는데도 여기저기가 아프고 불편하다고 할 수 있다
  : 아이가 신체적인 원인 없이 울렁거림, 구토, 두통, 복통 등 몸이 아프고 불편하다고 하는 것은 불안 때문에 나타나는 스트레스 반응이다. 몸이 편안해지도록 안마를 해주거나 몸을 따뜻하게 해주고 긴장을 푸는 호흡법을 알려주도록 한다.
- 아이를 책망하지 않도록 한다
  : 불안할 때 아이들은 평소에 잘하던 일도 못하게 될 수 있다. 화장실에 혼자 가지 못하고 말을 못 하게 되기도 한다. 너무 흥분하는 아이, 절망하는 아이도 있다. 이는 아동이 무서운 체험을 하면 일어날 수 있는 반응이며, 그것을 책망하면 오히

려 불안이 증가해 버리고, 아이는 자신이 나쁜 아이라고 생각하게 된다. 지금 아이가 실패해도 소리 지르거나 나무라지 말고, "그럴 수도 있어. 괜찮아", "많이 무서웠구나" 등의 말을 하며 격려해 주고 공감해 주도록 한다.

- 재난 뉴스를 계속 여러 번 보는 것은 삼가도록 한다

: 어린 자녀와 불안이 심한 아이에게는 TV 영상도 트라우마가 될 수 있다. 자극적인 방송, 불안을 유발하는 방송을 피하는 것이 좋다.

- 아이들끼리 어울려 놀 수 있도록 해준다

: 그림을 그리거나 놀이를 하는 등 아이다운 행동을 하는 것을 지지해 준다. 아이는 놀이 활동을 통해서 불안을 이겨내고 마음을 회복한다.

- 아이를 너무 흥분시키는 활동은 피하도록 한다

: 비록 재미있는 활동이라도 아직 불안에서 회복되지 않은 상태에서는 아이는 자신을 조절하지 못하고 너무 무리하거나 산만해져서 부상을 당할 수 있다. 가능하면 평소대로 일정한 생활 리듬을 지키는 것이 좋다.

재난 발생 후 심리적 개입도 중요한데, 재난 피해 아동들을 위한 개입방법은 다음과 같다(한국 아동 · 청소년상담학회, 2017).

- 부모/가족이 가까이 있음을 주지시킨다.
- 가족들이 함께 게임 활동에 참여하도록 격려한다.
- 적절한 영양 공급, 신체적 요구들을 만족시킨다.
- 어린이들에게는 재난 관련 뉴스를 보지 않게 한다.
- 재난 상황에 대해 아동 수준에서 이해할 수 있도록 상황을 이야기해 주고 서로 이야기를 나눈다.
- 그리기, 글쓰기, 춤추기, 음악 듣기, 만화(드라마), 게임, 스토리텔링 등과 같은 활동에 몰두하게 한다.

7) 출처 : 재난정신건강 정보센터. http://www.traumainfo.org/after/03

- 아동의 이전 일상 활동들(예 놀이, 공부, 수면, 또래와의 활동 등)에 대한 일정을 다시 잡도록 가족들을 돕는다.
- 아동들이 감정을 말할 때 가족들은 반대하는 표현을 하지 않는다. 동시에 너무 강하게 감정을 표현하도록 강조하지 않는다. 스스로의 선택하에 감정들을 표현하게 한다.
- 현장에서 아동들을 만날 때마다 언어적으로 안심시킨다. 지지적인 태도로 원하는 것이 무엇인지 물어본다.
- 오해받지 않을 정도의 신체적 접촉을 제공한다.
- 아동이 일정 기간 동안 더욱 상담전문가에게 의지하게 허용함으로써 아동의 특수 필요 사항(예 자주 안아줌, 불을 항상 켜놓음, 매달리는 버릇 허용 등)을 받아준다.
- 한 달 후에도 증상들이 지속되는지를 부모/교사에게 확인하다.

이와 같은 심리적 지원과 더불어 재난 발생 이후에 가능한 개인 및 가족의 일상적인 삶이 유지될 수 있도록 지원해야 하며, 이를 위한 지원 시스템과 연결해 주어야 한다. 재난으로 인해 혼란에 빠진 가족들에게 그들에게 요구된 과제들은 우선순위를 정하도록 하여 한 번에 한 가지씩 대처할 수 있도록 하며, 그들이 이전에 사용했던 대처방법, 성공했던 대처방법을 활용할 수 있도록 도와주어야 한다. 무엇보다도 경청, 공감을 통해서 가족들과 함께하는 것이 중요하며, 이를 바탕으로 가족들이 재난 상황에서 하나씩 해결해 나갈 수 있도록 위기개입모델을 비롯한 다양한 사회복지 실천기법을 활용하도록 한다. 그리고 필요할 경우에는 가족과 아동에게 지원을 받을 수 있는 기관을 연계해 주거나 도움이 될 수 있는 기관의 연락처와 지원 내용에 대한 정보를 전달하도록 한다. 재난 시 아동에 대한 사회복지사의 적절한 개입을 위해서 사회복지사가 필수적으로 갖추어야 할 자질이 있으며, 이는 사회복지실천 과정을 학습하는 교육, 혹은 사회복지사 보수교육 시 실시되어 전문가로서 재난복지 역량을 강화시킬 수 있도록 해야 한다. 다음의 재난복지 실천 기술은 재난에 개입하는 전문가로서 갖추어야 할 기본적 역량이다.

- 위기 평가(개인 및 가족 차원) : 사회복지 실천과정에서는 개인 및 가족에게 적절한 개입을 위한 사정을 실시한다. 재난 복지 개입에서도 개인 및 가족을 위한 사정을 실시해야 하지만, 그 방법은 기존의 사회복지실천에서의 사정과는 차이가 있다. 재난은 위험성이 높고, 매우 긴박한 상황이기에 위기 개입에서 실시하는 사정과 같이 매우 빠르고, 정확하게 실시되어야 한다.
- 신속한 대응 평가(지역사회의 재난 전, 후에 대한 욕구사정) : 재난 전 지역사회의 역량은 어떠했는지, 재난 후 지역사회가 더 잘 기능하는 것, 제대로 기능하지 못하는 것은 어떠한 것이며 이로 인해 어떠한 지원이 필요한지에 대한 신속한 대응 평가가 이루어져야 한다.
- 재난의 맥락 속에서 사용될 위기상담 기법
- 복원력 강화를 위한 실천기법과 개입 방법(개인, 가족, 지역사회 차원)
- 재난으로 인한 피해 감소를 위한 지원 방법
- 회복에 대한 다중 시스템적 접근(개인, 가족, 지역사회, 정부 체계를 개입시키는 개입 전략)

연습 활동

1. 사회복지사는 재난 발생 시 재난 취약계층인 아동을 지원하기 위해서 다양한 자원 및 기관을 연계해 주어야 합니다. 이를 위한 준비활동으로 재난이 발생했을 때 어디에서 도움을 받을 수 있을지 자원을 목록화해 보세요.
2. 지역사회 복지기관에서 재난이 발생했을 때, 우리는 어떠한 행동을 해야 할지 행동요령을 작성해 보세요(아동과 함께 활동 할 경우에는 가정, 학교, 지역아동센터, 복지관 등으로 다양하게 활동해 봅니다).

3) 재난 발생 후 개입

재난으로 인한 영향은 단기간에 멈추는 것이 아니라 장기간 지속될 수도 있으며, 이러한 스트레스 반응은 정상적인 발달을 저해할 수도 있다. 이는 아동의 정상적인 성장 패턴을 지연시키거나 퇴행을 일으킬 수도 있다. 이것은 신체적, 학습적, 감정적 발달뿐만 아니라 사회 기술, 독립심, 성장과정 중의 과업 수행 전반에 걸쳐서 일어날 수 있다(Halpern & Vermeulen, 2017). 이에 재난 이후에 아동에 대한 개입은 지속적으로 이루어져야 하며, 아동이 재난의 영향을 최소화할 수 있도록 가정, 지역사회에서도 꾸준한 노력을 해야 한다. 사회복지 현장에서는 사례관리로서 재난 후 개입에 대해 접근을 할 수 있다. 사례관리(case management)는 사회복지 형태로 직접적인 지원을 하고 적절한 정보관리를 통해 아동 개개인과 가족에게 도움을 주는 프로세스다. 이러한 사례관리는 사례 모니터링과 서비스 보고 · 의뢰를 쉽게 해주는데, 특히 중요한 역할을 하며 재난 · 위기에 처해 무장단체에 연루된 아동이나 보호자가 없거나 분리된 아동, 폭력 · 학대 · 착취 피해 아동 등 주요 아동보호 위험요소에 대한 통합적 지원의 핵심요소로 구성되어 있다. 사례관리에서는 아동의 적절한 참여와 아동에게 최선의 이익이 무엇인지 충분히 고려되어야 한다(세이브더칠드런, 2013). 이러한 사례관리와 아동을 위한 사후관리는 재난 발생 후 6개월에서 1년까지, 필요하다면 더 긴 시간을 걸쳐서 장기간 이루어져야 한다. 또한 아동의 발달단계에 따른 접근도 필요하다. 아동들은 자신의 마음을 말로 잘 표현할 수 없고, 아직은 미성숙한 귀인을 하여 더 깊은 부정적 정서들을 가질 수 있고 상대적으로 미성숙한 대처 기술을 가지고 있기 때문에 성인들보다 더 큰 어려움을 겪게 된다. 또한 이러한 인지적 미성숙과 표현력의 부족으로 인해 성인들은 아동들이 어른들보다 덜 슬퍼한다고 생각하기 쉬우며 따라서 아동에 대해서는 심리적 지지를 덜 해줄 수 있다(이윤주, 2004). 이에 재난 이후 복구 과정에서 아동 주변의 경제적 · 물질적 복구와 더불어서 아동이 심리적 외상을 남기지 않도록 지속적으로 자신의 마음을 표현할 수 있는 기회를 부여하고 필요할 경우에는 심리 회복을 위한 서비스를 받을 수 있도록 지원해 주어야 한다.

한편 아동이 재난 이후 극복해 가는 과정에서 가족, 부모의 역할은 매우 중요하다. 재난 이후 일상 생활에 복귀해서도 부모는 아동이 어떠한 특별한 반응을 보이는 것은 없는지, 표현하지 못하고 있는 것은 없는지에 대해서 지속적으로 관찰하고 관심을 가져야 한다(Halpern & Vermeulen, 2017). 부모는 아동들에게 재난 이후 극복을 해나가는 과정에서 효과적인 대처방식을 보여줄 수 있는 좋은 롤 모델이 되어줄 수 있으며, 그들의 스트레스를 감소시키고 안정할 수 있도록 특별한 대처 전략을 아동에게 제공할 수도 있다(Halpern & Vermeulen, 2017). 가정뿐만 아니라 학교에서 추후 개입도 필요하다. 학교는 아동의 삶에서 중요한 역할을 하는데, 특히 재난 발생 이후 아동이 자신의 일상을 복귀하는 데 도움을 준다. 재난 이후 학교는 아동에게 중요한 역할을 담당하는데, 낮에는 아동에게 안전한 피난처를 제공하고, 사례 발굴 및 중재를 위한 장소로서의 역할도 한다. 학교는 아동에게 구조화된 환경을 제공함으로써 아동이 자신의 행동을 조절하도록 돕는다. 조속한 학교 복귀, 출석 여부 점검, 특이사항 발견은 아동에게 도움이 된다. 재난 이후 아동이 학교에 복귀했을 때 곧바로 학교의 일과 운영에 맞추어 생활하도록 강요해서는 안 된다. 그 대신(말하지 않으려는 아동에게는 강요하지 않으면서) 발생한 사건에 대해 대화하고 자신의 감정을 표현할 시간을 제공해야 한다. 학급 전체 또는 일부 학생을 대상으로 하는 학급회의가 도움이 될 것이다. 또한 학교에서 학부모 대상 모임을 개최하여 아동의 반응에 대해 대화를 나누고, 재난 이후 아동에게 반응하는 방법에 대해 부모교육 프로그램을 제공할 수도 있다(Ehrenreich, 2001).

재난 복구 작업이 끝난 후 학생들은 다시 학교로 돌아가게 되는데, 다음은 학교가 정상적으로 운영을 시작하고 난 후, 교사가 학생들에게 전달해야 할 정보와 유의사항이다(한국 아동·청소년상담학회, 2017).

- 교사는 학생들이 재난을 개인의 문제가 아니라 자연적 힘과 사회적 문제에 따른 총체적 문제임을 인식하도록 돕는다.
- 재난은 우리 사회의 주요 문제이며, 이번 재난으로 마음이 힘든 학생이 있다면 신뢰할 만한 어른들에게 알리는 것이 매우 중요하며, 학교와 전문기관에서 도움을 받을 수 있음을 강조한다.
- 재난을 당한 가정의 친구에게 도움이 되는 태도를 안내한다.
- 재난과 같은 극심한 스트레스 상황에서 자연스럽게 나타날 수 있는 정상적인 반응에 대해서 소개한다(예 집중력 저하, 두통, 불면증, 악몽, 소화불량, 식욕저하/과다 등).
- 재난에 대한 소문 유포형 대화는 자제하도록 당부한다.
- 스트레스를 참지 말고 적극적으로 풀려고 노력할 필요가 있음을 알리고 스트레스 해소방법을 안내한다(예 가까운 사람과 어려움을 나누기, 운동하기, 산책하기 등).

아동이 재난 이후에 자신의 생활로 돌아와서 잘 지낼 수 있도록 하는 것에는 회복을 위한 안전한 환경이 제공되어야 한다. 때때로 재난을 경험하고도 회복력이 강하며, 부정적 경험으로부터 빠르게 회복되는 아이들이 있는데, 이는 재난으로 인한 직접적 영향으로부터 벗어날 수 있도록 하는 지지적 시스템이 있거나 혹은 안전한 회복 환경이 제공되었기 때문이다. 하지만 반대로 그들을 보호해 줄 강력한 가족 시스템이 없거나 재난으로 인해 무너진 경우에는 아이들은 특히 취약 계층으로 남겨질 가능성이 있다(Halpern & Vermeulen, 2017). 이를 예방하기 위해서는 재난 이후에 가족이 아동을 보호할 수 있는 환경이 될 수 있도록 지속적으로 지원하고 사회적 지지망이 아동의 회복을 위해 제공되어야 한다.

아동을 재난 상황에서 안전하게 보호하고, 재난 이후에 일상생활로 잘 복귀하여 그들이 건강하게 성장하게 하기 위해서는 아동을 보호하는 양육자뿐만 아니라 교사를 비롯한 학교 관계자, 아동 양육 시설 직원 및 관계자, 아동 관련 기관의 관계자, 지역사회 등이 모두 함께 노력해야 할 일이 많다. 앞에서 서술한 재난 시 아동의 취약성, 고유한 요구 등을 면밀히 파악하고 이를 바탕으로 한 아동을 위한 재난 대비 및 개입 방안이 구체적으로 제시되어야 하며, 이를 위해서는 모든 이해관계자가 적극적으로 함께하는 것이 중요하다.

장애인에 대한 재난복지 개입

CHAPTER 11

최윤정

1. 재난에 있어 장애인의 취약성

재난약자는 흔히 세 가지, 즉 경제적 재난약자, 신체적 재난약자, 환경적 재난약자로 구분[1]되며, 이러한 구분에 따라 장애인은 신체적 재난약자로 분류된다. 신체적 재난약자는 재난 발생 시 자력에 의한 대응활동이 어려운 사람들을 말한다. 장애인은 비장애인에 비해 자신의 욕구나 의지에 따른 통제가 어렵기 때문에 재난에 대해 불균형적인 영향을 받게 되고, 따라서 더 심각한 재난피해를 경험하게 되는 것이다(Ahsa, 2013; 한국보건사회연구원, 2015; 김승완 외, 2017).

재난 상황에서의 대처능력은 비장애인보다 장애인이 2배 이상 취약한 것으로 조사[2]되는데, Wood와 Weisman(2003)은 장애인의 경우 재난 발생 시, 장애에 따른 특별한 상황이 발생하게 되고 그로 인한 대응의 취약성이 사고의 위험률을 증가시킨다고 하였다. 재난은 그 특성상 많은 사람에게 동일한 정도의 피해를

1) 경제적 재난약자는 기초생활 보호대상자 및 차상위 계층을 말하며, 재난 관리적 차원에서 자가 예방활동이 어렵고, 재난 발생 후에는 재난 발생 이전 수준의 상태로 복구하는 데 시간이 오래 걸리거나 자생적 복구가 어렵다. 신체적 재난약자는 장애인, 고령자, 유아 등 자력으로 인한 대피, 대응 등 재난대응 활동이 어려운 사람들이며, 환경적 재난약자는 여행객 등 외국인을 말한다(국립재난안전연구원, 2010).

2) 소방재난본부 · 국립재활원(2013). 장애인 재난위기관리 매뉴얼 개발 · 보급.

주지만, 그 피해의 치명성은 사회적 · 신체적으로 취약한 집단, 특히 장애인들에게 더 높게 나타난다는 것이다.

우리나라에 등록된 장애인 인구는 전체 주민등록인구의 약 5%에 달하며, 장애인 등록을 하지 않은 추정 장애인과 혼자서 활동할 수 없는 장애인의 보호자까지 더한다면 장애로 인한 재난 취약인구는 더 늘어날 것으로 보인다.[3)]

〈표 11-1〉 주민등록인구 대비 등록 장애인구 (단위 : 명/%)

구 분	2010년	2011년	2012년	2013년	2014년	2015년	2016년
등록장애인구	2,517,312	2,519,241	2,511,159	2,501,112	2,494,460	2,490,406	2,511,051
주민등록인구	50,515,666	50,734,284	50,948,272	51,141,463	51,327,916	51,529,338	51,696,216
비 율	4.98	4.97	4.93	4.89	4.86	4.83	4.86

출처 : 보건복지부(2017). 장애인등록현황; 행정안전부(2017). 주민등록인구통계.

장애인의 경우 더 어려운 점은 재난의 종류에 따라 예방, 대비, 대응, 복구에서 그 내용이 다르듯이, 장애인은 그 장애 유형과 장애의 정도에 따라 재난으로 인한 취약 특성이 다르게 나타난다는 것이다. 대략적으로 장애유형별 재난 취약 특성을 살펴보면, 먼저 신체적 장애인 중 휠체어를 사용하는 장애인의 경우 수직이동(계단)이 어렵고, 이동거리에 제한이 있으며, 회전하는 데 공간을 많이 필요로 하게 된다. 또 약간의 울퉁불퉁한 길이나 높낮이가 있는 길에서도 통행의 어려움이 있으며, 휠체어에서 다른 것에 옮겨 앉을 때도 어려움이 있다. 이보다는 장애가 경하여, 목발을 사용하는 경우라고 해도 계단이나 경사면 등의 수직이동에서 넘어지기 쉬우며, 보행능력이 약하므로 속도도 느리다. 특히 노면이 미끄러울 경우에는 이동이 위험할 수 있다. 신체적 장애인 중 감각기 장애

3) 2010년부터 본격적인 의무재판정의 도입 및 확대에 따라 장애인구의 감소가 촉진된 것으로 분석됨(한국장애인개발원, 2015. 장애인구 추이 분석 및 장기 추계 전망을 위한 기초연구)

의 경우 시각장애인은 시각 기능의 상실로 인한 인지상의 착오를 겪게 되고, 공간이용에 있어서 어려움을 겪는다. 때문에 일상생활의 어떤 상황에서든지 사건 사고에 항상 노출되어 있게 되는데, 특히 재난 발생 시에 정확한 상황판단을 할 수 없기 때문에 재난 상황에 전혀 대응할 수 없고, 재난으로 인한 소음과 어수선한 주위 환경은 다른 감각을 활용하여 이동하는 데에도 어려움이 된다. 이와는 달리, 청각장애인은 기본적으로 시각에 모든 것을 의존하기 때문에 상황을 계속 주시하고 있지 않으면 돌발 상황에 대처할 수 없고, 수용할 수 있는 정보량이 적어서 잘못된 행동을 하게 되거나 불필요한 오해를 받는 경우가 있다. 청각장애인의 경우에는 비장애인의 보행속도와 큰 차이가 없긴 하지만 재난에 대한 초기 인지가 쉽지 않아서 비장애인에 비해 재난 대처시간이 오래 걸리게 된다(강완식, 2014; 박경서, 2015; 한국장애인개발원, 2013; 한국보건사회연구원, 2015). 정신적 장애인의 경우에는 인지상의 어려움으로 재난의 위험으로부터 벗어나기 위해 다른 사람의 물리적 도움이 필수적으로 필요하게 된다. 이와 같이 장애인의 경우에는 다른 재난취약계층과는 달리 장애의 유형과 경중에 따라 취약성이 다르게 나타나기 때문에 획일적인 개념 정립과 그 해결방안을 마련하는 데 어려움이 있다.

장애인들의 이러한 특별한 상황 때문에 각계각층에서 장애유형별 재난위기관리 매뉴얼이 개발 · 보급되고 있으나, 다양한 분야의 기관들에서 발간됨으로 인해 장애유형이 중복되거나, 특정 재난(태풍, 산불, 지진 등) 또는 특정 분야(건축, 소방 등)의 내용만을 다루어 장애인들에게 현실적인 해결방안이 되지 않는 등 실효성에 대한 문제가 있다. 그러나 이마저도 다루어지지 않는 장애유형이 더 많은데, 장애인복지법에 따른 장애유형은 총 15종류로 나누어진다.

〈표 11-2〉 장애인복지법상 장애유형 분류

대분류	중분류	소분류	세분류	확대예상 장애범주
신체적 장애	외부 신체 기능의 장애	지체장애	절단장애, 관절장애, 지체기능장애, 변형 등의 장애	소화기 장애, 비뇨기 장애, 만성통증, 기타 암
		뇌병변장애	중추 신경의 손상으로 인한 복합적인 장애	
		시각장애	시력장애, 시야결손장애	
		청각장애	청력장애, 평형기능장애	
		언어장애	언어장애, 음성장애, 구어장애	
		안면장애	안면부의 추상, 함몰, 비후 등 변형으로 인한 장애	
	내부 기관의 장애	신장장애	투석치료 중이거나 신장을 이식받은 경우	
		심장장애	일상생활이 현저히 제한되는 심장기능 이상	
		간장애	일상생활이 현저히 제한되는 만성 · 중증의 간기능 이상	
		호흡기장애	일상생활이 현저히 제한되는 만성 · 중증의 호흡기 기능 이상	
		장루 · 요루 장애	일상생활이 현저히 제한되는 장루 · 요루	
		뇌전증장애	일상생활이 현저히 제한되는 만성 · 중증의 뇌전증(간질)	
정신적 장애	발달 장애	지적장애	지능지수가 70 이하인 경우	만성 알코올 약물중독, 기질성 뇌증후군, 치매 기타 정신발달 장애
		자폐성장애	소아자폐 등 자폐성 장애	
	정신 장애	정신장애	정신분열병, 분열형 정동장애, 양극성 정동장애, 반복성 우울장애	

출처 : 보건복지부(2014). 2014년 장애인 실태조사.

2. 재난 발생 시 장애인의 욕구

우리나라는 현재 “제3차 아시아 · 태평양 장애인 10년(2013~2022년)”의 주도국이다. 2006년 제정된 유엔장애인권리협약의 원칙을 기초로 하여 장애당사자들의 요구와 다양한 사회변화를 감안해 “장애인의 권리 실천을 위한 인천전략”이

수립되었다. 이 전략의 10가지 상위목표 가운데 7번째에 "장애 포괄적인 재난위험 감소 및 관리의 보장"을 명시하고 있는데, 이 전략이 장애당사자들의 욕구를 반영하여 수립되었다는 점에서 장애인들의 재난에 대한 불안이 적지 않다는 것을 가늠해 볼 수 있다. 그럼에도 우리나라 재난관리 정책 가운데 장애인에 대한 고려는 턱없이 부족한 실정이다. 그나마 2017년에 들어와서야 「재난 및 안전관리 기본법」 개정을 통해 장애인을 안전취약계층[4]으로 분류하여 재난으로부터 장애인을 보호할 수 있는 근거를 마련하였다. 이러한 법적 근거에 따라 체계적인 재난관리시스템이 마련되어야 할 것이다.

그러나 현재의 재난관리시스템은 비장애인의 특성에 따른 형태로서, 「장애인차별금지 및 권리구제 등에 관한 법률」에도 저촉된다고 할 수 있다. 예를 들어, 청각장애인에게는 긴급재난방송 시에 수화통역이나 자막이 병행되어야 한다. 또한 휠체어를 사용하는 장애인에게는 피난용 통로가 마련되어 있어야 하며, 시각장애인에게는 재난으로 인한 대피소에서 안내견과 분리되지 않도록 하는 등의 별개의 공간이 마련되어야 한다. 이렇듯 장애유형에 따라서, 그 경중에 따라서 재난 시 장애인의 욕구가 상이하기 때문에 이에 대한 고려가 필수적이다. 이에, 상이한 단체에서 우후죽순으로 장애인용 재난안전 매뉴얼을 보급하는 수준에서의 소극적인 대처가 아닌, 국가기관 내에 재난 시 장애인 담당의 별도 부서를 마련하여 전문적이고 적극적인 대처가 필요하다고 하겠다. 또한 모든 장애유형을 아우를 수 있는 형태로의 물리적 · 심리적 환경 변화가 우리 사회가 해결해야 할 시급한 과제인 것이다. 이러한 장애인들의 접근성이 보장된 환경은 평상시에도 중요하지만, 특히 재난 시에 많은 이들의 생명을 좌우하기 때문에 더욱 중요하다고 할 수 있다.

4) 「재난 및 안전관리 기본법」(약칭 : 재난안전법) 제3조 제9의3호. "안전취약계층"이란 어린이, 노인, 장애인 등 재난에 취약한 사람을 말함.

이러한 맥락에서 우리 사회는 배리어프리(barrier free)[5] 개념을 고려하여 점진적으로 장애인들의 접근성을 높여나가야 할 것이다. 일본 장애인백서(内閣府, 2000)는 장벽(barrier)을 네 가지 유형으로 구분하여 그에 대한 제거를 목표로 제시하였는데, 첫 번째는 물리적 장벽으로, 보도 턱, 휠체어 통행을 막는 장해물 등이다. 두 번째는 제도적 장벽에 해당하는 것으로, 장애로 인한 자격, 행동 등을 제한하는 경우 등이다. 세 번째는 정보의 장벽으로, 점자나 수화, 음성안내, 자막방송 등의 표시가 없는 조건이다. 네 번째는 의식상의 장벽으로, 이는 마음의 장벽이라고도 하며 앞의 세 가지 장벽의 근원을 이룬다. 아무리 물리적인 장벽을 제거해도 그것을 활용하는 사람들이 무관심하거나 부정적이면 도리어 장벽이 생기게 된다는 것이다. 이러한 장벽의 해결책으로는 첫째, 물리적 장벽은 설계 및 시공에서부터 해결할 필요가 있다. 둘째, 제도적 장벽은 시설 공공성에 대한 개선이 필요하며, 셋째, 정보의 장벽은 자막방송, 점자설치 등으로 정보 전달을 보완할 수 있다(有賀, 2014, 김영배, 2015 재인용). 마지막으로 의식상의 장벽은 가장 중요한 과제로, 장애를 둘러싼 이와 같은 무지와 편견을 극복하기 위해서 비장애인을 대상으로 한 교육과 인식 제고가 요구된다(WHO, 2011; 한국장애인재단 역, 2012). 실제로 일본 소방방재연구센터는 2011년 3월 동일본 대지진 발생 시 사망한 장애인의 비중은 전체 비장애인 중 사망한 인구의 비중보다 2배가량 높았지만, "장애인과 잘 동화된 사회일수록 주변인들의 도움을 받아 생존한 장애인들이 많았다"고 분석하였다.[6]

---

5) 장애인 및 고령자 등의 사회적 약자들의 사회생활에 지장이 되는 물리적인 장애물이나 심리적인 장벽을 없애기 위해 실시하는 운동 및 시책을 말함(위키백과, 2017. 7. 24).

6) 헤럴드경제(2016). "美 · 日 · 獨, '재난의 가장 큰 피해자는 장애인과 노약자'... 약자 고려한 재난매뉴얼", 2016년 9월 24일(관련논문 立木 茂雄, 2013. "高齢者障害者と東日本大震災:災害時要援護者避難の実態と課題", 季刊 消防防災の科学).

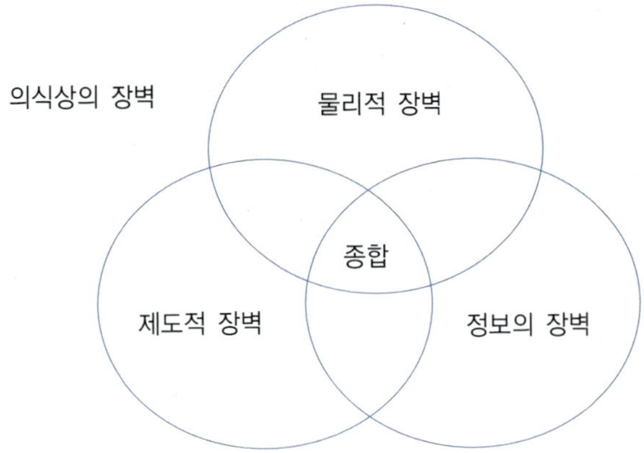

| 그림 11-1 | **배리어프리의 네 가지 기준**

출처 : 有賀(2014), 김영배(2015). 일본의 재해 시 장애인 대피에 관한 연구 -한국장애인 복지에의 함의- 재인용.

평상시 접근성이 보장된 환경은 재난상황에서 장애인뿐만 아니라 대다수의 사람들에게도 큰 도움이 때문에 더욱 중요하다고 할 수 있다. 예를 들어, 경사로의 설치를 통해 노인이나 환자, 유모차의 대피를 용이하게 할 수 있고, 쉬운 언어로 쓰여진 정보는 교육 수준이 낮거나 해당 언어가 모국어가 아닌 사람들이 내용을 빨리 이해하는 데 도움이 된다. 또 장애인을 위한 이동 관련 안내방송은 지리적으로 익숙하지 않은 여행객들에게도 도움이 된다(WHO, 2011; 한국장애인재단 역, 2012). 이러한 무장애환경은 장애인의 욕구이기도 하지만 궁극적으로 재난 발생 시 수많은 생명을 구할 수 있는 우리 모두의 욕구라고도 할 수 있다.

3. 재난이 장애인에게 미치는 영향

전술하였던 재난이 장애인에게 미치는 물리적인 영향들 외에, 재난이 장애인에게 미치는 심리적인 영향은 더욱 심각한 실정이다. 장애인은 대부분의 경우 자력대피가 어렵기 때문에 평상시에도 재난에 대한 막연한 불안과 공포를 가지고 살아간다. 장애유형에 따른 이동의 어려움, 인지의 어려움, 근력 부족과 자신이 처한 상황에 대한 정보습득의 어려움 같은 문제들 때문에 재난상황에서 장애인은 비장애인에 비해 위험에 훨씬 더 민감하게 행동하게 된다. 패닉(panic)상태는 빨리 찾아오는 데 비해 회복은 오히려 늦다. 또 위급 상황이 왔을 때 시간이 지체되면 대피하기 어렵다는 강박관념에 사로잡혀, 신고보다 대피를 우선으로 생각하기 때문에 신고가 늦어지거나 희생 후 발견되는 경향을 보이기도 한다.[7)]

이렇듯 장애인은 재난에 대한 정보를 알기도 쉽지 않은 데다가, 재난에 대한 정보를 미리 안다고 해도 혼자서는 대피할 수 없고, 대피를 위해서 챙겨야 할 보조기 등이 많다. 다행히 재난을 피한다고 해도 비장애인 위주로 설계된 대피소에서 장애인을 고려한 비품이나 환경이 마련되어 있지 않은 상황은 또 다른 재난적 상황을 맞이하게 한다.[8)]

일본 전국사회복지협의회 장애관계단체 연락 협의회 산하「재해 시 장애인 대피 등에 관한 연구위원회」연구 내용 中

'재난 시 특정지원 수요자는 화장실 문제나 기타 문제 때문에 피난처에 있는 다른 사람들에게 폐를 끼치지 않도록 일부러 붕괴위험이 있는 자택에 머물고 있거나 차 안에서 피난생활을 보내는 사례가 여러 곳에 있었다. 피난처로 갈 수 없는 것이 아니라 본인 스스로 가지 않음을 선택한 것이다. 이와 같은 상황은 재난이 일어날 때마다 반복되고 있었다. 또한 정전된 상황에서 인공호흡기를 사용할 수 없게 된 아이를 살리기 위해 그 모친은 전기 공급이 가능한 피난처까지 혼자서 인공호흡기를 들고 아이를 데리고 간 경우도 있었다'(김영배, 2014).

---

7) 에이블뉴스(2016). "장애인복지시설 화재 · 재난 막으려면 시설별 특성 고려한 기준 강화 등 종합적 재검토 필요". 2016년 8월 23일(http://www.ablenews.co.kr/News/NewsContent.aspx?CategoryCode=0006&NewsCode=000620160819164347855606).

8) 지체장애인을 위한 접이식 이동경사로나, 발달장애인을 위한 픽토그램 그림카드, 신장장애인 등 내부장애인을 위한 필수 의약품 및 비품, 근육 장애인을 위한 인공호흡기 등이 각 대피소에 비치되어야 한다(비마이너, 2016. 3. 8. "재난 나면 장애인은 어디로? 대피소 편의시설 부족" (http://beminor.com/detail.php?number=9509&thread=04r08).

이러한 이유로 재난이 장애인에게 미치는 공포감과 두려움은 비장애인에 비해 구체적으로 다가오게 되며, 작은 위험상황도 이들에게는 큰 정신적 충격과 트라우마가 된다. 따라서 재난은 장애인에게 재난 발생 전, 재난 발생 시, 재난 발생 후의 모든 시기에서 심리적인 어려움을 주게 되는데, 이는 장애인으로 하여금 침착한 대처를 하기 힘들게 하기 때문에 더 큰 피해로 이어질 수 있다. 이에 재난이 장애인에게 미치는 영향은 물리적인 위험 못지않게 심리적으로도 매우 큰 영향을 주어, 장애인에게 있어서는 특히 심리적인 영향에 대한 사회복지적 개입이 반드시 함께 이루어져야 할 것이다.

〈2016년 경주 지진과 여진으로 인한 장애인들의 피해사례 인터뷰 中〉

일주일 전 지진으로 서 씨(지체장애인)는 계속 트라우마에 시달리고 있다. 그러던 중 19일에 또 한 번의 지진이 들이닥쳤다. 그는 오래된 아파트 7층에서 칠순 노모와 함께 산다. 노모는 몇 해전 교통사고로 걷는 것조차 힘들어졌다. "답이 없죠" 서 씨는 허탈한 웃음기 섞인 목소리로 이 말만 몇 번 되풀이했다. "심리적으로는 계속 '쫄고' 있죠. 근데 대처할 방법이 전혀 없으니깐 더는 지진이 안 일어나기만 바라야죠." 그럼에도 바라는 것이 있다면 '미리 탈출이라도 할 수 있게' 일본과 같은 예보를 해달라는 것이 그의 '소망'이었다(비마이너, 2016. '"지진이다!" 장애인은 어디로, 어떻게 피해야 합니까?').

4. 장애인에 대한 재난복지 개입

1) 장애인 대상 재난대응 체계

(1) 미국[9]

미국의 장애인 대상 재난대응 및 준비과정은 장애인의 시민권(civil rights)을 고려하는 차원에서 포괄하고 있다. 일반적으로 미국의 재난관리체계는 국토안보부(Department of Homeland Security, DHS) 산하의 연방재난관리청(Federal Emergency

9) 한국보건사회연구원(2015). 시각장애인 재난대응 매뉴얼 등 개발 연구 요약 및 재구성.

Mangement Agency, FEMA)을 중심으로 중앙정부와 지방정부 그리고 민간기관이 연계되어 구성되어 있다. 연방재난관리청(FEMA)의 존재에도 불구하고 미국은 실제 재난은 특정 지방정부의 관할구역 내에서 발생하므로 재난관리의 일차적인 책임을 지방정부에서 감수한다. 이러한 지방정부의 재난관리부서는 지방에 따라 다양하게 개설되어 있으며(한국장애인개발원, 2013), 그 역할이나 규모, 현장지침도 다양하다. 특별히 장애인 대상 재난대응체계는 연방재난관리청(FEMA)과 전국장애협회(National Council of Disabilities, NCD)와 같은 민간단체와의 협력체계로 이루어져 있다. 연방재난관리청(FEMA)은 2010년 자체적으로 장애인 통합조정부서(Office of Disability Integration & Coordination, ODIC)를 두어 재난대응에 장애인과 다른 기능적 필요가 있는 개인들이 지역사회의 비상관리의 모든 영역에 통합될 수 있도록 하기 위한 다양한 일들을 하고 있다. 또한 미국 법무부의 시민권 부서(Civil Rights Division)에서 장애인의 시민권(civil rights) 확보를 위한 장애인 법(American Disability Act, ADA) 이행 노력을 함께 하고 있는데, 시민권 부서에서는 재난대응 계획 및 과정에서 장애인을 포괄하도록 하기 위해 지방정부(local government)를 위한 ADA 이행 가이드인 '장애인이 접근할 수 있는 커뮤니티 긴급재난대응 프로그램(Making community emergency preparedness and response programs accessible to people with disabilities)'[10)]을 만들어 긴급재난 대응 시 ADA를 어떻게 이행할 수 있는지를 그림과 함께 자세히 제시하는 등의 노력을 하고 있다.

10) U. S. Department of Justice(2006). An ADA Guide for local governments : making community emergency preparedness and response programs accessible to people with disabilities (https://www.hsdl.org/?view&did=459925).

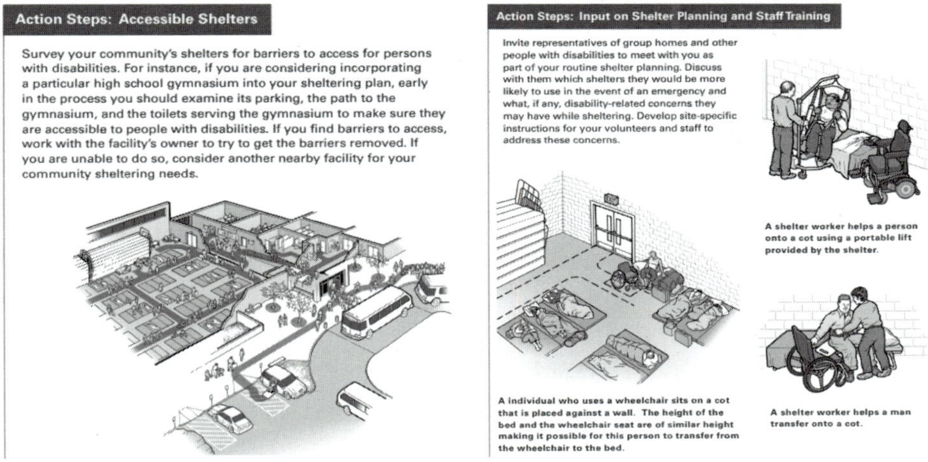

| 그림 11-2 | 장애인이 접근할 수 있는 커뮤니티 긴급재난대응 프로그램

출처 : U. S. Department of Justice(2006). Making Community Emergency Preparedness and Response Programs Accessible to People with Disabilities.

그 외에도 2004년 7월 발의된 행정명령 13347(Executive Order 13347)은 중앙정부가 지진, 토네이도, 화재, 홍수, 허리케인, 테러 등 재난적 상황에서 장애인의 안전을 위해 적절히 지원하도록 하였다. 따라서 연방정부기관(federal agency)들은 재난대응과 관련한 비상계획에서 장애인을 반드시 고려하여야 하며, 주(state)나 지방정부 그리고 민간의 재난대응 기관들과 협력을 촉진하도록 하고, 개별적 재난대응 계획에 있어서도 장애인에 대한 고려를 장려한다. 또한 이 행정명령에 의해 미국은 국토안보부(DHS) 내에 '긴급상황의 대비와 장애인을 위한 부처 간 조정위원회(Interagency coordinating council on emergency preparedness and individuals with disabilities, ICC)를 설립하여 긴급상황의 계획과 준비에 있어 장애인의 이슈를 다루고 있다.

2006년 재정된 '포스트-카트리나 비상관리 개혁법(Post-Katrina Emergency Management Reform Act)'은 연방재난관리청(FEMA)이 장애인에 대한 재난 대응 및 비상관리에서의 조정자 역할을 담당하도록 규정하여, 코디네이터(disability coordinator)[11]를 두도록 한다. 이에 따라 2007년에 처음으로 장애코디네이터가 연방재난관리청(FEMA) 내에 고용되었으며, 2010년에는 장애통합전문가(Regional Disability Integration Specialist)가 지역(local) 수준의 재난관리사무실에 고용되어 지금까지 활동하고 있다. 또한 미국의 적십자(Red Cross)와 연방재난관리청(FEMA)이 함께 제작 · 발간한 『장애인과 특별한 도움이 필요한 사람을 위한 재난 대응 가이드(2004)』에서는 재난대응을 위한 개별적 재난 대응체계[12]의 마련을 제안 · 권고하고 있다. 이렇듯 미국은 재난상황의 대비를 위한 충분한 정보를 제공하고자 노력하고 있으며, 다양한 인터넷 사이트[13]를 통해 재난에 대응할 수 있도록 관련 매뉴얼과 지침들을 제공하고 있다.

(2) 영국[14]

영국의 재난관리체계의 경우 중앙정부 단위에서는 내각부의 국가재난관리사무처(Civil Contingencies Secretariat, CCS)가 중앙부처의 업무를 조정하면서 중앙정부 단위의 재난관리정책에 대한 통일성 및 일관성을 유지한다. 그러나 영국의 재난관리체계는 중앙정부가 아닌 지역단위에서 대비 · 대응 · 복구가 이루어진다는 점이 핵심이라고 할 수 있다. 따라서 원칙적으로 모든 재난상황에서 중앙정부의 개입 없이 지역단위에서 우선적으로 처리를 하며, 보충성의 원칙에 의거하여 재난상황의 심각성이 지역단위의 대응역량을 넘어서는 경우에만 예외적으로 중앙정부단위의 개입이 이루어진다. 이러한 지역단위의 재난대비를 위하여 지역경

---

11) 이 법에서는 장애코디네이터의 역할에 대해서 명시하고 있는데, (1) 상호작용 : ① 연방재난관리청(FEMA)직원, ② 전국장애협회(National Council of Disability), ③ 긴급상황의 대비와 장애인을 위한 부처간 조정위원회(ICC), ④ 연방정부와 주(State), 지방정부와의 장애 관련 이슈에 대한 상호작용, (2) 정보제공 : 긴급상황의 계획 및 재난구호에 있어 장애와 관련된 이슈와 관련하여 정보를 제공하고, (3) 협력을 이끌어 내는 역할을 하도록 하고 있음

12) 재난대응 단계는 (1) 정보습득, (2) 계획 세우기, (3) 재난을 대비한 준비용품을 준비하는 단계(재난대비가방 마련), (4) 자신의 계획 유지 순임

13) 장애인 관련 정보를 제공하는 연방정부(federal government)의 사이트는 disability.gov가 대표적임

14) 한국장애인개발원(2013). 장애인 위기상황 대응매뉴얼 개발을 위한 기초연구 요약 및 재구성.

찰, 지역소방, 지역구급대 등과 같은 '1차 핵심대응기관'과 가스회사, 전기회사, 철도회사 등 '2차 협력대응기관'들에게 정보공유 및 상호협력 등의 의무가 부과된다. 이러한 정보공유 및 상호협력을 위하여 지역재난회복포럼(Local Resilience Forum, LRF)이라는 지역단위 내 재난 관련 기관협력체제가 구성되어 있다(김학경, 2009; Cabinet Office, 2012, 김학경 · 강 욱, 2017 재인용). 전통적으로 경찰이 의장역할을 수행하는 지역재난회복포럼(LRF)은 경찰행정구역에 의해 42개로 구분되고, '1차 핵심대응기관'이 필수로 참여하도록 하고 있으며, 각 기관 간에는 정보를 공유하고 협력한다. 단, 지휘관과 통제권은 없다. 이러한 지역재난회복포럼(LRF)과 달리 지방재난회복포럼(Regional Resilience Forum, RRF)은 42개 지역을 9개의 지방단위로 재구분하여 설치된 지방정부사무소의 소장이 의장역할을 한다. 지방재난회복포럼(RRF) 역시 각 지역 대응기관 대표자로 구성되어 지방단위에서 지역재난회복포럼과 유사한 활동을 한다.

영국은 장애인차별금지법(Disability Discrimination Act, DDA)에 의해 장애인이 위기상황에서 관리를 받을 수 있도록 하고 있으며, 장애인을 위한 대피 계획으로 영국 표준인 BS 5588-8 : 건물 설계와 시공 운영에서의 화재예방(Fire precautions in the design, construction and use building)과 장애인을 위한 피난계획의 실무 규칙(Code of practice for means of escape for disabled people), 건축법규 2000, M시리즈(Building Regulation 2000 Approved Document, "M") 그리고 BS 8300 : 장애인의 요구에 부합하기 위한 건물설계와 접근(The design of buildings and their approaches to meet the needs of disabled people), 실무 규칙(Code of practice) 등을 통해 시설물 설계 시부터 장애인이 고려될 수 있도록 규정하고 있다. 또한 장애인 접근성 디자인가이드와 같은 다양한 지침이 마련되어 현장에서 적용될 수 있도록 하고 있다. 더불어 장애인 피난 등에 대한 지속적인 연구가 대학을 중심으로 이루어지고 있다.

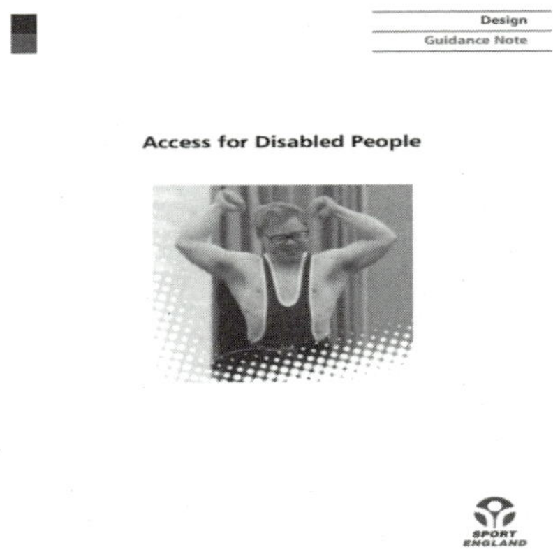

| 그림 11-3 | 장애인 접근성 디자인가이드

출처 : English Federation of Disability Sport (2002). Access for Disabled People.

| 그림 11-4 | 장애인을 위한 화재 대피 매뉴얼

출처 : University of Reading(2008). Fire Safety Design Guide.

(3) 독일[15)]

독일의 전반적인 재난관리는 1997년 3월 25일 제정된 "시민보호 및 재난 도움에 관한 법(Gesetz ueber den Zivilschutz und die Katastrophenhilfe des Bundes)"을 기반으로 한다. 재난대응으로는 중앙정부의 시민보호 및 재난도움 연방청(Bundesamt fuer Bevoel kerungsschutz und Katastrophenhilfe, BBK)과 중앙정부 산하에 재난방지 기구가 함께 독일의 방재 시스템에 따라 재난관리, 재난정보 관리, 재난예방 교육, 재난경보, 재난 희생자 관리 등 각 기관별 업무를 수행한다. 또한 실제 재난 발생 시 현장에서의 구조활동은 지방정부의 소방서나 경찰서 등 재난보호 및 관리기관과 공공 구호기관, 다양한 민간기관을 중심으로 이루어진다. 특히 독일의 경우 재난현장 구조인력 중 자원봉사자들이 큰 비중을 차지하는데 대부분의 자원봉사자들은 민간이나 공공구호 기관을 통해 활동하고 있다.

15) 보건복지부(2013). 장애인 위기상황 대응매뉴얼 개발을 위한 시범(PILOT)연구 요약 및 재구성.

중앙정부의 시민보호 및 재난도움 연방청(BBK)은 포괄적 재난 분석과 관리, 교육, 홍보, 기술적/학문적 연구, 그리고 하위기관 지원, 타국과의 협력관계 유지 등을 주요 업무로 수행한다. 그 외, 각 지방정부는 재난보호관청을 운영하며, 관련한 책임은 재난보호관청의 공무원이 지게 된다. 이에 각 지방의 재난보호관청은 운영관리 담당부서를 운영하여 조직의 운영 전술을 수립하게 하고, 행정부서(직원)를 운영하여 행정조직 관리업무를 수행하게 하는 등 재난 보호 업무에 효율을 높인다.

독일의 경우 연방법인 기본법과 장애인법 그리고 장애인 평등법에 기초하여 재난상황에서의 장애인에 대한 관리를 하고 있으며, 2개의 규정, 즉 장애인을 위한 피난(로) 규정(Verordung ueber Rettungswege fuer Behinderte)과 화재 시 휠체어 사용자 대피 규정(Verordung ueber die Evakuierung von Rollstuhlbenutzern)을 근거로 관리체계가 시행되고 있다. 또한 시설별 재난구조계획을 지방정부를 중심으로 수립하여 운영하고 있으며, 소방서나 경찰서 등 실제 현장구조 활동을 담당하고 있는 지방정부의 재난보호 · 관리 기관과 다양한 민간 및 공공 구호기관 등이 연계하여 정기적인 방재 훈련을 진행한다.

이때 재난약자의 안전한 대피 및 구조를 위해 재난약자 거주시설 및 재난약자의 분류체계를 마련하여, 재난 시 효과적인 대피 및 구조가 이루어지도록 한다. 각 장애인별 장애의 정도 및 특성이 분석 및 자료화되어, 이로써 재난 상황에서 외부 구조요원이 장애인의 장애 정도를 파악하기 용이하며, 적절한 구조 방법을 활용할 수 있다. 또한 재난약자의 피난 및 구조 시나리오를 사용하여 위기상황을 체계적으로 극복할 수 있도록 하고 있다.

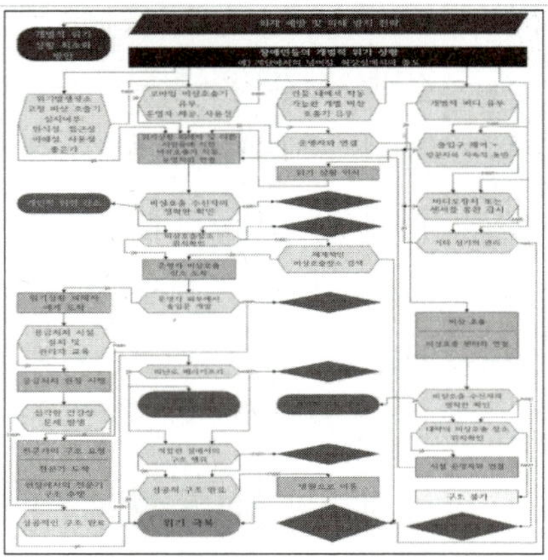

| 그림 11-5 | 피난 및 구조 시나리오

출처 : 보건복지부(2013). 장애인 위기상황 대응 매뉴얼 개발을 위한 시범(PILOT)연구.

| 그림 11-6 | 피난계획

출처 : Bundesamt fuer Bevoelkerungsschutz(2011). Die Planung von kleineren Evakuierungen.

(4) 일본[16]

일본의 재난 대응은 재해대책기본법에 기반을 두고 있으며, 이 법에 따라 중앙정부와 도·도·부·현, 시·정·촌 지정공공기관 및 지정지방공공기관은 각기 방재에 관한 계획을 수립하고 그것을 실행함과 더불어 상호 협력 등의 책무가 있다. 지역주민 등에 대해서도 자발적 방재활동참가 등의 책무가 있다. 일본은 종합적인 방재행정의 정비를 통해 방재활동을 계획화, 조직화하고 있으며, 도·도·부·현, 시·정·촌이 종합정비 기관으로서 각각 중앙방재회의, 도·도·부·현 방재회의, 시·정·촌 방재회의를 설치하고 있다. 재해대책기본법에 의해 '중앙방재회의'는 내각부에 설치되어 있다(한국보건사회연구원, 2015).

일본은 노인인구 및 장애인구의 증가에 따라 재난 시 대책으로「피난지원플랜의 전체계획」,「재난약자 개별계획」이 추진된다. 따라서 누가, 언제, 무엇을 어떻게 할 것인가에 대한 구체적인 계획에 따라 행동할 수 있도록 명확하게 하고,

16) 보건복지부(2013). 장애인 위기상황 대응매뉴얼 개발을 위한 시범(PILOT)연구 요약 및 재구성.

계획에 따라 실행하는 체제를 구축하고 있다. 오늘날 일본사회는 지역의식이 희박하고 커뮤니케이션도 제한적이기 때문에 인간관계의 저하로 주변을 잘 알지 못한다는 우려가 있으며, 따라서 재난 시의 인력의 확보가 오늘날 일본의 많은 지역에서 문제가 되고 있다. 그러나 재난약자의 지원을 위해서는 행정의 조직만으로는 불충분하기 때문에 민생위원, 복지 관련 사업소, 소방서, 경찰서 등 각종 관련 기관과의 연계 및 지역주민에 의한 지원체제의 확립이 필수적으로 여겨진다고 할 수 있다. 이에 따라 재난약자에 대한 피난을 지원하기 위한 지역력의 향상을 목표로 연계체계 및 역할을 중앙정부와 지방정부의 각종 기관에서 수행하고 있다.

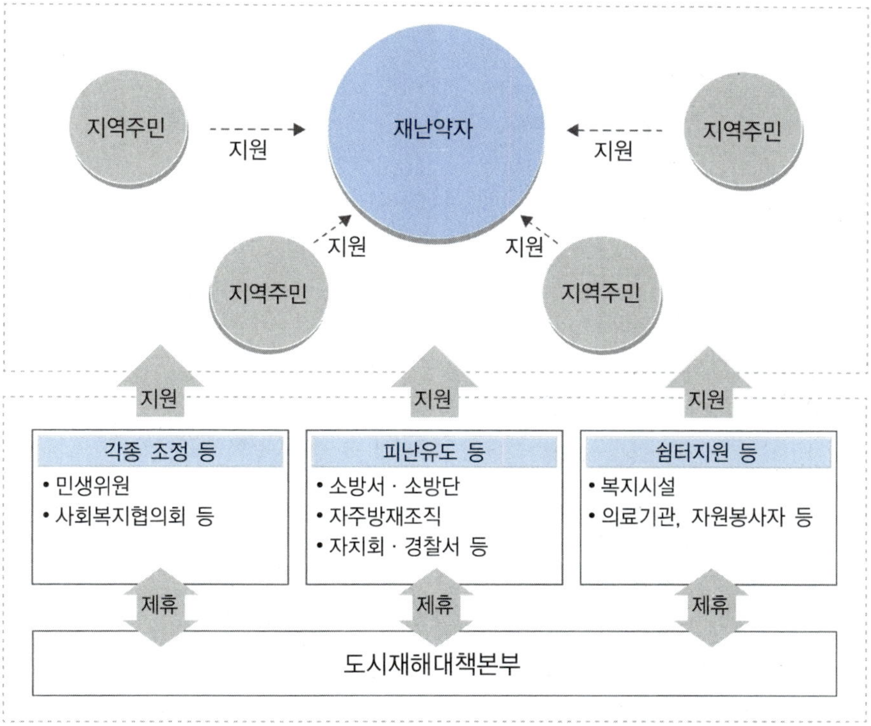

| 그림 11-7 | 재난약자 지원체계

출처 : 보건복지부(2013). 장애인 위기상황 대응매뉴얼 개발을 위한 시범(PILOT)연구.

이러한 체계를 통하여 재난약자의 정보를 파악하고 공유하며, 중앙정부와 지방과의 연계체계를 구축하고, 이에 맞는 각각의 매뉴얼을 마련하고 있다. 이렇듯 일본은 재난 상황에서 신체적 · 환경적 어려움으로 재난약자가 되는 노인, 장애인, 유아, 외국인 등을 배려한 방재대책을 평상시에 추진하여 안전 확보 체제를 정비해 두고 있다. 즉, 사회복지 관련 시설 등의 방재대책을 추진함과 동시에 재가 재난약자의 재난에 대한 대응, 방재지식의 개발 및 보급, 쉼터의 확보 대책 등을 추진하는 매뉴얼을 구축하고 있다.

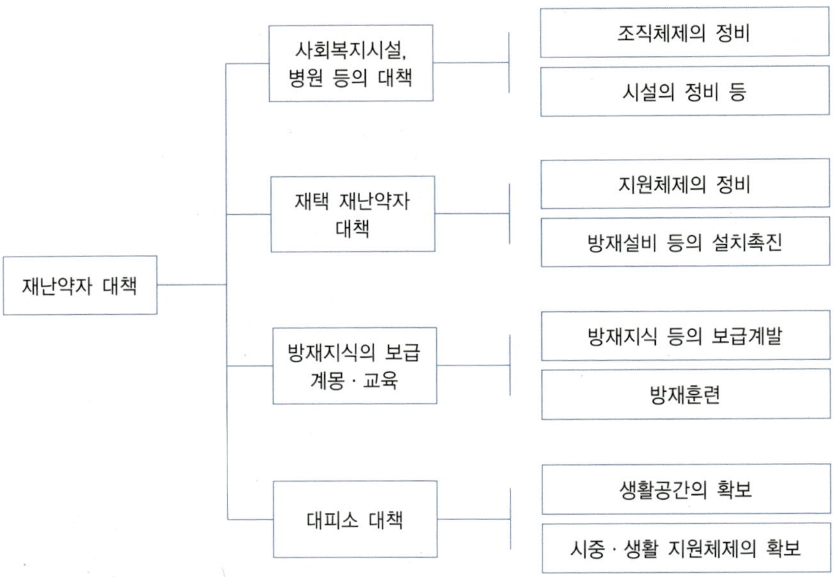

| 그림 11-8 | 재난약자 대책 기본 개념

출처 : 보건복지부(2013). 장애인 위기상황 대응매뉴얼 개발을 위한 시범(PILOT)연구.

매뉴얼 작성의 근거는 재해대책기본법에 의거하여 각 지방자치단체별로 지역방재계획을 작성하도록 되어 있으며, 이에 따라 도쿄도(東京都)의 경우 도쿄도 지진 재해 대책 조례(東京都震災對策條例)에 의거하여 도쿄도 지진대책사업계획을 작성하여 지진에 의한 재난 관련 예방, 응급 등에 관련되는 대책을 추진하고 있다. 즉, 방재매뉴얼은 지역방재계획에 제시된 작성유형과 내용 그리고 책임에 의거하여 작성되며, 일본 도쿄도 지역방재계획상에 제시된 매뉴얼의 종류는 복지, 피난, 대중구호, 의료, 검시, 복구, 기타로 나누어진다. 이러한 매뉴얼 중 재난약자, 특히 장애인의 재난 시 대응에 관련하여 「재난약자방재행동매뉴얼」에서는 재난상황에서의 재난약자 안전 확보 및 시 · 정 · 촌 방재 지식의 보급 및 개발, 구 · 시 · 정 · 촌은 도(都)가 작성한 매뉴얼을 참고하여 지역 실정에 맞게 매뉴얼을 보완하여 작성하도록 한다. 또한 「재난약자대책매뉴얼」에서, 지진 발생 시에 구 · 시 · 정 · 촌, 관계기관, 방재시민조직, 지역주민 등의 협력을 얻어 재난약자 대책반을 설치하고 재난약자의 경우 가까운 현, 시 등과 연락 조정을 하도록 하고 있다.

| 그림 11-9 | 시각장애인을 위한 방재피난 매뉴얼

출처 : 社會福祉法人日本盲人會連合(2013). 視覺障害者のための防災避難マニュアル.

| 그림 11-10 | 재난 시 도움을 필요로 하는 사람을 위한 방재행동 매뉴얼

출처 : 新宿區(2008). 災害時要援護者防災行動マニュアル. いざ大地震に備えて.

이렇듯 외국의 경우 재난의 발생 전에 미리 재난에 잘 대응할 수 있도록 지자체 차원에서 장애인의 재난대응 관련 다양한 정보를 제공하고 있는 것을 확인해 볼 수 있으며, 이를 통해 장애인 당사자가 재난상황에 대한 대응 계획을 세우고 이에 대한 사전 연습을 할 수 있도록 구체적인 매뉴얼 및 훈련을 활성화하고 있다. 미국과 일본의 경우 재난 발생 시에 대피 등을 위해 알아두어야 할 내용, 재난 발생 이후 일상생활로의 복귀를 위해 알아두어야 할 내용 등 재난 발생 전과 재난 발생 당시 그리고 재난 발생 이후에 장애인들이 알고 있어야 할 다양한 정보를 매뉴얼이나 훈련 등의 형태로 제공한다. 또한 어떤 방식으로든 지역사회에 살고 있는 장애인의 장애 유형과 이들에 대한 정보를 파악하여 재난상황에서 적절한 지원이 이루어질 수 있는 체계를 마련하고 있다(한국보건사회연구원, 2015). 우리나라도 이와 같은 대응체계가 마련된다면 장애인들은 평상시에도 누군가 자신이 위험에 처할 경우 자신의 정보를 알고 찾아올 것이라는 것에 안도감이 생길 것이고, 재난 발생 시에도 사전에 연습된 대응행동과 개인적인 준비로써 재난에 대한 불안과 공포를 다스려 안전한 대피를 할 수 있을 것이다.

이상에서 살펴본 것을 토대로 다음에서는 재난 발생 전과 재난 발생 시, 재난 발생 후에 장애인에 대한 재난복지의 개입을 제시하고자 한다.

2) 재난 발생 전 대비

우리나라는 아직까지 재난관리에서 장애인을 고려한 체계가 개별적으로 구축되어 있지 못해, 재난 시 장애인 지원에 대한 근거를 마련하고 재난 관련 법령이나 계획에서 구체적으로 이를 규정하는 것이 시급한 과제이다. 역사적으로 재난의 경험이 많았던 일본의 경우 '재해대책기본법(2013)'을 통해 기초지방자치단체 차원에서 예방 · 대비 단계부터 피난행동 요지원자 명단을 작성하고 소방기관, 자주방재조직, 민생위원 등 관계자와 공유하도록 규정하고 있다(네모토 마사쯔구, 2015). 그에 비해 우리는 지역사회 차원에서도 장애인에 대한 정보파악이 되어 있지 않아 재난 발생 시 적절한 개입이 어렵다. 따라서 먼저는, 지역사회의 지원 연계망 구축을 통해 장애인에 대한 정보를 파악할 수 있도록 해야 할 것이다. 예를 들어, 장애인 등록 시 작성하는 정보나 동사무소, 지역의 장애인복지관 이용자의 정보를 활용한다면, 그 일부 정보를 지역 소방서 및 경찰서 등 재난 관련 기관에 연계 · 공유할 수 있다. 이러한 정보공유는 재난 관련 기관으로 하여금 장애인을 신속히 구조할 수 있는 자원이 되기 때문에 장애인 피해율 감소에 큰 도움이 될 것이다.

다음으로는 평소 장애인을 대상으로 재난에 대한 철저한 준비와 사전교육이 이루어져야 한다. 이는 재난에 대한 막연한 두려움과 공포심을 가지고 있는 장애인들에게 반복적인 훈련을 통해 침착한 대처를 하도록 유도할 수 있으며, 간접경험으로 인해 재난피해율을 낮출 수 있다. 이를 위해 지역사회 내에 장애인을 대상으로 한 지정 대피소의 마련과 재난안전사고에 대비한 대피요령과 사전교육, 재난사고에 대한 대응지침 등의 매뉴얼 제공이 필요하며, 이때 지역사회복지관의 프로그램을 활용하여 재난대응 교육이 일회성으로 그치지 않는 정기적 교육과 훈련이 될 수 있도록 하여야 할 것이다. 더불어, 장애인 당사자는 물론 장애인을 가까이서 도울 수 있는 장애인 가족, 활동보조인과 같은 장애 관련 종사자들에 대한 전문적이고 지속적인 교육이 함께 실시되어야 한다(한국장애인개발원, 2015). 이들은 장애인의 장애 유형별 특성 및 장애의 정도에 대한 이해도가 높기 때문에 재난상황에서 장애인을 효과적으로 도울 수 있다.

마지막으로 현재 개발 · 보급되어 있는 재난 발생 시 장애인에 대한 대피 매뉴얼은 다양한 분야의 기관들에서 우후죽순으로 발간됨에 따라 내용이 중복되거나, 특정 내용만을 다루고 있으며, 장애인 당사자가 매뉴얼 개발에 참여하지 못함으로 인해 장애인들의 실질적인 어려움을 다루지 못하는 등의 문제가 있다. 따라서 위험상황에서의 경험이 있는 장애유형별 장애인당사자들과 이들의 특성을 잘 이해하고 있는 장애인복지인력으로 구성된 연구진의 매뉴얼이 개발 · 보급되어야 할 필요가 있다.

3) 재난 발생 시 개입

위에서 언급한 바와 같이 장애인은 고유의 취약성으로 인해 개별적인 지원체계가 필요함에도 불구하고, 장애인을 고려한 체계적인 재난관리가 부족한 실정이다. 따라서 미국의 장애인 통합조정부서(ODIC)와 같이 재난 시 장애인을 관리할 수 있는 부처를 행정안전부[17] 내에 설립하여 장애인의 특수성을 고려한 지원과 심층적 관리를 해야 할 것이다(김승완 · 노성민, 2016). 또 장애인의 경우 대부분 자력대피능력이 떨어지기 때문에 재난 시 대피를 위한 조력자가 필요하며, 이를 위한 인력이 확보되어야 한다. 이에 지역사회 내의 인적자원 가운데 비상시에 장애인 대피보조자로 활동할 수 있도록 하는 체계를 마련하여 장애인의 대피를 돕는 등의 방법(윤덕찬, 2015)도 고려할 수 있다.

장애인의 경우 장애유형별 피난 행동에서의 특징이 다음 〈표 11-3〉과 같이 다르게 나타난다. 따라서 이러한 특징을 고려한 재난대응 방안이 마련되어야 하며, 공통적으로는 장애인을 위한 별도의 대피공간과 의료인력, 의료장비 및 언어 소통기기 등이 필수적으로 제공되어야 한다.

〈표 11-3〉 장애인의 피난행동 특징 및 주요사항

구 분		피난 행동 등의 특징	배려를 필요로 하는 주요 사항
신체 장애인	시각장애인	• 시각에 의한 상황 파악이 곤란 • 재해 시에는 지리적 파악이 된 지역에서도 상황이 급변하기 때문에 단독으로는 빠른 피난 행동 어려움	• 음성 정보 전달 및 상황 설명이 필요 • 피난 유도 등 지원자의 확보가 필요
	청각 · 언어 장애인	• 음성 피난 유도의 지시 인식 어려움 • 시야 밖의 위험의 감지가 어려움 • 자신의 상황 등을 말로 알릴 수 없음	• 정면에서 입을 크게 움직여 말하고, 몸짓, 수화, 필담, 그림, 사진 등 시각에 의한 정보 전달이 필요 • 피난 유도 등 지원자의 확보가 필요
	지체 부자유자	• 자력 보행이나 빠른 피난 행동이 어려움	• 휠체어 등의 이동 공구와 원조의 확보가 필요
	내부장애인	• 자력 보행이나 빠른 피난 행동이 어려움	• 휠체어, 들것 등의 이동 공구와 원조의 확보가 필요

17) 세월호 침몰사고(2014년 4월 16일 발생)를 계기로 개정된 정부조직법(제22조의2)에 의거, 2014년 11월 국무총리 소속의 중앙행정기관인 국민안전처가 설립되었으나, 2017년 7월 26일 정부 조직 개편으로 행정자치부에 흡수 · 통합되었으며, 행정자치부는 현재 행정안전부로 이름을 바꿈(두산백과, 2017년 11월 20일 검색).

	• 인공 투석 등 의료적 지원 및 상시 사용하는 의료기기(인공호흡기, 산소 탱크 등), 의약품이 필요	• 의료 기관과의 연락 체제 및 의약품의 확보가 필요
지적장애인	• 스스로 위험을 판단하고 행동하는 것이 곤란 • 급격한 환경의 변화에 의해 영적인 동요가 나타나는 경우	• 피난 유도 등 지원자의 확보가 필요 • 항상 말을 건네는 등 마음을 진정시키면서 안전한 장소로 유도하고 정신적으로 불안정해 지지 같은 대응이 필요
정신장애인	• 재해 발생 시에는 정신적 동요가 심해지는 경우가 있지만, 대부분은 스스로 위험을 판단하는 행동 가능 • 평소 복용하는 약이 절대 필요	• 마음을 진정시키는 것이 필요 • 복약을 계속하기 위해 본인 및 보증인은 약 이름, 용량을 알고 하는 것이 필요 • 의료기관이나 지원자 등과의 연락 체제가 필요

출처 : 한국장애인개발원(2013). 장애인 위기상황 대응매뉴얼 개발을 위한 기초연구.

4) 재난 발생 후 개입

재난으로 인해 발생한 피해를 재난 이전의 상태로 회복시키기 위해서는 재난 발생의 원인규명, 현장의 피해규모 및 상황파악, 생존자에 대한 구조 및 구급활동, 피해규모에 따른 복구계획 수립, 복구에 필요한 장비와 예산확보 방안 마련, 복구지원을 위한 유관기관과의 협조, 피해자들에 대한 긴급지원물품 제공 및 보상협상, 피해유발 책임자 및 책임기관의 법적 처리 등이 이루어져야 한다(노성민, 김승완, 2016). 이는 모든 재난 피해자들이 필요로 하는 것들이지만, 거동이 불편하거나 의사소통이 불가능한 장애인들에게는 생명에 영향을 미칠 수 있는 요인들이기 때문에 비장애인보다 더 시급히 해결되어야 할 문제라고 할 수 있다.

또한 장애인들은 장애를 가졌다는 이유로 각종 대출이나 민간보험 서비스 가입 등에서 많은 부분 제한을 받고 있다. 이로 인해 재난복구 과정에서 회복하기 위한 경제적 어려움이 더욱 더 가중되고 있는 실정(강완식, 2016)이며, 따라서 이러한 차별행태가 바뀔 수 있도록 해야 한다.

마지막으로 재난 복구단계에서 장애인에 대한 의료지원 체계의 구축과 장기적으로 정신적 치료를 받을 수 있는 심리지원 서비스 등의 체계가 필요하다(김승완, 2016). 우리나라는 2017년에 들어와서야 「재난 및 안전관리 기본법(재난안전법)」 내에 장애인을 안전취약계층으로 규정하였다. 그만큼 재난관리에 있어 장애인에 대한 고려와 인식이 많이 부족했음을 알 수 있다. 장애인의 안전에 대한 배려와 준비는 모든 국민의 안전과 편의증진에 기반이 되기 때문에 좀 더 적극적인 실천적 · 정책적 접근을 해나가야 할 것이다.

여성에 대한 재난복지 개입

CHAPTER 12

김강민

재난은 재난을 경험한 누구에게나 영향을 미치지만 동일한 속성을 지니진 못한다. 재난이 발생하면 남성과 여성, 노인과 아동을 비롯하여 장애인과 임산부 등 그 모두의 취약성이 증가하지만, 보통 취약계층이라고 언급되고 있는 노인, 아동, 장애인 등에서 특별히 남성보다는 여성이 재난에 더욱 크게 노출되며 취약성은 증가한다(장은하, 2016).

재난은 젠더관점에서 불평등하게 다가온다. 다시 말하면 재난은 남성과 여성에게 미치는 영향이 다르다는 것이다. 남성보다는 여성이 사회적으로 취약하며 이러한 취약성은 재난피해를 고스란히 입게 된다. 1991년 방글라데시에서 발생한 홍수피해자의 90%가 여성이었으며(Ikeda, 1995, 허라금, 2012 재인용), 2004년 인도양의 쓰나미 발생 시 여성 사망자는 남성에 비해 3배나 높았다(Oxfam, 2005 : 4, 장은하, 2016 재인용). 뿐만 아니라 2008년 미얀마에서 발생한 사이클론 사망자의 61%가 여성으로 나타났다(Tripartie Core Group, 2008 : 26, 장은하, 2016 재인용). 우리나라의 경우도 다르지 않다. 2014년 서해에서 발생한 세월호 사건의 경우, 단원고 학생의 생존비율을 살펴보면, 전체 학생 중 남학생은 27.3%가, 여학생은 19.0%만이 생존하였다. 또한 강희영과 이유화(2015)의 연구에서 여성의 재난·

재해 대처능력은 남성은 56.4점(총점 100점)인 반면 여성은 42.4점으로 나타나 남성에 비해 낮은 수준으로 조사되었다(그림 12-1).

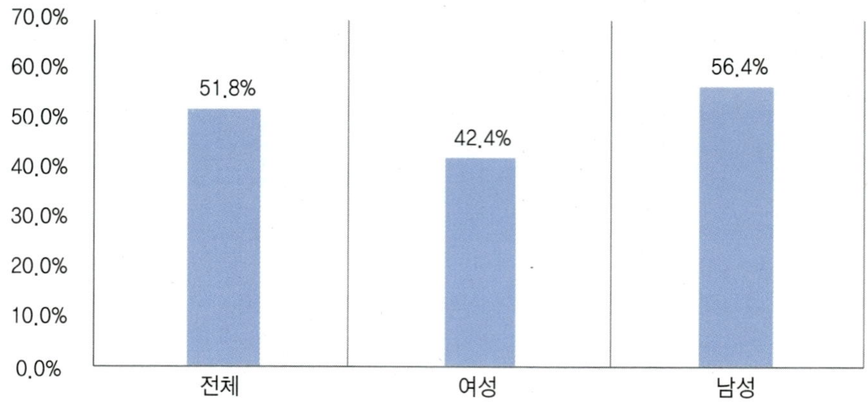

| 그림 12-1 | 여성의 재난/재해 대처능력

출처 : 강희영 · 이유화(2015). 포괄적 안전 개념에서 본 서울여성 안전도시 구축을 위한 연구.

이러한 수치에서 알 수 있듯이 재난은 모든 사람에게 동일하게 발생하지만 동일한 피해를 발생시키지는 않는다. 피해자의 대응역량이나 사회적 취약 정도에 따라 재난피해 정도가 달라지는 것이다. 즉, 사회적으로 취약한 집단은 재난에 대하여 일반 정상집단보다 더 많은 피해를 입을 가능성이 높다. 그중에서도 여성은 재난에 취약하고, 재난으로부터 벗어날 수 있는 위기대처능력은 오히려 떨어진다고 보고되고 있다(장미혜, 2015). UNDP는 여성의 경우 재난구호물자와 같은 자원을 확보할 수 있는 자원접근성이 낮고, 공식적인 정보나 재난경고에 적절히 대응하여 반응하는 재난반응속도도 늦으며, 재난상황에서 안전한 장소로 대피할 수 있는 재난대처능력도 떨어진다고 하였다. 뿐만 아니라 여성은 전통적으로 가정을 돌보는 역할을 전담하였고, 이로 인해 재난이라는 위기상황에서 자신뿐만 아니라 가족을 돌보아야 하는 사회적 역할로 인하여 재난대응능력이 남성에 비해 떨어질 수밖에 없다. 또한 감정적인 부분에서도 남성에 비해 여성은 더욱 큰 정신적 고통을 느끼며 그로 인한 정신적 외상이 오랜 시간 지속되는 것을 볼 때, 여성의 취약성은 다방면에서 더욱 두드러진다(장미혜, 2015).

1. 재난에 있어 여성의 취약성

흔히들 대형재난에 있어 모든 인간에게 피해는 똑같이 노출되어 있다고 생각한다. 하지만 최근 보고서들에 의하면 그 피해는 여성과 노인 및 아동과 같은 사회적 약자라고 불리는 취약계층에 집중되는 경향이 있다. 그중에서도 여성의 경우 동일한 성인이라는 조건임에도 불구하고 남성에 비해 재난에 더 많은 타격을 받고 있다는 점에 주목할 필요가 있다. 1981년부터 2002년에 이르기까지 전 세계 141개국에서 발생한 자연재난에 대한 피해조사를 분석한 결과 재난은 남성보다 여성의 수명을 더 단축시켰고 이와 함께 재난의 강도가 커질수록 여성의 수명은 더욱 단축되었다고 보고하였다. 즉, 자연재난은 남성보다 여성에게 더욱 사망의 위험이 높다는 것을 의미한다(Neumayer et al., 2007, 김동식, 2016 재인용). 또한 〈표 12-1〉에서 나타난 바와 같이 우리나라가 국가재난통계에서 제공한 주요 재난에 대한 국가 기록물들에 의하면 여성의 사망률이 남성에 비해 상대적으로 높게 보고되고 있다.

〈표 12-1〉 **우리나라 주요 재난사고 인명피해 현황**

구 분		남 성		여 성		계
		빈도	비율	빈도	비율	
삼풍백화점 붕괴사고	사망자	106	12.1	396	78.9	502
대구지하철 화재사고	사망자	61	32.8	125	67.2	186
	부상자	80	53.0	71	47.0	151
	계	141	41.8	196	58.2	337
세월호 침몰사고	사망자	109	43.6	414	56.4	250
	생존자	41	54.7	34	45.3	75
	계	150	46.2	175	53.8	325

출처 : 김동식(2016).

여성은 왜 남성보다 재난에 취약한가? 여성은 왜 남성보다 재난에 더 많은 영향을 받는가? 이렇게 재난에 피해를 입는 절대적 다수가 여성이라는 사실에도 불구하고 왜 재난과 관련한 여성에 대한 연구는 논의되고 있지 않은가? 이와 관련하여 허라금(2012)은 재난은 여성이라는 젠더와 무관하다고 생각하기 때문이라고 하였다. 즉, 재난은 인간의 힘으로 해결할 수 없는 초자연적인 현상으로 인종, 성별 등과 같은 사회적 요인들은 재난과 무관하다고 생각했기 때문이라는 것이다. 하지만 재난은 사회적 요인들과 불가분의 관계를 맺고 있으며 재난은 사회적 관계들 속에서 접근해야 한다(허라금, 2012). 이러한 관점에서 볼 때, 사회구조 속에서 여성들이 가지는 취약성을 살펴볼 필요가 있다.

여성의 재난취약성은 미시적 관점에서 그들의 개인적 경험과 생물학적 · 생리학적 특성으로 인하여 재난취약성이 높아진다고 설명한다. 하지만 거시적 관점에서는 물리적 환경 및 전체 사회체계 간의 상호작용 속에서 취약성이 높아짐을 강조하고 있다(장미혜, 2015). 다시 말하면 여성은 남성과 비교해 볼 때 한 사회 내에서 사회 · 경제 · 정치적으로 불평등한 위치에 놓여 차별받음으로써 재난에 대한 취약성이 증대된다고 보는 것이다(Neumayer & Plumper, 2007). 각자의 문화를 구성하는 인간관계나 역할 및 규범 등은 모두 동일하지 않기 때문에 재난과 여성과의 관계를 일반화하기는 쉽지 않다. 하지만 일반적으로 대부분의 국가에서 여성은 전통적으로 육아와 양육을 담당하는 돌봄의 역할을 맡고 있다. 또한 일부 저개발 국가의 재난취약 지역 대부분은 종교와 언어, 역사와 전통은 달리하지만 가부장적인 성역할을 기반으로 하고 있다. 이러한 가부장적 인식은 여성이 가지는 역할과 규범에 차별적으로 대응하게 되고 이러한 차별은 재난과의 관계에서 또 다른 재난을 양산하게 된다. 이러한 사실은 이미 여러 연구들에서 입증되고 있다. 저개발국가의 여성은 남성보다 재난에 더 큰 영향을 받으며, 저개발국가일수록 여성들은 그들의 사회적 위치나 양육과 같은 성역할 및 차별적 사회관습 등으로 인하여 남성에 비하여 사망률이 더 높다고 보고되었다(Fothergill, 1998, 장은하, 2015 재인용). 펠텐비어만(Claudia Feltenbiermann, 2006)은 쓰나미 발생 시 여성들의 사망률이 높은 이유를 다음과 같이 설명하고 있다. 쓰나미가 오는 동안 평소 나무에 올라가는 법을 배운 남성들은 나무에 올라 해일을 피하거나 바다에 나가 일을 하고 있었던 반면, 여성들은 집안에서 아이들과 노인들을 대피시키느라 미처 스스로를 돌보지 못해 피해가 더 큰 것으로 드러났다. 뿐만 아니라 여성들은 나무에 오르는 방법을 배우는 데에 소외되었고, 여성들의 전통적인 복장은 쓰나미를 피하는 데 불편함을 더했다(Feltenbiermann, 2006). 이러한 사례들로 미루어 보아 여성들의 재난취약성은 그들의 생물학적 · 생리학적 특성이라기보다는 사회적 성역할과 사회규범적 차별에 기인하는 것이라 할 수 있다.

장은하(2015)는 재난경험 이후 여성의 취약성은 안전성, 경제성, 임신/보건성 및 사회적 역할의 네 가지 측면에서 더욱 드러난다고 주장하고 있다.

여성은 재난 이후 그들의 안전성 측면에서 더욱 취약성이 두드러진다. 재난 직후 강간이나 성폭력 위험 등과 같이 새로운 위험에 노출되어 신체적 안전을 위협하는 상황들이 증가하게 된다(Oxfarm, 2005, 장은하 2015 재인용). 펠텐비어만(2006)의 연구에 의하면 재난 이후 여성들은 이재민 수용소나 공용화장실에서의 강간 발생 사례와 함께 구호물자 배급요원이나 자신을 구해준 남성에 의한 강간 사례 등이 관찰되었다. 이는 재난 직후 여성을 위한 장소가 제대로 제공되고 있지 못하고 여성전용 대피소나 전용공간 등의 부족으로 인하여 신체적 위험 발생 빈도가 높아지고 있음을 의미한다. 뿐만 아니라 앞선 사례를 통해 여성들은 재난이라는 비일상적 상황에서는 호의적 관계에 있던 남성들도 적대적 관계로 돌변할 수 있는 예측불가적 상황에 놓일 수도 있다. 또한 인도, 스리랑카 등지에서는 재난 직후 여성의 인구가 감소한 상황에서도 어린 여자 아동들의 혼인율이 일시적으로 증가한 것으로 보아 재난 발생 이후 사회적으로 혼란한 시기를 틈타 '쓰나미 결혼'으로 불리는 강제혼이 급격히 증가하는 것으로 나타났다(Feltenbiermann, 2006, 장은하, 2015 재인용).

여성의 재난취약성은 경제적인 측면에서 부각된다. 옥스팜(2005) 보고서에 의하면 인도양에서 발생한 쓰나미의 경우, 주로 여성들의 노동력으로 완성되는 소규모 가내수공업이나 생선가공업 등의 분야에서 많은 손실이 발생하였고, 이를 위한 지원이나 대책은 제대로 이루어지지 않았다고 보고되었다. 반면 스리랑카에서는 재난 발생 이후 어선제공을 비롯하여 주택과 교통시설 등에 복구지원이 이루어졌는데, 이는 모두 남성들을 중심으로 이루어지는 경제활동에 대한 지원활동 프로그램이 대부분이었다(Kottegoda, 2007). 뿐만 아니라 세대주가 여성인 경우 복구지원이 제대로 이루어지지 않는 경우도 발생한다(Byrne & Baden, 1995). 보통 복구지원은 주민등록 시스템을 통해 이루어지고 주민등록은 남성의 이름으로 등록된 경우가 대부분이다. 미혼여성이나 여성가장의 경우 재난에 있어 가장 취약한 계층임에도 불구하고 시스템상의 문제로 의도치 않게 재난지원에서 제외되는 것이다.

여성들은 재난 이후 임신/보건성 측면에서 그들의 취약성이 드러난다. 여성들은 임신과 출산이라는 고유의 특성을 가지고 있다. 특히 가임여성이나 출산여성의 경우 거동이 민첩하지 못하고, 스스로를 보호함과 동시에 태아와 영아를 보호해야 하는 이중보호를 요하기 때문에 재난상황에서 더욱 특별보호가 필요하다. 뿐만 아니라 재난 직후 여성들은 위에서 언급한 다양한 위험적 요소(강간, 강제혼등)들을 대비하기 위하여 관련된 다양한 의약품을 필요로 한다(Feltenbiermann, 2006). 이러한 이유로 발생되는 여성들의 스트레스는 우울증으로도 이어진다. 남성의 경우 재난 스트레스는 알코올중독과 폭력 등으로 나타나는 반면 여성들은 우울증으로 나타나게 되며, 재난 이후에도 지속되는 것으로 보고되었다(Women and Health Care Reform, 2009; Feltenbiermann, 2006; Bradshow, 2004, 장은하, 2015 재인용).

여성들은 재난 이후 여성들이 가지는 사회적 역할로 인하여 취약성이 드러나게 된다. 여성들은 전통적으로 노인과 아동에 대한 돌봄, 자녀교육, 가사 등의 역할을 담당한다. 재난이 발생하면 여성은 남성에 비해 더욱 많이 사망하게 되고 남은 여성들에게 이러한 역할들이 집중되게 된다. 이때 여자 아동들이 돌봄과 양육 및 가사 등의 역할을 담당하게 되면 그들 스스로는 성장할 수 있는 교육의 기회를 박탈당하게 되고, 일상의 공간과 도구를 박탈당한 재난상황에서 도구들을 획득하기 위한 노동이 가중되어 결과적으로 여자 아동들의 역할부담은 더욱 커지게 되는 것이다(Byrne & Baden, 1995; Women and Health Care Reform, 2009). 뿐만 아니라 재난이 발생하게 되면 남성들은 수입을 얻기 위하여 타 지역으로 떠나게 되고 결국 여성들이 가장의 역할까지 떠맡게 되어 그들의 부양부담은 더욱 커지게 된다(Bradshow, 2004).

이와 함께 허라금(2008)은 여성의 재난 취약성을 일상적 생활방식과 연결된 하나의 사회적 과정이라고 할 수 있는 재난의 '무기력한 피해자'로 언급하면서, 캐논(Terry Cannon, 2000)의 재난에 영향을 미치는 다섯 가지 재난 취약성[1])을 여성과 결합하여 설명하고 있다.

첫째, 초기조건이라고 할 수 있는 여성들의 영양상태는 모든 연령층에서 남성들에 비해 빈약한 영양상태를 보이고 있고, 이것은 여성들로 하여금 재난 상황에서 불리할 수밖에 없는 상황에 놓이게 한다. 영양상태는 생존능력을 의미한다. 이렇게 여성들이 빈약한 영양상태를 보이는 것은 임신과 모유수유 등으로 인하여 더욱 많은 영양을 필요로 하지만 여전히 영양공급은 제한적이기 때문이다. 몇몇 동남아시아에서는 가임기 여성의 45~60%가 표준체중에 미치지 못하고, 임신 여성의 80%가 철분부족을 경험하고 있다. 뿐만 아니라 초기조건에 속하는 이동력 측면에서도 여성들은 재난 시 신속히 대피하기에는 어려움이 많다. 위에서 언급한 돌봄, 양육과 같은 여성들의 사회적 역할이 이동력을 저하시킨다. 가임기 여성이거나 어린 자녀를 양육하는 여성일 경우 더욱 불리할 수밖에 없다(Schmuck, 2002).

둘째, 생계탄력성 측면에서 역시 여성은 남성보다 불리하다. 재난이 만든 오

---

1) 첫째, 육체적 · 정신적 건강이나 이동력, 자립능력 및 평상시 가지는 영양상태와 같은 사람들의 초기조건, 둘째, 얼마나 쉽고 빠르게 생활에 필요한 것들을 마련하고 생계활동에 복귀할 수 있는 생계탄력성(resilience of their livelihood), 셋째, 재난에서 견디고 스스로를 보호하기에 적합한 장소를 의미하는 스스로 보호할 기회(opportunity to self-protection), 넷째, 가정 이외에 사회적 제도가 제공하는 대응책을 가지고 있는가와 관련된 사회적 구호와의 접근(their access to social protection), 다섯째, 가족과 이웃 및 지역사회와 같이 서로 의지할 수 있는 사회 자원인 사회적 자본(social capital)의 다섯 가지이다.

염되고 훼손된 비일상적 환경들을 일상으로 되돌려 놓는 일은 많은 부분 여성들이 담당하고 있다. 이 역시 여성의 사회적 역할과 무관하지 않다. 여성들은 오염된 물이나 질병에 노출된 환경에서 식수와 음식을 구하기 위하여 먼 거리를 이동해야 하는가 하면, 파손된 집이나 임시보호소와 같은 환경은 그들의 가사를 담당하기에는 매우 고단하고 어려운 환경임이 분명하다. 이러한 환경들 때문에 그들은 쉽고 빠르게 생계활동에 복귀하기 어려울 수밖에 없다.

셋째, 여성들은 스스로를 보호할 기회에 있어 취약하다. 이는 문화적 젠더규범과 연관되어 있다. 아시아개발은행 보고에 의하면 방글라데시 재난지역의 경우 여성가구주의 95% 이상이 최저빈곤선 이하라고 나타났다. 방글라데시의 실질적 여성가구주는 20~30% 정도로 추정하고 있는데 이들의 상당수가 이혼하거나 과부인 여성들이다. 뿐만 아니라 이 지역에서 싱글여성의 90% 이상이 이혼하거나 사별한 여성으로 나타났다. 이처럼 재난상황에서 여성들은 남성과의 결혼관계를 상실하게 됨으로써 거주지 마련과 경제적 빈곤을 맞이하게 되어 여성들의 재난취약성은 더욱 높아지고 있는 것이다.

넷째, 여성들은 사회적 구호접근 측면에서도 취약하다. 여성들은 국가나 사회단체에서 제공하는 공동대피소나 이재민 수용소로 가는 것을 꺼린다. 일부 아시아 문화권의 여성들은 공공장소나 새로운 장소로 접근하는 것을 꺼리기 때문에, 낯선 사람들과 함께 공유하는 대피소에서의 생활에 대한 두려움이 발생하게 된다. 특히 남녀의 접촉을 극히 제한하는 문화권의 경우, 다른 남성들과 같은 공간을 공유해야 하는 대피소는 여성들에게 안전할 수 없다고 생각하게 되며, 실제로 재난대피소에서의 성희롱과 성폭행, 강간 등과 같은 사건들이 빈번하게 보고되고 있다. 하지만 실제 이러한 성적 피해를 당하더라도 여성들은 순결은 강조하는 그들의 문화 때문에 피해사실을 제대로 밝히지 못할 뿐만 아니라 해당 지역의 담당기관들도 이러한 문제에 민감하지 못하다(Feltenbiermann, 2006).

다섯째, 여성들은 가족과 이웃을 비롯한 지역사회 등과 같은 사회적 자본이 부족하다. 홍수로 피해를 입은 방글라데시 재난지역에서는 여성가장가구가 타 지역에 비해 3배에 달한다고 조사되었다. 재난지역 남성들은 돈을 벌기 위하여 집을 떠났거나, 떠난 뒤 소식을 전하지 않고 가족을 등한시하는 경우가 많다. 이처럼 대부분 남편이 없는 여성가구주들은 생계를 책임지기 위하여 90%가 농사일을 하고 있으며, 이들은 양육과 가사를 책임지기 위하여 타 지역으로 나가지 못하고 있다. 여성들은 위기상황을 극복하기 위하여 정부나 지역기관에서 발행하는 크레딧 대출을 받기도 하지만 또 다른 재난이 발생하게 되면 이는 오히려 더 큰 어려움으로 돌아오는 경우도 많다. 재난은 그들의 텃밭과 가축을 휩쓸어 가버리고, 토지마저 유실되게 만듦으로, 그들의 생계를 위해 내다 팔던 각종 채소, 의류 등을 팔 수 없게 되고, 이는 대출상환을 하지 못하게 되는 것으로 이어지게 된다. 뿐만 아니라 여성들의 높은 문맹률은 국제적십자사나 지역 소규모 쉼터 등과 같은 공적 구호기관과의 상호연결망을 확보하는 데 큰 걸림돌이 된다. 이처럼 여성들은 오랜 시간 그들 자신도 모르게 받아온 차별과 기회의 박탈이 빈약한 사회적 연결망을 가지게 한 것이다.

▲ 지진으로 집이 무너진 여성들이 새로운 거처가 된 임시텐트로 향하는 모습
UN Women/Piyaviy Thongsa-Ard

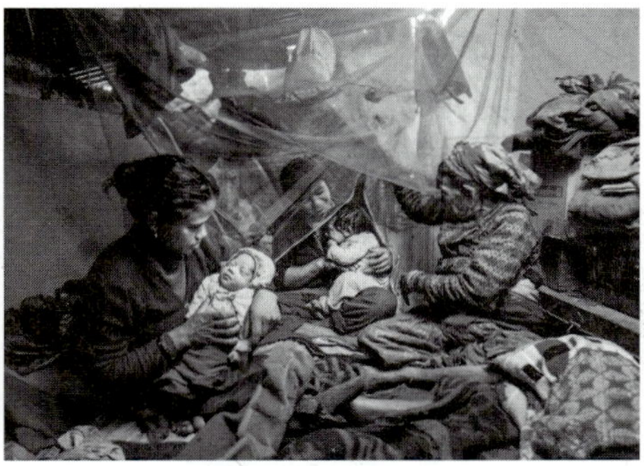

▲ 붕괴된 집에서 나와 대피소에서 지내는 여성들과 아기들. 이 작은 대피소에서 12명의 가족이 함께 생활하고 있다.
UN Women/Piyaviy Thongsa-Ard

| 그림 12-2 | 재난 상황 시 여성들의 주거생활형태

출처 : 여성신문(2015. 5. 26). 여성, 재난 피해자에서 변화의 주체로.

한국여성정책연구원(2014)의 '재난피해여성에 대한 복구 및 지원방안'에 대한 연구보고서에 의하면 여성의 취약성을 생물학적 · 신체적, 물질적, 사회적, 조직적, 심리적 취약성의 다섯 가지 측면으로 분류하고 있다.

첫째, 생물학적 · 신체적 취약성의 경우, 재난상황에서 여성이 취약할 수밖에 없는 이유를 생물학적 접근에서 설명하고 있다. 많은 학자들은 재난이 발생하면 여성이 남성보다 더 많은 피해를 입는다고 말하고 있다. 뿐만 아니라 UN에서도 국제적 재난사례들을 언급하면서 여성이 자연재난을 비롯한 사회재난에 이르기까지 모든 종류의 재난에서 남성에 비해 취약하다고 언급하고 있다(UN, 2014, 서울시여성가족재단, 2016 재인용). 재난이 발생하면 여성들은 장소에 무관하게 여러 종류의 신체적 학대를 겪을 가능성이 많아지게 되어 그들의 안전을 보장받지 못한다. 뿐만 아니라 가임여성이거나 수유 중인 여성의 경우 다른 사람들보다 더 많은 식량과 식수가 필요하게 되는데 재난 상황에서 이러한 것들을 확보하기 위하여 먼 거리를 이동하는 것은 여성들을 더욱 위험하게 만든다(Deare, 2004, 한국여성정책연구원 2016 재인용).

둘째, 여성들은 남성들에 비해 직업 유무나 생계유형 및 경제적 자산과 같은 물질적 자산에 대하여 취약하다. 일반적으로 한 가정의 경제는 남성들이 주도적으로 책임지고 있다. 이러한 상황에서 재난이 발생하면 여성들은 자연적으로 경제적으로 취약할 수밖에 없고 여성의 가정 내 영향력을 고려하지 않은 많은 재난 대응/복구 프로그램들은 오히려 그들의 의존성을 더 높일 수도 있다(FAO/WFP, 2003). 따라서 여성이 경제적으로 낮은 위치에서 벗어날 수 있도록 물질적 취약성을 강화하고 보완할 수 있는 근본적인 정책체계가 필요하다.

셋째, 여성들은 사회적 교류, 네트워크, 교육, 건강 등을 포함하는 사회적 측면에서 취약하다. 가사와 돌봄을 주로 담당하는 여성들은 재난이 발생하면 노인이나 아동과 같이 자신보다 더 취약한 이들과 함께하기 때문에 재난대응에 더욱 취약하고, 피해자 수도 남성에 비해 훨씬 많다. 여성들은 평소 수영이나 나무오르기와 같은 생존능력을 자연적으로 습득하지 못함으로써 재난에 더욱 많은 희생을 당한다. 인질억류나 침략, 인종분쟁 등과 같은 재난으로 발생되는 2차적 사회문제들이나 성폭력과 가정폭력 등의 다양한 폭력들은 여성들에게 더 많은 고통을 경험하게 하고 있다(FAO/WFP, 2003). 뿐만 아니라 뉴메이어와 플러머(2007)는 여성의 권익이 잘 보장된 지역에서 재난이 발생했을 때, 여성과 남성 사망자의 비율이 비슷한 반면, 여성의 권익이 낮은 지역에서는 여성사망자가 남성사망자에 비해 높게 나타났다고 보고하였다(허라금, 2012). 이처럼 여성들은 재난 시 생존능력, 2차적 사회문제, 폭력, 여성권익 등과 같은 사회적 취약성을 가진다고 볼 수 있다.

넷째, 여성은 재난이 발생하면 기존 체계에 대하여 조직적 취약성을 가진다. 조직적 취약성이란 규칙과 규범이 가지고 있는 위험에 얼마나 유연하고 능동적으로 대처할 수 있는가를 의미한다(Birkmann, 2013). 즉, 평상시 잘 운용되고 있던 조직체계라 하더라도 재난과 같은 긴급상황이 발생하였을 때에는 가장 취약한 집단에 대하여 그들의 욕구를 반영하여 우선적으로 지원하는 것이다. 여성은 그들이 가지는 사회적 역할 때문에 그들 스스로가 취약계층임에도 불구하고 재난상황에서 가족의 생존과 돌봄 및 양육 등의 책임이라는 짐을 가중받게 되는 것이다. 뿐만 아니라 여성은 사회적 역할이라는 이중적 부담 때문에 교통이나 쉼터와 같은 재난대피에 필요한 다양한 정보들을 적절히 제공받지 못하고 있다. 따라서 여성들의 이러한 조직적 취약성을 완화하기 위하여 재난 대응과 복구 과정에서 여성들의 욕구가 충분히 반영된 지원체계가 필요하다.

다섯째, 여성들은 재난이 발생하면 남성들에 비해 심리적 측면에서 더욱 취약하다. 재난은 신체적 고통은 물론 심리적·정신적 외상을 수반한다. 이러한 심리적 외상에 있어서 여성들은 더욱 민감하다(권미혁, 2011, 한국여성정책연구원 2016 재인용). 여성들은 재난 발생 직후와 그 이후에도 오랫동안 우울과 불안, 스트레스, 외상 후 스트레스 장애와 같은 다양한 정신적 문제들을 표출하게 된다. 따라서 재난 이후 여성들이 일상으로 빠르게 복귀할 수 있도록 상담 및 심리치료지원 등을 통하여 감정적으로 취약한 부분을 위로할 수 있어야 한다.

〈표 12-2〉 재난과 여성의 취약성

연구자	기 준	재난취약 요인
장미혜 (2015)	미시적	개인적 경험과 생물학적 · 생리학적 특성 재난의 정보와 상식의 부족
	거시적	물리적 환경 및 전체 사회체계 간의 상호작용 사회 · 경제 · 정치적으로 불평등한 위치 인간관계나 역할 및 규범
장은하 (2016)	안전성	신체적 안전위협(강간, 성폭력, 강제혼)
	경제성	남성들을 중심의 재난지원활동 프로그램 남성 세대주 복구지원시스템
	임신/보건성	임신과 출산 이중보호(자기 자신과 아동) 다양한 의약품 필요
	사회적 역할	돌봄, 자녀교육, 가사 등의 역할 교육의 기회를 박탈 일상공간과 도구를 획득하기 위한 노동 가중 가장역할로 인한 부양부담 증가
허라금 (2012)	초기조건	빈약한 영양상태 제한적 영양공급
	생계탄력성	일상으로의 복귀 한계
	스스로 보호할 기회	재난 이후 결혼관계 상실률 급증
	사회적 구호와의 접근	공동대피소나 이재민 수용소에 대한 두려움 남녀접촉을 제한하는 문화권 존재
	사회적 자본	가족, 이웃, 지역사회 등과의 관계형성 부족 가사와 생계의 이중책임 크레딧 대출, 대출상환 등의 어려움 높은 문맹률 차별과 기회의 박탈
한국여성정책연구원 (2016)	생물학적 · 신체적	신체적 학대 부족한 영양상태
	물질적	경제적으로 낮은 위치 의존적 행태의 재난대응/복구 프로그램
	사회적	생존능력 미습득 인질억류, 침략, 인종분쟁 등의 2차적 사회문제 성폭력, 가정폭력 등의 노출 낮은 권익

	조직적	재난대피에 필요한 다양한 정보 제공 미흡
	심리적	우울과 불안, 스트레스, 외상후 스트레스 장애

출처 : 선행연구를 통한 저자 재구성.

여성의 재난취약성은 정도와 양상에 따라 여성이라는 집단 내에서도 다르게 분포된다. | 그림 12-3 | 에서 보는 바와 같이 여성이라는 집단 속에서도 여성들은 다양한 속성을 지니고 있기 때문에 재난취약성을 드러내는 시점이 다를 수 있다. 임산부와 여성노인의 경우 여성이라는 취약속성과 함께 여성 고유의 신체적 불리함과 고령이라는 취약성이 가중될 수 있다. 이것은 사회문화적 취약성을 가지는 1인 가구 여성과 돌봄여성에게서도 나타난다. 이처럼 여성은 재난에 있어 여성이라는 고유적인 속성과 함께 사회 · 경제 · 문화적 속성으로 인하여 이중 취약집단으로 분류될 가능성이 높다. 〈표 12-3〉은 여성들의 집단유형별 재난취약성을 예시로 나타내었다.

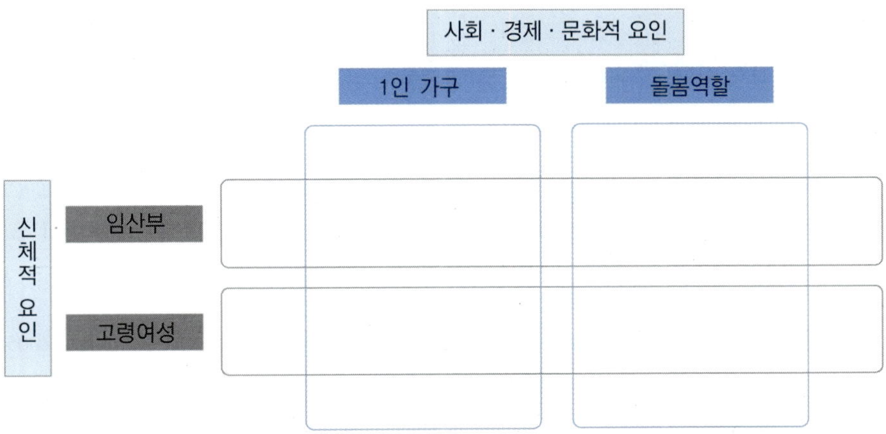

| 그림 12-3 | **여성 집단 내의 취약집단 도식**

출처 : 서울시여성가족재단(2016).

〈표 12-3〉 여성의 집단유형별 재난취약성

여성유형		재난취약성
일반여성		재난안전교육을 받을 기회가 적음 재난에 대응하기에 남성보다 불리한 복장 신체활동에 상대적으로 덜 익숙하고 덜 능동적인 경향이 있음
사회경제적·문화적 요인	1인 가구 여성	공동대응과 협력 중요성이 높은 재난대응의 속성상 대피, 대응, 정보습득, 상황판단, 심리적 불안 등의 영역에서 1인 가구 여성은 일반여성보다 더욱 불리함
	돌봄여성	대피, 예방 등 재난상황에서 돌봄역할을 함께 수행함 자연/사회적 재난 발생 시 영유아 및 장애인 등과의 동반으로 인해 대피에 어려움
신체적 요인	임산부	이동 등 신체활동이 불편함 불시에 의학적으로 긴급상황이 발생할 가능성 있음
	고령여성	거동불편, 대피속도 저하, 근력부족 등 정보습득 불리, 신체활동의 능동성 부족

출처 : 서울시여성가족재단(2016).

2. 재난 발생 시 여성의 욕구

욕구는 부족함에서 시작된다. 재난 발생 시 여성들의 욕구는 취약함에서 시작된다고 보아도 무방하지 않다. 여성들은 아이를 낳고 키우고 가사 일을 하며, 공동체 속에서 무보수로 노동을 하거나 주로 집 안에서 노동을 한다. 이러한 전통적이고 중첩된 역할들은 재난 속에서 그들을 더욱 취약하게 만든다. 또한 여성은 다양한 재난대응 및 훈련을 경험하지 못하고 있을 뿐만 아니라 재난상황에 대한 정보나 교육이 부족하여 남성에 비해 재난피해 위험성이 크다(Oxfarm, 2005; Bradshow & Fordham, 2013, 서울시여성가족재단, 2016 재인용). 다시 말하면 여성이 재난에 보다 안전하지 않은 원인은 재난교육이나 교육기회의 부족이 대응능력의 부족으로 이어진다고 볼 수 있는 것이다.

2015년 '서울시민 안전의식 실태 및 정책수요조사'에 의하면 재난에서 여성이 남성에 비해 더 많은 피해를 입는 이유로 관련 교육과 훈련 등의 부재로 인하여 대응능력이 부족하기 때문이라는 비율이 가장 높게 나타났다. 뿐만 아니라 실제 재난 관련 교육을 받은 경험 유무를 묻는 질문에 대한 남녀 응답비율은 남성에 비해 여성의 비율이 현저하게 낮은 것으로 드러났다. 이처럼 남성과 여성 간의 교육습득 격차가 발생하는 원인으로는 여성은 매스컴이나 언론보도 등을 통해 정보를 수집하는 반면 남성은 안전 관련 군대나 예비군 및 민방위훈련 등과 같은 의무화된 교육을 통해 구체적으로 지식을 익히고 있기 때문이라고 보고되었다. 교육을 통해 습득되는 정보력과 관련 지식, 상황판단 등과 같은 재난준비활동들은 재난피해 정도를 결정한다(그림 12-4). 재난피해 정도는 교육과 반복된 훈련을 통한 실제경험을 통해 길러지지만 여성들은 사회적 · 경제적 · 문화적 · 신체적 조건 차이로 인하여 재난에 취약한 집단으로 이어지게 된다.

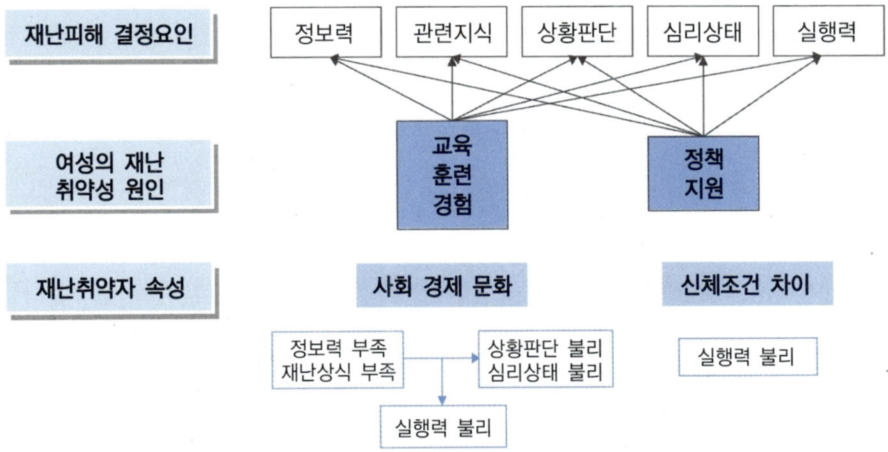

| 그림 12-4 | 재난피해 결정요인과 여성의 재난취약성

출처 : 서울시여성가족재단(2016). 성인지적 관점의 재난관리 매뉴얼개발.

우리나라의 경우 여성들은 재난에 대하여 교육이나 정보욕구는 높지만, 재난 대처능력은 떨어진다고 보고되고 있다(강희영, 2015). 여성들은 재난과 안전문제에 높은 관심을 보이고 있지만 재난역량 향상기회의 부족으로 재난 발생 시 적절하고 신속한 상황판단이나 침착하고 유연한 심리상태를 유지함에 있어 어려움을 느끼게 되는 것이다. 재난대처능력은 학습과 교육의 영역이다. 따라서 재난교육을 접할 기회가 적은 여성들에게 재난취약성을 극복할 수 있도록 정기적인 재난교육을 효율적으로 제공할 수 있는 방안을 마련하는 것이 매우 중요하다. 또한 기존에 제공되고 있는 재난 관련 매뉴얼이나 재난 기구들은 성인남성을 기준으로 제작되어 있다. 여성은 남성과 다른 신체적 조건으로 인하여 이러한 도구들을 사용하는 데 불편함이 발생하며 교육을 통해 습득한 정보와 지식으로 인하여 다수의 여성들도 재난도구를 사용할 수 있는 능력이 개발될 필요가 있다. 따라서 성별 특성에 맞는 소화기나 완강기와 같은 재난도구개발 및 여성의 관점에서 여성의 재난참여와 기능을 고려한 재난매뉴얼을 제작하여 재난 발생 시 여성들도 돌봄과 같은 소극적 대응이 아닌 적극적 대응을 실시해야 한다.

캐논은 재난취약성에 미치는 영향요인으로 영양상태의 부족을 언급하였다. 부족하다는 의미는 필요하다는 의미와 맥을 같이한다고 볼 수 있다. 영양상태는 재난 발생 시 생존할 수 있는 능력이다(Canon, 2002, 허라금 2012 재인용). 여성들은 남성에 비해 부족한 영양상태를 보이고 있으며 임신과 모유수유 등은 영양결핍상태를 더욱 가중시키는 원인이 된다. 또한 여성들의 거주지 역시 불안요소로 작용한다. 재난이 발생 시 제공되는 공동대피소나 보호소는 여성들에게 안전한 장소가 아니다. 일부 문화권에서는 여전히 남녀의 접촉을 제한하고 있고, 여성들 스스로가 낯선 장소에 대한 두려움을 가지고 있기 때문에 남녀 모두가 공동으로 생활하게 되는 대피소는 그들에게 심리적 불안감을 가중시킬 수 있다. 실제로 이러한 재난대피소에서는 성폭력을 비롯한 성추행과 성희롱 피해사례가 빈번히 보고되고 있는 실정이다. 우리나라의 세월호 유가족들은 강당에서 각종 언론과 보도진에게 노출된 가운데서 수개월 동안 공동으로 기거하였다. 이러한 공동임시보호소에서 여성들은 몸을 가릴 수 있는 작은 칸막이조차 제대로 제공되지 않아 옷을 제대로 갈아입을 수 없었다. 따라서 여성들의 재난에 대한 안전과 대응능력을 확보하기 위하여 충분한 영양공급과 영양상태를 보존할 수 있는 안전한 대피소와 보호소가 필요하다.

우리나라에서 재난관리정책은 전반적으로 여성의 관점이 부족하며 여성을 제한적으로 언급하고 있다. 기존의 재난관리정책에 따른 교육, 훈련, 정보제공 등은 대부분 성인남성을 기준으로 운용되고 있기 때문에 여성은 재난 발생 전, 발생시, 발생 이후의 상황에 대처하는 데 불리할 수밖에 없다. 특히 재난 발생 시 제공되는 구호품의 경우 여성들에게 필요한 생활용품이나 여성용품 등이 제대로 지급되지 않아 재난 발생 이후에도 여성들은 남성에 비해 더 많은 고통과 어려움을 겪게 된다. 따라서 여성들의 보건과 위생을 위한 여성용품의 제공뿐만 아니라 영유아를 동반한 어머니들을 위한 기저귀와 분유 등과 같은 생활용품의 지급도 필요하다.

3. 여성에 대한 재난복지 개입

재난은 일반적으로 예방, 대비, 대응, 복구[2]의 4단계의 주기로 이루어진다. 예방과 대비 단계는 재난이 발생하기 이전에 해당되며, 대응과 복구 단계는 재난 발생 이후의 상황에 적용된다. 여성들이 재난에 효율적으로 대처하도록 하기 위하여 여성의 관점에서 각 단계별 재난복지 개입과 관리 및 대처방안을 알아보도록 한다.

1) 재난 발생 전 대비

재난 발생 전 대비 단계는 여성의 재난대비 역량을 강화하는 단계이다. 이 단계는 지역사회 내에서 많은 역할을 담당하고 있는 여성들의 주도적 참여로 인하여 큰 효과를 발휘할 수 있는 시기이다(장은하, 2015). 실제 2004년 인도양 쓰나미 이후 각종 국제기구와 원조단체에서 여성들을 중심으로 예방활동을 강화하고 재

2) 예방 : 재난 발생원인 및 취약요소를 사전에 제거하는 행동
대비 : 재난에 효과적으로 대응하기 위하여 사전에 취하는 활동과 대책
대응 : 재난 발생 중 또는 재난 발생 직후, 재난에 대처하기 위한 비상상황 활동
복구 : 재난 이후 피해복구, 국가기반 체계의 복원, 재난대응구조물 설치 등의 활동

난대비훈련을 실시하여 재난피해를 최소화하기 위한 대비를 하고 있다(UNISDR, 2009). 재난대비 매뉴얼을 홍보하고 보급하는 과정에서 여성과 남성이 함께 참여하여 재난을 예방해야 하며, 임산부를 비롯하여 대피하기 어려움이 있는 여성들의 특성을 고려하여 재난에 대비해야 한다. 여성들은 남성에 비해 상대적으로 재난대비교육이 부족하다. 따라서 재난상황 시 긴급하게 대처하고 대피할 수 있는 재난교육을 비롯하여 이들을 도와줄 수 있는 책임자를 확보하는 것이 중요하다. 〈표 12-4〉는 여성의 관점에서 재난 발생 전 단계에서 단계별 기능에 따른 재난관리 내용을 요약한 것이다.

〈표 12-4〉 재난발생 전(예방/대비) 단계 기능별 재난관리 내용

정보제공 기능	정보확산	• 남녀 특성에 맞는 매뉴얼의 준비 • 남녀 모두 매뉴얼 제작에 참여
	경고 인지 및 파악	• 재난정보가 부족한 여성들을 중심으로 조기경보의 중요성 및 필요성 설명 필요
대피 기능	재난 상황에 대한 정보제공	• 대피경로 파악 • 대피 구역별 여성과 어린이 책임자 지정
	교통	• 여성 · 어린이 · 임산부 및 수유부를 위한 교통수단 제공
	교육과 훈련	• 대피 어려운 여성을 대상으로 한 대피지원팀 훈련 실시 • 일반여성을 위한 재난대피 교육 및 훈련 실시

출처 : 서울시여성가족재단(2016). 성인지 관점의 재난관리 매뉴얼 개발.

2) 재난 발생 시 개입

재난이 발생한 재난 대응단계는 긴급위기상황으로, 신체적 취약함을 비롯하여 사회 · 문화 · 경제적 요인 등으로 인하여 여성의 취약성이 증가하는 시기이다. 여성들은 임신 · 수유 등과 같은 재생산 기능을 비롯하여 돌봄 · 양육과 같은 전통적 성역할로 인하여 재난 발생 시 혼자서 대피하기 어려워 피해를 더 많이 입는다. 재난 발생 직후 주거지를 잃은 피해자들은 임시주거시설로 이동하게 되는데, 이때 여성의 특성을 고려한 임시주거시설을 제공해야 한다. 현재 임시주거

시설들은 대부분 남성중심으로 운영되고 있어 많은 여성들은 불편함을 토로하고 있다. 특히 유·아동을 돌보는 과정에서 수유공간이나 기저귀를 교환할 장소가 제대로 제공되지 않을 뿐더러 옷을 갈아입을 만한 공간이 없어 여성들은 어려움을 겪는다. 따라서 여성의 취약성을 보호하기 위한 다양한 형태의 임시주거 공간을 마련해야 한다. 또한 구호물자의 경우 성별에 따라 필요한 구호물품을 달리하여 제공될 필요가 있다. 재난 발생 시 여성에게 필요한 물품이 무엇인지 제대로 파악하여 이에 대한 2차 피해를 줄일 수 있도록 배려해야 한다.

〈표 12-5〉 **재난 발생 시(대응) 기능별 재난관리 내용**

구조 기능	팀구성	• 구조팀 여성 포함 여부 파악 • 임산부 및 정신장애 여성에 대한 위기상황 완벽 대처훈련
	수요파악	• 구조 전 남녀 비율 파악
의료지원 기능	의료서비스	• 남녀 포함한 의료서비스 직원 채용 • 여성과 청소년을 위한 개별상담실 설치 • 산부인과 포함
	서비스 접근성	• 여성의 가사시간을 고려한 의료시설 운영
대피소 기능	디자인과 배치	• 남녀 모두의 의견을 고려한 설계 및 배치 • 일반여성, 여성 청소년, 여성 심신장애인을 위한 별도공간 마련 • 여성친화적 시설
	공간과 위치	• 화장실과 같은 공공시설에 대한 적절한 조명과 조치 • 사생활보호를 위한 임시주거시설 마련 • 직계가족 구성원이 아닌 남녀 분리
식수와 위생 기능	서비스 제공	• 여성과 취약집단 우선제공 • 남녀 모두의 의견 고려한 화장실 설계 및 설치 • 남녀 화장실 비율 고려(남:여=1:3) • 속옷 및 위생의류 전용 세탁영역 마련 • 여성을 고려한 공동목욕시설, 세탁시설, 화장실 설계 • 대피소 위원회에 여성 참여하여 책임공유 • 남녀 모두 식수와 위생유지보수를 위한 훈련 참여
	접근성과 위치	• 여성이 이용 편리한 시간대에 공급 • 목욕시설 내부 잠금장치와 문 설치

출처 : 서울시여성가족재단(2016). 성인지 관점의 재난관리 매뉴얼 개발.

3) 재난 발생 후 개입

재난 발생 후 개입은 재난 발생으로 인한 피해가 재난 이전으로 회복될 때까지의 장기적 활동단계이다. 이 시기는 다시는 재난이 발생하지 않도록 재난을 예방하고 피해자들이 일상생활로 돌아갈 수 있는 근본적 대책 마련이 필요한 시기이다(최남희, 2006). 대부분의 의사결정권이 남성에게 국한되었기 때문에 여성의 경우 그들이 가지는 신체적 어려움과 심리적 고통을 호소하는 데 많은 어려움이 있다. 따라서 여성의 관점에서 그들의 욕구를 파악하고 의사결정에 여성의 참여권을 보장하여 재난정책에 적용하여야 한다. 또한 일반적으로 여성은 남성에 비해 심리적으로 취약하기 때문에 여성에 대한 심리적 지원이 제대로 이루어져야 한다.

재난 발생 시, 여성의 취약성이 증가하는 것과는 반대로 재난 이후 여성들은 다양한 영역에서 재난구호활동을 통하여 그들의 역량을 발휘하기도 한다. 여성의 주 생활무대는 주로 가정이나 지역사회이기 때문에 이웃에 대한 정보가 매우 빠르다(Moser, 1993, 장은하 2015 재인용). 따라서 여성들은 그들이 가진 이웃정보와 관계망을 통해 재난 발생 이후 숨겨왔던 역량을 수행한다.

〈표 12-6〉 **재난 발생 후(복구) 기능별 재난관리 내용**

위로금 지급	지급	• 남여 모두에게 동일한 권한 부여하여 지급
	정보	• 투명성 보장을 위하여 각 대피소에 남여 공무원 지정
정신건강	진단	• 여성의 상황을 고려한 신속한 정신건강 검사 시행
	심리적 반응	• 비정상적 상황으로 인한 정상적 반응임을 이해
	상담	• 정신보건 서비스 제공에 있어 남녀 상담원 모두 배치 • 여성의 개인적 자원 강조하여 당면문제 대처방안 제시
	취약계층	• 특수취약집단(재난으로 인한 사별여성, 낙태여성, 성폭력피해자 등) 고려
	지속성	• 사회적 지지 네트워크 형성 • 상담이 지속되기 위한 교육 필요

교육	신체적 보호	• 학교를 대피소 근처에 배치하여 성적 위해요인 통제 • 등하교 안전보장을 위한 공동체 구성원 지정 • 정기적 출석체크 및 중퇴자 후속조치
	인지적 보호	• 남녀 학생 모두에게 생존기술 교육 • 모든 영역에서 성평등교육 실시
	사회심리적 보호	• 여학생들의 창조적 활동 및 체육활동 참여기회 제공
피해규모 산정	직간접적 피해	• 남여성 모두가 소유재산에 대한 금전적 가치 평가
	복구작업	• 공동 복구작업 목록화 • 여성의 가사 · 돌봄 · 자원봉사 활동 등도 복구작업의 범주에 포함
생활	생활계획	• 모든 생활 프로그램의 계획과 실행에 남녀 모두 참여 • 여성이 프로그램 참여에 있어 장애요인 고려 • 남녀 모두의 지식, 기술, 필요사항 바탕으로 프로그램 구성
	훈련	• 남녀 균형 고려 • 여성의 역량강화 및 참여일정을 고려
	경제적 지원	• 재난보조금 전담 남녀성 공무원 고용 • 제도권에 편입되지 않은 무급노동여성 고려
	자활 프로그램	• 돌봄여성을 위한 어린이 놀이방 마련 • 개발과 재건설 프로그램에 여성 참여기회 제공
복구계획	지역사회의 참여	• 지역사회 복구를 위한 장기비전계획 준비에 남녀 모두 공유 • 여성의 참여기회 마련 및 자유로운 의견표명 제공 • 여성의 참여 및 결정권 보장
	경제적 복구	• 여성의 비율을 고려한 실질적 고용비율 마련 • 지역경제 복원에 주제적 참여하여 재건 및 복구 진행
	사회적 복구	• 특별취약집단(1인 가구 여성, 미혼모 등)의 요구사항 반영 • 여성의 공식적 모임을 위한 공간 제공

출처 : 서울시여성가족재단(2016). 성인지 관점의 재난관리 매뉴얼 개발.

다문화 가족에 대한 재난복지 개입

CHAPTER 13

김혜림

1. 재난에 있어 다문화 가족의 취약성

다문화 가족이란 우리 사회에 거주하고 있는 외국인노동자, 국제결혼이주자, 새터민(북한이탈주민), 그 밖에 외국인거주자, 외국인과의 사이에서 태어난 자녀들을 비차별적으로 부르는 용어이다. 오늘날의 국제이주 현상은 세계화, 가속화, 다변화되어 가고 있는 가운데 한국사회는 1980년대 후반에 이르러 외국인 근로자, 재중동포의 국내 시장으로 유입과 2000년대 이후로 이어지는 여성결혼이민자의 증가로 '다문화 현상'이라는 새로운 문제를 고민하게 되었다. 국내 거주 외국인은 크게 '이주노동자'와 국제결혼을 통해 이주한 '결혼이주민'으로 구분할 수 있다. 후자의 경우 한국 국적을 취득하여 내국인이 되더라도 흔히 일컫는 '다문화 가정'을 이루게 된다. 2008년 3월에 제정된 다문화가족지원법은 다문화 가정을 "결혼이민자와 한국인으로 이루어진 가족", "국적법에 의해 귀화 허가를 받은 자"와 같이 혈연주의에 근거해 다소 협의적으로 정의한다. 반면 일부 연구자들은 다문화 가정을 결혼이나 국적 등의 문제와는 무관하게 대한민국 문화권이 아닌 다른 문화권 출신 가족 구성원을 포함한 국내 거주 가정이라는 광의로 정의할 것을 제안한다. 이 경우 다문화 가정은 국제결혼 가정, 외국인노동자 가정, 북한이탈주민 가정 등을 모두 포괄한다(김명성, 2009).

다문화 가구의 지역별 분포를 보면, 거주 지역으로는 '경기' 27.8%, '서울' 21.6%, '인천' 6.1% 등 수도권에 전국 다문화 가족의 55.5%가 거주하여, 수도권에 집중되어 있는 것으로 나타났다. 2012년 대비 2015년 서울 지역은 4.2% 감소하였고, 경기 지역 0.9%, 경남 지역은 0.7% 증가하였다(행정안전부, 2015)

이처럼 국제결혼의 증가와 함께 다문화 가족이 갖는 문제점도 사회적으로 증가하고 있다. 내국인과 결혼이민자들이 언어적 · 문화적 문제로 인하여 경제적 · 사회적으로 존중받지 못하고 어려움에 처하고 있으며, 이로 인하여 후속세대인 후손들에게도 매우 악영향을 끼치고 있다. 다문화 가정의 아이들은 한국어를 하지 못하는 엄마와 지내기 때문에 언어발달이 늦고 학교생활에 적응하지 못하는 경우가 많다. 2009년 초 · 중 · 고 취학연령의 다문화 가정 아이들은 2만 5천 명에 달하였는데 그중 24%는 학교에 다니지 않는 것으로 조사되었다(권영호 외, 2009). 다문화 가정 대부분의 어머니들은 안전사고예방에 대한 교육과 언어적인 문제로 자녀를 양육하는 데 필요한 안전지식을 습득하기가 힘들며, 서로 다른 문화에 적응하는 문제를 가진다(배정의, 2008).

세계은행(World Bank), 유엔재해경감기구(United Nations Office for Disaster Risk Reduction), 유엔아시아태평양경제사회위원회(United Nations Economic and Social Commission for Asia and the Pacific), 유엔개발계획(United Nations Development Programme), WHO(World Health Organization), 국제적십자사연맹(International Federation of Red Cross and Red Crescent Societies) 등의 국제기구는 물론, 미국 재난안전청(Federal Emergency Management Agency, FEMA) 및 질병관리본부(Centers for Disease Control and Prevention) 등에서는 공통적으로 '재난약자'를 재난 대비, 대응, 복구에 있어 제공되는 기본 장비를 안전하고 자유롭게 다룰 수 없는 사람으로서, 육체적 · 정신적 장애인(시각, 청각, 인지 지체), 해당 지역의 언어(주로 영어)를 이해하지 못하는 사람, 지리적 · 문화적 고립자, 노숙자, 심신 허약자 및 어린이 등을 포괄하여 정의하고 있다. 이러한 재난취약계층 또는 재난약자의 범주에는 고령자, 장애인뿐만 아니라 입원 중인 환자, 이해능력이나 판단력이 부족한 영유아, 빈곤층, 또한 자신의 출신국이 아닌 거주국가의 재해정보나 지리정보에 관한 지식이 부족하거나 의사소통이 어려운 외국인을 포함할 수 있다(김윤희, 2015). 이러한 관점에서 볼 때 '언어장애' 및 '문화적 차이'를 겪고 있는 국내 거주 외국인은 언어소통 및 문화의 차이로 인해 재난약자의 범주에 속하며, 재난 및 안전사고에 취약한 계층이다.

이와 같이 외국인은 내국인과 달리 언어 소통 미흡으로 인해 재난 발생 시 가장 취약한 사람의 분류 중 하나이다. 또한 외국인들은 특히 자연재난과 같이 지역적 기상 및 지형 특성에 영향을 받는 재난에 대한 인지능력이 부족하고, 본인의 거주 지역에 대한 재난지식이나 우리나라의 방재행정체계를 모르기 때문에 정보취득능력 또한 미흡할 수밖에 없다(채 진, 2017).

2. 재난 발생 시 다문화 가족의 욕구

다문화 가족은 재난 발생 시 첫째, 정보의 이해와 소통의 어려움, 둘째, 재난 상황에서 대피하기 위한 위험회피 능력의 곤란, 셋째, 재난 상황에 대한 이해와 외부지원 체계에 대한 이해 등에서 더욱 취약하다는 특성을 지니며 재난취약계층으로서 논의의 필요성이 크다. 특히 대부분 정보의 제한이나 자급자족이 어려운 재난 상황에서 효과적 대응을 위해 그들이 활용 가능한 방법에 대한 정보를 필요로 한다. 대다수의 일반인들은 기존의 재난지원 방식(구두 발표, 방향 표지판 등)을 활용해 스스로 필요로 하는 지원 사항을 충족하는 방법을 이해한다. 그러나 인종의 다양성, 즉 다문화 가족의 구성원들은 일반인들을 대상으로 한 재난지원방식이 한계를 지닐 수밖에 없으며, 효과적인 의사소통을 위해 다양한 방식으로 의사소통 채널 요구 사항을 충족할 필요가 있고, 이에 대한 충분한 교육이 사전에 이루어질 필요가 있다. 그리고 이를 반영한 교육은 이들의 생활기반이 되는 공동체(community-based)를 중심으로 신뢰성을 확보해야만 하는 특수성이 고려되어야 한다(이주호, 2016).

채 진(2017)의 연구에서는 재난 상황에서 의사소통의 한계가 있는 다문화 가족을 위한 GPS 기반 통역 및 외국인 전용 문자서비스 개발 보급 등을 통해 실시간적인 재난 상황에 대처할 수 있는 기반을 마련함과 동시에 이동통신사와 연계하여 재난위험정보 및 대피를 휴대폰 등의 기기를 활용하여 유도할 수 있는 시스템의 개발 등이 향후 이루어져야 할 필요성을 밝혔다(채 진, 2017).

현재 우리나라는 재난취약계층이 재난 발생 시 위험을 대비하는 데 있어 갖는 취약성에 대한 체계적 접근이 부족한 가운데, 다문화 가족에 대한 재난안전관리 차원에서의 사회적 · 정책적 배려 논의가 부족한 실정이다. 특히 사회복지 측면에서 봤을 때, 사회복지 교육 프로그램들을 통해 다양성과 다문화 특성을 가진 지역사회 내에서 학생들을 문화적인 특성에 민감한 재난구호 사례관리를 위한 실천가로 어떻게 성장시킬 수 있는지가 중요하다. 사회복지교육에서의 문화 역량은 다문화 상황에서 문화교류를 위해 개인이 효과적으로 일할 수 있게 도와주는 인식, 행동, 접근, 기술의 증대과정이다(Fong & Futuro, 2001, 최송식 외, 2015 재인용).

일본의 오키나와현 공인재단법인 국제교류 · 인재육성재단에서는 2016년 3월 18일, 오키나와현과 '재해 시 외국인 지원에 관한 협정'을 맺고, 재해 시 외국인 수재민에게 외국어 지원을 하는 '재해 시 외국인 지원 서포터'를 양성하고 있다. 현재 오키나와 본섬과 주변섬에 양성과정을 수료한 53명의 서포터가 있으며, 재해 발생 후 안전이 확인된 상황을 전제로 피난소를 돌아다니며 피해를 입은 외국인의 정보 수집과 수집된 정보의 외국어화를 지원한다(오키나와현, 2017). 다음의 |그림 13-1|과 |그림 13-2|는 오키나와현에서 재난 발생 시 외국인들의 피난소 운영 훈련과 응급구호훈련을 하는 모습이다.

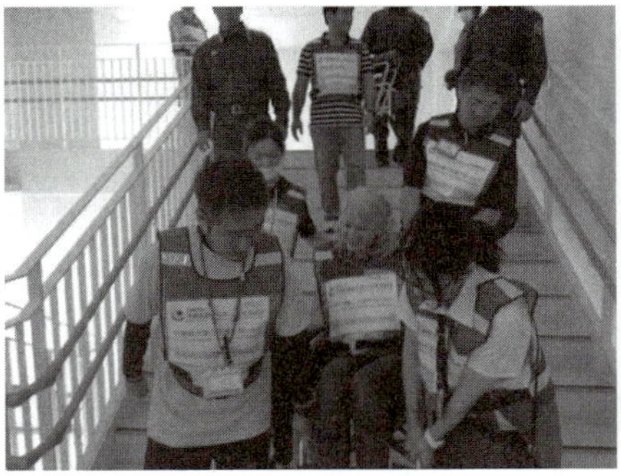

| 그림 13-1 | 피난소 운영 훈련 모습

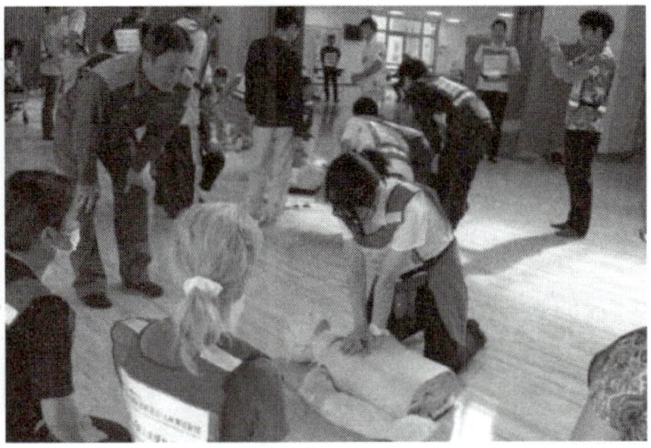

| 그림 13-2 | 응급구호훈련 모습

출처 : 오키나와현(2017). 외국인 주민을 위한 방재 핸드북.

3. 재난이 다문화 가족에게 미치는 영향

2017년 11월 15일 발생한 경북 포항의 지진에서 휴대폰으로 긴급재난문자를 받았지만 언어가 한국어였기 때문에 외국인들이 어려움을 겪은 사례가 있다. 한 인터뷰에서 외국인근로자는 "지진이 난 줄 모르고 집에만 있다가 뒤늦게 소식을 들었으며, 비슷한 일이 다시 일어난다면 어떻게 해야 할지 걱정"이라고 하였다. 현재 행정안전부에서 2014년도에 서비스를 시작한 외국인을 위한 재난정보 애플리케이션 '안전디딤돌(Emergency ready app)'이라는 앱이 있지만, 아직 홍보가 부족해서 잘 모르는 외국인들이 많으며, 영어 외에는 다른 언어로 설정이 불가하다는 한계점이 있다(충북일보, 2017. 11. 16).

2014년 12월 일본 NHK Broadcasting Culture Research Institute 소속 Media Research & Studies 팀이 진행한 연구, 'Information Needs of Foreign Nationals Residing in Japan in Case of Tokyo Inland Earthquakes : From Group Interviews with Foreign Residents from Four Countries'는 주목할 만하다. 이 연구는 일본 내 거주하고 있는 한국인들 역시 연구 대상으로 포함하고 있다. 이 연구는 2011년 3월 후쿠시마 대지진 당시 재난취약 계층, 특히 일본 내 외국인 거주민들이

경험한 '정보의 공백(vacuum of information)'에 주목하여, 당시 이들이 자신과 가족, 이웃의 안전을 위해 꼭 필요한 재난안전정보를 제공받지 못하고, 비공식적인 채널을 통해 전달받은 부정확한 정보로 인해 고통받았던 경험에 대한 실증적 접근을 시도했다는 점에서 유의미하다고 할 수 있다. 이 연구는 600명의 일본 내 거주 외국인들을 대상으로 한 전화설문 조사를 통해 이들이 정보의 부재로 인해 내국인들보다 많은 피해를 입거나 패닉상태에 빠졌던 사실을 밝혀낸다(Yonekura, 2012, 김윤희 외, 2015 재인용). 뒤이은 후속연구에서는 일본 내 체류기간이 상당하고 외국인 집단 중 가장 많은 중국인, 한국인, 일본계 브라질인, 필리핀인 등을 대상으로 한 심층인터뷰를 진행하여, 후쿠시마 지진과 관련해 이들의 대비 유무, 지진 관련해 이들이 필요로 했던 정보 및 대피소 등 어떤 정보원(sources)에서 어떤 방법(methods)으로 수집했는지, 또 향후 요구되는 정보 및 미디어 요청사항 등이 무엇인지를 도출했다(김윤희 외, 2015).

조 성(2017)의 연구에서는 충청남도 지역을 중심으로 재난취약성을 살펴보았으며, 특히 천안, 아산 등의 지역에서 외국인 근로자와 유학생의 인구수가 많았다. 문해능력이 부족한 외국인에 대한 안전관리를 통해서 재난약자를 보호해야 할 필요가 있다고 밝혔으며, 지역별 특성이 나타나는 지역에 대해서는 거점별로 재난취약계층에 대한 안전관리 대책을 단기 · 중장기 과제로 구분하여 접근하는 것이 필요함을 제시했다(조 성, 2017).

4. 다문화 가족에 대한 재난복지 개입

1) 한 국

국내 거주 외국인을 정부 차원에서 적극적으로 재난안전정책의 일부에 포함시킨 것은 근래의 일이다. 긴급복지지원법 제5조의2에서는 외국인에 대한 특례의 내용을 담고 있는데, 이에 따르면 국내 체류 외국인 중 대통령령으로 정하는 외국인에 해당할 경우 긴급지원대상자가 된다.

외국인이 긴급복지지원을 받을 수 있는 경우는 다음과 같다(긴급복지지원법 제5조의2).

- 대한민국 국민과 혼인 중인 사람
- 대한민국 국민인 배우자와 이혼하거나 그 배우자가 사망한 사람으로서 대한민국 국적을 가진 부모나 자녀를 돌보고 있는 사람
- 「난민법」 제2조 제2호에 따라 난민(難民)으로 인정된 사람
- 본인의 귀책사유 없이 화재, 범죄, 천재지변으로 피해를 입은 사람
- 그 밖에 보건복지부장관이 긴급한 지원이 필요하다고 인정하는 다음의 사람
  - 본인의 귀책사유 없이 재난 등으로 피해를 입은 사람
  - 「난민법」 제2조 제3호에 따른 인도적 체류자

이에 따르면 국내에 합법적으로 거주하는 외국인은 특례 대상자가 되어 재해 대응 및 복구 과정에서 긴급지원을 받게 된다. 또한 소방방재청에서 수립하는 '자연재난조사 및 복구계획 수립 지침' 역시 2011년 개정안을 통해 외국인 재난 지원금에 대한 근거를 마련하였다. 동 지침에서는 외국인에 우리나라 국적이 아닌 자, 즉 외국의 영주권을 취득하였으나 실제 출국하지 않고 우리나라에 살고 있는 자도 포함한다고 명시하고 있다.

국민안전처는 2016년부터 생애주기별 맞춤형 안전교육지도를 만들어 6단계 생애주기에 따른 재난안전영역별 교육영역을 제시하였다. 생애주기별 맞춤형 교육(KASEM)의 대상은 일반시민뿐만 아니라 같은 시민으로서 장애인, 다문화가족, 재난약자, 교통약자 등을 포함한다고 밝히고 있다. 그러나 우리 사회에서 재난취약계층에 대한 인식은 영유아, 아동, 여성, 노인, 장애인 등 신체적 유불리에 따른 취약성이 주요하게 언급되고 있으며, 특히 다문화 가족 등 외국인에 대한 논의는 부족한 것으로 판단된다. 즉, 「재난 및 안전관리 기본법」이나 「자연재해대책법」 등이 재난 상황 시 국민의 안전을 보장하기 위한 조치를 취할 것을 명문화하고 있으나, 응급조치 및 대피명령 등 재난 대응 활동 과정에서 다문화 가족

등을 고려한 규정을 실질적으로 찾아보기 힘들며, 재난취약계층에 대한 용어적 정의조차 명확하게 이루어지고 있지 않은 점에서도 이를 미루어 짐작할 수 있다. 실무적으로도 다문화 가족에 대한 재난안전교육은 2012년부터 소방조직을 통해 부 지역에서 이루어지고 있으나 그 활동이 미비하며, 중앙정부 차원에서는 '다문화 원어민 강사 양성교육'을 통해 안전교육을 확산하기 위해 노력하고 있으나 생활안전 및 소방안전에 한정된 측면이 없지 않다. 특히 국민안전처의 보도자료를 보면 다문화 가족에 대한 안전교육 필요성의 인식은 뚜렷한 다문화 현상 속에 결혼 이주자 및 외국 출신자에 대한 소방안전의식을 높이고 한국생활에 자신감을 높이기 위한 계획으로 추진하고 있으나, 한국사회의 구성원으로서 고려되지 못하고 있다(이주호, 2016)

국민안전처는 외국인을 위해 영어 웹사이트를 지원하고 있으며 조직의 역사, 비전 및 목표, 조직 현황에 대해 소개하고 있다. 특히 국민안전처 산하 재난안전연구원에서는 재난 안전 애플리케이션인 Safety First를 개발하여 국내에 거주하고 있는 외국인들을 위해 활용할 수 있도록 하였다. 이는 우리나라에서 발생하고 있는 재난에 대한 기초정보와 재난에 대처하는 행동요령을 6개 언어(한국어, 영어, 중국어번체, 중국어간체, 일본어, 베트남어)로 설명하고 있다. 또한 자연재난 외에도 각종 사고를 포함한 생활안전사고와 대피소 유형, 외국어 지원 긴급 연락처 등을 소개하고 있다.

경기재난본부에서는 국내에 거주하고 있는 외국인을 위하여 안전교육 동영상을 통해 외국인들에게 안전사고 대처요령, 응급처치, 안전산행정보, 생화학 테러시 대처요령, 재난안전 동영상, 피해신고요령 등을 홈페이지에 총 7개 언어로 소개하고 있다. 또한 충남소방재난본부에서는 외국인 신고자에게 3자 통역서비스를 제공하고 있으며 영어에 대해 통역서비스가 지원된다. 이는 비상시 국내에 거주하고 있는 외국인이 재난상황에서 119로 신고를 할 경우 지령실로 연결되어 신고자, 신고담당자, 외국어 가능한 담당자 3명이 멀티 통화하여 대응하는 방식으로 국내거주 외국인이 모국어로 신고나 도움 요청을 실시할 수 있다.

|그림 13-3|과 |그림 13-4|는 행정안전부 정보공개 통계자료로 국내에 거주하고 있는 외국인의 재난서비스 이용현황을 언어별 및 신고유형으로 살펴보았으며, 언어별 이용현황은 중국어가 전체 35%로 가장 많은 것을 알 수 있다. 그 뒤로 영어, 일본어 순이었으며 기타 언어로는 말레이시아어, 베트남어, 인도네시아어, 스리랑카어, 캄보디아어 등 아시아권에서 사용되는 언어가 대부분으로 나타났다. 또한 국내거주 외국인들의 신고 유형별 현황은 구급으로 인한 신고가 전체 56.6%로 가장 높게 나타났으며 그 뒤로 구조, 화재 순으로 나타났다. 그 외의 기타사항으로 일상안전점검, 생활안전사고 요청 등이 있었다.

|그림 13-3| 국내 거주 외국인 재난서비스 언어별 이용현황

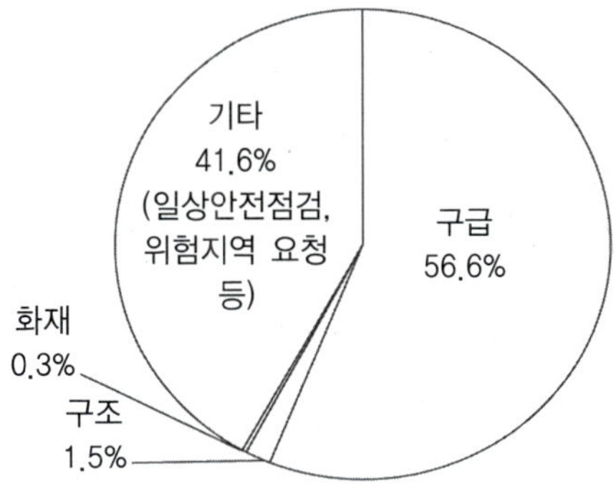

|그림 13-4| 국내 거주 외국인 재난서비스 신고유형

출처 : 행정안전부 정보공개 통계자료(2015).

한편 다문화 가족이 재난대응의 주체가 되어 나서는 사례도 있다. 소방방재청에서는 다문화 가족에게 사회활동 기회를 제공하는 한편 이들의 재능을 활용하여 지역사회의 안전을 확보하고자 2013년 한해 전국적으로 다문화 의용소방대를 조직하였다. 다문화 의용소방대는 결혼이민자, 혼인귀화자 등으로 구성되어 있다. 소방활동을 하면서 이들이 한국생활에 잘 적응할 수 있도록 돕고 외국인이 재난신고를 할 경우 통역 지원도 하기 위해 만들어졌다. 전국 소방관서에 조직된 다문화 의용소방대원은 여성 493명과 남성 9명 등 총 502명이다. 이들의 언어적 재능을 활용하여 국제행사 시 통역봉사, 외국인근로자 소방안전교육, 외국인 119 신고 시 3자 통화를 활용한 통역 등의 중요한 임무를 하고 있다.

2) 일 본

일본의 타카토리 커뮤니티 센터는 일본 내에서 외국인들의 재난 복구에 도움을 주고 있다. 외국 국적의 주민이 전체의 10%를 차지하는 타카토리 지구는 다문화공생의 마을 만들기를 목표로 하여 다양한 활동을 지원하고 있다. 이곳에서는 지진피해 직후부터 어느 교회의 지원기지를 거점으로 다양한 봉사활동이 진행되고 있는데, 이 센터들을 통해 외국인들은 재난 발생 직후의 구호 체계에 도움을 받고 있다. 거점 내에는 이하의 7개의 단체가 있으며 다국어로 정보공유, 교육, IT 관계, 고연령, 장애인의 자립지원, 외국인 커뮤니티 활동 등을 전개하고 있다. 다양한 각도에서 외국인 커뮤니티를 지원하는 단체가 모여서 종합적으로 다문화공생을 추진하는 점이 특징적이다(김윤희 외, 2011). 그 활동 내역은 다음의 〈표 13-1〉과 같다.

〈표 13-1〉 **타카토리 커뮤니티 센터 내의 단체**

단 체	활동내역
커뮤니티 방송국 FM 와글와글	9가지 언어로 외국 주민에게 지진 재난 정보, 생활 정보 안내
Leaf Green	고연령자 등의 자립지원
Tool-커뮤니케이션	폐기 컴퓨터의 재생, 제공
NGO 베트남 in 고베	베트남 커뮤니티 지원
다언어 센터 FACIL	번역, 통역
아시아 여성 자립 프로젝트	아시아 여성에 의한 제품판매
월드 키드 커뮤니티	외국인 자녀 지원

출처 : 김윤희 외(2011).

재난과 관계된 활동으로서 커뮤니티 방송국 FM 와글와글은 지진재난 직후부터 지역에 사는 외국주민에게 필요한 지진재난 정보, 생활정보 등을 9개 언어로 발신하고 있다. 또한 NGO 베트남 in 고베는 베트남인이 직접 운영하면서 재일 베트남인들에게 다양한 정보를 제공하고 있다. 또한 다언어센터 FACIL은 외국인 주민을 위한 정보의 번역, 통역자 파견 등을 통해 외국인 주민과 행정기관, 의료관계, 기업 등과 원만히 교류할 수 있도록 하고 있다(김윤희 외, 2011).

재해에 관한 정보나 구원대상에 외국인을 상정하는 것이 적었기 때문에 재해가 일어났을 때마다 외국인에 대한 지원이 문제가 되고 있다. 한신 · 아와지 대지진에 있어서도 다수의 외국인, 재일한국 · 조선인이 재난피해를 받았다. 재난피해에 의한 생활곤란의 상황은 일본인과 같았지만, 현실에서는 말이나 법의 장벽, 게다가 민족차별이나 편견 등에 의한 구원 · 지원의 손길이 늦어버렸던 것이다. 재해피해자에 대한 구원정보가 외국인에 전달되지 않는 것이나 문화나 종교, 생활습관이 다른 사람들이 피난소에서 함께 생활하는 것은 더없이 곤란하였다. 영어 정보는 있어도 그 외의 언어에 의한 정보가 없었던 것도 화제가 되었다. 한신 · 아와지 대지진에서는 한국 · 조선인을 시작으로 베트남인 등 마이너리티 사람이 사는 지역에 대해서 지역의 피난소정보 재해피해자 서비스나 부흥주택 정보를 그들의 언어로 방송하는 자원봉사자가 활약한 것이 알려져 있다.

한신 · 아와지 대지진의 피재지였던 고베시(神戸市)를 시작으로 한신에는 많은 대학 등 교육기관이 있고 유학생의 수도 많다. 국제화를 추진하는 지방자치제는 각각 국제교류센터를 설치하고 자매도시 등을 통해 시민의 국제문화 및 받아들인 유학생의 지원을 행하고 있다. 유학생의 생활지원 그 자체는 받아들이는 교육기관이 유학생지원과를 설치해 독자로 지원을 하고 있다. 그러나 재해 시의 원조까지 규정하고 있는 교육기관은 독자적으로 훨씬 대규모적인 도시직하형 지진재해에 대한 지원체제는 전혀 없었다는 것이다. 한신 · 아와지 대지진 후 고베시에서는 고베시 유학생지원센터에 학생의 생활지원체계를 설치하고 있다(최송식 외, 2015). 다음은 한신 · 아와지 대지진과 관련된 내용이다.

(1) 외국인이 놓여 있던 상황

효고현(兵庫県)에서 경찰이 확인한 사망자 5,479명 중 외국인은 173명을 넘었다고 한다 이는 전체의 3.5%이며, 외국인등록총수가 전체 인구에서 차지하는 비율보다 약간 높다. 즉, 외국인의 사망률이 약간 높았다고 볼 수 있다. 국적별로는 한국 · 조선 107명, 중국 40명, 브라질 8명, 미얀마 3명, 미국 2명, 기타 필리핀 · 호주 각 1명, 불명 9명이었다(최송식 외, 2015).

사인은 88.1%가 가옥, 가구 등의 무너짐에 의한 것, 10.5%가 화재로 인한 사망 등이 의심되는 것이었다. 재해 후 주택 · 취업 · 건강면에서의 불안 그리고 외국인에 대한 차별 감정의 고조에 대한 경계가 있었다. 아사히신문에 따르면 "베트남인이 차를 훔치고 있다", "이란인들이 도난을 일으키고 있다"와 같은 유언비어가 퍼져 자경단(自警團)이 조직된 지역도 있었다(최송식 외, 2015).

(2) 정보 제공

지진 후의 외국인 피해자에 대한 대응은 주로 현 및 시의 국제과와 국제 교류과 및 외곽 단체인 국제교류협회가 실시하고 있었다. 효고현(兵庫県)은 지진 당일에 TV 등으로 지진에 관한 뉴스를 내보내고 1월 24일부터 "긴급 외국인 특별상담 창구"를 고베 크리스탈 타워 5층에 개설하였으나 활자로 된 뉴스는 2월 1일부터 시작됐다(최송식 외, 2015).

① 활자로 된 정보 제공

고베시는 1월 25일에 "고베지진재해 대책홍보" 제1호를 발행하였다. 여기에는 생활복지자금 특별대출, 이재민 증명서 등, 외국인 피해자에게도 소중한 정보가 실려 있었지만, 영문으로 번역해 외국인 학교나 외국인 지원 단체에 Fax로 배포한 것은 2월 초였다. 시내에 700명 이상의 베트남인이 살고 있었으나 베트남어로 번역하는 일은 없었다. 2월 4일에는 효고현(兵庫県) 국제교류협회가 Kiss FM

KOBE에서 스페인어, 포르투갈어로 지진재해 관련 정보를 방송(격주 교대), 다음은 영어 방송을 시작했다. 지진 직후는 외국인을 포함한 상담 대응에 쫓겨 홍보지를 낼 준비가 되지 않았다고 한다(최송식 외, 2015).

홍보지에는 위로성금 취득절차 등에 대해서는 보도하고 있었지만, 외국인 피해자가 직접 접근할 수 있는 창구에 대해서는 아시야시(芦屋市) 국제교류협회가 게재한 것뿐이었다. 또한 한시적 정보를 홍보지에서 올리는 것은 현실적으로 가능하지 않았기 때문에 실제로 외국인 피해자의 수중에 도착할 무렵에는 신청 기한을 넘기고 있는 상황이었다고 한다. 또 홍보지의 배포는 대피소와 국제교류단체 · 공공시설 · 영사관 등에서는 우편으로 실시하고, 나머지는 직원과 자원봉사자가 직접 배포했다. 니시노미야시(西宮市) 국제교류단체에서는 자원봉사자의 지원을 받아 역이나 슈퍼 · 편의점 · 병원 · 은행 등 사람이 모이기 쉬운 장소에서 뉴스레터를 배포했다. 직접 수용소를 돌며, 외국인에게 교통정보와 급수 장소 등 지역의 정보를 전달한 사람도 있었다(최송식 외, 2015).

② 외국인 상담 창구

지진 후에는 대응 언어를 늘린 창구가 많았다. 그러나 평소에도 충분히 기능하지 못한 곳이 많아 충분히 활용되었다고는 말하기 어려워 보인다. 한편 동일한 국가에서 온 동포끼리 자체 네트워크를 가지고 있어 정보를 비교적 쉽게 입수한 사람들도 있었다. 상담 내용은 이재민 증명서를 얻는 방법이나 위로성금, 주택 · 취업에 관한 것이 많았다. 집 구하기는 주택지원 창구를 마련하거나 주택지원이 있는 곳을 소개했다. 일자리 구하기는 직업소개소를 소개하는 경우가 많았던 것으로 보인다. 위로성금의 신청에 관해서는 일본적십자사 효고현(兵庫県) 지부를 소개하는 경우가 많았다. 또한 미등록 외국인에 대해선 민간단체에 위탁하였다고 한다. 서비스에 대해서는 자치단체 직원이 직접 어딘가에 동행하는 형태는 취하지 않았고, 민간에서도 직접적인 원조는 적었다고 말하고 있다. 자원봉사자의 협력이 이루어졌다고는 하지만 직원의 어학 능력의 문제도 있었을 것으로 여겨진다(최송식 외, 2015).

③ 자원봉사활동과 외국인

재해를 입은 외국인은 등록되어 있는 경우조차 지역 내 외국인의 거주 상황이 충분히 파악되지 않았다. 따라서 민간단체나 자원봉사자의 협조가 없으면 충분한 활동을 할 수 없었다. 외국인 지진정보센터는 1월 22일 활동을 시작하여 13개 언어로 응대하는 모국어 핫라인을 마련했다. 외국인 피해자에게 정보를 제공하고 입국 관리 사무소에 신고하지 않는 것을 전제로 6월 15일까지 1,000건 가까운 상담을 받았다. 영어권 이외의 외국인 피해자의 상담이 많았다. 이 센터의 경우, 정보제공에서 상담으로 요구에 따라 내용이 변화했다. 그러나 정보 제공뿐만 아니라 실제로 창구에 가서 절차 등을 실시하고, 영어를 구사하는 사람이 필요했다. 구체적으로 외국인 피해자 관리가 가능한 사람이 필요했던 것이다(최송식 외, 2015).

④ 제도적인 문제

조위금은 단기 체류자나 체류 자격 외의 외국인 피해자에게는 지급되지 않았다. 또한 재일 한국 · 조선인을 비롯한 정주 외국인의 대부분이 연금에 가입할 수 없는 상태가 계속되었다. 그래서 외국인 피해자의 대부분이 일본인이라면 급부 가능한 장애 연금의 급부를 받지 못했다. 외국인에게 이들 사회보장제도는 권리에 근거한 것이 아니고 '인도상 적용한다'는 혜택에 따른 것이기 때문에 이의 제기는 할 수 없었다(최송식 외, 2015).

지진으로 인한 국적별 사망률을 보면, 일본인은 0.15%인 데 반해 한국 · 조선인 0.22%, 중국인 0.35%, 브라질인 0.44%, 필리핀인 0.23%로 일본인보다 높았다. 지진의 피해는 주거 상황에 따라 운명이 나뉜 감이 있어서 외국인이 일본인보다 열악한 주거 환경에 있었다고 말할 수 있을 것이다. 유일하게 일본인보다 사망률이 낮은 외국인은 미국인이었다(최송식 외, 2015).

⑤ 교육

외국인학교는 학교 교육법에서 규정되어 있는 각종 학교에 해당한다. 이 때문에 「극심한 재난에 대처하기 위한 특별재정지원 등에 관한 법률」에서 재해복구사업의 개별보조대상이 되지 않았다. 그러나 실상을 구제하기 위해서 외국인학교에 대한 국고보조제도의 창설(보조율 1/2)이 2월 17일 각의결정되어 복구비로 응급임시교사의 정비비용이 국고보조대상이 되었다. 그리고 4월 1일에 설립된 한신 · 아와지 대지진 부흥 기금을 활용하여 외국인 학교가 일본사학진흥재단의 재해복구대출을 받은 경우 상환이자를 보전하기로 했다. 또한 응급임시교사 건설비용 조성이 이루어지게 되었다. 입학금 · 수업료 경감 조치도 강구되었다(최송식 외, 2015).

참고문헌

강완식(2014). 시각장애인의 재난안전 대응방안. 장애인 재난 위기관리 시스템의 현황과 과제 토론회 발표집. 한국장애인개발원.

______(2016). 시각장애인 관점에서의 재난관리체계의 문제점. 장애포괄적 관점에서의 재난관리체계 문제점과 개선방안 토론회 발표집. 한국장애인단체총연맹.

강철희 · 정무성(2013). **지역사회복지실천론**. 경기 : 나남.

강희영(2015). 여성, 안전한가?-교육 및 정보욕구 높지만, 재난재패 대처능력 떨어져-. 서울시여성가족재단.

강희영 · 이유화(2015). 포괄적 안전 개념에서 본 서울여성 안전도시 구축을 위한 연구. 서울시여성가족재단.

경기도교육청 약전작가단(2016a). **짧은, 그리고 영원한 5권**. 서울 : 굿플러스북.

______________________(2016b). **짧은, 그리고 영원한 6권**. 서울 : 굿플러스북.

______________________(2016c). **짧은, 그리고 영원한 11권**. 서울 : 굿플러스북.

고동현(2015). 사회적 재난으로서 허리케인 카트리나 : 정부 실패와 위험 불평등. **한국사회정책학회**, 22(1), 183-119.

고미영 역(2003). **이야기치료란 무엇인가?**. Morgan, E.(2000). *What is Narrative Therapy?*. 서울 : 청목출판사.

고미영(2016). **지역사회를 위한 이야기치료**. 경기 : 공동체.

광주트라우마센터(2014). 재난상황 PTSD 대응 매뉴얼 개발 연구.

구원회 · 박진찬 · 백민호(2015). 국내거주 외국인의 재난 시 서비스에 대한 인식조사 연구. **한국재난정보학회**, 11(2), 279-286.

국립서울병원(2015). 국립서울병원 학술용역연구사업보고서 : 트라우마 회복을 위한 안정화 프로그램 개발.

국립재난안전연구원(2010). 재난약자 방재대책 실태조사 및 분석.

국민안전처(2014). 국가안전관리기본계획(2015-2019). 중앙안전관리위원회 · 국민안전처.

_________(2016). **재난 시 자원봉사 협업 가이드북**. 국민안전처 민관지원담당관.

_________(2017). **어린이 재난안전훈련 가이드북**. 국민안전처.

굿네이버스(2015). 아동권리 이슈포커스 1호.

권건주(2005). 지방정부 재난관리조직의 효율화 방안 : 삼척시 사례를 중심으로. **Crisisonomy** 1(2), 79-92.

권석만(2014). 이상심리학의 기초-이상행동과 정신장애의 이해-. 서울 : 학지사.

권영호 · 지성우 · 강현철(2009). 사회통합을 위한 다문화가정 관련법에 대한 입법평가. 한국법제연구원.

김 영(2016). 기억을 넘어서 치유와 회복으로. 경기도교육청 약전작가단. 짧은, 그리고 영원한 12권. 서울 : 굿플러스북.

김 원(2015). 애도의 이해와 복잡성 애도의 치료. 재난정신건강위원회 편. 재난과 정신건강. 서울 : 학지사.

김대호(2005). 외상후 스트레스 장애에 대한 민감소실 및 재처리 요법. 한국신경정신의학회, 44(2).

김동식(2016). 여성의 재난역량 실태와 정책과제. 젠더리뷰. 겨울호.

김만두(1993). 현대사회복지개론. 서울 : 홍익재.

김명구 · 양기근 · 정기성(2014). 자연재난에 의한 재난취약계층의 재난안전복지 개선방향 : 전라북도 임실군의 노인계층을 중심으로. 한국위기관리논집, 10(9), 113-135.

김명성(2009). 사회통합 차원에서의 다문화가족 지원정책의 현황과 개선방안에 관한 연구. 사회복지실천, 8, 5-29.

김석철(2015). 재난반복사회. 서울 : 라온북.

김성태(2014). 사회적 재난의 안전환경 개선을 위한 연구. 경기대학교 산업보안학과 석사학위논문.

김소향(2014). 상실수업. 서울 : 인빅투스. (원저 : 엘리자베스 퀴블러 로스 · 데이비드 케슬러, 2005).

김수임 · 강예리 · 강민철(2014). 존 볼비의 안전지기 · 애착이론의 치료적 적용. 서울 : 학지사. (원저 : John Bowlby, 1988)

김승완(2016). 장애포괄적 관점에서의 재난관리체계 문제점과 개선방안. 장애포괄적 관점에서의 재난관리체계 문제점과 개선방안 토론회 발표집. 한국장애인단체총연맹.

김승완 · 김회성 · 노성민(2017). 청각장애인 재난대응 욕구에 관한 연구. 재활복지, 21(2), 63-88.

김승완 · 노성민(2016). 장애포괄적 재난관리체계 마련을 위한 기초 연구. 재활복지, 20(1), 1-22.

김승태 · 김병로 · 홍경수 · 정유숙 · 유범희 · 김도관(1997). 삼풍사고 생존자들에서의 급성 외상후스트레스장애 : 발생빈도, 예측인자, 증상 변화에대한 예비적 연구. 한국신경정신의학회, 36(3).

김영배(2014). 일본의 재해 시 장애인 대피에 관한 연구 -한국 장애인복지에의 함의-. 전북대학교 대학원 석사학위논문.

김유숙 · 최지원 · 안미역 공역(2014). **내러티브 실천.** White, M.(2011). *Narrative Practice*. 서울 : 학지사.

김윤희 · 류현숙(2015). 국내 거주 외국인의 재난안전 취약성에 관한 연구 : 정보요구 사항에 대한 심층인터뷰 내용을 중심으로. **한국위기관리논집,** 11(3), 151-176.

김윤희 · 유은경(2011). 외국인 대상 재난대비 컨텐츠 개발 및 홍보 대책, 국립방재연구원.

김은미(2017). 세월호 유가족의 자녀상실 경험연구. 백석대학교 기독교전문대학원 박사학위논문.

김인범 · 류상일 · 송윤석 · 양기근 · 이동규 · 이주호(2014). **재난관리론.** 서울 : 대영문화사.

김정휘 · 허주연 · 김태욱(2012). **진단명 : 외상후 스트레스 장애(PTSD) : 원인, 증상, 진단, 치료와 예방.** Ford, J. D.(2009). *Posttraumatic Stress Disorder : Scientific and Professional Dimensions*. Academic Press. 서울 : 시그마프레스.

김종남 · 이민수 · 신동균(1997). 삼풍 사고 생존자들의 임상양상 및 성격요인에 관한 연구. **한국심리학회지 : 임상,** 16(2), 183-195.

김학경 · 강 욱(2017). 영국의 재난관리체계 및 재난위험성 평가제도의 도입 및 적용에 관한 연구. **한국경호경비학회,** 50, 9-32.

김혜선(2009). 재난관리의 새로운 접근 : 재난복지의 정의. **한국방재학회지,** 9(1), 6-13.

김희정(2015). 테러방지입법의 합헌적 기준 : 자유와 안전의 조화. 고려대학교 대학원 박사학위논문.

노성민 · 김승완(2016). 장애포괄적 의견을 고려한 종합적 재난관리체계의 우선순위 결정에 관한 연구. **한국장애인복지학,** 2016(31), 29-48.

노진철(2014). 불확실성 시대의 위험과 국가의 역할. **헌법실무연구,** 15, 440-499.

대한불안장애학회 재난정신건강의학위원회(2004). **재난과 정신건강.** 지식공작소.

류기형 · 배의식 · 손지현(2015). **지역사회복지와 네트워크.** 경기 : 정민사.

민성길(2015). **최신정신의학.** 서울 : 일조각.

박경서(2015). 장애인 재난 · 재해 시 자력 대피방안 : 서울특별시를 중심으로. '장애인 재난 · 재해 시 자력대피 방안 어떻게 마련할 것인가' 토론회 발표집. 한국장애인단체총연맹.

박기묵(2015). 세월호 참사 희생자 부모들의 심리적 외상에 관한 기술적 접근. **한국콘텐츠학회논문지,** 15(9), 134-145.

박동균(2014). 미국 재난관리에 있어 어린이 보호시스템 : 특징과 정책적 함의. **한국위기관리논집,** 10(3), 149-153.

박동균 · 박창근 · 송철호 · 오재호(2009). **지방자치단체의 재난대응론.** 서울 : 대영문화사.

박보현(2011). 안전사회 구현을 위한 이론적 성찰 : 울리히 벡의 성찰적 근대성을 중심으로. 한국정부학회 학술발표논문집, 93-104, 2014.03.

박성용(2016). 재난안전교육과 사회적 자본, 그리고 시민교육의 연관성 연구 -대한적십자사 재난안전교육을 중심으로-. 서강대학교 교육대학원 석사학위논문.

박재묵(2008). 환경재난으로부터 사회재난으로 –허베이 스피리트호 기름유출사고에 대한 사회적 대응 분석. **환경사회학연구 ECO**, 12(1), 7-42.

_____(2011. 6. 7). 우리나라 위험관리시스템 구축의 과제 : 원자력발전과 해상유류수송을 중심으로. 한국형사정책연구원 제3회 초청강연회 발표자료.

박준형 · 류법모 · 오효정(2017). 사회적 재난에 대한 트위터 여론 수렴 모델 : '가습기 살균제' 사건을 중심으로. **한국정보처리학회**, 6(4), 177-184.

박진희(2013). 재난 위험 사회의 위험 관리 전략의 새로운 모색-회복탄력성(Resilience)과 시민성(Citizenship) 향상을 중심으로. **한국환경철학회**, 2015(6), 91-118.

배정의(2008). 국제결혼 이주여성의 자녀양육. 부모 자녀학회 동계학술대회. 부모 자녀 건강학회.

보건복지부(2013). 장애인 위기상황 대응매뉴얼 개발을 위한 시범(PILOT)연구.

_________(2015). 2014 장애인 실태조사.

서민송 · 유환희(2017). 오피니언 마이닝 기법을 이용한 사회적 재난의 시민 감성도 분석. **한국지형공간정보학회**, 25(1), 37-46.

서울시여성가족재단(2016). 성인지 관점의 재난관리 매뉴얼 개발.

서울시자원봉사센터(2016). 재난안전 자원봉사 운영매뉴얼.

성기환 · 손영수 · 최남희 · 한동우(2009). **재난관리 자원봉사자의 임파워먼트**. 서울 : 대영문화사.

성미영 · 김영희(2017). **아동 재난안전 관리**. Bullock, J. A., & Haddow, G., & Coppola, D. P.(2010). *Managing Children in Disaster : Planning for their unique Needs*. 경기 : 북코리아.

세이브더칠드런 역(2013). **인도적 활동 시 아동보호를 위한 최소기준(한국어판)**. Child Protection Working Group(2012). *The Minimum Standards for Child Protection in Humanitarian Action*.

송길연 · 성현란 · 양돈규 · 이지연 · 장유경 · 정영숙 · 조은영(2012). **성인발달과 노화**. CENGAGE Learning. (원저 : John C. Cavanaugh Fredda Blanchard-Fields, 2011).

송창영(2013). **재난안전 이론과 실무**. 서울 : 예문사.

송창진(2004). 외상후 스트레스장애의 기전과 치료. **동국의학**, 11(1), 2.

신선인(2000). 재해 및 재난 구호 시 요구되는 정신보건사회사업서비스에 관한 연구. **정신보건과 사회사업**, 10.

신현석(2009). **장애인복지론**. 경기 : 공동체.

안산온마음센터(2014). **애도기반 사례관리 매뉴얼**. 2014온마음리포트.

안영훈(2014). 외국의 장애인을 위한 재난 및 위기대응 시스템. 장애인 재난 위기관리 시스템의 현황과 과제 정책토론회 발표집. 한국장애인개발원.

안전정책실(안전총괄기획관 안전사업조정과). 국가안전관리기본계획(2015~2019). 중앙안전관리위원회 국민안전처.

안종주(2016). **빼앗긴 숨**. 경기 : 한울.

양기근(2009). 재난에 강한 지역공동체 형성 전략 : 허베이 스피리트호 기름유출사고를 중심으로. **한국콘텐츠학회논문지, 9**(5), 249-256.

______(2016). A strategy for overcoming disaster vulnerability and improving resilience : Focuing on the conceptual integration of disaster vulnerability and resilience. **Crisisonomy, 12**(9), 143-155.

여명길 · 전규엽 · 박경현 · 홍원화(2003). 대구 지하철 화재 조사 분석-재난 복구를 위한 자원봉사활동 및 지원체계의 특성-. **대한건축학회 학술발표대회 논문집, 23**(2), 889-892.

오금호 · 박소순 · 유병태 · 정소영(2013). 안전약자 유형별 생활안전 콘텐츠 발굴. 국립재난안전연구원.

오윤경(2013). Natech재난관리방안연구. 한국행정연구원.

오키나와현(2017). 외국인 주민을 위한 방재 핸드북.

오혜영 · 안현의 · 김은영(2011). 재난 피해 청소년 개입 매뉴얼 개발. 한국청소년상담원.

왕순주(2009). **재난심리론**. 국립방재교육연구원.

우리나라 전체 가구 2015년 주민등록 인구통계. 행정안전부.

유미숙 · 천혜숙(2013). **외상 후 스트레스 장애 치료 가이드**. Sharon L. Johnson(2009). *Therapist's Guide to Posttraumatic Stress Disorder Intervention*. 서울 : 시그마프레스.

유현정 · 이재은 · 노진철 · 김겸훈(2009). **재난을 바라보는 다섯 가지 시선**. 서울 : 대영문화사.

윤덕찬(2015). 장애인 재난 · 재해 시 자력 대피에 대한 토론문. '장애인 재난 · 재해 시 자력 대피 방안 어떻게 마련할 것인가' 토론회 발표집. 한국장애인단체총연맹.

이 연(2016). **국가위기관리와 재난정보**. 서울 : 박영사.

이 진(2008). **죽음과 죽어감**. 경기 : 도서출판 이레. (원저 : 엘리자베스 퀴블러 로스, 1969)

이나빈(2016). 생태이론에 기반한 재난 피해자들의 외상 후 스트레스 반응 관련변인 메타분석. 이화여자대학교 대학원 박사학위논문.

이동규 · 민연경(2016). 재난의 인적환경 취약성이 사회위험인식에 미치는 영향 : 재난안전국민인식 옴니버스 조사결과를 중심으로. **한국정책학회보, 25**(1), 33-59.

이선혜 · 정슬기 · 허남순 공역(2010). **이야기치료의 지도**. White, M.(2007). *Narrative Practice*. 서울 : 학지사.

이시재(2009). 허베이스피리트호 기름유출사고의 '사회적 재난' 연구. 한국환경사회학회.

이윤수(2014). '천안함 사건' 유가족의 심리사회적 경험. **한국가족복지**, 43, 87-110.

이윤주(2004). 재난피해의 심리적 영향과 재난극복을 위한 심리적 조력의 방법 : 아동을 중심으로. **청소년상담연구**, 12(1), 28-40.

이인숙 · 하양숙 · 김기정 · 김정희 · 권용희 · 박진경 · 이나윤(2003). 일개 지역사회 재해 주민의 외상 후 스트레스 장애 정도와 관련요인 분석. **한국간호과학회지**, 33(6), 829-838.

이재연 · 박은미 · 황옥경 · 김형모 · 이은주 · 강현아(2013). **아동복지론**. 서울 : 학지사.

이재은(2005). **자연재난과 방재시스템**. 정보통신정책연구원.

이정림 · 김도균(2011). 허베이 스피리트 호 기름유출사고에 의한 피해주민의 외상 후 스트레스 장애와 취약성 변수. **환경사회학연구 ECO**, 15(1), 53-84.

이주호(2015). 재난 취약계층 재난안전관리의 방향과 과제 : 미국의 장애인 재난지원체계를 중심으로. **한국경찰연구학회**, 8, 139-150.

______(2016). 재난취약계층 재난안전교육 개선방안-다문화 가족을 중심으로. Crisisonomy, 12(11), 37-50.

이진우(2013). 재난관리체계와 협력이 업무성과에 미치는 영향. 계명대학교 대학원 박사학위 논문.

이현정(2017). 세월호 참사와 사회적 고통 : 표상, 경험, 개입. 이재열 외 공편. **세월호가 묻고 사회과학이 답하다**(pp. 115-145). 서울 : 오름.

장미혜(2015). 젠더관점에서 재난위기와 대응을 다시보다. **젠더리뷰**, 54-58

장미혜 · 김학경 · 송효진 · 박건표 · 정지연 · 이진희(2014). 재난피해여성에 대한 복구 및 지원방안. 한국여성정책연구원.

장수지(2015). 사별대처의 이중과정모델에 기초한 배우자 사별노인의 심리적 안녕감 연구. **한국노년학**, 35(3), 589-608.

장연집(2009). 심리적 외상과 EMDR. **사회과학논총**, 171-193.

장은하(2015). 자연재난과 젠더 : 개도국 양성평등 제고 가능성과 한국의 성인지적 재난관리 정책을 위한 시사점. **여성연구**, 88(1), 327-371.

______(2016). 재난과 젠더 : 취약성과 역량을 중심으로. **젠더리뷰**, 43, 16-23.

장현아(2009). 복합 비애(Complicated Grief)의 개념과 진단. **한국심리학회지 : 일반**, 28(20), 303-317.

장휘숙(2012). **성인발달 및 노화심리학**. 서울 : 박영사.

재난정신건강위원회(2015). **재난과 정신건강**. 서울 : 학지사.

정경희 · 오영희 · 강은나 · 김재호 · 선우덕 · 오미애 · 이윤경 · 황남희 · 김경래 · 오신휘 · 박보미 · 신현구 · 이금룡(2014). 2014년도 노인실태조사. 보건복지부 · 한국보건사회연구원.

정미현(2012). 모든 슬픔에는 끝이 있다. 서울 : 애플북스. (원저 : 로버타 템즈, Ph. D., 2009).

정범석(2014). 지역사회 재난의 대응시스템 : 정서적 재난을 중심으로. 대전발전포럼, 49, 67-79.

정소연(2017). 사별에 대한 사회적 반응과 의미재구성이 복합 애도에 미치는 영향. 충북대학교 대학원 석사학위논문.

정순둘 · 박현주 · 최여희 · 이지현(2008). 재난 시 노인의 대처행동에 관한 연구. 한국방재학회논문집, 8(5), 71-76.

정재학 · 김혜원 · 김대곤 · 원정연 · 원진영 · 박재은 · 박지환 · 이승용 · 김좌현(2014). 사회재난분야의 재난영향분석 및 피해비용산정 기법 조사 · 분석. 국민안전처-국립재난안전연구원.

정지범 · 김근세 · 최상옥(2009). 위기관리의 협력적 거버넌스 구축. 경기 : 법문사.

정형수 · 이지영 · 김소연 · 양은주(2014). 한국 성인의 사별에 의한 복합비애경험 개념도연구. 한국심리학회지 : 일반, 33(1), 81-107.

조 성(2017). 자연재난 피해분석을 통한 재난취약성 연구 : 충청남도를 중심으로. 위기관리이론과 실천 세미나발표논문집, 156-169.

조명현 · 장재윤 · 유 경 · 이주일(2015). 재난 간접 경험 후 노인들의 정서 변화 양상-사회적 지지, 우울, 미래시간조망 및 활동적 노년의 효과. 한국심리학회지 : 문화 및 사회문제, 21(4), 671-696.

조흥식 · 김혜래 · 신은주 · 우국희 · 성정현 · 이지수(2010). 인간행동과 사회환경. 서울 : 학지사.

지은구 · 조성숙(2010). 지역사회복지론. 서울 : 학지사.

진병문 · 박재영 · 안대명 · 윤혜경(2017). 재난안전. 서울 : 북스힐.

채 진(2017). 재난관리론. 경기 : 동화기술.

채정민 · 신응섭 공역(1996). 외상 후 스트레스 장애의 통합적 접근 : 충격적인 사건에 따른 심리적 문제의 이해. Peterson, K. C., Prout, M. F., & Schwarz, R. A.(1991). *Post-traumatic stress disorder : A clinician's guide*. 서울 : 하나의학사.

최경식(2016). 재난안전약자의 보호 및 지원체계 개선방안 연구. 원광대학교 일반대학원 박사학위논문.

최남희(2006). 재난 피해자 사후지원 : 재난 피해자의 사후복귀. 한국위기관리논집, 2(2), 1-18.

최명민(2013). 정신보건사회복지실천을 위한 이론의 활용. 한국정신보건사회복지사협회.

최민수 역(2010). 어린이와 가족을 위한 이야기 치료. White, M., & Morgan, A.(2006). *Narrative Therapy with Children and Their Families*. 서울 : 시그마프레스.

최민수 역(2010). 이야기 치료, 궁금증의 문을 열다. Russell, S., & Carey(2004). *Narrative Therapy : responding to your questions*. 서울 : 시그마프레스.

최송식(2010). **외상후 스트레스장애.** 경기 : 공동체.

최송식 · 류기형 · 신복기 · 김민경 · 이진열 · 카네가에카즈마 · 배기이 공역(2015). **재난복지란 무엇인가 : 생활지원체제의 구축을 향해서.** 서울 : 박영사.

최송식 · 박병현 · 이기영 · 이성은 · 김진현 공역(2015). **재난의 개념과 이슈.** 서울 : 박영사.

최숙란(2016). **4월이구나 수영아.** 경기 : 서해문집.

최윤경 · 이민수 · 이준상 · 신동균(1997). 삼풍사고 생존자들에서 스트레스 대처방식과 심리적 고통의 관계. **한국신경정신의학회,** 36(4).

평택대학교다문화가족센터(2007). **다문화사회복지론.** 경기 : 양서원.

하신숙 · 서순림 · 김정범 · 이은정(2009). 대구시 지하철 화재사고 부상자들의 6년후 정신과적 특성, **대한불안의학회지,** 5(2), 125-132.

하현상 · 김종범 · 조경호 · 이석환 · 최진식 · 전대욱(2013). 지역사회 재난 리질리언스(Community Disaster Resilience)연구의 비판적 고찰과 행정학적 제언. **지역발전연구,** 23(2), 409-464.

한국보건사회연구원(2015). 시각장애인 재난대응 매뉴얼 등 개발 연구.

한국아동 · 청소년상담학회 편(2017). **재난대응 위기상담.** 서울 : 학지사.

한국여성정책연구원(2016) 재난피해여성에 대한 복구 및 지원방안.

한국장애인개발원(2013). 장애인 위기상황 대응 매뉴얼 개발을 위한 기초연구.

_______________(2015). 장애포괄적 재난관리체계 구축을 위한 기초 연구.

한국장애인재단(2012). WHO 세계장애보고서.

한국청소년상담원(2011). **재난 피해 청소년 개입 매뉴얼.**

한동우(2006). 우리나라 재해구호체계의 문제점과 해결 과제 : 재난 피해자들에 대한 실질적 지원과 민간 부문의 구호체계 네트워킹. **한국위기관리논집,** 2(2), 36-51.

한재은 · 정순둘 · 김고은(2011). 재난 피해자들의 정신건강 증진을 위한 위기개입모델 비교 연구. **한국위기관리논집,** 7(3), 49-70.

한혜성 · 최원준 · 허 승 · 허휴정 · 채정호(2016). 종설 복잡성 애도의 이해. **인지행동치료,** **16**(3), 383-401.

허남순 · 양준석 · 이정은 공역(2017). **우리 삶의 이야기, 다시쓰기.** Denbourough, D., (2014). *Retelling the Stories of Our Lives*. 서울 : 학지사.

허라금(2012). 젠더관점에서 본 아시아 여성의 재난취약성.

______(2012). 재난, 아시아 여성, 젠더, 취약성, 사회적 취약성. **환경철학,** 13, 65-90.

허보영 · 송재호(2012). 기후변화에 의한 폭염증가와 대책. **한국방재학회 논문집,** 12(5), 171-177.

허연주(2016). 사회적 재난으로 인한 간접외상 척도의 개발과 타당화. 경상대학교 대학원 박사학위논문.

현승효 · 류상일 · 이민규(2016). 진화 게임 이론을 통한 세월호특별법 입법과정 분석-사회적 재난의 이슈 흐름과 책임귀인의 정책화 과정을 중심으로. **위기관리이론과 실천**, 12(6), 67-81.

황은정(2015). 젠더 관점에서 본 재난취약자에 대한 분석 및 지원방안. **이화젠더법학**, 7(2), 171-199.

有賀絵里(2014). **災害時要援護者支援対策ーここ のバリアフリーをひ げようー**. 文真社.

Adamson, A. D., & Peacock, G. G.(2007). Crisis response in the public schools : A survey of school psychologists' experiences and perceptions. *Psychology in the Schools, 44*(8), 749-764.

Ahern, J., & Galea, S.(2006). Social context and depression after a disaster : the role of income inequality. *Journal of Epidemiology & Community Health, 60*(9), 766-770.

Ahmed, R., Seedat, M., Van Niekerk, A., & Bulbulia, S.(2004). Discerning community resilience in disadvantaged communities in the context of violence and injury prevention. *South African Journal of Psychology, 34*(3), 386-408.

Alario, Margarita V., & William R. Freudenburg(2003). The Paradoxes of Modernity : Scientific Advances, Environmental Problems, and Risk to the Social Fabric?. *Sociological Forum, 18*(2), 193-214.

Aldrich, N., & Benson, W. F.(2008). Disaster preparedness and the chronic disease needs of vulnerable older adults. *Preventing Chronic Disease, 5*(1), A27.

Alexander, D. E.(2002). *Principles of Emergency Planning and Management*. New York, NY : Terra Publishing, Harpenden and Oxford University Press.

Ali. J. S., Farrell. A. S., & Forde, K. D.(2017). Race differences in depression vulnerability following hurricane Katrina. *Psychological Trauma : Theory, Research, Practice, and Policy, 9*(3), 317-324.

Armstrong, K. R., Lund, P. E., McWright, L. T., & Tichenor, V.(1995). Multiple stressor debriefing and the American Red Cross : The East Bay hills fire experience. *Social Work, 40*(1), 83-90.

Armstrong, K., O'Callaghan, W., & Marmar, C. R.(1991). Debriefing Red Cross disaster personnel : the multiple stressor debriefing model. *Journal of Traumatic Stress, 4*, 581–593.

Asha Hans(2013). Disaster Risk Reduction and Disability. *Journal of Rehabilitation Research*, *17*(2), 1-14.

Aveline, M. O.(1993). Principles of leadership in brief training groups for mental health care professionals. *International Journal of Group Psychotherapy, 43,* 107-129.

Bankoff, G.(2004). The historical geography of disaster : Vulnerability and local knowledge. In G. Bankoff, G. Frerks, & D. Hilhorst(Eds.), *Mapping Vulnerability : Disasters, Development & People*(pp. 25-36). London : Earthscan.

Beck, Ulrich(1986). *Risikogesellschaft : Aufdem Weg in eine andere Moderne.* Frankfurtam Main : Suhrkamp Verlag.

Bei, B., Bryant, C., Gilson, K. M., Koh, J., Gibson, P., Komiti, A., Jackson, H., & Judd, F.(2013). A prospective study of the impact of floods on the mental and physical health of older adults. *Aging & Mental Health, 17*(8), 992-1002.

Berah, E. F., Jones, H. J., & Valent, P.(1984). The experience of a mental health team involved in the early phase of a disaster. *Australian & New Zealand Journal of Psychiatry*, *18*(4), 354-358.

Berkmann, J.(2013). *Measuring Vulnerability to Natural Hazards : Towards Disaster Resilient Societies*(2nd ed.). NY : United Nation University Press.

Bian, R., & Wilmot, C. G.(2017). An analysis on transit pick-up points for vulnerable people during hurricane evacuation : A case study of New Orleans. *International Journal of Disaster Risk Reduction*(in press).

Blaikie, P. M., Cannon, I. Davis, & B. Wisner(1994). *At risk : Natural Hazards, People's Vulnerability and Disasters*. London : Routledge.

Blanchard, W.(2000). *Higher Education Project Presentation at Emergency Management Institute*. Emmitsburg, MD.

Bradshow, S.(2004). *Socio-economic Impact of Natural Disaster : a Gender Analysis*(vol 32). Herndon, VA : United Nations Publications.

Brende, J. O.(1983). A psychodynamic view of character pathology in Vietnam combat veterans. *Bulletin of the Menninger Clinic*, *47*(3), 193.

Bryant, R. A., & Harvey, A. G.(2000). *Acute Stress Disorder : A Handbook of Theory, Assessment, and Treatment*. American Psychological Association.

Burke, L. A., & Neimeyer, R.(2016). Inventory of Complicated and Spiritual Grief(ICSG). In Neimeier, R. A.(Ed.), *Technique of Grief Therapy : Assessment and Intervention*(pp. 76-80). New York : Routledge.

Byrne, B., & Baden, S.(1995). *Gender, Emergencies and Humanitarian Assistance*(vol. 33). Brighton, East Sussex : Institute of Development(DFID).

Cannon, Terry(2000). Vulnerability Analysis and Disaster. In D. J. Parker(Ed.), ***Foods***, Routledge : London.

Cardona, O. D.(2004). The need for rethinking the concepts of vulnerability and risk from a holistic perspective : A necessary review and criticism for effective risk management. In G. Bankoff, G. Frerks, & D. Hilhorst(Eds.), *Mapping Vulnerability : Disasters, Development & People*(pp. 37-51). London : Earthscan.

Caserta, M., Lund, D., & Utz, R.(2016). Inventory of Daily Widowed Life(IDWL). In Neimeier, R. A.(Ed.), *Technique of Grief Therapy : Assessment and Intervention*(pp. 65-70). New York : Routledge.

Chan, C. L. W., & Fong, C. H. C.(2016). Meridian Tapping. In Neimeier, R. A.(Ed.), *Technique of Grief Therapy : Assessment and Intervention*(pp. 139-143). New York : Routledge.

Chaskin, R. J.(2008). Resilience, community, and resilient communities : conditioning contexts and collective action. *Child Care in Practice, 14*(1), 65-74.

Chen, S. H., & Wu, Y. C.(2006). Changes of PTSD Symptoms and School Reconstruction : A Two-year Prospective Study of Children and Adolescents after the Taiwan 921 Earthquake. *Natural Hazards, 37*, 225-244.

Chung, M. C., Werrett, J., Easthope, Y., & Farmer, S.(2004). Coping with post-traumatic stress : young, middle-aged and elderly comparisons. *International Journal of Geriatric Psychiatry, 19*(4), 333-343.

Claver, M., Dobalian, A., Fickel, J. J., Ricci, K. A., & Mallers, M. H.(2013). Comprehensive care for vulnerable elderly veterans during disasters. *Archives of Gerontology and Geriatrics, 56*(1), 205-213.

Coles, E., & Buckle, P.(2004). Developing community resilience as a foundation for effective disaster recovery. *Australian Journal of Emergency Management, 19*(4), 6.

Cottrell, L. S.(1976). The competent community. *Further Explorations in Social Psychiatry*, 195-209.

Cruickshanks, K. J., Wiley, T. L., Tweed, T. S., Klein, B. E., Klein, R., Mares-Perlman, J. A., & Nondahl, D. M.(1998). Prevalence of hearing loss in older adults in Beaver Dam, Wisconsin. The Epidemiology of Hearing Loss Study. *Am J Epidem, 148,* 879-886.

Cutter, S. L.(2006). *Hazards, Vulnerability, and Environmental Justice*. Sterling : Earthscan.

Dollard, J., & Miller, N. E.(1950). *Personality and Psychotherapy*.

Dyer, C. B., Regev, M., Burnett, J., Festa, N., & Cloyd, B.(2008). SWiFT : a rapid triage tool for vulnerable older adults in disaster situations. *Disaster Medicine and Public Health Preparedness, 2*(Suppl 1), S45-S50.

Dyregrov, A.(1997). The process in psychological debriefings. *Journal of traumatic Stress, 10*(4), 589-605.

Ehrenreich, J. H.(2001). *Coping with Disasters : A Guidebook to Psychosocial Intervention.* Mental Health Workers Without Borders.

Eisenman, D., Chandra, A., Fogleman, S., Magana, A., Hendricks, A., Wells, K., & Plough, A.(2014). The Los Angeles County Community Disaster Resilience Project—A community-level, public health initiative to build community disaster resilience. *International journal of environmental research and public health, 11*(8), 8475-8490.

Eysenck, H. J.(1983). Stress, disease, and personality : "The inoculation effect." In C. L. Cooper(Ed.), *Stress Research*(pp. 121-146). New York : Wiley.

FAO/WFP(2003). *Passport to Mainstreaming a Gender Perspective in Emergency Programmes: Key Analytical Questions Designing Gender-Sensitive Humanitarian Intervention.* Socio-Economic and Gender Analysis(SEAGA).

Fatemi, F., Ardalan, A., Aguirre, B., Mansour, N., & Mohanmmadfam, I.(2017). Social vulnerability indicators in disasters : Findings from a systematic review. *International Journal of Disaster Risk Reduction, 22*, 219-227.

Felten-Biermann, Claudia(2006). Gender and Natural Disaster : Sexualized Violence and th Tsunami. *Development, 29*(3), 82-86.

FEMA(2016). Crisis Counseling Assistance and Training Program Guidance version 5.

Fernandez, L. S., Byard, D., Lin, C. C., Benson, S., & Barbera, J. A.(2002). Frail elderly as disaster victims : emergency management strategies. *Prehospital and Disaster Medicine, 17*(2), 67-74.

Foa, E. B., Keane, T. M., & Friedman, M. J.(2000). *Practice Guidelines from the International Society for Traumatic Stress Studies : Effective Treatments for PTSD.* New York : Guilford.

Fong, R., & Furuto, S.(2001). *Culturally Competent Practice : Skills, Interventions and Evaluations*. Needham Heights, MA : Allyn and Bacon.

Fordham, M., Lovekamp, W. E., Thomas, D. S. K., & Phillips, B. D.(2013). Understanding social vulnerability. In D. Thomas, B. D. Philllips, W. E., Lovekamp,

& A. Fothergill(Eds.), *Social Vulnerability to Disasters*(2nd ed.). FL : CRC Press Taylor & Francis Group.

Friedsam, H. J.(1960). Older persons as disaster casualties. *Journal of Health and Human Behavior, 1*, 269-273.

__________(1962). Older persons in disaster. In G. W. Baker & D. W. Chapman(Eds.), *Man and Society in Disaster*(pp. 151-182). New York : Basic Books.

Gaffney, D. A.(2006). The aftermath of disaster : Children in crisis. *Journal of Clinical Psychology, 62*, 1001-1016.

Ganor, M., & Ben-Lavy, Y. U. L. I.(2003). Community resilience : Lessons derived from Gilo under fire. *Journal of Jewish Communal Service, 79*(2/3), 105-108.

Giddens, Anthony(1990). Risk and Responsibility. *The Modern Law Review, 62*(1), 1-10.

Gillespie, D. F.(2010). Vulnerability : The central concept of disaster curriculum. In D. F. Gillespie & K. Danso(Eds.), *Disaster concepts and issues : A guide for social work education and practice*(pp. 15-60). Alexandria : Council on Social Work Education.

Gillespie, D. F., & Murty, S. A.(1994). Cracks in a postdisaster service delivery network. *American Journal of Community Psychology, 22*(5), 617-638.

Gillespie, David F.(1991). Coordinating Community Resources(pp. 55-78). In Thomas. E. Drabek & Gerard. J. Hoetmer(Eds.), *Emergency Management : Principles and Practice for Local Government*. Washington, DC : International City Management Association.

Glaesmer, H., Brähler, E., Gündel, H., & Riedel-Heller, S. G.(2011). The association of traumatic experiences and posttraumatic stress disorder with physical morbidity in old age : a German population-based study. *Psychosomatic Medicine, 73*(5), 401-406.

Gordon-Salant, S.(2005). Hearing loss and aging : New research findings and clinical implications. *Journal of Rehabilitation Research & Development, 42*(4), 9-24.

Green, B. L., Wilson, J. P., & Lindy, J. D.(1985). Conceptualizing post-traumatic stress disorder : A psychosocial framework. *Trauma and its wake, 1,* 53-69.

Greene, R. R., & Conrad, A. P.(2002). Basic concepts and terms. In R. R. Greene(Ed.), *Resiliency : An integrated approach to practice, policy, and research*(pp. 29-62). Washington, D.C. : NASW.

Haddow, George D., & Jane A. Bullock(2003). *Introduction to Emergency Management*. Amsterdam : Elsevier Science.

Halpern, J., & Vermeulen, K.(2017). *Disaster Mental Health Interventions*. Routledge : New York.

He, W., Sengupta, M., Velkoff, V. A., & DeBarros, K. A.(2005). 65+ in the United States : 2005. Washington, DC : U.S. Department of Health and Human Services, National Institutes of Health, National Institute on Aging, and U.S. Department of Commerce, Economics and Statistics Administration, U.S. Census Bureau; 2005. http://www.census.gov/prod/2006pubs/p23-209.pdf

HelpAge International(2015). Disaster Risk and Age Index. London, UK. http://www.helpage.org/what-we-do/climate-change/disaster-risk-and-age-index/#report

Hikichi, H., Aida, J., Kondo, K., Tsuboya, T., Matsuyama, Y., Subramanian, S. V., & Kawachi, I.(2016). Increased risk of dementia in the aftermath of the 2011 Great East Japan Earthquake and Tsunami. *Proceedings of the National Academy of Sciences of the United States of America, 113*(45), E6911–E6918.

Hilhorst, D., & Bankoof, G.(2004). Introduction : Mapping vulnerability. In G. Bankoff, G. Frerks, & D. Hilhorst(Eds.), *Mapping Vulnerability : Disasters, Development and People*(pp. 1-9). London : Earthscan.

Hoffman, M. A., & Kruczek, T.(2011). A Bioecological Model of Mass Trauma : Individual, Community, and Societal Effects. *The Counseling Psychologist, 39*(8), 1087-1127.

Hogan, N. S., & Schmidt, L. A.(2016). Hogan Grief Reaction Checklist(HGRC). In Neimeier, R. A.(Ed.), *Technique of Grief Therapy : Assessment and Intervention*(pp. 39-45). New York : Routledge.

Israel, B. A.(2005). Community-based participatory research : Lessons learned from the centers for children's environmental health and disease prevention research. *Environmental Health Perspectives, 113*(10), 1463-1471.

J. William Worden(1991). *Grief Counseling and Grief Therapy*.

Jia, Z., Tian, W., Liu, W., Cao, Y., Yan, J., & Shun, Z.(2010). Are the elderly more vulnerable to psychological impact of natural disaster? A population-based survey of adult survivors of the 2008 Sichuan earthquake. *BMC Public Health, 10*, 172.

Jonathan H. S.(2001). *Handbook of Crisis Counseling, Intervention, and Prevention in the School*(2nd ed.). Lawrence Erlbaum Associates, Publishers. Mahwah, New Jersey, London.

Kang, K. H.(2014). Disaster preparedness among vulnerable older adults with chronic diseases : Results from a cross-sectional study in Incheon, Korea. *Nursing and Health*

Sciences, 16, 46-51.

Keane, T. M., Fairbank, J. A., Caddell, J. M., Zimering, R. T., & Bender, M. E.(1985). A behavioral approach to assessing and treating post-traumatic stress disorder in Vietnam veterans. *Trauma and its Wake*, *1*, 257-294.

Kohn, R., Levav, I., Garcia, I. D., Machuca, M. E., & Tamashiro, R.(2005). Prevalence, risk factors and aging vulnerability for psychopathology following a natural disaster in a developing country. *International Journal of Geriatric Psychiatry, 20*(9), 835-841.

Lazarus, P. J., Jimerson, S. R., & Brock, S. E.(2002). Natural disasters. In S. E. Brock, P. J. Lazarus, & S. R. Jimerson(Eds.), *Best Practices in School Crisis Prevention and Intervention*(pp. 435-450).

Leonard Weinberg & Paul Davis(1989). *Introduction to Political Terrorism*(pp. 151-192). New York : McGraw-Hill.

Loke, A. Y., Lai, C. K., & Fung, O. W.(2012). At-home disaster preparedness of elderly people in Hong Kong. *Geriatrics & Gerontology International, 12*(3), 524-531.

Longstaff, P. H.(2005). Security, resilience, and communication in unpredictable environments such as terrorism, natural disasters, and complex technology. Center for Information Policy Research, Harvard University.

Madrid, P. A., Sinclair, H., Bankston, A. Q., Overholt, S., Brito, A., Domnitz, R., & Grant, R.(2008). Building integrated mental health and medical programs for vulnerable populations post-disaster : Connecting children and families to a medical home. *Prehospital and Disaster Medicine, 23*, 314-321.

Masatsugu Nemoto(2015). 지방자치단체 재난관리 체계와 사회적 경제조직의 역할 -일본 재해대책 기본법 개정과 스기나미 구(杉並區)사례를 중심으로-. **위기관리 이론과 실천, 11**(2), 49-69.

Masterson, J. H., Peacock, W. G., Van Zandt, S. S., Grover, H., Schwarz, L. F., & Cooper, J. T.(2014). *Planning for Community Resilience : A Handbook for Reducing Vulnerability to Disasters*. DC : Island.

Mayhorn, C. B.(2005). Cognitive aging and the processing of hazard information and disaster warnings. *Natural Hazards Review, 6*(4), 165-170.

Meichenbaum, D., & Meyers, J.(2016). Strategies for Coping with Grief. In Neimeier, R. A.(Ed.), *Technique of Grief Therapy : Assessment and Intervention*(pp. 117-123). New York : Routledge.

Mercuri, A., & Angelique, H.(2004). Children`s responses to natural, technological, and na-tech disasters. *Community Mental Health Journal, 40*(2), 167-175.

Milman, E., Neimeyer, R. A., & Gilles, J.(2016). Meaning of Loss Codebook(MLC). In Neimeier, R. A.(Ed.), *Technique of Grief Therapy : Assessment and Intervention*(pp. 51-58). New York : Routledge.

Murray, J. S.(2006). Understanding the effects of disaster on children : A developmental-ecological approach to scientific inquiry. *Scientific Inquiry, 11*(3), 199-202.

Myers, D. G., & Wee, D. F.(2005). *Disaster Mental Health Services : A Primer for Practitioners*(No. 27). Psychology Press.

National Commission on Children and Disaster(2009). Interim report. October 14. http://www.childrenanddisasters.acf.hhs.gov.

National Institute of Mental Health(2002). Mental health and mass violence : evidence-based early psychological interventions for victims/survivors of mass violence. A workshop to reach consensus on best practices.

Nomura Yasuo(2013). Study on Characteristic of the Disaster Welfare -Consideration from "the Talk"of a Social Worker-, Summary of 61th Fall Meeting of Japanese Society for the Study of Social Welfare.

Nordhus, I. H., VandenBos, G. R., Berg, S., & Fromholt, P.(2010). 임상노년심리학. 진영선 · 김영경 · 박선영 공역. 서울 : 학지사.

Norris, F. H., Friedman, M. J., Watson, P. J., Byrne, C. M., Diaz, E., & Kaniasty, K.(2002). 60,000 disaster victims speak : Part I. An empirical review of the empirical literature, 1981–2001. *Psychiatry : Interpersonal and Biological Processes, 65*, 207–239.

Norris, F. H., Stevens, S. P., Pfefferbaum, B., Wyche, K. F., & Pfefferbaum, R. L.(2008). Community resilience as a metaphor, theory, set of capacities, and strategy for disaster readiness. *American Journal of Community Psychology, 41*(1-2), 127-150.

OECD(Organisation for Economic Co-operation and Development)(2017). Poverty rate (indicator). doi: 10.1787/0fe1315d-en (Accessed on 1 November 2017). https://data.oecd.org/inequality/poverty-rate.htm

Oliver-Smith, A.(2004). Theorizing vulnerability in a globalized world : A political ecological perspective. In G. Bankoff, G. Frerks, & D. Hilhorst(Eds.), *Mapping vulnerability : Disasters, Development & People*(pp. 10-24). London : Earthscan.

Pan American Health Organization(2012). *Guidelines for Mainstreaming the Needs of Older Persons in Disaster Situations in the Caribbean*. Washington, D. C : Available from : http://www.paho.org/disasters/index.php?option=com_content&view=article&id=1657:guidelines-for-mainstreaming-the-needs-of-older-persons-in-disaster-situations-in-the-caribbean&Itemid=924&lang=en

Parker, G., Lie, D., Siskind, D. J., Martin-Khan, M., Raphael, B., Crompton, D., & Kisely, S.(2016). Mental health implications for older adults after natural disasters – a systematic review and meta-analysis. *International Psychogeriatrics, 28*(1), 11-20.

Paton, D., Millar, M., & Johnston, D.(2001). Community resilience to volcanic hazard consequences. *Natural Hazards, 24*(2), 157-169.

Peek. L., & Stough. L. M.(2010). Children with disabilities in the context of disaster : A social vulnerability perspective. *Child Development, 81*(4), 1260-1270.

Peterson, K. C., Prout, M. F., & Schwarz, R. A.(2013). *Post-traumatic Stress Disorder : A Clinician's Guide*. Springer Science & Business Media.

Picou, J. S., & Marshall, B. K.(2007). Katrina as Paradigm-Shift : Reflections on Disaster Research in the Twenty-First Century. In D. Brunsma, D. Oversvelt, & J. S. Picou(Eds.), *The Sociology of Katrina : Perspectives on a Modern Catastrophe*. Lanham, MD : Rowman & Littlefield.

Piper, W. E., Ogrodniczuk, J. S., Joyce, A. S., & Weideman, R.(2011). *Short-Term Group Therapies for Complicated Grief.* Washington, D.C. : APA.

Prigerson, H. G., Horowitz, M. J., & Jocobson, S. C., et al.(2009). Prolonged Grief Disorder : Psychometric Validation of Criteria Proposed for DSM-V and ICD-11. *PLOS Medicine, 10*(12), 10.

Prinstein, M. J., La Greca, A. M., Vernberg, E. M., & Silverman, W. K.(1996). Children's coping assistance : How parents, teachers, and friends help children cope after a natural disaster. *Journal of Clinical Child Psychology, 25,* 463–475.

Pulwarty, R. S., Broad, K., & Finan, T.(2004). El Nino events, forecasts and decision-making. In G. Bankoff, G. Frerks, & D. Hilhorst(Eds.), *Mapping Vulnerability : Disasters, Development & People*(pp. 83-98). London : Earthscan.

Rafiey, H., Momtaz, Y. A., Alipour, F., Khankeh, H., Ahmadi, S., Khoshnami, M. S., & Haron, S. A.(2016). Are older people more vulnerable to long-term impacts of disasters?. *Clinical Interventions in Aging, 11*, 1791-1795.

Raphael, B.(1993) *Disasters Management.* National Health and Medical Research Council publication. Canberra : Australian Government Publishing Service.

Raphael, B., & Newman, L.(2000). *Disaster Mental Health Response Handbook*. NSW Health, The NSW Institute of Psychiatry.

Red Cross(2017). Get a kit, available from http://www.redcross.org/get-help/prepare-for-emergencies/be-red-cross-ready/get-a-kit

Renfrew, D. E.(2012). New hazards and old disease : Lead contamination and the Uruguayan battery industry. In C. Sellers & J. Melling(Eds.), *Dangerous Trade : Histories of Industrial Hazard Across a Globalization World*(pp. 99-111). Philadelphia : Temple university.

Rogers, L. C. G., & Williams, D.(1994). *Diffusions, Markov processes and martingales*(Vol. 2). Itô calculus(Vol. 2). Cambridge university press.

Saliba, D., Buchanan, J., & Kington, R. S.(2004). Function and response of nursing facilities during community disaster. *American Journal of Public Health, 94*(8), 1436-1441.

Samantha, C.(2015). Vulnerability and resiliency : How climate disasters activate latent social assets. *International Social Work, 58*(3), 421-434.

Save the Children(2005). Policy Brief-Protecting Children in Emergencies, 1(1).

Scandlyn, J., Thomas, D. S. K., & Brett, J.(2013). Theoretical framing of worldviews, values, and structural dimensions of disasters. In D. Thomas, B. D. Philllips, W. E., Lovekamp, & A. Fothergill(Eds.), *Social Vulnerability to Disasters*(2nd ed.). FL : CRC Press Taylor & Francis Group.

Schmuck, Hanna(2002). Empowering Women in Bangladesh. http://reliefweb. int/node /96333 (2012. 4. 2. accessed)

Shannon, M. P., Lonigan, C. J., Finch, A. J., & Taylor, C. M.(1994). Children exposed to disaster : Epidemiology of post-traumatic symptoms and symptom profiles. *Journal of the American Academy of Child Psychiatry, 33*, 80-93.

Shear, K. M., Simon, N., Wall, M., Zisook, S., Neimeyer, R., et al.(2011). Complicated Grief and Related Bereavement Issues for DSM-5. *Depressive Anxiety, 28*(2), 103-117.

Shultz, J. M., Espinel, Z., Galea, S., & Reissman, D. B.(2007). Disaster ecology : implications for disaster psychiatry. *Textbook of Disaster Psychiatry*, 69-96.

Siporin, M.(I987). Disasters and disaster aid. In A. Minahan(Ed.), *Encyclopedia of Social Work*(18th ed., pp. 438-449). Silver Spring, MD : National Association of Social Workers.

Solomon, S. D.(1999). Interventions for acute trauma response. *Current Opinion in Psychiatry, 12*(2), 175-180.

Solomon, S. D., & Davidson, J. R.(1997). Trauma : prevalence, impairment, service use, and cost. *The Journal of Clinical Psychiatry.*

Stang, H.(2016a). The Relaxation Response. In Neimeier, R. A.(Ed.), *Technique of Grief Therapy : Assessment and Intervention*(pp. 135-138). New York : Routledge.

________(2016b). Yoga for Grief. In Neimeier, R. A.(Ed.), *Technique of Grief Therapy : Assessment and Intervention*(pp. 144-149). New York : Routledge.

Stroebe, M. S., & Schut, H.(2010). The dual process model of coping with bereavement_A decade on. *OMEGA, 61*(4), 273-289.

Sugano, S.(2016). The well-being of elderly survivors after natural disasters : measuring the impact of the Great East Japan Earthquake. *The Japanese Economic Review, 67*(2), 211-229.

Takashi FURUKAWA(2009). Reflection from the Disaster Assistance for the Establishment of Disaster Social Welfare. *Journal of The Graduate School of Sociology, 3*, 193-199. Otemon Gakuin University.

Thomas, D. S. K., Hyde, I., & Meyer, M. A.(2013). Measuring and conveying social vulnerability. In D. Thomas, B. D. Philllips, W. E., Lovekamp, & A. Fothergill(Eds.), *Social Vulnerability to Disasters*(2nd ed.). FL : CRC Press Taylor & Francis Group.

Thomas, D., Philllips, B. D., Lovekamp, W. E., & Fothergill, A.(2013). *Social Vulnerability to Disasters*(2nd ed.). FL : CRC Press Taylor & Francis Group.

Thompson, M. P., Norris, F. H., & Hanacek, B.(1993). Age differences in the psychological consequences of Hurricane Hugo. *Psychology and Aging, 8*(4), 606-616.

Tracy, M., Norris, F. H., & Galea, S.(2011). Differences in the determinants of posttraumatic stress disorder and depression after a mass traumatic event. *Depression and Anxiety, 28*, 666-675.

Trattner, W.(1994). *From Poor Law to Weyare Slate*(5th ed.). New York : Free Press.

Turner, et al.(2003). A framework for vulnerability analysis in sustainability science. *Proceedings of the National Academy of Sciences, 100*(14), 8074-8079.

UNDT(2004). Reducing Disaster Risk: A Challenge for Development. A Global Report, New York : UNDP.BCPR.

UNESCO(2014). A Parent`s Guide to Disaster Risk Reduction : Stay Safe And Be Prepared.

UNICEF(2011). UNICEF and Disaster Risk Reduction. UNICEF.

_______(2015). Nepal Humanitarian Situation Report 16(2015. 6. 24).

UNISDR(2009). UNISDR Terminology on Disaster Risk Reduction. Geneva : UNISDR

Ursano, R. J., Fullerton, C. S., & Norwood, A. E.(1995). Psychiatric dimensions of disaster : Patient care, community consultation, and preventive medicine. *Harvard Review of Psychiatry, 3*, 196-209.

Ursano, R. J., Grieger, T. A., & McCarroll, J. E.(1996). *Prevention of Posttraumatic Stress : Consultation, Training, and Early Treatment.*

Vickerman, K. A., & Margolin, G.(2007). Posttraumatic stress in children and adolescents exposed to family violence : II. Treatment. *Professional Psychology : Research and Practice, 38,* 620-628.

Vogel, J., & Vernberg, E. M.(1993). Children's psychological responses to disaster. *Journal of Clinical Child Psychology, 22*, 470-484.

Wang, P. S., Gruber, M. J., Powers, R. E., Schoenbaum, M., Speier, A. H., Wells, K. B., & Kessler, R. C.(2007). Mental health service use among hurricane Katrina survivors in the eight months after the disaster. *Psychiatric Services, 58*(11), 1403-1411.

Waugh, William L. Jr.(2000). *Living with Hazards, Dealing with Disasters : An Introduction to Emergency Management*. Armonk NY : M. E. Sharpe.

Wisner, B., Blaikie, P., Cannon, T., & Davis, I.(2004). *At risk*. London : Routledge.

Women and Health Care Reform(2009), *Not Just Victims : Women in Emergencies and Disaster*. Winnipeg, Canada : Women and Health Care Reform.

World bank(2010). Natural Hazards, Unnatural disasters : The economics of effective prevention. UN보고서.

World Health Organization(2011). WORLD REPORT ON DISABILITY.

Yoo, M, Lee, M, & Tullman, D.(2016). Perceptions of disaster preparedness among older people in South Korea. *International Journal of Older People Nursing, 11*(1), 18-23.

Zakour, M. J.(1997). Disaster Research in Social Work. *Journal of Social Service Research, 22*, 1-2, 7-25, DOI : 10.1300/J079v22n01_02

__________(2010). Vulnerability and risk assessment : Building community resilience. In D. F. Gillespie & K. Danso(Eds.), *Disaster Concepts and Issues : A Guide for Social Work Education and Practice*(pp. 15-60). Alexandria : Council on Social Work Education.

Zakour, M. J., & Gillespie, D. F.(2013). *Community Disaster Vulnerability : Theory, Research, and Practice*. NY : Springer.

Zaman, M. Q.(1999). Vulnerability, disaster, and survival in Bangladesh : Three case studies. In A. Oliver-Smith & S. M. Hoffman(Eds.), *The Angry Earth : Disaster in Anthropological Perspective*(pp. 192-212). NY : Routledge.

FEMA https://www.fema.gov
NYC Emergency Management http://www1.nyc.gov/site/em/index.page
SAMHSA https://www.samhsa.gov/dtac/ccp
경주시청 http://www.gyeongju.go.kr
국가법령정보센터 http://www.law.go.kr
국민재난안전포털 http://www.safekorea.go.kr/idsiSFK/index_web.jsp
국민재난안전포털(2017). 국민행동요령. https://www.safekorea.go.kr/idsiSFK/index_web.jsp
대한민국 정부 대표 블로그 정책공감, http://blog.naver.com/hellopolicy
대한적십자사 http://www.redcross.or.kr/main/main.do
부산광역시청 재난안전대책본부 http://www.busan.go.kr/safety/index
의협신문 http://www.doctorsnews.co.kr/news/articleView.html?idxno=108558
충북일보(2017. 11. 16), 한반도 흔든 지진 공포…국내 체류 외국인은 '갸우뚱', http://www.i-news365.com/news/article.html?no=515391
한겨레21(2017). 세계의 재난 연구자들 '세월호'를 말하다. http://h21.hani.co.kr/arti/special/special_general/43806.html
해양수산부 http://www.mof.go.kr/index.do
행정안전부 http://www.mois.go.kr/frt/a01/frtMain.do

찾아보기

[ㅎ]

[2~U]

저/자/약/력

박병현(부산대학교 사회복지학과 교수)
이기영(부산대학교 사회복지학과 교수)
최송식(부산대학교 사회복지학과 교수)
황보람(부산대학교 사회복지학과 교수)
이성은(부산대학교 사회복지학과 부교수)
김진현(부산대학교 사회복지학과 부교수)
이원익(부산대학교 사회복지학과 조교수)
유영미(부산대학교 사회복지학과 조교수)
송영지(부산대학교 사회복지학과 BK21 신진연구교수)
김수영(부산대학교 사회복지학과 박사 수료)
김강민(부산대학교 사회복지학과 박사 수료)
이연주(부산대학교 사회복지학과 박사 수료)
최윤정(부산대학교 사회복지학과 박사 수료)
김혜림(부산대학교 사회복지학과 박사 수료)
김현성(부산대학교 사회복지학과 박사과정 재학)
장지현(부산대학교 사회복지학과 박사과정 재학)

재난사회복지

|저자| 부산대학교 사회복지학과 BK21 플러스
재난복지 전문인력 양성사업단

|1판 1쇄| 발행 2018년 2월 20일

|발행인| 김 동 훈
|발행처| 공 동 체

|주소| 경기도 고양시 일산동구 호수로 358-39 동문타워 I 905호
|전화| 031) 920-8305(대표)
|팩스| 031) 920-8308
|e-mail| compub@naver.com
|출판등록| 2005년 10월 6일
|등록번호| 제396-2005-36호

|ISBN| 979-11-6105-251-9
정가 20,000원